Colección Támesis

SERIE A: MONOGRAFÍAS, 175

CALDERÓN:
ESTRUCTURA Y EJEMPLARIDAD

ROBERT PRING-MILL

CALDERÓN:
ESTRUCTURA Y EJEMPLARIDAD

Editado por
NIGEL GRIFFIN

TAMESIS

First published 2001 by Tamesis, London

ISBN 1 85566 059 8

Tamesis is an imprint of Boydell & Brewer Ltd
PO Box 9, Woodbridge, Suffolk IP12 3DF, UK
and of Boydell & Brewer Inc.
PO Box 41026, Rochester, NY 14604–4126, USA
website: http://www.boydell.co.uk

A catalogue record for this book is available
from the British Library

Library of Congress Cataloging-in-Publication Data
applied for

This publication is printed on acid-free paper

Printed in Great Britain by
Antony Rowe Ltd, Chippenham, Wiltshire

Para mi esposa Brigitte,
y por su gran paciencia
en las cuatro décadas
en que creciera
este libro.

CALDERÓN : ESTRUCTURA Y EJEMPLARIDAD

Hacia Calderón: Segundo coloquio anglogermano, Hamburgo 1970, ed. Hans Flasche, Calderoniana 7 (Berlín & Nueva York: Walter de Gruyter, 1973), 109–54, y *Hacia Calderón: Tercer coloquio anglogermano, Londres 1973*, ed. Hans Flasche, Calderoniana 10 (Berlín & Nueva York: Walter de Gruyter, 1976), 47–74

Iberoromania (Tübingen), n. s. 14 (1981), 60–74

Hacia Calderón: Sexto coloquio anglogermano, Würzburg 1981, ed. Hans Flasche, Archivum Calderonianum 2 (Wiesbaden: Franz Steiner Verlag, 1983), 1–15

Hacia Calderón: Séptimo coloquio anglogermano, Cambridge 1984, ed. Hans Flasche, Archivum Calderonianum 3 (Wiesbaden & Stuttgart: Franz Steiner Verlag, 1985), 110–45

Romanistisches Jahrbuch (Berlín & Nueva York), 45 (1994), 295–320

PRÓLOGO

LOS SIETE ENSAYOS que aquí se publican de nuevo fueron escritos en un periodo de casi treinta años, cuando Robert Pring-Mill ejerció como profesor en la universidad de Oxford. Desde 1965, Pring-Mill fue miembro (o Fellow) del recién fundado St Catherine's College en dicha universidad. El primero de estos ensayos, 'Los calderonistas de habla inglesa y *La vida es sueño:* Métodos del análisis temático-estructural' se publicó en la década de los sesenta del siglo XX, durante la primera etapa de la colaboración anglogermana sobre Calderón que tanta importancia tendría para aquellos que, como Pring-Mill, habían luchado en la Segunda Guerra Mundial. Pring-Mill aportó su ayuda en la organización de los coloquios internacionales que servirían de foro y foco para dicha colaboración y, en una ocasión, coeditó las actas de uno de estos coloquios (Pring-Mill & Flasche 1983). El último de los siete ensayos reeditados en el presente volumen también se publicó por primera vez en Alemania a mediados de los años noventa.

Todas las publicaciones de Pring-Mill están profundamente influenciadas por las corrientes de la crítica en esos momentos. El Capítulo I estudia minuciosamente el proceso evolutivo de estas corrientes a lo largo de los años. Sin embargo, sus escritos sobre Calderón se caracterizan por una notable consistencia tanto en el punto de partida como en la perspectiva. Tal y como él mismo indica (68, 96, etcétera), la piedra angular de su acercamiento a la literatura española de la Edad de Oro, y al teatro en particular, está basada en la obra precursora de su mentor en Oxford, William J. Entwistle, y en los estudios de un pequeño grupo de compañeros y amigos tanto británicos como norteamericanos. Entre ellos destacaban: Alec Parker, catedrático de estudios hispánicos, primero en la Universidad de Londres y luego en las de Edimburgo (Escocia) y Austin (Texas, Estados Unidos); Edward Wilson, que durante muchos años ocupó la cátedra de estudios hispánicos en la Universidad de Cambridge; y Albert Sloman, que tras años de docencia en Liverpool, llegó a ser Rector de la nueva universidad de Essex. Las continuas conversaciones de Pring-Mill con Parker, tanto las mantenidas a nivel personal como las publicadas (véase Pring-Mill 1962a), llevó a Parker a introducir una serie de importantes cambios en su influyente publicación *The approach to the Spanish drama of the Golden Age* (compárense Parker 1975 y 1988).

Una característica de la particular contribución de Pring-Mill a la obra de estos eruditos a los que él se refiere como 'los calderonistas de habla inglesa' es su fascinación por los modelos analógicos, engendrada en un principio por sus estudios sobre el filósofo medieval Ramón Llull—escritor sobre el que ha publicado tanto a lo largo de los años (véase Griffin *et al.* 1994: xv–xxxviiii)—y por su curiosidad intelectual para ver hasta dónde podría valerle cualquier instrumento analítico.

Un buen ejemplo de dicha perspectiva es su explicación del uso de 'sentencias' (o tópicos) en la comedia *Fuente Ovejuna* de Lope de Vega (Pring-Mill 1962b). Nuestro autor insiste en que éstas no deberían tildarse de perogrulladas, sino que, como había argumentado en un ensayo publicado el año anterior a modo de introducción en una edición de cinco comedias del mismo dramaturgo, deberían entenderse más bien como una clave para explicar la relación entre lo general y lo particular, entre el principio abstracto y universal y las situaciones concretas y particulares con las que se enfrentan los personajes de la obra.

Fue en el mismo ensayo de 1961—el primero que publicó Pring-Mill sobre el teatro español de la Edad de Oro—en donde hizo constar por primera vez su inquebrantable empeño para afirmar que Calderón había elevado el teatro español a una compleja y estilizadísima forma de perfección. Asimismo, insistió Pring-Mill, a este insigne ex-alumno del Colegio Imperial le preocupaban en gran medida las cuestiones de carácter moral: los asuntos que reflejaban temas o principios universales a través de casos concretos cuidadosamente estudiados. En este ensayo también expresó por primera vez su convicción de que las comedias de tesis de Calderón siempre se estructuraban de manera que llegaban a un desenlace lógico (véase también el Capítulo IV). En muchas obras críticas publicadas hoy en día sobre el teatro español del Siglo de Oro, semejantes consideraciones han dejado de ser temas de importancia, pero Pring-Mill insiste en que las estructuras lógicas y retóricas que tanto les preocupaban a los escritores de esa época no se deben ignorar ni conviene hacer caso omiso de ellas. En este mismo ensayo de 1961 (vii–viii) también estableció la importancia, tal y como él la veía (y todavía la ve), sobre los modelos analógicos para realizar cualquier análisis de las obras literarias españolas de la época:

> The pattern of society reflected in their plays was dominated by the notion of an absolute monarchy, with the sovereign seen as God's vice-regent—dispenser of justice, and the source of honour. The structure of this society was hierarchic, and related to a general world-picture by their interaction in a universal harmony... Human society reflected the structure of the natural order... There was a precise analogical correspondence not merely between society and nature, but also between the macrocosm and and the microcosm (the 'little world of man'), and therefore likewise between the individual human organism and the body politic. The structuralized vision of Creation forms the background against which every play is enacted: the framework within which it is constructed and in terms of which it is articulated. The individual drama is related outward to the framework by subtle use of interlocking images which bring out the analogical correspondences, by mythological references endowed with an allegorical force, and by the constant use of generalized statements (*sentencias,* the Latin *sententiae*).

Su interés constante sobre las posibilidades literarias y artísticas que ofrece el uso creativo de la analogía nunca se ha restringido a lo puramente verbal y textual. En sus clases magistrales, impartidas durante muchos años—ya fueran en su puesto como profesor en Oxford como las ofrecidas en otras instituciones—Pring-Mill ha examinado y descrito con todo detalle las técnicas de percepción y los métodos de representación que caracterizan tanto el *Weltanschauung* medieval de Ramón Llull como el de Calderón y sus coetáneos. El interés que manifestaban los escritores y pintores del siglo XVII por el *desengaño,* y su preocupación con el conflicto entre el *ser* y el *parecer,* han sido analizados tanto en su ensayo 'Spanish Golden-Age prose and the depiction of reality' (1959a) como en su conferencia de 1966 en Estrasburgo ante la Féderation Internationale des Langues et Littératures Modernes sobre 'The shifting world and the discerning eye', revisada y publicada con el título 'Some techniques of representation in the *Sueños* and the *Criticón*' (1968a). Ambos encapsulan su interés por el modo en que un autor concibe el mundo de la realidad y las herramientas de las que se sirve para inducir a su público a compartir su propio punto de vista. Las técnicas de representación empleadas son o bien las convenciones ya establecidas o bien nuevas técnicas que, caso de adoptarse, llegarán a ser las convenciones del futuro. Aunque la presente colección de ensayos se centra en el análisis estructural de las obras de Calderón y la presentación textual de asuntos e ideas teológicas y filosóficas, siempre subyace no sólo un interés por la representación dramática y escénica sino también una fascinación para con las relaciones entre el mundo en que vivimos y aquel del artificio teatral. Parecidos intereses artísticos se evidencian más claramente en algunas publicaciones suyas sobre la poesía del Siglo XX (por ejemplo, Pring-Mill 1969 y 1993).

Los ensayos que se incluyen en este volumen se han publicado con los mínimos cambios posibles por parte del editor, conservando en esta manera la esencia de los originales. La mayoría de los capítulos fueron escritos inicialmente para ser impartidos en conferencias, y las versiones para la imprenta, aunque muy pulidas y trabajadas, siempre han retenido una gran parte del estilo de la ponencia original.

Se han modificado determinadas referencias bibliográficas tras la aparición de algunas publicaciones posteriores a los estudios, y se han actualizado dichas referencias cuando así ha sido necesario. Además, para hacer más claro el texto, se remite al lector en varias ocasiones a otras partes del libro.

El capítulo primero se publica aquí con permiso de Max Hueber Verlag, München; el segundo y el tercero con el de Walter de Gruyter & Co., Berlín; el cuarto con permiso de la revista *Iberoromania* y de su editor, el Prof. Dr Sebastián Neumeister; el quinto y el sexto con el de Franz Steiner Verlag, Stuttgart; y el último con el de la revista *Romanistisches Jahrbuch*, de Berlín.

El editor también agradece la colaboración de Vassan Seshadri, del Trinity College Oxford, de Carmen Meizoso Anido, del University College de Cork, y de sus amigos Clare Nimmo y Miguel Jiménez Pinilla en la preparación de este volumen.

Christ Church, Oxford   *31 de diciembre de 2000*

I: LOS CALDERONISTAS DE HABLA INGLESA Y *LA VIDA ES SUEÑO*: MÉTODOS DEL ANÁLISIS TEMÁTICO-ESTRUCTURAL

1. Antecedentes del calderonismo británico actual

QUIEN SE ATREVA a penetrar hoy día por las recónditas marañas del calderonismo del siglo pasado, tal como queda registrado en las copiosas páginas de Breymann (1905), quedará maravillado por la falta de comprensión del teatro calderoniano, manifestada no solamente por sus detractores españoles sino también por sus numerosos admiradores extranjeros. Pudiera decirse lo mismo de gran parte de los estudios escritos sobre Calderón durante los primeros tres decenios de este siglo, con ciertas excepciones muy honrosas, y en verdad casi se podría ir más lejos todavía: aparte de media docena de artículos importantes, el calderonista principiante que comenzase sus lecturas solamente con las obras más tempranas registradas por Hans Flasche en su merecidamente conocida bibliografía crítica (1958) de los estudios calderonianos en los años 1940-58, no perdería mucho auténticamente provechoso *en cuanto a la interpretación y análisis*, sea de autos, sea de comedias. Huelga decir, desde luego, que se hallaría desprovisto de muchos trabajos fundamentales sobre el aspecto bibliográfico —transmisión e historia de los textos— así como también con respecto a la documentación de la biografía del autor.

El *terminus a quo* tendría que retroceder algunos años, sin embargo, para abarcar las primeras contribuciones significantes de una de las más importantes corrientes críticas del calderonismo actual: la de los calderonistas de habla inglesa, iniciada en la Gran Bretaña por los profesores E. M. Wilson, W. J. Entwistle y A. A. Parker, y desarrollada posteriormente no solamente en las islas de su origen (por eruditos como A. E. Sloman, T. E. May, C. A. Jones, P. N. Dunn, Alan Soons, A. I. Watson y otros de la misma escuela) sino también por una nueva generación de calderonistas norteamericanos entre cuyos miembros más notables pudieran señalarse a Bruce W. Wardropper, Everett W. Hesse y William M. Whitby. Ni puede dejar de citarse la monumental contribución de Otis H. Green (1963 – 66) aunque ni él se llamaría propiamente un calderonista, ni lo que de Calderón tiene que decir pertenece a la corriente de interpretación calderoniana que aquí se estudia. En los Estados Unidos, esta corriente ha confluido con las otras dos corrientes principales del calderonismo moderno: la alemana, llevada allende los mares por hispanistas como Leo Spitzer y Arnold G. Reichenberger, y la española, representada personalmente en los Estados Unidos por un crítico literario de tan alta categoría como lo es Joaquín Casalduero.

Tanto los calderonistas alemanes como los de habla inglesa siempre han tenido presente lo que sus colegas españoles han estado haciendo, pero estas dos escuelas extranjeras se desarrollaron muy aisladas la una de la otra (en parte debido a razones sencillamente lingüísticas, en parte debido a las circunstancias históricas de los años de guerra y de posguerra). Con la esperanza de fomentar el contacto entre ambas escuelas se ofrece el presente estudio —en lengua castellana— como una contribución al tomo de homenaje que celebra el cincuentenario del *Ibero-amerikanisches Forschungsinstitut* de Hamburgo. En un tomo dedicado en su mayor parte a los avances registrados en el hispanismo de este medio siglo y al estudio de los métodos por los cuales fueron conseguidos, parecía oportuno atreverse a intentar un ensayo de síntesis sobre los métodos de análisis que se han ido evolucionando en las sucesivas contribuciones de los calderonistas de habla inglesa. Aquéllas tienen tal parentesco entre sí que es evidente que éstos forman escuela, unidos no tanto ideológicamente como por una común metodología crítica. Hasta tal punto es evidente este parentesco que ha parecido provechoso aislar lo esencial de su manera de proceder y darle un nombre, hablando en el título del presente estudio de los métodos del *análisis temático-estructural*.[1]

En una ocasión como ésta no sería oportuno intentar una consideración de todas las contribuciones de dicha escuela, y en verdad tampoco resultaría muy provechosa, ya que inevitablemente se reduciría a un resumen escueto de sus conclusiones. Más importante sería el estudio de sus procedimientos, los cuales sólo pueden apreciarse considerándolos muy de cerca, juzgando su valor según los resultados obtenidos en casos muy concretos de su aplicación a los textos. Por lo tanto, y para mejor destacar la naturaleza de los métodos empleados, le ha parecido mejor al autor ceñirse a la progresiva dilucidación de una sola obra, tomando la comedia *La vida es sueño* como piedra de toque para averiguar la utilidad de la aplicación en cualquier caso determinado de principios analíticos cuya naturaleza se expondrá primero de manera más general. Es de advertir, desde luego, que el ceñirse a *La vida es sueño* limita la envergadura del presente artículo como un estudio general de dicha escuela, porque no puede dejar de disminuir relativamente la importancia de ciertas figuras frente a otras: no todos los calderonistas importantes han estudiado esta comedia, ni todos los que la hayan estudiado han realizado sus mayores contribuciones con lo que sobre ella han escrito. Hay, además, otra reserva preliminar que conviene hacer: aunque aquí se hable primero de los principios generales del análisis temático-estructural y sólo luego de su aplicación, la génesis de dichos principios hace todo lo contrario. Las generalizaciones críticas nacieron —siguiendo en esto la larga tradición empírica británica— de la reflexión sobre una multitud de casos particulares, siendo extraídas inductivamente de la experiencia: aprovechándose de un modo muy pragmático exclusivamente de lo que daba buen resultado y rechazando progresivamente cuanto parecía complicar las obras estudiadas.[2]

Ciertamente, los miembros de esta escuela crítica siempre se han opuesto violentamente a la ciega aplicación de principios aceptados *a priori*, creyendo que todo crítico literario propende —de un modo muy natural y bien humano— a hallar precisamente lo que está buscando. De ahí el marcado recelo de A. A. Parker al encontrarse con un intento norte-americano de aplicar sistemáticamente las categorías de Wölfflin (establecidas para diferen-

---

1. Aunque estuviese orientado hacia ciertos aspectos estructurales de las obras a que se aplica, apenas tenía nada que ver con los métodos de la escuela estructuralista francesa: por lo tanto, parecía oportuno no solamente destacar el elemento estructural sino calificarlo al mismo tiempo de un modo que pusiese de relieve su manera de hallar entrada a la estructura.

2. Quizás no sea impertinente advertir que los principios generales desarrollados en la *Poética* de Aristóteles fueron extraídos del material que éste tenía a mano de un modo muy parecido, aunque terminase por proponer sus principios en forma más generalizada que cualquiera de los calderonistas que aquí se estudian con la sola excepción de A. A. Parker.

ciar entre lo renacentista y lo barroco en el campo de las artes plásticas) al teatro español (Roaten & Sánchez Escribano 1952). En su reseña de 1953, bajo el título de 'Reflections on a new definition of "Baroque" drama', Parker dijo (144):

> What matters is whether this definition... has any practical utility. The answer is to be looked for in two fields, critical interpretation and literary history. Does this theoretical definition help us to interpret and understand individual plays any better? Does it help us to trace more clearly the historical development of the Spanish drama?

Según Parker, había que contestar negativamente en ambos casos: en cuanto a la historia del género, una evolución lenta pero orgánica y más o menos rectilínea quedaba abruptamente partida en dos durante el siglo XVI de una manera que ofusca la naturaleza de su continuidad; y en cuanto a las obras individuales, la aplicación de dichas categorías introducía nuevas complicaciones en vez de dilucidar las complicaciones existentes creadas deliberadamente por el dramaturgo mismo. Uno de los casos concretos estudiados en aquel libro era *La vida es sueño*, y Parker se quejó de que la aplicación de la primera categoría barroca ('the use of several plots, which are not sharply distinguished but which fuse and are interwoven with restless movement from one to the other') había resultado en la invención de nada menos que cuatro tramas (Segismundo–Basilio, Rosaura–Clotaldo, Rosaura–Astolfo, Astolfo–Estrella):

> There is no reason whatever for departing from the traditional division into main plot and sub-plot. The former deals with Segismundo's winning of his freedom and of his status as a Prince, the latter with the restoration of Rosaura's honour. The two plots converge and fuse in Act III when Segismundo, winning freedom of moral action by renouncing his love for Rosaura, becomes her champion and vindicates by his magnanimity both his own right to freedom and her honour.   (Parker 1953. 146)

Al decir esto, Parker no estaba formulando una tesis nueva, sino resumiendo una de las ideas centrales del artículo de Wilson sobre *La vida es sueño*, publicado por vez primera en una versión española en 1946, el cual representa el punto de partida de toda la crítica de dicha pieza, que se estudiará en la última parte del presente artículo. Vale la pena de seguirle a Parker un poco más lejos, asimismo, porque su resumen de la interpretación wilsoniana le conducirá a la formulación de todo un grupo de conclusiones estructurales, presentadas como una serie de observaciones particulares sobre un caso concreto pero generalizables (como se verá después) a manera de una nueva definición del arte calderoniano:

> Professor E. M. Wilson's masterly and convincing interpretation of the play shows how the moral theme that gives it its tight unity emerges clearly from the fate that befalls each character. Those who are self-assertive, confident in their power to mould events and make life serve their own ends; those who do evil in order to achieve a good they confidently plan, or who seek to escape the consequences of their wrongdoing: all these are frustrated. Conversely, those who are guided solely by moral principles, who are prepared to sacrifice all worldly advantage and even life itself rather than fail to do the right: these emerge at the end unfrustrated out of the *confuso laberinto* of life. The characters who illustrate this latter aspect of the theme are Rosaura and Clotaldo: if their sub-plot is removed the theme is mutilated.
>
> Calderón, therefore, did not devise a number of plots and then see how he could interweave them. He had a basic theme which he saw was capable of being the vehicle

of a moral idea; he saw that this idea had many aspects and nuances, and proceeded to elaborate and add to his basic plot in order to bring in as many of these aspects as he could handle, distributing them singly among his characters. The resulting unity is essentially conceptual, and the complex structure that embodies it is strictly logical — not in terms of plot but of a unified moral theme, which of its nature cannot be laid bare by any 'categories' of formal construction.   (Parker 1953: 147)

Aunque se tendría que formular alguna que otra reserva hoy día sobre ciertas de aquellas observaciones (modificándolas un poco a la luz de la crítica posterior), en su mayor parte no solamente presentan las principales líneas de la interpretación de *La vida es sueño* en el primero de aquellos dos párrafos, sino que también resumen a grandes rasgos (en el segundo) por lo menos la orientación general del calderonismo actual en lengua inglesa con relación al análisis estructural de las comedias.

2. Orígenes del análisis temático-estructural en su contexto

EL RENACIMIENTO de los estudios calderonianos en lengua inglesa, celebrado en 1965 por Bruce W. Wardropper en una importante recopilación de estudios críticos, empezó en Inglaterra en los años inmediatamente anteriores a la guerra española y la segunda guerra mundial, con las primeras contribuciones de Wilson y Parker. Ambos trabajaban por aquel entonces en la Universidad de Cambridge, hecho subrayado muy acertadamente por Wardropper (1965: xi) ya que no cabe duda de que dicho renacimiento fue fomentado en sus principios por el ambiente de la Nueva Crítica que entonces florecía allí en el campo de los estudios anglicistas, en torno a la revista *Scrutiny* y a las figuras de F. R. Leavis (su director) y I. A. Richards, ni de que ha sido influido en su desarrollo por obras como el renombrado *Seven types of ambiguity* de William Empson (1930). Wilson inició sus trabajos calderonianos en 1936 con un estudio del manejo de los cuatro elementos (fuego, aire, agua y tierra) en las imágenes poéticas, abriendo paso en una de las direcciones que más provechosas habían de resultar: la del estudio de las imágenes empleadas en el lenguaje teatral como clave para entender la relación entre los hechos sobre el tablado y la cosmovisión que los enmarca y les da sentido.[3] Parker, después de preparar una edición de *El príncipe constante* (1938), empezó la serie de investigaciones que habían de conducirle a la publicación de *The allegorical drama of Calderón* (1943): libro muy importante por su análisis del complejo sistema teórico que se esconde bajo los autos, reconstruido a base de las observaciones sobre la naturaleza de su arte que Calderón de vez en cuando intercala en una obra. Mientras tanto, el último de los calderonistas de la primera generación se había agregado a Parker y Wilson: W. J. Entwistle, el cual ya ocupaba la Cátedra Alfonso XIII en Oxford, cuya primera contribución calderoniana había de ser un artículo escrito en colaboración

---

3. Wilson también estaba entusiasmado por Góngora —cuyo sistema de imágenes se relaciona estrechamente en este respecto con el modo de proceder calderoniano— hasta el punto de traducir *Las soledades* al inglés (1931). Su manera de estudiar las imágenes en una obra teatral le condujo posteriormente a un artículo tan fundamental para los recientes estudios de Lope de Vega como el de 1936 había sido para los de Calderón (1949). Con la excepción de su estudio sobre *La vida es sueño* (1946), no se volverá a hablar de sus contribuciones calderonianas en el presente trabajo. Agréganse aquí los detalles de otros dos artículos interpretativos: sobre *A secreto agravio secreta venganza* (1951) y sobre el capítulo calderoniano de *The literature of the Spanish people* por Gerald Brenan (1952). Desde entonces, aunque se sabe que tenía preparada gran parte de un libro crítico sobre Calderón, se ha desviado —con una sola excepción— por el camino bibliográfico (desgraciadamente para los que aguardaban nuevas interpretaciones críticas de su pluma), en una serie de contribuciones fundamentales sobre aquel aspecto. La excepción es el libro escrito en colaboración con Jack Sage (1964) reseñada por el presente autor (Pring-Mill 1966).

con Wilson sobre la comedia tan recientemente editada por el tercero de ellos (Wilson & Entwistle 1939). Mucho más significativo para el desarrollo de la escuela, sin embargo, sería su segundo artículo (1945), en el que Entwistle formulaba toda una nueva 'manera de aproximarse a la comprensión de Calderón' buscando aclarar las complejidades superficiales de la acción de una pieza como *El mágico prodigioso* para desentrañar de los meros hechos concretos el programa abstracto de la argumentación que los informaba.[4]

Cada uno de estos tres eruditos ha realizado su contribución personal a la manera moderna de enfocar a Calderón como un dramaturgo moralista y pensador, el cual nos presenta (en todas sus comedias serias) un sistema de principios universales cuya operación —y cuya interacción— se estudian en situaciones particulares y humanas, cuidadosa y metódicamente establecidas dentro del pequeño mundo de la acción de cada pieza. Estas situaciones particulares habrán sido concebidas como ilustraciones ejemplares de aquellos principios generales, con una estructura dialéctica interna, dictada enteramente por el fin temático propuesto, y desarrollándose inevitablemente hacia un desenlace que contenga un *quod erat demonstrandum* a la vez lógico, sobre el plano intelectual, y convincente sobre el plano humano. Es un Calderón cuyo arte se desapasiona más precisamente cuando ha de representar las pasiones más exaltadas de sus personajes, objetivándolas de una manera rigurosamente estilizada mediante un uso calculado de todos los recursos de la retórica barroca. Pero no por eso tiene que verse esta manera tan intelectual de proceder como si pecara de inhumana frialdad, sino como un aspecto esencial de un teatro escolásticamente intelectualizado, con la pura finalidad de descubrirnos lo más entrañablemente humano de nuestra condición, estudiándola *sub specie aeternitatis*. Dentro de este teatro, el dramaturgo se está sirviendo de las abstracciones esquemáticas de los teólogos como claves para la comprensión de situaciones propias de la vida de los individuos, y al mismo tiempo de las artes hermanadas de la lógica y la retórica, para profundizar la impresión causada por tales situaciones sobre el auditorio, construyendo sus piezas sistemáticamente con el propósito de conseguir la máxima eficacia dramática.

3. Los famosos 'cinco principios' parkerianos

IMPOSIBLE SERÍA CONSIDERAR aquí cada paso en el desarrollo de esta nueva interpretación de Calderón, pero en la parte teórica de este artículo valdrá la pena seguir muy de cerca la evolución de ciertas de sus ideas centrales en las obras de A. A. Parker y de A. E. Sloman (discípulo de Entwistle en Oxford), y en el caso de Parker resultará indispensable referirse a dos etapas distintas en la evolución de su manera de ver las cosas. La primera, en la publicación de un intento de establecer ciertos principios generales observables en toda la dramaturgia del Siglo de Oro (1957); la otra tomó su forma definitiva en un artículo titulado 'Towards a definition of Calderonian tragedy' (1962). Ambos trabajos habían sido presentados oralmente en distintas formas más primitivas, en varias ocasiones, de

---

4. Antes de su muerte repentina en 1952, había llegado a publicar cuatro trabajos calderonianos más: 1948a, 1948b, 1950a y 1950b. Los que escucharon sus conferencias en Oxford, como el autor del presente artículo, saben cuánto más tenía hecho en este campo, pero su muerte a los cincuenta y seis años de edad no le permitió terminar el libro que tenía pensado. Su influencia sobre el desarrollo de los estudios calderonianos ha sido mucho mayor de la que se pudiera suponer de la lectura de sus trabajos publicados: tanto en el constante diálogo con Parker y Wilson, como en la formación de sus propios discípulos en la 'segunda generación' (especialmente A. E. Sloman y C. A. Jones). Véanse las necrologías por Sloman (1952), Pring-Mill (1952) y Ewert (1952).

modo que sus ideas ya se habían divulgado entre los hispanistas de la Gran Bretaña con anterioridad a la fecha de su publicación; algunas de ellas también se habían ido modificando durante este periodo a fuerza de diálogos con oyentes y colegas, antes de tomar la forma definitiva en que hubieron de ver la luz.

En *The approach*, trabajando a base de la lectura de muchísimas comedias escritas por muchas y muy diversas manos, Parker quiso aislar lo que le parecían haber sido ciertos principios generales que habían dictado la construcción de la obra teatral durante toda una época, los cuales serían modos de expresión dramática que había que comprender antes de que pudiéramos captar el pleno sentido de cualquier comedia determinada.[5] Parker terminó por reducir estos principios a una serie de cinco: (*i*) el predominio de la acción sobre la caracterización; (*ii*) el predominio del tema sobre la acción; (*iii*) la localización de la unidad dramática en el tema y no en la acción; (*iv*) la subordinación del tema a una finalidad moral, gracias al principio de la justicia poética; y (*v*) la elucidación de la finalidad moral por medio de la causalidad dramática.[6] Aunque existieran, naturalmente, grandes diferencias entre las últimas comedias de un Calderón y las primeras de un Lope de Vega, le parecía a Parker que estos cinco principios se presentaban en todo el teatro del periodo: todas las comedias del Siglo de Oro conservarían cierto parentesco entre sí, ya que todo el desarrollo técnico había tenido lugar dentro de una sola tradición, la cual mantuvo invioladas ciertas ideas básicas sobre la naturaleza y forma del drama, y eran estas ideas básicas las que él deseaba aislar.[7] El propio Parker subrayó las limitaciones impuestas por las dimensiones de su estudio (las de una sola conferencia, dentro de la cual, sin embargo, logró proporcionar reinterpretaciones interesantísimas de *La verdad sospechosa*, de *El caballero de Olmedo* y *El castigo sin venganza*, de *Marta la piadosa* y *El burlador de Sevilla*, y de *La devoción de la cruz* y *El mágico prodigioso*), y él sería el primero en insistir en que sus cinco principios no debieran de aplicarse rígidamente ni de un modo que violentara lo individual de ninguna pieza. Sin embargo, y a pesar de las reservas que se pudieran formular en ciertos casos determinados, no cabe duda de que su trabajo ejerció y sigue ejerciendo una influencia enormemente provechosa sobre toda una generación de hispanistas británicos y norteamericanos, proporcionándoles una serie de instrumentos de máxima utilidad para el análisis de cualquier comedia.

De sus cinco principios el primero parece ser el fundamental, constituyendo la base de aquel parentesco que Parker puso de relieve. Dada la naturaleza esquemática de la caracterización en la mayoría de las comedias del Siglo de Oro, justo era afirmar que la trama parecía haber sido más importante que los personajes en la construcción de una pieza (por lo menos como regla general) y Parker agregó —con un si es no es de ironía muy simpática

---

5. 'My purpose is to suggest that there are certain general principles which dictate the construction of plots — certain modes of dramatic expression which we must first grasp before we can fully understand what individual plays are about' (Parker 1957: 3).

6. The 'elucidation of the moral purpose by means of dramatic causality' (Parker 1957: 27), o sea el estudio crítico de las relaciones causales observables en el campo de la acción como medio para determinar la naturaleza de la finalidad moral que informa el tema.

7. 'The Spanish drama of this period is not of course uniform in technique; there are very great differences between the last plays of Calderón and the first of Lope. None the less there is still a general family resemblance, because technical development took place within a continuous tradition that preserved intact certain presuppositions concerning the nature and form of drama. It is with these that I shall try to deal' (Parker 1957: 3).

— que dicha suposición podía contar con toda la autoridad de Aristóteles.[8] Entiéndase, desde luego, que Parker no estaba diciendo que los personajes de una comedia careciesen de importancia, sino que no eran lo más importante: no ofrecen, como ocurre a menudo en el teatro de fines del siglo pasado, el punto de partida para hallar la entrada al verdadero sentido de la pieza. Lo normal, hoy día, suele ser juzgar el valor de una pieza por la profundidad de la caracterización, buscándose las ideas fundamentales de la pieza mediante un estudio psicológico de los personajes. Cuando se pasa a la lectura de las comedias españolas, no hay que concluir, a base de la aparente superficialidad de la caracterización, que tales piezas carezcan necesariamente de ideas importantes. Lo que pasa es que cuando las contienen, estas ideas se ligan directa y no indirectamente a la acción: de ahí nació el segundo principio de Parker, el cual constituye —por decirlo así— la justificación teórica de la subordinación de los personajes a la acción como una técnica intencionada. Si los personajes quedan subordinados a la acción es porque la acción contiene las ideas esenciales del tema, y su tema era lo que más le importaba al dramaturgo. En cuanto a la técnica de la caracterización en sí, ésta solía ser esquemática en el sentido de que se sugerían detalles sin elaborarlos, dejando al actor el deber de redondear el personaje que representaba. Y cuando estas piezas se leen en vez de verlas sobre el tablado, pasa a ser un deber del lector el redondear los personajes imaginativamente a base de las sugerencias que se hallan en el texto.[9]

Por general que sea la aplicación de este primer principio parkeriano, los otros cuatro parecen cobrar su máximo valor en el campo del teatro de Calderón, y hasta tal punto es esto así que resulta inverosímil creer que Parker hubiera podido llegar a formularlos precisamente en los términos que se le impusieron sino a base de sus propios estudios calderonianos. Pero sólo con respecto a su valor, aplicados a las comedias de Calderón, entran en el campo de la presente discusión, no siendo ésta la ocasión para examinar el grado de su validez en otros casos.[10] Tanto el predominio del tema sobre la acción como los otros tres principios restantes dependen de la distinción entre acción y tema que Parker había establecido por primera vez con respecto a *La devoción de la cruz*, en un artículo muy anterior a su *Approach* (Parker 1949). Pero profundizó la distinción sobremanera en su trabajo (aunque de un modo que quizás cuadre mejor con Calderón que con la mayoría de los dramaturgos de la época) cuando afirmó que lo que se nos ofrece en una comedia no es una serie de personajes completos, sino *una acción completa*, entendiendo por esta frase no solamente una acción bien integrada en sí sino una que tuviese un sentido total: una acción

8. 'We must, however, waive any preconceptions and accept the fact that the Spanish drama works on the assumption —which after all has the authority of Aristotle behind it— that the plot and not the characters is the primary thing. We can then judge the action in its own right and see what it has to offer us in terms of human values' (Parker 1957: 4).

9. 'This does not mean that the characters are unimportant. What it does mean is that since the dramatists are out to present, within a strict limitation of time, an action that is full of incident, they generally have no time to elaborate their characters... They left it to the audience and the actors to fill in... the psychology...: Details are suggested... and our imaginations, as we read or listen, must construct the rounded character' (Parker 1957: 4–5).

10. El presente autor ha hablado de su aplicación general en una recensión (Pring-Mill 1962a), buena parte de cuyas observaciones se han incorporado aquí, como también de su aplicabilidad al teatro de Lope (Pring-Mill 1961). Por calderonianos que le parezcan dichos principios en su esencia, su aplicación a cualquier comedia del Siglo de Oro siempre sigue pareciéndole utilísima, ya que con sólo medir el grado en que uno u otro dramaturgo los observe se tiene a mano una fórmula muy precisa para definir la relación entre su concepción personal del arte dramático y las tendencias generales de la tradición que había de adquirir su máximo grado de estilización en las obras de Calderón.

que mostrase un tema el cual pudiera aislarse de ella y formularse de una manera universal, como un juicio importante sobre algún aspecto de la existencia humana.[11] Ahora bien, hay que reconocer que tales temas suelen reducirse a meros lugares comunes de la filosofía moral cuando se los aisla de la acción dramática: para que puedan volver a cobrar toda la fuerza de 'an important judgment on some aspect of human life' hay que haberlos tomado con mucha seriedad al incorporarlos a una acción, estudiando cuidadosamente la manera de revitalizarlos para que se puedan proyectar con eficacia a la vez moral y teatral. Es lo que de hecho se halla en todas las comedias serias de Calderón, cuyas acciones parecen haber tenido el fin preciso de incorporar una (o más) de estas generalizaciones morales a una serie de episodios particulares, de manera que lo que pudiera haber quedado como una mera moraleja vulgar vuelve a cobrar su pleno sentido humano gracias a la demostración dramática de su validez en cierto caso concreto. Hay comedias de otros dramaturgos que pudieran apreciarse exclusivamente al nivel de la acción, aunque el estudio de sus temas siempre puede profundizar la apreciación y el placer de un lector moderno;[12] pero la subordinación de la acción al tema es tan absoluta en una pieza seria de Calderón que el lector que no logre comprender el tema se pierde por completo en las complicaciones de la superficie (como se echa de ver releyendo lo que antiguamente se decía de *La vida es sueño*).

Llegando a su tercer principio, Parker mostró muy claramente que esta distinción entre acción y tema podía proporcionar la clave para descubrir una auténtica unidad dramática hasta en piezas cuya evidente pluralidad de acciones había desorientado a los críticos tradicionales. Y en verdad lo que él estaba haciendo en *The approach* era elevar a categoría de principio general lo que válidamente había demostrado en el caso concreto de *Fuente Ovejuna*, varios años antes (Parker 1953), enseñándonos cómo la dualidad de su acción podía resolverse en una clara unidad temática cuando nos diésemos cuenta de que la tiranía del comendador para con sus inferiores y su rebelión contra los Reyes Católicos eran la cara y cruz de un solo elemento de discordia introducido por el comendador en la estructura de la sociedad. Tomado casi como axiomático desde la publicación de *The approach* (por lo menos en lo que se refiere al campo calderoniano) pudiera ser que la búsqueda de esta unidad temática transcendental haya conducido demasiado lejos, en lo sucesivo, hasta el punto de perderse de vista la posibilidad de la situación inversa: el empleo consciente de un dualismo estructural en que una pluralidad de temas, incorporados a las situaciones humanas que confrontan a distintos personajes, haya sido resuelta en una auténtica unidad dramática precisamente sobre el nivel de la acción. En el caso de *La vida es sueño*, por ejemplo, por mucho que se haya trabajado para demostrar la total interdependencia de Rosaura y Segismundo (como se verá después), no puede ni debe negarse que sus respectivas situaciones tienen que ver con dos cosas muy distintas. En las palabras de Sloman, que son el punto de partida de uno de los artículos más importantes sobre esta pieza: 'Two issues are involved in Calderón's *La vida es sueño*: a man's conversion and a

---

11. 'What the dramatist offers us, then, is not a series of complete characters, but a complete action. By a complete action I do not only mean one that hangs together, that ties up at the end all the loose strands, I mean an action that is a significant whole, one that discloses a theme that has a significant bearing on experience, a theme that can be taken out of the particular action and universalized in the form of an important judgement on some aspect of human life' (Parker 1957: 5).

12. Pudiera decirse lo mismo de las obras calderonianas de capa y espada, aunque en la verdad hasta en ellas Calderón parece servirse de la distinción entre acción y tema como un recurso técnico para estructurarlas: por ejemplo, en la elaboración de una trama que ilustra la verdad de la proposición *Casa con dos puertas mala es de guardar*.

woman's clearing of her honour' (Sloman 1953, en Wardropper 1965: 90), y aunque existe cierta analogía entre los dos problemas, lo que se ha demostrado muy eficazmente, no es que sean reducibles a un solo tema sino que Calderón ha construido su trama de tal modo que la conversión de Segismundo no tendría lugar sin la intervención de Rosaura en su vida, mientras el honor de Rosaura solamente llega a restaurarse como consecuencia de la conversión de Segismundo.[13]

La formulación precisa del cuarto principio parkeriano —'the subordination of the theme to a moral purpose through the principle of poetic justice' (Parker 1957: 27)— también ha creado ciertos problemas, por razón de la dificultad de distinguir entre el tema y la finalidad moral cuando el tema ya es por sí moral: quizás sea preferible, por lo tanto, en tales casos decir que la finalidad moral inherente al tema queda demostrada mediante la aplicación del principio de la justicia poética. Pero el análisis que Parker hizo de las operaciones de la justicia poética en sí (y sobre todo su demostración de que ésta no sólo se manifiesta en la muerte de un culpable sino que también abarca lo que Parker llamó 'el castigo de la frustración', visto igualmente en la situación del Duque al final de *El castigo sin venganza* y en la de Curcio al final de *La devoción de la cruz*,)[14] hicieron muchísimo para iluminar la lógica construccional de la comedia.

4. Historia y poesía, más la definición parkeriana de la tragedia en Calderón

UNA PLENA COMPRENSIÓN de su teoría sobre este principio requiere, sin embargo, la lectura de sus observaciones en otros dos estudios (1959 y 1962). En el primero, mostró hasta qué punto el principio dramático de la justicia poética respondía a una interacción entre la obligación artística de observar el decoro literario y la obligación poética de imitar las cosas (en sentido aristotélico) no tal como son sino tal como debieran de ser: de ahí, por lo tanto, la inevitable modificación de los mismos hechos históricos —los cuales conocía Calderón bien— en una obra como *Las armas de la hermosura*, sacrificando la mera *verdad histórica* a las necesidades de otra verdad superior a ésta (v. g. las de la finalidad moral inherente a su tema). Como el presente autor ya agregó, reflexionando sobre este punto en su citada reseña de *The approach* (1962a), el principio de la subordinación de la acción al tema no era —al fin y al cabo— sino otro aspecto más del mismo precepto aristotélico: la poesía imita lo universal, no lo particular (a la historia corresponde la función de crónica de las cosas tal como son, o fueron), y pudiérase decir que cuando el tema predomina en una comedia, lo que pasa es que la necesidad de imitar lo universal ha dictado la creación de una *historia fingida*, cuyos episodios particulares responderían a las necesidades de la demostración moral que el dramaturgo se ha propuesto desarrollar sobre el tablado.

En 1962, las ideas de Parker sobre la justicia poética se habían de aclarar a la luz de algunas observaciones hechas acerca de su primera formulación, en las cuales se habían interpretado sus palabras originales en un sentido demasiado estricto:

> It was never my intention... to use the phrase 'poetic justice' in the rigid sense of 'punishment fitting the crime'... What I have in mind is a theological and not a legal

---

13. Esta fórmula estructural parece haber sido muy grato a Calderón. Estudiada por el presente autor en una conferencia (Pring-Mill 1964), se expone más detenidamente en el Capítulo IV, abajo.

14. 'His situation at the end is analogous to that of the Duke in *El castigo sin venganza*. It is another example, even more bitterly ironical, of punishment by frustration: Curcio must carry with him to the grave the real dishonour he has created by attempting, through pride and cruelty, to avoid the stigma of a dishonour that was in the first place only the imaginary fruit of his obsessive egotism' (Parker 1957: 22).

concept: by poetic justice I myself mean no more —and no less— than the fact that there is no moral guilt without suffering of some kind, and no suffering without some degree of moral guilt (except in the case of the innocent victim of another's wrongdoing). It is not necessary that the quantity of suffering and the degree of guilt should reciprocally balance, though in the Spanish drama they may and very often do.

(1962: 226)[15]

En este sentido algo atenuado, la justicia poética sí que obra casi universalmente en la comedia, pero Calderón suele servirse de ella con frecuencia en el sentido más estricto también, de modo que un examen del reparto de beneficios y penas en un desenlace calderoniano es buena manera de iniciar el análisis de su punto de vista sobre los aspectos morales del caso (buen modo, por decirlo de otra manera, de iniciar la búsqueda del tema en el sentido parkeriano de esta palabra).

Cuando el lector empieza a estudiar el funcionamiento de la justicia poética para descubrir la finalidad moral inherente al tema, entonces entra en juego el quinto de los principios parkerianos: la elucidación de la finalidad moral por medio de la causalidad dramática. Su aplicación consiste, necesariamente, en remontar del desenlace hacia la primera escena para desentrañar la lógica estructural de la pieza. Este no es, por lo tanto, verdaderamente un principio construccional aplicado por el dramaturgo al componer la pieza, sino un principio analítico que corresponde al campo de la crítica: un modo de conseguir entrada en la lógica interna de la construcción que había conducido cronológicamente de la primera escena al desenlace para remontarla en sentido inverso. Lo que hace es imponer sobre el lector o el espectador la necesidad de un detenido análisis retrospectivo de todas las relaciones causales observables en el campo de la acción, como medio para determinar la naturaleza precisa de la finalidad moral que informa el tema. Nótese que en esta expansión de la fórmula parkeriana se han puesto en juego dos de sus propios términos básicos (*acción* y *tema*) que no entraban en su propia formulación. Quizás porque no entrasen en ella, la aplicación de este quinto principio a *La devoción de la cruz*, en *The approach*, dio lugar a ciertas complicaciones que no se habían de aclarar completamente hasta que volviera por tercera vez en 1962 sobre esta misma comedia. Valdrá la pena estudiar lo ocurrido de más cerca por dos razones: por un lado, porque parece representar un paso esencial en la evolución de los métodos de lo que aquí se ha llamado el análisis temático-estructural, y por otro, porque aclara el lento desarrollo de una de las teorías más profundas de Parker sobre la esencia de la dramaturgia calderoniana, o sea el concepto de *la responsabilidad difusa* o colectiva ('conception of diffused responsibility') que había de recibir su forma definitiva en el artículo de 1962, el cual dio remate a esta nueva etapa del pensamiento parkeriano.

En *The approach*, en oposición a las interpretaciones tradicionales de la pieza (todas las cuales la vieron centrada en torno a Eusebio), su estudio de la causalidad dramática le llevó a reinterpretarla centrándola en torno a Curcio:

A different interpretation emerges, however, if by following the chain of causality we search for the inner dramatic structure. Eusebio is the principal character in the action, but he is not the tragic hero in the normal sense of the term because, though caught up in the chain of causality, he does not himself forge the first link. Poetic justice is

---

15. Pudiérase dudar, quizás, si el relajamiento de la reciprocidad entre culpa y pena tiene verdaderamente el efecto de trasladar dicho concepto del campo legal al campo de la teología.

exemplified in his death, but the more important question to ask is, what brings about his death? (Parker 1957: 18)

Tomando primero el caso de Julia y luego el de Eusebio, Parker remonta por aquella cadena, mostrando que en último término es Curcio quien tiene toda la responsabilidad de haber puesto en marcha la serie de hechos que había de conducir tan fatalmente al desenlace. De ahí, concluye que Curcio tiene que ser, por consiguiente, el verdadero centro de la tragedia, a pesar de que él no muera y Eusebio sí:

Curcio, not Eusebio, is thus the real centre of the tragedy, despite the fact that he does not die while the latter does. (Parker 1957: 18)

Hasta aquí, ha entrado en juego uno de aquellos dos términos especiales, al decirse (en la primera cita) que Eusebio era 'el personaje principal de la acción'. Dos páginas después se pone en juego el segundo, pero de una manera algo curiosa:

Although Eusebio is the protagonist in the action, Curcio, through the inner dramatic structure of the play, emerges as the principal character in the theme, since it is upon him that everything turns. He bears the ultimate responsibility and therefore the primary guilt for everything that happens. (Parker 1957: 20)

Es la primera vez que se ha hablado de una distinción entre personajes pertenecientes a la acción de una pieza y otros pertenecientes a su tema. Parece posible que la introducción de este tipo de distinción fuese una equivocación, debida a que una investigación de las relaciones causales observables en los episodios al nivel de la acción terminara pasando inesperada e inexplicadamente de este nivel al otro. Aplicado así al *Hamlet* de Shakespeare, resultaría que aunque Hamlet fuese el protagonista de la acción, Claudio sería el personaje principal del tema. Pero mejor será limitarnos al campo de la comedia: bastará considerar lo que sucedería si se aplicara el principio de la causalidad dramática en idéntica manera a *La vida es sueño*, para ver que algo de erróneo tenía que haber habido en la lógica de aquel análisis de *La devoción de la cruz*. El Curcio de *La vida es sueño* es el rey Basilio, iniciador de todo lo que le sucede a su hijo (con la excepción de la intervención de Rosaura en su vida) y tan responsable como Curcio por haber impuesto sobre un hijo suyo las circunstancias de una situación injusta e intolerable. Si Curcio fuese 'el verdadero centro' de *La devoción de la cruz*, Basilio tendría que serlo en el caso de *La vida es sueño*: según el modelo de la distinción propuesta entre Eusebio y Curcio, Basilio tendría que quedar puesto de relieve como 'the principal character in the theme' ('since it is upon him that everything turns'), y Segismundo quedaría reducido al nivel de mero protagonista de la acción. Pero nadie dirá que las cosas sean así (¡ni jamás lo sugirió Parker, desde luego!).

La interpretación *curci-céntrica* y *anti-curciana* de la comedia (perdónensele al autor los neologismos) tenía, no cabe duda, el gran mérito de unificarla total e inmediatamente, aunque fuese en un sentido más bien negativo que positivo. Quizás parezca muy convincente a primera vista precisamente porque el aspecto positivo de esta pieza no es ni claro ni evidente: después de dar el primer paso (sumamente necesario), rechazando la interpretación literal y supersticiosa de su título, resulta sobremanera difícil llegar a una definición precisa de su tema. Parker termina por establecer una distinción muy interesante entre el sentido literal de la devoción a la cruz y un sentido simbólico, asignándolos respectivamente al nivel de la acción y al nivel del tema, pero aunque estemos de acuerdo con este procedimiento en sí, no estamos convencidos todavía por la tesis parkeriana (1957: 22) de que el sentido figurado de dicha devoción tenga que ser 'the rule of unselfishness and forgiveness in human life' (mera inversión de los móviles de la conducta de Curcio), puesto que esto no basta para explicar la naturaleza de todas las intervenciones de la cruz. Dejando este aspecto (como tantos otros) de lado, lo que hay que hacer ahora es volver a la terminación de la última cita larga porque contiene otra dificultad que ha quedado aún sin resolver.[16]

Verdad es que Curcio tiene 'the ultimate responsibility and therefore the primary guilt', pero aunque Eusebio nunca hubiera pecado tal como pecó si su padre no le hubiera creado las circunstancias de su vida criminal, esto no quiere decir que Eusebio no tenga la culpa por todas las decisiones que él tomó por sí mismo en las diversas situaciones que le fueron presentadas, lo cual Parker todavía no vio claramente en *The approach*. De hecho, su análisis del aspecto de la responsabilidad moral en *La devoción de la cruz* no había sido muy exhaustivo en aquella ocasión. Insatisfecho él mismo, y preocupado desde hacía muchos años de una manera casi obsesiva por dicha pieza, Parker hubo de volver a ella por tercera vez en 1962, y cuando aquel artículo todavía estaba en un estado transicional lo trajo en forma de conferencia a Oxford. Ya tenía elaborada hasta cierto punto la que había de ser su teoría de la responsabilidad difusa (aunque en una forma que parecía disminuir la responsabilidad de Eusebio quizás más todavía que en *The approach*, si mal no recordamos), y su lectura fue una ocasión maravillosamente estimuladora. La discusión pública se convirtió luego en un diálogo en que el autor recuerda haberle formulado ambas de sus objecciones principales (la analogía Curcio–Basilio, y el que la 'responsabilidad primaria' de Curcio no disminuía la responsabilidad moral de Eusebio en todas sus propias decisiones). Conversamos largamente entonces, tanto sobre *La vida es sueño* como sobre *La devoción de la cruz*, pero hasta mucho tiempo después no empecé a reconsiderar ambos puntos de nuevo desde un ángulo un poco distinto, mirándolos ahora a la luz de la distinción primitiva entre *acción* y *tema*. Si el análisis de la causalidad tuviera que tener lugar enteramente sobre el nivel de la acción, ¿no se seguiría que la 'inner dramatic structure' que así se descubriría, tan sólo podría ser —por lo menos en primer término— aquella de la acción misma? El tema sí que siempre queda detrás de la acción, informándola en su totalidad y transparentándose por ella, pero:

> no se sigue *necesariamente* que la causalidad de la acción sea el tema principal de una obra, ni tampoco que el iniciador de la acción tenga que ser el personaje central. El iniciador pudiera estar allí para crear un problema para el protagonista auténtico, y la causalidad de la acción pudiera estar motivada por la necesidad de crear una situación para este protagonista, cuyas propias acciones pudieran constituir la verdadera clave para la comprensión del tema. (Pring-Mill 1962: 386)[17]

---

16. No ha sido posible dentro de los límites del presente estudio seguir el tema parkeriano de lo simbólico en las comedias calderonianas, el cual hubiera requerido tratar detalladamente el citado artículo en *Arbor* (Parker 1949) y seguir sus ideas por la larga trayectoria de Parker (1948) y *The approach* hasta su notable ponencia sobre metáfora y símbolo en la interpretación de Calderón (1964). Tampoco había lugar para hablar del carácter metafórico que Parker atribuye a la totalidad de una acción (en *The approach*), ni del importante corolario a su segundo principio: '[the primacy of theme over action] with the consequent irrelevance of realistic verisimilitude'. Habría mucho que decir sobre ambos puntos, pero ha parecido mejor limitar esta discusión a los principios del análisis temático-estructural en sí.

17. Dicha reseña de *The approach* se compuso antes de que apareciera 'Towards a definition of Caldero-nian tragedy', aunque de hecho el tomo de *Romanistisches Jahrbuch* que la contenía no llegó a publicarse hasta el verano siguiente. Quizás la expresión más sucinta de la posición contraria sea la que Parker pronunció con

Evitábase así aquella distinción discrepante entre un iniciador de la acción que se convertía en el personaje central del tema, y el protagonista evidente de la pieza entera cuyo protagonismo Parker había querido limitar al nivel de la acción. Otra vez más, una ojeada a *La vida es sueño* puede aclarar lo dicho: Basilio, iniciador de la acción, sí que crea una serie de situaciones y problemas para Segismundo (personaje central y auténtico protagonista) pero hay que buscar la verdadera clave de la finalidad moral que informa el tema en lo que hace su hijo, al encararse con la serie de problemas que le presentan aquellas situaciones creadas por su padre.

En la versión definitiva de 'Towards a definition of Calderonian tragedy', aunque siguiera manteniendo que Curcio estaba situado en el verdadero centro de la pieza, Parker reformuló su interpretación de *La devoción de la cruz* de un modo que tomaba en cuenta aquellas dos objecciones, desarrollando su concepto de la responsabilidad difusa hasta que constituyera la base de una interpretación total de la visión calderoniana de nuestra condición humana. Ahora dirá que aunque Curcio tenga la culpa de haber creado la situación en que se halla Eusebio, Eusebio sí tiene la culpa de las decisiones que libremente toma en la situación que su padre le impusiera. Y sigue más allá:

> But where is the moral responsibility for Eusebio's death to be fixed? On Eusebio? Yes and no. Yes, because he commits the crimes; no, because the fact that he was placed in the circumstances that made him commit them was the responsibility of another. Is the responsibility, then, to be fixed on Curcio? Again yes and no. Yes, because he was responsible for an act that in time produced the circumstances of Eusebio's crimes; no, because he did not himself commit those crimes, nor did he wittingly lead Eusebio to commit them. (Parker 1962: 228)

De ahí la concepción sutil de la naturaleza de la tragedia que Parker nos descubre en esta pieza:

> Calderón was aware... that good and evil cannot be differentiated by a simple division into right and wrong and exemplified by a straightforward conception of poetic justice. Eusebio is both guilty and not guilty; while Curcio must share the guilt for crimes that he has not himself committed. If a situation such as this is indeed part of our human predicament (and who can deny it?), is it not something deeply tragic? This conception of diffused responsibility, of the impossibility of confining the guilt of wrongdoing to any one individual, lies at the heart of the Calderonian sense of tragedy.
> (1962: 228)

Pero la expresión más profunda de este sentimiento trágico de la vida va más allá todavía:

---

respecto a la narración en que Curcio cuenta el nacimiento de su hija: 'This narration has been ignored by the critics, but it is in fact the primary element in the theme because it is the cause from which the whole action follows' (Parker 1957: 19). En vista de las observaciones del presente autor (Pring-Mill 1961), Parker incluyó la siguiente nota en 'Towards a definition': 'Whilst wishing to re affirm the importance of the "first cause" in the structure of a Calderonian play, I am grateful to Mr Pring-Mill for correcting (xviii) my previous looseness of phrasing. Where the causality of a play leads straight to a catastrophe, the initiator is intended to carry part of the "responsibility" for that catastrophe —obviously the degree of responsibility, as regards both significance and moral guilt, will vary widely: Don Luis's responsibility in *El pintor [de su deshonra]* is of the slightest in either sense— but it is there. Curcio's responsibility in *La devoción de la cruz*, on the other hand, is practically total' (Parker 1962: 232, n. 2).

Calderón's dramatic vision of the nature of moral evil is... a tragic... one: all men dig each other's graves as well as their own, for since all human acts engender others in an unbreakable chain of cause and effect, the lesser evil that one man does can combine with that of others to engender a major evil. Calderón's dramatic world is one in which individual responsibility clashes with the fatality of the causal nexus of events.

(1962: 230)

Y Parker terminó su estudio diciendo:

The Calderonian tragic hero, caught in the tangled net of interrelated human actions and imprisoned in his own limited vision, is not at odds with fate in the ordinary sense of the term — he is the victim of something more profound and tragic, the victim of the sad irony of human life itself, in which each man is compelled to construct, and act upon, his own individuality in a world where the human individual, *qua* individual, cannot exist. (1962: 231)

Un tanto enigmáticamente (por su concisión), aquellas frases finales convierten el famoso 'No man is an island' de John Donne en el móvil supremo de todas las tragedias humanas en el teatro de Calderón.

Aquí conviene recorder, sin embargo, que en el caso concreto de *La devoción de la cruz* esta visión trágica sólo se manifestaba plenamente para Parker porque él seguía con la interpretación *curcicéntrica* de la comedia; y hay que reconocer que en realidad Eusebio no puede ser un héroe trágico de tipo sencillo en cuanto se salva cuando muere, por bien que aquella cita parezca cuadrar con su situación. Asociando toda interpretación *eusebicéntrica* de la pieza con la interpretación literal y por lo tanto supersticiosa de su título, Parker ya había sugerido en *The approach* que tal enfoque la convertiría en una tragedia defectuosa.[18] En 'Towards a definition', aunque disociando el *eusebicentrismo* de la tradicional interpretación supersticiosa de su desenlace, había de afirmar más categóricamente que nunca que el enfoque *eusebicéntrico* llevaba consigo una negación del carácter trágico de la comedia:

The young protagonist, Eusebio, meets with a tragic death; but he is miraculously restored to life in order that he may confess his sins and receive absolution from a priest before dying. This in itself extravagant incident has, of course, a symbolical meaning — it is the concrete representation on the stage of the fact that Eusebio's soul is saved through repentance; and spiritual salvation despite human catastrophe is what Calderón wishes to emphasize at the end in his particular case. The play does not end in the human tragedy to which the incidents of the plot lead, but in a spiritual triumph that is dramatically irrelevant: it is therefore no tragedy at all...

I have, however, argued elsewhere that this interpretation is the wrong one because it does not take into account, as one always must in Calderón, the structure of the plot... Curcio and not Eusebio is... the real centre, because he is the primary agent of the tragedy, despite the fact that he does not die while the latter does.[19]   (1962: 227)

---

18.   'If this kind of perverted supernaturalism is indeed the theme it will, of course, seriously mar the play as a tragedy. Eusebio will appear to be a potential tragic hero who fails to become one, because into the tragedy of his fatal love there intrudes a religious message that, in addition to being superstitious, is also dramatically irrelevant, since the play ends not in the human tragedy to which the incidents of the plot lead, but in spiritual triumph' (Parker 1957: 18).

19.   Es de suponer que al rechazar 'this interpretation' lo que Parker está rechazando es tan sólo la interpretación *eusebicéntrica* y por lo tanto anti-trágica, y no la interpretación simbólica del desenlace: no estaría

Para nosotros, el *eusebicentrismo* no conduce necesariamente a una negación de la interpretación trágica de la pieza sino que la profundiza más aún: habría una verdadera *agudeza* paradójica en su desenlace precisamente porque lo que termina siendo 'spiritual triumph' de las tejas arriba siga siendo 'human catastrophe' vista por debajo de las tejas, y esta paradoja también es consecuencia de la triste ironía de la vida. Muchas son las veces en que Calderón repite paradojas parecidas, mostrándonos claramente que lo que sobre el nivel humano puede parecer tragedia no siempre lo es *sub specie aeternitatis* (piénsese, por ejemplo, en *El príncipe constante*), y esta paradoja espiritual no es —al fin y al cabo— más que la otra cara de la que estaba en el fondo de todo el desengaño de la época: el reconocimiento de que todo lo que sobre el nivel meramente humano transitorio nos parezca gloria se tenga que reducir a vanagloria al confrontarlo con la divina gloria perdurable. Pero estamos plenamente de acuerdo con Parker en cuanto todas las tragedias que sean tragedias completas nos parecen explicables por aquel concepto parkeriano de la responsabilidad difusa (por ejemplo las otras dos obras que analizó en 1962 —*Las tres justicias en una* y *El pintor de su deshonra*— o *El médico de su honra*).

Lo que quisiera subrayar al mismo tiempo, sin embargo, es que aunque las palabras de Parker nos hayan proporcionado la explicación de la tragedia cuando es trágico el desenlace de una pieza, no siempre el hombre es incapaz de vencer las circunstancias que le rodean, pues puede superarlas cuando logra sobreponerse a sí mismo. Es lo que finalmente aprende a hacer el Segismundo de *La vida es sueño*, y entonces no solamente resuelve sus propios problemas sino los de todos los personajes en su derredor.[20] El mismo Parker dijo que si se le hubiera matado a Segismundo mientras intentaba recobrar su libertad y Basilio hubiese tenido que verle morir como el precio por retener su propio trono, la situación de *La vida es sueño* hubiera coincidido precisamente con aquella de *La devoción de la cruz*.[21] Pero no fue más allá, para investigar por qué razón *La devoción de la cruz* tuvo que terminar como terminó, mientras *La vida es sueño* termina felizmente. Quizás pueda hallarse una solución a este problema siguiendo las ideas de otro calderonista británico, cuya propia teoría de *la responsabilidad individual y colectiva* de los personajes formaba parte de otra interpretación general de la visión dramática de Calderón.

5. La responsabilidad individual y colectiva

INJUSTO SERÍA dejar al lector con la impresión de que las teorías de Parker hubieran llegado a su forma definitiva sin más intervención por parte de colegas que alguna que otra conversación, como la que ya se ha mencionado. Al pasar de *The approach* a su artículo de 1962 se han pasado por alto muchas publicaciones de diversas manos, y sobre todo un importante libro publicado en 1958 por el principal de los calderonistas de la 'segunda

---

negando que 'spiritual salvation despite human catastrophe is what Calderón wishes to emphazise at the end in [Eusebio's] particular case'.

20. Hay uno que no está allí para que Segismundo le arregle la vida. A Clarín ya le halló la muerte, para la cual ni siquiera el Segismundo vuelto sabio puede tener solución cuando ya haya llegado. Pero sí que nos enseña a vivir preparándonos para bien morir.

21. 'If Segismundo had been killed in the vain attempt to recover his freedom while Basilio had been forced to see him die before his eyes as the price of retaining his throne, the Curcio–Eusebio situation would have been exactly paralleled' (Parker 1962: 228). Cuatro años más tarde, Parker (1966) habría de volver una vez más a *La devoción de la cruz* y a su contrastación con *La vida es sueño*, basándose para ésta en la interpretación que había ido evolucionando dentro de la tradición que se estudia en las dos últimas partes del presente estudio.

generación británica': *The dramatic craftsmanship of Calderón*, de A. E. Sloman (1958).[22] Aunque su bibliografía termine en 1956, es de suponer que Sloman supiera algo de las ideas que Parker ya había desarrollado en conferencias y estaba entonces por incorporar en *The approach* (desde luego pudiérase decir que hasta cierto punto bastantes de ellas ya estaban en el aire del ambiente calderoniano en Inglaterra, aunque sin formularse a modo de principios generales). Por otra parte, ambos pudieran haber debido mucho a Entwistle (el maestro de Sloman e íntimo amigo de los dos), pues quien lea retrospectivamente su 'Towards an understanding of Calderón' (Parker 1938) hallará muchas anticipaciones de la manera general de interpretarle que se habían de concretar en los trabajos de aquéllos. Sea como sea, el *Dramatic craftsmanship* de Sloman nos le muestra no sólo empleando los métodos de lo que aquí se ha llamado *el análisis temático-estructural* sino anticipando ciertos aspectos del concepto de la responsabilidad difusa, y coincidiendo además en muchos puntos con la interpretación general de la visión dramática de Calderón que Parker había de proponer en su 'Towards a definition of Calderonian tragedy'.

The dramatic craftsmanship of Calderón ya era el segundo libro de Sloman sobre el dramaturgo, y tomaba como punto de partida para sus análisis un procedimiento muy fructuoso elaborado en su tesis hecha bajo la dirección de Entwistle: *The sources of Calderón's 'El príncipe constante'* (1950). En aquella obra, el cotejo de la comedia con su fuente principal (*La fortuna adversa del Infante don Fernando de Portugal*, atribuida a Lope pero más probablemente escrita por el valenciano Tárrega) le había servido en primer término para destacar la presencia y naturaleza de una nueva orientación de orden temático, mientras el estudio detenido de la reorganización de las materias recibidas le había permitido al mismo tiempo aislar y definir lo característicamente calderoniano de la estructuración de la pieza al nivel de la acción. Sabido es cuán provechosa suele ser la comparación de un poema con versiones anteriores (sean esbozos del mismo autor, sean obras de otros poetas sobre el mismo asunto) y es fácil apreciar ya de antemano lo útil que tenía que ser este tipo de análisis aplicado a comedias enteras, por distintos que sean los problemas cuando se trate de la refundición de una obra teatral; y aunque la situación se diferencia netamente de la 'imitación de modelos' en la poética renacentista, ya que un poeta contaba con que sus lectores conocerían sus fuentes y se aprovechaba conscientemente del nexo de asociaciones que cada alusión llevaba consigo, mientras la refundición dramática se servía de sus fuentes para crear una obra totalmente independiente de ellas desde el punto de vista de su auditorio.[23]

Desde el punto de vista del crítico, en cambio, la posibilidad de cotejar una comedia detenidamente con una fuente dramática concreta le permitirá la formulación de conclusiones objetivas y comprobables acerca de la manera en que se la ha tratado, y por lo tanto acerca de la manera en que el dramaturgo posterior haya ido elaborando su propia versión: toda desviación de la fuente puede suponerse intencionada, y por lo tanto motivada, y en consecuencia significativa de las razones que la motivaron. Si este tipo de análisis puede extenderse aplicándolo a suficientes casos, podráse terminar generalizando de una manera igualmente verificable acerca de los procedimientos característicos de aquel dramaturgo,

---

22. La mayor parte de las observaciones hechas por el presente autor en su reseña en *Romanistisches Jahrbuch* (Pring-Mill 1959b) han sido incorporadas en este artículo.

23. Hágase excepción de la práctica calderoniana de basar un auto sacramental sobre una comedia que había obtenido éxito. En este tipo de *refundición a lo divino* (como en toda la tradición de las refundiciones *a lo divino* en el Siglo de Oro) sí que contribuía mucho la familiaridad con el original seglar al deleite —y hasta, a veces, a la comprensión— del auditorio.

extrayendo de los casos de refundición reglas todavía más generales, que podrán ser aplicadas luego a otras de sus obras que no hayan sido refundiciones de ninguna fuente. En su primer libro Sloman no se había atrevido a generalizar (y con razón, pues sólo tenía un caso a mano) pero en el segundo aplicó el mismo tipo de análisis a ocho piezas muy diferentes entre sí, siendo su número suficiente para justificar la presencia de un capítulo a manera de conclusión provisional sobre los procedimientos de la dramaturgia calderoniana. Antecediéronle ocho estudios comparativos, sobre *El médico de su honra*, *Las armas de la hermosura*, *Los cabellos de Absalón*, *El mayor encanto amor*, *La niña de Gómez Arias*, *El príncipe constante*, *El alcalde de Zalamea* y *La vida es sueño* respectivamente: orden que procede desde los casos en que Calderón había conservado la estructura entera de una pieza, hasta otros en que la refundición parecía haberse desviado totalmente de su original. Sloman vio que el grado de diferenciación entre una obra determinada y su modelo dependía siempre de consideraciones preeminentemente dramáticas, todas las cuales podían resumirse en una busca constante de la unidad, pero de una unidad que se advertía en el plano del tema más bien que en el plano de la acción. Generalizando más todavía, llegó a una conclusión sobre la manera de acercarse a la interpretación de cualquier comedia calderoniana muy próxima a los dos principios de Parker que hablan de *acción* y *tema*:

> The key for the understanding of Calderón's plays, quite clearly, is not the plot itself, much less the separate episodes of the plot, but the characters and beyond them the theme which binds them together. (Sloman 1958: 283)

Hasta cierto punto, esto parece ir en contra del primer principio parkeriano (el predominio de la acción sobre la caracterización), pero de hecho lo que aquí se dice cuadra muy bien con lo que Parker había de decir al considerar el papel de los personajes en el caso concreto de *La devoción de la cruz*. No es que se aconseje que tengamos que regresar al antiguo punto de vista realista sobre la psicología de los personajes, sino que tenemos que estar dispuestos a considerar a los personajes como posibles puntos de entrada al tema (como se verá mejor después en el caso de *La vida es sueño*, al considerar el artículo de Wilson).

Cuando examinó precisamente por qué las piezas calderonianas eran superiores a sus fuentes en cuanto a unidad, Sloman llegó a formular una teoría de la *responsabilidad individual y colectiva* que se parece mucho al concepto de la *responsabilidad difusa* que Parker había de proponer unos años después. Sloman atribuyó la evidente superioridad de sus refundiciones en gran parte a la concepción que Calderón tenía de la responsabilidad moral del hombre, concepción que imponía un orden de causalidad estricta sobre todo lo que ocurría en sus piezas, ya que sus personajes no estaban a merced de un hado cruel e implacable sino a merced de sí mismos y de su prójimo:

> They shape their own destinies. With reason and judgment to guide them, they must choose between the conflicting loyalties and embarrassing predicaments of life. Catastrophe and tragedy do not spring from some arbitrary change of fortune imposed from outside, but are the consequence of human behaviour which has not measured up to the required standard, whether the motives are good or bad. But man does not live in isolation. He is a member of society; his conduct will affect others and the conduct of others will affect him. Tragedy results not simply from the wrong choice of one person but from a whole series of choices of all the persons involved. Conversely, the averting

of tragedy, due to the enlightenment and prudence of a single person, affects not only that person but the whole society in which he or she moves. Calderón presents a world of human error in which there are no innocent victims. This conception of the individual and the corporate responsibility of his characters give[s] his plays their extraordinary cohesion, extraordinary precisely because of the many complicated incidents which are welded together, and at the same time their deep moral significance. Calderón traces the actions of his plays back to their first cause, and then, stage by stage, shows how all the characters of his play contribute to its development and conclusion.   (Sloman 1958: 284–85)

Ahí se tiene a la vez: (*i*) una concepción de la responsabilidad moral que abarca no solamente el caso de un Curcio cuyas acciones desembocan en la tragedia y aquél de un Eusebio todavía imprudente que no logra evitar el fatal desenlace aunque termine por salvar su alma, sino también el caso del hombre que logra evitar la tragedia, cual Segismundo, solucionando a la vez sus propios problemas y los de los demás; (*ii*) una teoría de la causalidad dramática como principio constructivo sobre la cual podrá basarse un procedimiento crítico que la descifre; y (*iii*) lo esencial de la teoría del empleo de la justicia poética para subrayar la naturaleza de una finalidad moral. Aunque sin codificarse a modo de principios como en *The approach*, allí se hallan, por lo tanto, todas las características esenciales tanto de la concepción teórica de la dramaturgia calderoniana en Inglaterra hoy día, como de los métodos del análisis temático-estructural, los resultados de cuya aplicación a *La vida es sueño* se han de examinar el resto de este estudio. Ya desde un principio puede afirmarse que toda aquella larga cita del *Dramatic craftsmanship* de Sloman podría aplicarse, frase por frase, a los habitantes del pequeño mundo de *La vida es sueño* (microcosmos del nuestro) cuya historia fingida parecería haberse fingido tal cual es para que sus episodios particulares pudieran comunicarnos esta visión general de nuestra condición, enseñándonos cómo se tiene que vivir para evitar los desenlaces trágicos en nuestras propias vidas.

6.   La interpretación wilsoniana de *La vida es sueño*

NO TODOS LOS TRABAJOS sobre *La vida es sueño* de los modernos calderonistas de habla inglesa pertenecen estrictamente al análisis temático-estructural, y por lo tanto no todos ellos se habrán de discutir aquí (aunque todos hayan contribuido a su modo a la formación de nuestra visión general de su sentido). Así, por ejemplo, no se podrá examinar un estudio interesantísimo de 'The father-son conflict in the drama of Calderón' recientemente publicado por Parker (1966), en que se explica la obsesión del dramaturgo por este tipo de conflicto familiar por lo que podemos inferir del testamento de su padre acerca de las relaciones en su propia familia, haciendo mucho por iluminar la situación central de *La vida es sueño* desde este ángulo nuevo; pero Parker aquí toma por sentado las conclusiones de los trabajos analíticos iniciados por el estudio de Wilson que él había comentado en 1953 en sus 'Reflections', y lo que nos ofrece ahora es más bien un nuevo punto de partida que otro paso más en el desarrollo del análisis estructural. Unos años antes, en 1960, Wardropper también había introducido otro punto de vista nuevo (bastante más discrepante), no negando el sentido literal establecido por el análisis temático-estructural, pero sugiriendo la presencia de un complejo sentido alegórico también; y de esto tampoco se podrá hablar aquí. Ni hay lugar para considerar las muy pertinentes observaciones de C. A.

Jones (1965) sobre el honor en *La vida es sueño*. Lo que hay que hacer, en cambio, es regresar directamente al punto de partida wilsoniano, y sólo considerar cuantas contribuciones posteriores sirvieron para calificar o desarrollar lo que él había dicho. Los grandes rasgos de su interpretación ya quedaron resumidos en aquellos párrafos de Parker, citados en las páginas 15–16, pero ¿cómo había llegado Wilson a estas conclusiones? y ¿cuáles fueron los métodos precisos que le permitieron extraerlas de su lectura y escrutinio de la obra?

Empezó por lo que había de convertirse en el primer principio parkeriano, rechazando el punto de vista novecentista sobre la importancia de la caracterización realista:[24]

> Calderón certainly thought about the disposition of his plot, the problems of verse communication, the moral questions raised by his presentations and, perhaps, how certain men might be expected to act in certain conditions. He did not set out to make Segismundo into 'a living character'. (Wilson 1946: 64)[25]

Lo que Wilson había de hacer después queda clarificado en la página siguiente de la versión inglesa (aunque quizás esto represente una clarificación retrospectiva perteneciente a la fase que precedió a la publicación de los *Critical essays*, porque no se halla semejante proclamación de sus propósitos en la versión española):[26]

> Instead of blaming Calderón for not doing what he never intended to do, I shall try to find out some of what he did. I shall look at the sub-plot as well as the main plot, at the third act as well as at the first two acts. I shall not assume that the title means what others would like it to mean. I shall try to point out how and why Segismundo is converted, how and why life is a dream, what I think the play as a dramatic whole means. (Wilson 1965: 64)

De un golpe, recházanse ahí todos los intentos de interpretar la pieza a la luz de las remotas fuentes del cuento del *Soñador despierto* (como había hecho Farinelli en 1916, el

---

24 Actitud cuyo desarrollo lógico había de conducir al análisis freudiano y posfreudiano, mientras que en cuanto entrasen de hecho en la construcción de cualquier obra calderoniana consideraciones de orden psicológico éstas serían (como era de suponer) las de las doctrinas de aquel tiempo aceptadas por el dramaturgo. Véase, por ejemplo, el profundo estudio de la psicología de Julia y Eusebio en *La devoción de la cruz* a la luz de las ideas de la *Summa Theologica* en Entwistle (1948a).

25. Toda cita inglesa viene de los *Critical essays* pero a veces hay que ir al texto español de 1946: en este mismo caso, por ejemplo, hay diferencias muy significativas entre el texto inglés que se acaba de citar y el castellano ('Es verdad que Calderón de la Barca maduraba mucho sus argumentos y meditaba sobre los problemas morales que éstos presentaban; quizás en algún momento se preguntó si tal personaje o tal situación podían considerarse verosímiles; pero nunca, creo yo, se propuso crear un personaje *que alentara con vida propia*', 1946: 62). Aunque, cuando no coinciden, el texto inglés puede remontar al texto primitivo de 1938–39, la versión española es la que tuvo que influir sobre todos los que conocieron las ideas de Wilson entre 1946 y la aparición de los *Critical essays* en 1965. Es de suponer que la versión inglesa se imponga ahora, en parte porque será considerada muy lógicamente como la definitiva pero en buena parte por la sencilla razón de su mayor accesibilidad. Según se verá en la nota siguiente, sin embargo, sería lástima que la versión española se desechara por completo.

26. Difícil es juzgar prioridades, pues en la nota que precede al texto inglés dice Wilson: 'In 1946 Don Enrique Moreno Báez translated the article into Spanish, and we *added some paragraphs* and *deleted others*' —lo subrayado es del presente autor— 'in order to make it more appropriate to Hispanic readers. I have now *revised slightly the original* English version, *added some passages* from the Spanish translation and *rephrased a number of sentences*. I hope that the changes I have made *may clarify my original interpretation* without distorting it' (1965:63). Pero las prioridades son importantes cuando se quiere establecer los pasos de la evolución del método de análisis y el desarrollo de su terminología crítica. No hay que creer, sin embargo, que la versión española sólo tenga una importancia histórica ahora, pues muchas veces ofrece un detalle importante (o un matiz) que no consta en la inglesa: véanse los ejemplos analizados en las notas 30 y 34 (y se han suprimido muchos otros al abreviar este estudio para la imprenta). Hay que confrontar continuamente las dos versiones para sacar el máximo provecho.

cual había terminado por imponer su propia interpretación sobre el título para luego quejarse que de esto resultara una evidente contradicción en las ideas del dramaturgo), o a la luz de las ideas sobre la vida como sueño en los sermonarios del siglo XVI y el teatro jesuítico —como el P. Olmedo (1928)— o mediante el cotejo de la comedia con otras parecidas, como doña Blanca de los Ríos (1937) o aquel de sus personajes con las figuras de los autos sacramentales, como Valbuena Prat (1937: II. 405n.), como también el peligrosísimo procedimiento de iniciar la interpretación de la comedia —como L. P. Thomas (1910)— confrontándola con el auto del mismo nombre, lo cual puede llevarnos a leerla como un mero desarrollo de aquella alegoría. Establécese así como primer principio de la interpretación crítica la necesidad de ver la obra tal como es, analizándola para hallar la lógica de su propia construcción interior. O sea que al lado de los principios parkerianos y anterior a ellos habría que colocar como axioma inicial (aprovechándonos de una de sus propias fórmulas) *el predominio absoluto de la obra en sí sobre toda consideración exterior*, por valiosas que tales consideraciones puedan resultar como fuentes secundarias para la plena comprensión de una obra literaria. Con esto, los métodos del análisis temático-estructural ya quedaban situados claramente en el campo de una sola de las grandes divisiones metodológicas de la crítica literaria en nuestros tiempos.

Aunque Wilson ya había rechazado totalmente la noción novecentista de la caracterización, su manera de proceder para poder 'ver el drama como él es y... precisar lo que nos enseña' (Wilson 1946: 65) empezó, asimismo, por el análisis del papel de los personajes comenzando con el de Segismundo: no un estudio de su psicología abstraída de la acción, sino un análisis detenido de su participación en la acción de la pieza. Muy pronto empieza a destacarse en este análisis wilsoniano una distinción que no se había señalado hasta ahora en este estudio: no es precisamente que la psicología de un personaje carezca de importancia, sino que mientras se suele juzgar la caracterización de un personaje moderno según el criterio de la individualidad (atribuyéndole más valor cuanto más individualizado sea) los rasgos significativos que el dramaturgo del Siglo de Oro atribuía a un personaje parecen haber servido más bien para colocarle dentro de cierta categoría de hombres. Este punto no emerge tan claramente de la versión española:

> Calderón no nos le presenta [a Segismundo] *como un carácter, como un hombre en el que predominara lo particular*, sino *como un hombre en quien lo animal domina del todo a lo racional*; un hombre tal y como cualquiera podría haberlo sido de haber pasado toda su vida encadenado dentro de una torre   (1946: 65)

como de la inglesa:

> Calderón has not drawn him *as a 'character', a being with a private individuality*, but *a man in whom the animal, rather than human, nature is dominant*: a man such as any of us might have been had we passed our early years chained up in a tower in the desert.   (1965: 70)[27]

Pero ni esto subraya bastante la presuposición de que lo que importaba al dramaturgo eran los detalles que le clasificaban, generalizándole dentro de su situación particular, si se quiere, en lugar de atribuirle rasgos que pudieran haberle particularizado como individuo (aunque fuese dentro de una situación que quizás tuviera un valor más general), como sucede en gran parte del teatro moderno. Esta desparticularización no resta valor al indivi-

---

27.   Lo subrayado en ambas citas, como en otros casos de una comparación entre las dos versiones es debido al presente autor.

duo *qua* individuo sino que le sitúa dentro de una visión total de la humanidad (y por lo tanto de la estructura cósmica), definiendo su valor por colocarle en el centro de un nexo de relaciones. Es difícil averiguar (al leer el artículo treinta años después de su composición) hasta qué punto Wilson era consciente entonces de la importancia de la distinción que sus observaciones presuponen).[28] Pero si se lee atentamente su análisis del papel de Segismundo, en el cual estudia todas sus intervenciones en la acción, se verá cómo siempre destaca los valores abstractos que traslucen en ellas, situándole con precisión dentro del esquema moral que Calderón empleaba e ilustraba.

Este análisis corrobora metódicamente la hipótesis de que Calderón había caracterizado a Segismundo de una manera muy consciente por atribuirle una serie determinada de características, que eran las que se requerían para que desempeñase un determinado papel dentro de la demostración de alguna tesis moral; y lo mismo se encuentra cada vez en lo sucesivo, en el análisis wilsoniano de los demás papeles importantes. O sea que las ideas generales que el dramaturgo quiso incorporar en su comedia parecen haber dictado no solamente la concepción de la trama que había de ilustrarlas (lo que Parker llamaría después la *acción*), sino también el papel preciso de todo personaje; y sería la naturaleza precisa de su papel lo que determinaba los rasgos de carácter que se le habían de dar, para que actuase de una manera convincente a cada paso de la demostración. Valdrá la pena seguir el análisis del papel de Segismundo mirándolo a esta luz. Paso a paso, Wilson sigue su actuación, mostrando cómo aquel hombre en quien lo animal dominaba del todo a lo racional se va convirtiendo por etapas en un hombre en quien lo racional terminará por dominar todos sus instintos e impulsos animales. Primero destaca su soberbia en el palacio, pero nota como (a pesar de la violencia de su modo de decirlas) las cosas que ahí dice son a menudo correctas — por ejemplo 'En lo que no es justa ley | no ha de obedecer al Rey' (vv. 1321–22)[29]— y pone de relieve la importancia de la reacción 'Dadme, cielos, desengaño' (v. 1239) cuando el Segismundo recién despertado y ennoblecido se halla en poder de la confusión. Pero en aquella etapa de su progreso, el '¿Quién me mete en discurrir?' (v. 1245) seis versos más abajo, nos le muestra sometiendo lo racional a lo animal de nuevo, cuando sus apetitos empiezan a entrar en juego y él se deja halagar. Para explicar los pasos de su progreso hacia el desengaño durante esta segunda jornada, Wilson destacó dos cosas: el empleo de la ecuación de la vida con el sueño, y la función de la torre no solamente como una prisión literal sino como un *memento mori*. La segunda se había de dejar algo de lado en las contribuciones posteriores de la escuela de habla inglesa hasta el artículo de Wardropper (1960), pero la primera es un punto central, y habrá que mirar muy de cerca precisamente cómo Wilson la enfocó.

Empezó por señalar el doble sentido de aquella ecuación cuando Basilio y Clotaldo la emplean en el palacio al advertirle a Segismundo que quizás esté soñando, lo cual él sólo puede entender de una manera. El sentido en que lo entiende es su sentido literal (o sea:

---

28. Entwistle había de precisarlo muy bien (hasta sugiriendo una explicación del fenómeno) en un pasaje que parece haber pasado casi inadvertido, ya que nadie ha seguido la pista que señalaba: 'Calderón's actors lose something of the personality conferred by a thousand superficial details without ceasing to be individual entities. This was in accordance with the specific trend of philosophical thought in his age, since Suarism does not posit abstract Man in the physical universe nor in relation to God, but individual Man. It retains, however, much of the vocabulary of Thomism and the singularly complete mesh of scientifically verified truths which Thomism finds so close beneath the surface of experience' (Entwistle 1948a: 481).

29. Cítase *La vida es sueño* siguiendo la edición de Sloman (1961), cuya introducción representa su tercera contribución a la dilucidación de la comedia.

que su experiencia del palacio en aquel momento no era verdad sino sueño), aseveración que Segismundo rechaza fiándose sin más ni más del testimonio de sus sentidos (véanse vv. 1534–35). Luego, habiéndose mostrado un hombre 'que de humano' no tenía 'más que el nombre' (v.1655), se le vuelve a adormecer y se le devuelve a su cárcel, y entonces Segismundo sueña de verdad. Lo que dice, hablando entre sueños, le muestra soñando que todavía está en palacio: o sea que su sueño verdadero es una continuación de la realidad vivida que apenas había acabado de experimentar, mientras despierto estaba.[30] Cuando se despierta de nuevo de verdad, esta misma paradoja queda invertida y se prolonga, adquiriendo un sentido mucho más profundo. La manera en que Wilson desarrolla este punto decisivo merece citarse *in extenso* en la versión inglesa (1965: 73):

> He awakes, and Clotaldo easily persuades him that all that had happened in the palace was part of the same dream, a dream that had been inspired by the talk about the king of birds which preceded the first drugging. In dreams one does not act but is 'acted upon'; in the palace Segismundo acted as his passions, not his reason, dictated: he might as well have been dreaming. For while we are awake there are objective laws outside us to which we must conform; to know these laws and how to apply them is what gives life its reality. If they are neglected man becomes the creature of his passions, he is 'acted upon', and his life is no more real than a dream is. So that the palace scene became twice a dream for Segismundo: it was an unreal experience, and while it lasted he had merely acted on impulse in a dream-like way.

Todo esto, como el desarrollo posterior de la misma materia, quedará más claro si ahora se introducen en la discusión los términos parkerianos de *acción* y *tema*, relacionando el sentido figurado del título *La vida es sueño* con el tema de la obra y su sentido literal con las intervenciones de la ficción *palacio = sueño* en la acción.[31] Entonces la mayor parte de la tesis wilsoniana con respecto a la conversión de Segismundo, a la manera en que la vida es sueño y el sentido total de la obra (las tres cosas que Wilson había querido descifrar) pudiera considerarse muy bien como una contestación a la siguiente doble pregunta: ¿Cómo llega a incorporarse la metáfora *La vida es sueño* a la acción de la pieza? y ¿cómo queda delimitado el significado de la metáfora por la naturaleza de la acción?[32] Pero hay

30. Las dos versiones tienen matices distintos: 'Segismundo habla entre sueños como si estuviera aún en el palacio, de modo que *el sueño es aquí la continuación de la realidad*' (1946: 67) y '... *his real dream is a continuation of his waking life*' (1965: 73) y hanse precisado aquí todos los elementos de la paradoja que Wilson quería destacar. Para todo el resto de este párrafo decisivo hay que constatar que la versión española (la única conocida por los investigadores que basaron sus propias tesis sobre la de Wilson) era menos clara que la versión inglesa, la cual será sin embargo la que se citará aquí porque en este punto del presente estudio es más importante precisar el significado definitivo de la interpretación wilsoniana que precisar el orden de prioridades en su desarrollo.

31. La palabra *tema* no aparece ni una sola vez en todo el artículo —ni en la versión española ni en la inglesa— ni se emplea en él la palabra *acción* más que en dos sentidos ya tradicionales: (*i*) lo que un personaje hace o se propone hacer ('The conflict of his action and his situation has been resolved', refiriéndose a Segismundo', 1965: 78; 'Each is right in the course of action he or she has decided to pursue', refiriéndose a Clotaldo y Rosaura, 1965: 86), y (*ii*) para referirse en la versión española al *plot* y *sub-plot* de la inglesa: 'La acción principal y la secundaria' (1946: 77). Cuando Parker hubo de resumir la tesis wilsoniana en 1953 en sus 'Reflections' (véase el pasaje citado en las páginas 15–16), ya habla repetidamente del tema de la pieza ('moral theme'; 'a basic theme which... was capable of being the vehicle of a moral idea'), pero todavía no tenía plenamente elaborada sus ideas sobre la acción pues sigue hablando de 'plot' y 'sub-plot' (como Wilson). Un poco más abajo aludirá a un 'basic plot' pareciendo oponerlo al 'basic theme', lo cual sugiere que ya estaba pensando en aquel compuesto de las acciones principal y secundaria representado por la palabra 'action' en *The approach*. Pero sus ideas no terminan de aclararse hasta que adquieren su terminología especial.

32. 'How does the metaphor *La vida es sueño* become embodied in the action of the play, and how does the nature of the action restrict the meaning of the metaphor?', pregunta de examen formulada por Parker en 1959, citada aquí en parte por lo bien que pone de relieve la naturaleza del modo de pensar que se exige a los

que subrayar que verlo así supone haber extraído de lo que Wilson dijo el hilo de su pensamiento, sirviéndose del lenguaje técnico que todavía no se había desarrollado entonces para aclarar la naturaleza implícita de su modo de pensar.[33] No es que la dirección del análisis cambiara, sino que a base de lo que había sido una serie de reflexiones particulares sobre una comedia determinada (y de otras series de reflexiones sobre otras comedias, desarrolladas por Wilson, Entwistle y Parker en diversas ocasiones) se había de generalizar un método de análisis aplicable a muchos otros casos, el cual se emplea casi instintivamente hoy día haciendo uso del lenguaje técnico elaborado durante los últimos veinticinco años.

Volviendo al caso: como Wilson señaló, una de las intervenciones más importantes de aquella metáfora es cuando Clotaldo advierte a Segismundo 'que aun en sueños | no se pierde el hacer bien' (vv. 2146–47) y éste se decide a reprimir su 'fiera condición' (v. 2149). La decisión era acertada, pero estaba basada sobre un adagio sentencioso sobremanera incorrecto: totalmente incorrecto como generalización —pues 'el consejo de Clotaldo no puede aplicarse a los sueños verdaderos, en los que el hombre no es responsable de sus acciones' (1946: 68)— aunque pueda aplicarse acertadamente al seudo-sueño de Segismundo en el palacio.[34] Según Wilson, 'la respuesta de éste nos deja ver que ha comprendido bien a Clotaldo y que está persuadido de la necesidad de dominar sus impulsos' en el futuro 'para evitarse nuevos desengaños del mismo tipo' (1946: 68). Como se señala unas líneas más abajo:

> Esto no quiere decir que esté ya convertido, sino simplemente que comprende que es necesario evitar el mal por temor a sus consecuencias. Tales sentimientos, aunque no sean de los más elevados, son, sin embargo, lo que le preparan para su conversión.

A continuación viene el resto del famoso monólogo que termina 'toda la vida es sueño, | y los sueños sueños son' (vv. 2187–88), en el cual Wilson señaló muy acertadamente la presencia de una distinción importante: según lo que ahí se dice, bien mirado, el hombre no sueña su existencia sino que sueña 'lo que es' (v. 2157) —soñando el rey 'que es rey' y 'con este engaño' recibiendo 'aplauso... prestado' (vv. 2158–62) mientras sueña el rico 'en su riqueza' (v. 2168) y el pobre 'su miseria y su pobreza' (v. 2171). Según Wilson:

---

estudiantes formados en esta tradición, en parte por su valor para el estudio de la evolución semántica de la terminología empleada hoy día en el análisis temático-estructural.

33.   Wilson jamás aplica la palabra *metáfora* ni al título de la pieza ni a la correspondencia *vida–sueño* (aunque la llame 'analogy' en la versión inglesa —refiriéndose al principal reparo que Farinelli hiciera a Calderón— donde la española no empleaba sustantivo alguno: 'because [Calderón's] analogy breaks down', 1965: 67, corresponde a la frase 'en cuanto toda la vida no es allí un sueño', 1946: 63). De hecho, la palabra *metáfora* no consta en toda la versión inglesa y sólo ocurre una vez en la española ('en Calderón cada metáfora se relaciona con un concepto cuidadosamente elaborado', 1946: 66) precisando para los lectores españoles un punto que Wilson ya había establecido en inglés en su artículo de 1936 sobre estos elementos: quizás fuera por esta razón que dicha observación no figure en el texto inglés. Por último, hay que precisar que cuando Wilson habla de aquel 'double meaning' (1965: 71) —observación que no consta en la versión española cuyo pasaje correspondiente es mucho menos profundo (véase 1946: 66)— no encuentra la necesidad de decirnos explícitamente que uno de aquellos dos sentidos sea *literal* y el otro *figurado*: distinción introducida aquí bajo la influencia de lo que Parker dijera de la devoción a la cruz (1957: 22; véase la página 23, arriba).

34.   Wilson ahonda su análisis en la versión inglesa, amplificando la frase 'aunque puede aplicarse al [sueño] de Segismundo' al decir 'but it does apply to Segismundo's life in the palace, for if he had acted more wisely he would not have found himself back in the tower' (1965: 74); pero la frase inglesa deja de precisar que su 'life in the palace' fuera un *sueño* (aunque sólo un *seudo-sueño*), al cual aplícase la máxima incorrecta que de hecho sólo cuadra con aquel *seudo-sueño* porque no había sido un sueño de verdad. Queda más por decir sobre este particular: véase el Capítulo II, abajo.

Hasta ahora Segismundo se había resistido a creer que soñó, porque tenía el sentimiento de la realidad del mundo en que se había movido; ahora se da cuenta de la diferencia que hay entre la realidad de su propio existir y la de la vana pompa de que por un instante se vio rodeado, distinción que no es en definitiva sino la estoica entre las cosas que nos son propias y las que no son más que prestadas.   (1946: 69)

Cabría dudar (como se verá después) de que Segismundo se haya dado plena cuenta de la distinción que se puede hallar en sus palabras, pero el comentario de Wilson suscita otra observación anterior a ésta.

Se habrá notado en este lugar (como probablemente ya se habría notado en la lectura de la última larga cita en inglés) que aunque el comentario de Wilson se ciñe al texto, no podría explicar su sentido tal como lo explica sin recurrir a sus propios conocimientos del pensamiento de la época. O sea que a pesar de reconocer el predominio absoluto de la obra en sí, su método reconoce el gran valor de las consideraciones exteriores como fuentes secundarias para la plena comprensión del texto: no se pudiera haber llegado a descifrar el significado de los detalles que Calderón empleaba para definir la naturaleza de la actuación de Segismundo a cada paso, sin conocimiento previo de los sistemas de clasificación y análisis de los actos humanos que Calderón pudiera conocer. Sabiendo cuáles eran, fácil es determinar su punto de vista preciso entre las diversas posibilidades si se notan las distinciones (como ésta, estoica) que sirven a la vez para precisar el papel del personaje y para identificar la actitud del dramaturgo. En el caso de esta distinción estoica, Wilson determina en seguida precisamente cómo ésta se tiene que relacionar con la metáfora del título:

Si vivimos sólo para las cosas que no son nuestras y que no dependen de nosotros mismos no seremos más libres que el que está soñando, en cuanto serán ellas las que nos gobiernen y no nosotros quienes lo hagamos. La existencia del rey es por tanto real [i. e. auténtica: no hay juego de palabras], pero su poder es sólo prestado. El estoico le aconsejaría renunciar a él; el cristiano le permite que lo siga usando, con tal de que obre como si no fuera.[35]   (1946: 69)

Ahora bien, hay que hacer una distinción de orden metodológico aquí: en verdad, lo que se ha hecho es aclarar al lector el sentido que aquel monólogo tendría para Calderón, lo cual no coincide necesariamente con el sentido que tendría para Segismundo en el momento de decirlo. Sería inverosímil suponer que Segismundo pudiera tener plena conciencia todavía de la distinción entre *existir* y *ser lo que se es*, porque la consecuencia de aceptar la mentira de que el palacio fue soñado ha sido una duda total de toda la realidad sensible, duda que le conduce a la conclusión 'que toda la vida es sueño' (v. 2187). De hecho, ya que aquel verso se complementa con 'y los sueños sueños son' (v. 2188), Segismundo ha pasado de un estado en que creía que la vida era inconfundible con el sueño a otro en que cree que no existe diferencia alguna entre las dos cosas: opinión igualmente

---

35.   De nuevo hallamos que cada una de las dos versiones contribuye con notas importantes que están ausentes en la otra: donde la española dice 'le permite que *lo siga usando, con tal de que obre como si no fuera*', la inglesa reza 'would have him use them [i. e. power and honours] *for good ends* but live *by them not for them*' (1965: 75–76), introduciendo la nota de *obrar bien* que tan importante es para la finalidad moral. Pero inmediatamente después, donde el inglés dice 'External events are also outside our power', el español tiene mayor sentido dentro del contexto moral de la época: 'Los acontecimientos exteriores también están *libres de la jurisdicción de nuestro albedrío*' (1946: 69). El 'power' continúa la nota estoica: la frase española la cristianiza, empleando la terminología de los moralistas de la Contrarreforma.

errónea y que se habrá de corregir después, pero valiosa mientras tanto por haberle conducido a la acertada decisión de reprimir su fiera condición — aunque tan sólo fuera por temor a las consecuencias. Su confusión entre vida y sueño no se ha de aclarar hasta que escuche la large narración de Rosaura en la última jornada (como Sloman había de indicar en su tercera intervención), cuando por fin podrá diferenciar entre la mentira y la verdad: entre la mentira *palacio = sueño de verdad* y la verdad *vida = cierto sentido de la palabra 'sueño'*. Enterado de la realidad de su vida de palacio, desechará toda la ficción de Clotaldo; entonces volverá momentáneamente a querer gozar lo que se vive, pero en seguida (vencida ya la más seria de todas sus tentaciones) pasa rápidamente del *collige rosas* al 'acudamos a lo eterno' (v. 2982). Y de ahí en adelante ya quedará inspirado resueltamente por aquel desengaño de todas las cosas prestadas que antes le habían llegado mezcladas —hasta no poderlas distinguir— con la mentira clotaldiana. Para el crítico siempre es importante distinguir entre el sentido que las palabras de un personaje tienen para él cuando las pronuncia y cualquier sentido más amplio que pudieran haber tenido para el dramaturgo.[36] Ambas versiones del artículo wilsoniano sugieren que su autor había caído aquí en el error de imponer las certidumbres de Calderón sobre su héroe cuando éste sólo hubiera aprendido la lección parcial 'que es necesario evitar el mal por temor a sus consecuencias'. Pero al tomar sus palabras fuera del contexto inmediato, sí que coinciden con un aspecto de la finalidad moral inherente al tema 'la vida es sueño'. Hay más: definen el único sentido preciso en que la metáfora del título puede ser verdad, proporcionando por lo tanto (como Wilson señaló) 'the complete answer to the criticism of Farinelli' (1965: 75).

Todos los problemas de orden metodológico sugeridos por el escrutinio wilsoniano de la actuación de Segismundo ya se han considerado, y se podrá resumir el resto de este análisis muy rápidamente. siguiendo su papel a lo largo de la tercera jornada y examinando siempre la motivación de todas sus decisiones, Wilson le muestra vacilando continuamente entre la inclinación de sus pasiones y lo que le dicta 'his newly acquired prudence' (1965: 76) —aunque ésta siempre termine por vencer a la tentación— hasta que llegue el momento aludido en que Rosaura le convence de la realidad del palacio y le somete a la más grave de la nueva serie de tentaciones. Entonces, gracias al desengaño, se obra en él la última etapa de su conversión y toma aquella resolución de acudir 'a lo eterno' (v. 2982) que habrá de proporcionarle la solución para todos los problemas (sean suyos o ajenos). Como Wilson reconoce —pero el desarrollo de este punto había de quedar para sus sucesores— Rosaura había sido el instrumento indispensable para convertirle, aunque fuese (como pudiéramos añadir en términos parkerianos) tan sólo sobre el nivel de la acción.

Se podrá considerar mucho más sumariamente el resto del argumento de Wilson. Siguiendo con su escrutinio de los diversos papeles y empleando las ideas (pero no los vocablos) que iban a constituirse en los dos últimos principios de Parker, analiza la cadena de causalidad que conduce a cada uno de los personajes hacia el desenlace (o a la muerte,

---

36.   Hay que evitar asimismo el error contrario de suponer que las palabras de un personaje siempre tienen un sentido más amplio para el dramaturgo cuando se las toma fuera de contexto. La protesta de Segismundo en su primer monólogo, por ejemplo, representa la reacción de un hombre sometido a una situación intolerable, y no la reacción de Calderón ante el mundo (como suele figurarse el colegial que tenga que aprender aquellas décimas de memoria, las más veces sin haber leído la comedia). Tiene un sentido general, sí: la opinión que 'el delito mayor | del hombre es haber nacido' (vv. 111–12) no es peculiar a Segismundo como individuo (aunque haya sido producido en él por una serie de circunstancias particularísimas). Pero lo que de hecho representa es una de varias opiniones sobre la condición humana que Calderón se proponía refutar.

en los casos de Clarín y del Criado 2º) y examina la justicia de lo que les sucede en aquel desenlace para poder definir la actitud moral de Calderón. Distingue, al hacerlo, entre dos grupos de personajes. Hay los que quedan frustrados (como Parker dirá) por haberse fiado demasiado de las cosas de este mundo: grupo que incluye a Segismundo hasta que aprenda a ser prudente, pero cuyo representante principal es Basilio; y luego hay aquellos cuya actuación fue dictada por consideraciones morales y que terminan galardonados por la felicidad, o sea Rosaura y Clotaldo.[37] Dejando fuera a Segismundo, citemos lo que dice de los demás del primer grupo en su resumen (citando la versión más breve):

> Clarín es listo y está orgulloso de su listeza; por tener éxito en un principio llega a creer que con ingenio se puede todo. Desdeña las enseñanzas que podría sacar de su encarcelamiento y, por estar seguro de sí mismo, muere tratando de evitar la muerte. Basilio tiene el orgullo de su falsa ciencia, cree poder alterar lo dispuesto por las estrellas, prescindiendo del albedrío de la única persona que podría alterarlo; es derrotado en una batalla, pierde su reino y despierta al ver la muerte de Clarín. Astolfo confía en lo meramente temporal para eludir el cumplimiento de su promesa; pero la rebelión que depone a Basilio le pone en situación de tener que cumplir lo que había prometido. Todos ellos cayeron en el mismo pecado: en el de confiar demasiado en sí mismos, en su talento o habilidad; todos consideran como reales las grandezas del mundo, que son ilusorias, y todos creyeron que podrían hacer que el futuro se conformara con sus deseos; en una palabra, todos soñaron.   (Wilson 1946: 77)

Resultará evidente que la exégesis de sus papeles no es tan simplista como se pudiera haber pensado cuando Parker (comentándola en sus 'Reflections') dijo que Calderón había visto que su idea moral tenía muchos aspectos y matices y había ido elaborando su trama para incorporar cuantos aspectos pudiese manejar 'distributing them singly among his characters',[38] lo cual pudiera hacer pensar que Wilson viera cada personaje como la personificación de un solo aspecto y pensase que cada aspecto se manifestaba exclusivamente en un solo personaje. Mirar a las personas de la comedia así sería muy peligroso, porque normalmente sólo en los autos se puede hablar de los personajes como personificaciones de ideas abstractas: lo que pasa en las comedias es que la interacción de todo un grupo de personas sirve para ejemplificar la operación de las ideas abstractas de la tesis, proporcionando una demostración de la finalidad moral. O por lo menos así piensa el presente autor, y a él le parece que esto es (en efecto) precisamente lo que Wilson demostró.

7. El paralelismo estructural de *La vida es sueño*: Sloman y Whitby

TODOS LOS DEMÁS ESTUDIOS de *La vida es sueño* reproducidos en Wardropper (1965) aceptan a la vez su interpretación general de la pieza como representación en la persona de Segismundo de la manera en que el hombre de carne se despierta a la vida espiritual, dominando las pasiones y usando la razón para obrar prudentemente y bien en esta vida, y su análisis general de la estructura. Dos de ellos (los de Sloman y Whitby, de 1953 y 1960 respectivamente) tienen que ver sobre todo con el paralelismo estructural, mientras el

---

37. Según Wilson, todas las acciones de éste fueron inspiradas por la lealtad y todas las de aquélla por el sentimiento del honor: 'The sub-plot is the story of the conflict of these motives' (1965: 85). Pero en realidad no se prestan a una explicación tan sencilla: 'Clotaldo brought upon himself some of these dilemmas or *confusión* by his infidelity to Violante...; Rosaura... has only herself to blame for some of her problems, for she has been all too easily deluded by a promise of marriage' (Sloman 1961: xix).

38. Véase esta frase dentro de su contexto, citado en la página 16 del presente estudio.

tercero desarrolla una idea incidental de Wilson: al comentar el *acudamos a lo eterno*, éste había dicho 'De ahora en adelante [Segismundo] va a realizar el ideal del príncipe cristiano' (1946: 71), y el artículo de Hesse (publicado en español en 1953) tiene que ver exclusivamente con la concepción calderoniana del príncipe perfecto y el modo en que Segismundo llegó a encarnarla.[39]

Tendríanse que añadir cinco trabajos más para tener reunidas todas las etapas actuales del análisis temático-estructural de *La vida es sueño*: primero un artículo de Peter N. Dunn sobre el aspecto astrológico, también de 1953 (año de máxima cosecha, pues en él se publicaron nada menos que cuatro trabajos pertinentes contando las 'Reflections'), segundo, una glosa de 1955 sobre la metáfora, en un curioso pero profundo estudio comparatista por T. E. May;[40] y luego las dos contribuciones posteriores de A. E. Sloman: el capítulo de *The dramatic craftsmanship* (1958) donde compara *La vida es sueño* con *Yerros de naturaleza y aciertos de la fortuna* (en que Calderón había colaborado con Antonio Coello) y la introducción a su edición del texto (1961). Últimamente ha aparecido el artículo de Parker sobre el conflicto entre padre e hijo en Calderón (1966), ofreciendo un nuevo punto de partida que supone la consolidación de la interpretación de la comedia elaborada en los trabajos ya citados. Intervinieron algo en la evolución de este análisis dos trabajos que no son de la misma escuela, el primero de Leopoldo Eulogio Palacios (1960a, escrito en 1948) y el segundo de Michele Federico Sciacca (1950), pero aunque estimularan su desarrollo no forman parte de la trayectoria crítica que aquí se estudia.[41] Aun limitándose a esta tradición central, es evidente que no se podrá examinar ninguno de los ocho trabajos citados con la misma minuciosidad que el artículo de Wilson. Pero con estudiar la primera contribución de Sloman y los artículos de Whitby y Dunn en cierto detalle, quedarán señaladas todas las características importantes del análisis temático estructural, tales como se han manifestado en el examen de *La vida es sueño*. Con respecto a los cinco trabajos restantes, habrá que limitarse a indicar muy brevemente cómo cuadran con la tradición central.

Aunque cite el trabajo de Palacios, el artículo de Sloman depende directamente del análisis de Wilson, y queda estrechamente vinculado a sus ideas aunque desarrolle el análisis estructural por un camino un poco distinto. Como ya se ha visto, Wilson tomó como punto de partida para su interpretación de la pieza el estudio de los papeles de los diversos personajes, logrando conseguir así el objeto principal de su trabajo: 'demostrar que *La vida es sueño* es una obra lógica, consistente, toda de una pieza' (1946: 64). Pero aunque su interpretación incorporase una nueva visión de la estructura dramática, en cuanto al análisis de ésta, Wilson había quedado en el predominio del tema y la unificación de las acciones principal y secundaria por el papel de Rosaura en la conversión del prota-

39. La idea de que Segismundo representa *el tipo del príncipe perfecto* remontaba a las siguientes frases de Menéndez Pelayo (1910: 108): 'En Calderón hay un salto mortal desde el Segismundo siervo y juguete de la pasión hasta el Segismundo tipo del príncipe perfecto, que aparece en la tercera jornada' (citado por Wilson 1965: 66). Wilson no se había preocupado tanto de examinar esta idea (aunque la desarrolla un poco) como de refutar el concepto del salto mortal. Palacios (1960a) sí que la desarrolló, y el artículo de Hesse (1965) desarrolla el tema del príncipe mucho más, pero a la luz de lo que Wilson y Palacios habían dicho (véase página 46, abajo) y presuponiendo la refutación wilsoniana de aquel *salto*.

40. Un importante estudio comparativo mucho más largo, y que no fue concebido dentro de esta tradición ni ha quedado incorporado a ella en lo sucesivo, había aparecido en los Estados Unidos el año anterior (Crocker 1954). Tanto éste como el estudio de May merece una lectura muy atenta.

41. Palacios se refiere al trabajo de Wilson, y tanto el artículo de Dunn como el de Sloman citan el estudio de Palacios, pero Hesse es el único que da señales de haber sido influido por sus ideas. De los trabajos que se comentan en el presente estudio, el artículo de Whitby (1965) es el único que muestra la influencia de Sciacca.

gonista. Fijándose ahora en el aspecto estructural, Sloman se dedicó a estudiar cómo las dos acciones se fueron relacionando progresivamente con el desarrollo del paralelismo entre Rosaura y Segismundo: paralelismo de situación (ambos sin honor y anhelando la justicia, aunque sus problemas sean muy distintos) que se desarrolla sobre el nivel de la acción al establecerse una especie de interdependencia entre sus fortunas, entretejiendo sus vidas de tal modo que ni la conversión de Segismundo pudiera tener lugar sin la intervención de Rosaura, ni se llegara a restaurar la honra de ésta sino a consecuencia de la conversión de aquél. Su conversión se remata, además, en la renuncia a la mujer que amaba, pues el entregarla a Astolfo significa simultáneamente 'the clearing of Rosaura's honour and the final proof of Segismundo's conversion'. Contrastando *La vida es sueño* con *Fuente Ovejuna*, obra cuya *unidad temática* Parker estaba mostrando por aquel entonces en sus 'Reflections', Sloman pudo demostrar que mientras las dos tramas lopescas se habían mantenido independientes *sobre el nivel de la acción* —hasta tal punto que sería posible suprimir toda referencia a la rebelión del comendador sin perjudicar la acción principal que trata de su tiranía— las dos historias calderonianas se habían entretejido hasta formar una sola estructura: 'Two plots are woven together to form a single pattern, so much so that it may be misleading to speak of two plots' (1965: 100).

Desde el artículo de Sloman hay una línea directa al trabajo de Whitby, que se basa a la vez sobre su análisis estructural y sobre la interpretación temática de Wilson. La trayectoria de estos tres trabajos queda manifiesta en sus títulos: 'On *La vida es sueño*' (Wilson), 'The structure of Calderón's *La vida es sueño*' (Sloman), 'Rosaura's role in the structure of *La vida es sueño*' (Whitby). A base de la contribución estructural de Sloman, Whitby vuelve a estudiar la naturaleza precisa del papel jugado por Rosaura en la conversión de Segismundo. Pero también tiene que referirse ahora al estudio de Sciacca, que mientras tanto había sugerido que el príncipe llegó a entrever la forma eterna de la belleza contemplando sus manifestaciones en las personas de Rosaura y Estrella. Apoyándose en los versos 'Sólo a una mujer amaba; | que fue verdad, creo yo, | en que todo se acabó, | y esto sólo no se acaba' (vv. 2134–37) Sciacca había dicho que todo era sueño para Segismundo excepto la belleza entrevista sensiblemente y en imagen, la cual le conduce al valor invisible que trasciende toda apariencia sensible — obrando en él una conversión de carácter platónico. Sin rechazar esta explicación, aunque subrayando que tan sólo fue por la fuerza del amor a Rosaura como individuo que aquella imagen de la belleza quedó grabada en la mente de Segismundo, Whitby se dedica a estudiar cómo éste se convierte por haber llegado a conocerse a sí mismo y a comprender la naturaleza del mundo en que habita. Conviene citar aquí su análisis preliminar de lo que Segismundo tiene que aprender, subrayando las frases cruciales:

What he must learn about the world is that *it offers fleeting, unreal pleasures, and eternal values, among which his senses alone cannot distinguish.* Before his conversion can be fully realized, *he must also learn what it means to be 'un compuesto de hombre y fiera'* (v. 1547). In order that he may came to know himself and the world, there must be an awakening of his spiritual faculties. Just as he must discover that his brute instinct cannot tell him whether he is awake or dreaming, he must learn that, on the other hand, *his memory and understanding can find intelligible order amidst the world's confusion* of sensory phenomena. So that he may *prudently apply his will* to the *restraint of his animal impulses* and to the assertion of his noble human nature, he must be able to *consider in retrospect the actions* engendered *now by his lower nature, now by his higher one.* These are necessarily the indispensable steps to his conversion. (1965: 102–03)

Se habrá notado aquí no solamente la clara demarcación de las condiciones para su conversión, sino un análisis de ésta en términos de las tres potencias del alma (memoria, entendimiento, voluntad) que era lo que hacía cierta falta en Wilson: las múltiples alusiones a las potencias se ven a cada paso en el texto de la pieza.[42]

Whitby relaciona las diversas etapas del itinerario de Segismundo con sus tres encuentros con Rosaura, uno en cada jornada, estableciendo un paralelo entre su descubrimiento de la identidad de ésta y el descubrimiento de su propia identidad — en el pleno sentido de la palabra. Este análisis se ciñe, por lo tanto, a los efectos producidos en el estado de ánimo de Segismundo por aquellos tres encuentros: al verla vestida de hombre sin saber que era mujer (ni qué fuese la mujer) había respondido noblemente en su prisión; prendado de su belleza femenina en el palacio, responde bestialmente en cuanto ella le resiste; luego, cuando llega a pedir su ayuda con 'armas de varón' entre 'galas de mujer' (vv. 2726–27), se da cuenta de la identidad entre aquellas otras dos personas que había conocido. Whitby (1965: 112) relaciona esta reducción a la unidad de la dualidad de Rosaura con la integración de los dos aspectos de la personalidad del hombre-fiera Segismundo de una manera sumamente interesante:

> It is the linkage between the first two of these scenes which brings about the crystallization of his personality. Until now he has thought of the palace episode as a dream (within the life dream) and of the prison experience as waking (within the life dream). In terms of his conduct with respect to Rosaura, he had acted nobly in his prison and basely in the palace. Now the object of these manifestations of both of his natures is identified as one person, and he realizes in this moment that both natures exist in him together, on one plane of existence. They are not, as he had thought, separated by the division line between dreaming and waking. The combination of Segismundo's two natures is symbolized, and made clear to him in the final act, in the person of Rosaura, who fittingly refers to herself as *monstruo de una especie y otra* (v. 2725).

No es necesario estar de acuerdo con todos los detalles de este análisis para reconocer que Whitby ha descubierto una correlación simbólica muy importante. Metodológicamente hablando, con esto se ha introducido toda una nueva dimensión interpretacional: Sloman había establecido la unidad transcendental del paralelismo estructural sobre el nivel de la *acción*; en manos de Whitby, los encuentros entre los protagonistas de ambas historias paralelas cobran un complejo valor simbólico correspondiente al nivel del *tema*. Pero hay que ir un poco más lejos, y precisar una diferencia importante entre las relaciones estudiadas por Sloman y Whitby: mientras la relación entre Rosaura y Segismundo en el campo de la acción era *una relación recíproca*, la relación simbólica que Whitby acaba de establecer es *una relación unidireccional*. Lo que Sloman había hecho era demostrar que dos historias paralelas que se referían a personas y a problemas distintos quedaban integrados en el nivel de la acción por su reciprocidad instrumental, y Whitby ha demostrado que sobre aquel del

---

42. Para una exploración más detenida de este camino, véase el estudio sumamente interesante de Cesáreo Bandera (1967), en el cual las dos corrientes del calderonismo español e inglés confluyen caudalosamente.

tema este mismo paralelismo estructural tiene además un valor simbólico, pero solamente con respecto a la finalidad moral inherente en la historia de Segismundo.[43]

8. El doble sentido del horóscopo según Dunn

PASEMOS AHORA al último de los trabajos cuyos métodos se podrán estudiar con cierto detenimiento: el de Peter N. Dunn. Cuando Sloman estaba examinando la relación entre Rosaura y Segismundo y aclarando la interacción entre las dos historias, Dunn había estado examinando otra relación recíproca: la relación Basilio–Segismundo, contenida dentro de la historia principal. Como punto de entrada Dunn tomó una cosa que había parecido secundaria, hasta tal grado que ni siquiera se ha tenido que aludir a ella hasta aquí: el horóscopo de Segismundo. Refiriéndose a la vez a Wilson y a Palacios, dijo que estaba de acuerdo con ambos en que sólo podemos descubrir lo que la ecuación *vivir = soñar* significa para Segismundo si seguimos las experiencias que le condujeron a pensar tal como piensa y examinamos la moralidad que extrae del pensar así:

> In other words we are witnessing a process of cause and effect in which morality follows from experience and actions from morality. But the precise function of the prophecy in this sequence has been left out. (Dunn 1953: 191)

Según Dunn la profecía tiene no solamente la función instrumental que es tan evidente (v.g. en el nivel de la acción) sino una función simbólica también: 'The horoscope... is, in a sense, the symbolic representation of the whole course of the relations between Basilio and his son' (1953: 194). Vale la pena de ver cómo había podido llegar a esta conclusión.

Según Palacios, la lectura de la comedia como obra de tesis contra el fatalismo astrológico es inaceptable ya que no hay nadie que sea fatalista en ella. ¿Diráse Basilio?, pues bien: no puede considerársele fatalista

> cuando precisamente encierra a Segismundo confiando en los recursos de su habilidad para esquivar el rigor del horóscopo... El fatalismo astrológico no dominó jamás en la mente de Basilio... Un horóscopo era para Basilio como un indicador de nuestras inclinaciones predominantes, alga así como un *test* de nuestro temperamento, que nunca anonada al albedrío humano. (Palacios 1960a: 38)

Según Dunn aunque sólo fuera un *test* del temperamento de Segismundo para Basilio, era un *test* del temperamento de Basilio para Calderón y más aún que esto: 'what Basilio thinks about the horoscope, and what the horoscope means in terms of human relations within the dramatic context, are not one and the same thing' (192), por una parte porque la actitud vacilante de Basilio para con la profecía sirve para revelar su propia personalidad y por la otra porque las relaciones entre padre e hijo no sólo están afectadas por la profecía sino que también ejercen una influencia sobre su modo de cumplirse. En la opinión de Dunn, la profecía se cumple y no se cumple —'The prophecy is both fulfilled and not

---

43. Whitby también considera el simbolismo de la oposición *noche–día* en relación al soñar y despertar de Segismundo, como también la frecuencia con que éste se refiere a la *luz* de la presencia de Rosaura. Pero Whitby deja en forma de nota la sugerencia que Robert G. Mead, Jr, le hizo de que el nombre de Rosaura pudiera considerarse como un anagrama de *Auroras* (1965: 107 n.). El posible simbolismo de otros nombres de personaje en la comedia queda esbozado por Wardropper en una recensión (1962a) de dos ediciones de *La vida es sueño*.

fulfilled' — según se la mire desde el punto de vista del padre o desde aquel de su hijo, y esto depende de la naturaleza de todo suceso en la vida humana:

> An event has no meaning unless it is related to the lives of those who participate in it or are affected by it, and it will have as many 'meanings' as there are lives for it to affect. But since in the life of Segismundo there is a definite causal sequence, and likewise in that of Basilio, it must follow that the horoscope has a place in the scheme, in such a way that it can have a different resolution for each character. (192)

Pudiérase criticar la lógica del argumento, porque lo que se sigue de las premisas no es que el horóscopo tenga que tener 'a different resolution for each character' sino que tenga que tener tantos 'meanings' (o sentidos) como haya 'lives for it to affect', pero la pluralidad de las perspectivas es importantísima. Conviene observar, además, que se ha tenido que forzar las cosas un poco para lograr la formulación de la paradoja inicial: en la verdad, la profecía sí se cumple —y al pie de la letra— pero al cumplirse no acarrea las tristes consecuencias que Basilio había considerado inherentes a las circunstancias previstas, y si no las trae consigo es porque Segismundo ha aprendido a sobreponerse a la situación por sobreponerse a sí mismo. Vencidas las inclinaciones que las circunstancias produjeron en él, las circunstancias mismas quedan vencidas. Pero la suprema ironía estriba (como lo muestra Dunn muy hábilmente) en que estas mismas circunstancias resultaron de lo que Basilio había hecho para evitarlas: 'Con lo que yo guardaba me he perdido; | yo mismo, yo mi patria he destruido' (vv. 2458–59). Quizás hubiera sido mejor evitar la paradoja y decir que la profecía era *ambigua* —¡como siempre lo han sido los oráculos!— fundándose su propia ambigüedad en aquélla de las perspectivas individuales de los dos personajes a quien se refería.

Del lado de Segismundo Dunn no tenía mucho que añadir a la manera en que Wilson y Palacios le habían mostrado adquiriendo a la vez la prudencia y, con ella, 'a kind of liberty which is more satisfying than that which he yearns for in the famous soliloquy' (Dunn 1953: 196).[44] Pero del lado de Basilio pudo profundizar mucho nuestra comprensión de una parte esencial de la estructura examinando la actuación del rey con toda la minuciosidad que Wilson había dedicado a la de su hijo. No es éste el lugar para aquilatar todos los detalles de lo que Dunn descubrió, pero cabe señalar algunas consecuencias de sus descubrimientos, relacionando su manera de descubrirlos con la metodología del análisis temático-estructural. En verdad, todos los puntos que hay que señalar se refieren a lo mismo: el reconocimiento claro del valor del contraste como recurso dramático en las manos de Calderón. Observación que tiene algo de perogrullada quizás (y que se ha trasparentado en casi todo lo que de Calderón aquí se ha venido diciendo) pero que raras veces ha sido empleada de manera tan fructífera como cuando Dunn la aplicó a los distintos detalles y facetas de *La vida es sueño*.

En primer lugar, su estudio de los contrastes dentro de la relación Basilio–Segismundo puso de relieve la función estructural del empleo sistemático de paralelismos y antítesis por Calderón como medio de realzar la finalidad moral (contraponiendo las actitudes de distin-

---

44. No se crea a base de esto que Palacios concordase mucho con Wilson (cuyo trabajo cita): las principales diferencias entre sus interpretaciones de la conversión de Segismundo son que Palacios sigue creyéndola completa al fin de la segunda jornada y que no se refiera a Rosaura más que de paso. Sloman ya las notó (1965: 96 n.) pero no hay influencia alguna de Palacios en ninguno de sus propios estudios.

tos personajes para terminar valorando la de uno y excluyendo la posición contraria). Aquí hubo una buena anticipación por parte de Dunn tanto del quinto principio parkeriano (la elucidación de la finalidad moral por medio de la causalidad dramática) como del cuarto, referente a la justicia poética. No pudiera haber mejor ejemplo de la operación de ésta que las consecuencias de lo que Basilio y Segismundo hacen: las acciones malpensadas e imprudentes de Basilio resultan contraproducentes, acarreando el cumplimiento del horóscopo que él temía, mientras aquellas del Segismundo convertido terminan por evitar las aparentemente inevitables consecuencias de su rigor profético. Traducida en términos de *acción* y *tema*, la relación recíproca entre Basilio y Segismundo es una relación instrumental sobre el nivel de la acción (lo que cada uno hace afecta al otro, y dentro de su relación puede estudiarse detenidamente la cadena de la más perfecta *causalidad dramática*) pero esta misma reciprocidad instrumental sobre el nivel de la acción refleja aquel debate entre dos actitudes contrastadas cuya dialéctica corresponde al nivel del tema, siendo dicho contraste una ejemplificación de dos posiciones opuestas con respecto a la *finalidad moral* de la pieza. A medida que se va desarrollando la acción, Segismundo se convierte en un modelo para sus prójimos mientras su padre (que quizás pudiera haber parecido sabio y admirable en un principio a algunos) se revela como ejemplo de escarmiento: la dialéctica entre sus posiciones ante la vida se manifiesta sobre el tablado en términos de la lógica causal de la acción dramática en sí, la cual pudiera considerarse como representación concreta de una disputación abstracta sobre el nivel del tema. La plena justicia poética del desenlace de la acción constituye, por lo tanto, el *quod erat demonstrandum* de la tesis que Calderón se propuso propugnar (o sea el de 'la finalidad moral inherente en el tema').

Lo que se viene diciendo también debe relacionarse con lo dicho en la segunda parte del presente estudio al comentar la evolución de la doctrina de la *responsabilidad difusa*: Dunn ha estado haciendo detenidamente en la relación Basilio–Segismundo lo que Parker había de hacer después en la relación Curcio–Eusebio.[45] De su análisis salen varios puntos que no se manifiestan en *La devoción de la cruz* —o que (si allí se encuentran) se destacan más aún en *La vida es sueño*— y que no se consideraron por lo tanto cuando se habló de la teoría de Parker, pero cuyo valor metodológico es innegable. Con señalar los dos puntos más importantes se podrá redondear un poco la exposición de la metodología crítica cuyo valor se ha estado intentando ponderar. En primer lugar, hay que hacer hincapié en la manera en que Dunn terminó por relacionar las ambigüedades de la profecía con otras parejas de contradicciones de un modo que ahonda sugestivamente nuestra idea de la visión general que Calderón tenía de la condición y la naturaleza humanas:

> The prophecy is true in one sense and not in another, but the contradiction is only apparent because the truth and the untruth are two ways of looking at the same event. They can be compared with other apparent contradictions which occur within the course of the play: *hombre–fiera, vida–sueño, prevenir–infalible, soberbia–prudencia, amor–venganza*, and so on. These opposites are contradictory only if we isolate them as words, divorcing them from their context, and invest them with no more than their basic dictionary meaning. But in fact they are natural opposites, and not only natural but necessary ones, being the contrary forces in that conflict through which sensitive

---

45.   Doce años después del artículo de Dunn, Parker (1966) todavía podía basarse directamente sobre su análisis de *La vida es sueño* al comparar las dos piezas desde este punto de vista, aunque tuviese varios puntos importantes que agregar los cuales no podrán considerarse aquí.

people grope for self-knowledge. They are also the outward forms of that torment in which a man must labour if he is to know inwardly and bodily —not only intellectually— a sense of ethical responsibility. Beneath the discord is a deeper resonance which resolves it. (Dunn 1953: 199)

Recordaráse aquí por una parte lo que el artículo de Wilson nos enseñó acerca de la manera en que Calderón concebía sus personajes a la luz de ideas abstractas (como *soberbia–prudencia, amor–venganza*), generalizándolas en lugar de particularizarlas al ir elaborando sus papeles dentro de una demostración moral. Por otra parte, recordando el largo párrafo de Sloman sobre la *responsabilidad individual y colectiva* (véanse páginas 29–30) y relacionándolo a este párrafo de Dunn, uno empieza a comprender hasta qué punto todas las ambigüedades y correlaciones estructurales de una pieza como *La vida es sueño* representaban la exteriorización dramática de *un modo de ver y experimentar e interpretar el mundo* (y hasta —si se quiere— un modo de juzgarlo), correspondiendo por lo tanto a una necesidad a la par estética y filosófica. La última de aquellas frases de Dunn ('Beneath the discord is a deeper resonance which resolves it') señala, además, otra línea de interpretación que solamente se está empezando a investigar en serio ahora: el reciente trabajo de Cesáreo Bandera comienza subrayando cuán importante es el constatar que Calderón

enfoca el problema del hombre, problema de voluntad, de conducta, desde una doble perspectiva, la del individuo en particular y la de su íntima relación con la armonía o, por el contrario, la confusión en el cosmos. (Bandera 1967: 71)[46]

La crítica del teatro español del Siglo de Oro en general todavía tiene mucho que aprender de lo que se ha hecho sobre *plays of order and disorder* en la Inglaterra de la misma época. Sólo dentro de tal contexto cobra todo su sentido el otro punto de Dunn que no puede dejar de señalarse aquí (por sencillísimo que pudiese parecer): la importancia en la estructura de *La vida es sueño* del papel desempeñado por la ironía teatral.

Al estudiar el grado preciso de responsabilidad de sus dos personajes a la luz del cumplirse-y-no-cumplirse de la profecía (como lo veía él) Dunn se dio cuenta muy pronto de la presencia omnímoda en *La vida es sueño* de este recurso dramático: las ambigüedades de la oposición Basilio–Segismundo con respecto a la profecía ofrecen múltiples ironías de situación o de palabra tanto sobre el nivel del tema como sobre aquel de la acción, y yendo desde el tamaño del doble sentido de una palabra o dos que pasa inadvertido para su locutor (o la aplicabilidad a éste de la acusación que dirigiera a otro) hasta las dimensiones de la totalidad del conflicto entre padre e hijo. Hállase un ejemplo muy agudo del análisis de dicho fenómeno cuando Dunn repasa el comentario de Wilson sobre el segundo monólogo de Segismundo para mostrar hasta qué punto las reflexiones de éste sobre su propia experiencia son aplicables a su padre, y merece citarse aquí la reflexión con que termina esta sección:

Since the fortunes of Basilio and Segismundo are the reverse and obverse sides of the prophecy, it is natural that some of the reflections of the chastened Segismundo should be a relevant gloss upon the conduct of Basilio and that some of Basilio's lines should, upon closer examination, yield ironies which bring the attitudes of father and son into

---

46. Véanse asimismo varias secciones de Valbuena Briones (1965), como también la utilísima comparación entre Calderón y Lope en Wardropper (1962b).

closer contrast — a creative antithesis wherein each character discloses new recesses and depths in the other. (Dunn 1953: 198)

Repensando el cuarto principio parkeriano a la luz de todas estas ironías, diríase que en verdad cierto grado de ironía teatral parecería ser un constituyente esencial de la justicia poética: algo hay de ironía en todo lo que sea contraproducente, y hay algo de contraproducente en la actuación de todos los que se han de ver frustrados cuando caiga el telón. Con esta reflexión sobre la ironía teatral hay que dar fin a la presente exposición de nuestra metodología crítica, aunque fácil sería ir todavía más allá: desde las ironías fundadas en una ambigüedad debiérase pasar a la explotación simultánea de las vertientes opuestas de un concepto, pero esto supondría un estudio detenido a la vez de la agudeza conceptista y de los trabajos de T. E. May, cuyo campo predilecto es. No cabe duda de que fueron sus estudios fundamentales sobre el conceptismo (1948, 1950, 1954, 1961) los que le llevaron a percibir y analizar las operaciones de la ironía teatral en sus formas más agudas. Algo de esto hay en lo que dice de la metáfora 'la vida es sueño' en su trabajo sobre Don Pablos, Don Quijote y Segismundo (1955), pero lo ha llevado más allá en otros estudios que tampoco se podrán examinar aquí (1960, 1963).

*   *   *   *   *

QUEDAN POR CITARSE brevemente las dos contribuciones posteriores de Sloman y el artículo de Hesse. Éste (en 1965) sale del campo del análisis estrictamente temático-estructural por el camino que conduce —muy loablemente— hacia la historia de las ideas, y por lo tanto no puede detenernos mucho en esta ocasión. Conste que Hesse está de acuerdo con Palacios en que la pieza contiene un elemento anti-maquiavélico, pero sin concordar con su interpretación general del progreso de Segismundo como la trasformación de un *príncipe maquiavélico* en un *príncipe cristiano*. A su modo de ver, la obra sería más bien algo a manera de un tratado sobre la educación del príncipe cristiano en sí, sobre lo cual cabe hacer una sola observación a la luz de todo lo que se ha considerado en los trabajos anteriormente estudiados: aunque Segismundo también ejemplifique el ideal de un príncipe cristiano en la acción cuando llega el momento del desenlace, ¿no es más importante su significación temática como un ejemplo para cualquier individuo de cómo hay que despertarse a la vida espiritual y obrar prudentemente en esta vida? Ejemplo de educación, sí (y en esto precisamente estriba su finalidad moral), pero para todo lector y no solamente para el grupo hoy algo reducido de los hijos de monarca. De las dos contribuciones posteriores de Sloman, bastará decir por ahora que la comparación de la comedia con su fuente sirvió para corroborar a todas luces los resultados del análisis temático-estructural y contribuyó bastante a la formación de aquella visión general de la dramaturgia calderoniana ya citada; mientras la introducción a su edición representa el mejor resumen sucinto de dicho análisis, al cual agrega varios puntos nuevos, algunos de los cuales ya se han mencionado aquí.[47]

---

47. Hesse publicó otra edición interesante de *La vida es sueño* en el mismo año de 1961. Véase la importante recensión de ambas ediciones por Wardropper (1962a).

9. El análisis temático-estructural como instrumento crítico

LARGA HA SIDO la serie de trabajos sobre *La vida es sueño* que se han estudiado o citado, pero —como ya se señaló al comenzar— esto no se ha hecho tanto para aclarar la interpretación de dicha comedia como para que se pudiese juzgar en un caso concreto la utilidad y valor de todo un método crítico de aplicación más general. El autor espera que con lo expuesto haya podido explicar suficientemente la naturaleza de este método, al cual él ha osado llamar *análisis temático-estructural*: su examen le parecía oportuno, ya que dicho método ha sido la principal contribución del calderonismo de habla inglesa a los estudios hispánicos. Oportuno también sería el terminar citando aquí las últimas frases de *The dramatic craftsmanship of Calderon* de A. E. Sloman, por lo bien que resumen todo lo expuesto si el lector aplica las palabras 'these studies' ya no solamente a los capítulos anteriores de aquel libro (lo que era su sentido original) sino a la totalidad de los trabajos que se hayan comentado en éste:

All his serious plays have, at bottom, but one subject and one theme: man, subverting the order of natural values by his moral error and human frailty, or in the labyrinthine confusion of life groping towards the light by the aid of reason and discretion. Calderón emerges from these studies as a meticulous and subtle craftsman, whose stagecraft at its best was impeccable, and as a poetic dramatist of deep human significance. (1958: 308)[48]

48. Ideas parecidas se hallarán más desarrolladas en el artículo de Wardropper (1962b), cuya definición de lo calderoniano frente a lo lopesco hubiera deseado poder considerar también aquí el presente autor. El artículo es importante, y de consulta obligatoria para quien quiera familiarizarse con los estudios de habla inglesa sobre Lope de Vega o Calderón.

II: LA 'VICTORIA DEL HADO' EN LA VIDA ES SUEÑO

1. Antecedentes y punto de partida

1.1 ESTA COMUNICACIÓN sobre *La vida es sueño* no pretende abarcar todos los puntos que se habían de desarrollar en el artículo prometido (véanse página 35, nota 34), sino tan sólo esbozar una de sus ideas centrales al ir comentando cómo Segismundo logra su propia 'victoria del hado'.[1] Lo que aquí se dirá presupone mucho ya dicho por otros, formando parte de aquella misma línea de interpretación anglosajona de *La vida es sueño* cuya evolución y manera de proceder se estudiaron en el Capítulo I (en el cual se hallarán, por lo tanto, todos los antecedentes del presente estudio). Tal como lo hicieron Sloman (1953), Dunn (1953), y Whitby (1960), aquí también se aceptan las líneas generales del brillante *análisis temático-estructural* de la pieza propuesto por Wilson en 1946: tanto su interpretacion temática de la *acción* de la obra como una representación de la manera en que el hombre de carne se despierta a la vida espiritual, como su análisis de la estructura a la luz de este *tema*,[2] análisis que Sloman y Whitby desarrollarían hábilmente hasta haber demostrado precisamente cómo Calderón había construido su trama tan cuidadosamente de tal modo que la conversión de Segismundo no se hubiera obrado tal como se obró sin la intervención de Rosaura mientras el honor de Rosaura solamente pudo llegar a restaurarse tal como se restauró a consecuencias de la conversión de aquél.

1.2 Tomando por sentado esta interdependencia entre Rosaura y Segismundo, se la dejará de lado en esta comunicación para hacer hincapié en otra relación recíproca: la relación Basilio–Segismundo, contenida dentro de la historia principal. Mientras la relación instrumental entre Rosaura y Segismundo resultó ser provechosa para ambos, esta otra es claramente nociva en la dirección que va de Basilio a Segismundo, aunque sí termina siendo provechosa en la dirección inversa. Ambos aspectos de su instrumentalidad merecerían estudiarse mucho más a fondo de lo que permiten los límites de una comunicación de congreso. Aquí tan sólo se podrá esbozar ciertas líneas de interpretación, lo cual se hará tomando por punto de entrada en la materia el mismo que tomara Dunn (el primero que se dispuso a estudiar la relación Basilio–Segismundo detenidamente), o sea el horóscopo de Segismundo. Es éste un aspecto de la comedia que había parecido totalmente secundario hasta que Dunn lo ponderara con tanta destreza y sutilidad en 1953 (véanse páginas 42–46, arriba). Desde que apareció su artículo, la señorita Erika Lorenz nos ha brindado su fino estudio (1961), definiendo la actitud de Calderón para con la influencia de las estrellas en las vidas de los hombres muy agudamente al situarla de pleno en el contexto de lo dicho sobre la astrología en la *Summa Theologica* de Santo Tomás de Aquino.

---

1. 'El prudente varón | victoria del hado alcanza' (vv. 3118–19, Clotaldo a Basilio). Cítase *La vida es sueño* en la edición de Sloman (1961) la cual contiene una introducción de mucha utilidad.

2. Wilson no empleó las palabras *acción* y *tema* que habían de resultar tan eficaces en manos de Parker. Para la evolución de esta terminología, véase el Capítulo I.

1.3 Tomando esto igualmente por sentado, aquí se habrá de considerar tanto la conversión de Segismundo como el fracaso de su padre principalmente a la luz de lo dicho por Basilio a Clotaldo, al comienzo de la segunda jornada, para definir las condiciones y el propósito de la *experiencia* —palabra empleada por Basilio en todo su sentido científico (v. 1121)— que el rey quería realizar trayendo a Segismundo dormido a palacio. Este discurso nos va a servir de texto fundamental, pero antes de citarlo *in extenso* conviene considerar los antecedentes de la situación a la que se refiere.

2. Las dos 'experiencias': encarcelamiento y liberación

2.1 LA 'EXPERIENCIA' que se ha de realizar en la segunda jornada no es la primera experiencia montada por Basilio, y lo que pasa en ella depende en gran parte (aunque no lo vea el rey) de los efectos de la otra que la había precedido. Muchos años antes de que empezara la comedia, había habido el encarcelamiento inicial de Segismundo, situación también netamente *experimental* cuyos propios antecedentes seudocientíficos habían sido:

(*i*)   los *presagios* funestos anteriores al nacimiento de Segismundo (vv. 668–75);

(*ii*)   el *horóscopo* —o conjunto de influencias celestiales— en que éste naciera (vv. 676–99), cuyos tristes pronósticos fueron estudiados por su padre (vv. 708–25); más

(*iii*) el hecho concreto de que Segismundo, al nacer, había dado 'la muerte a su madre' (v. 704), hecho que parecía corroborar los malos augurios: (*a*) porque en ello se había cumplido una de las dos profecías prenatales al pie de la letra; y (*b*) porque esto mismo parecía proporcionar claros *indicios* de la *condición* de Segismundo.[3]

A consecuencias de todo esto, Basilio (vv. 730–77) había determinado encerrar 'la fiera que había nacido' (v. 735) 'por ver si el sabio tenía | en las estrellas dominio' (vv. 736–37).

2.2 Estos dos últimos versos aluden a una *sententia* latina muy conocida que reza *Sapiens homo dominatur astris*, la cual deriva en último término de Tolomeo (*Centiloquium*, prop. 5), pero que le llegó a Calderón —como veremos después— dentro del contexto de un pasaje de la *Summa Theologica* (I.I. Q.CXV, art. IV) que nos resultará ser muy importante, en el cual Santo Tomás lo había glosado en un sentido cristiano muy preciso. Pero esta primera experiencia, montada 'por ver' si dicha sentencia era cierta (y, más concretamente, para ver si Basilio podía solucionar sus problemas personales, en el caso particular de su hijo) había quedado inconclusa cuando el rey mismo la interrumpió para montar la otra, creando una nueva situación para Segismundo (tan artificial como la anterior). Es de notar que, al interrumpirse la primera, no se podía saber todavía si hubiera podido desdecir los 'fatales vaticinios' (v. 733) que tantos males le pronosticaban a Basilio, ni tampoco (por lo tanto) si quien la había montado de aquella manera tan singular hubiera podido mostrarse —a fin de cuentas— ser el verdadero *sabio* que tiene dominio en las estrellas. Pero siendo Basilio quien y tal cual es, no pudo dejar de interrumpirla —'vacilante y discursivo' (v. 793)— y de lo que veremos en lo sucesivo podrá colegirse que ningún verdadero sabio hubiera intentado dominar las estrellas de aquel modo.[4]

---

3. 'En este mísero, en este | mortal planeta o signo, | nació Segismundo, dando | de su condición indicios, | pues dio la muerte a su madre' (vv. 700–04).

4. Lo que la comedia nos muestra es un sistema cerrado: las profecías se refieren a la historia concreta de un Basilio y un Segismundo precisamente tales como los conocemos (Basilio porque lo era, Segismundo —como veremos— en gran parte porque Basilio le ha hecho tal cual se muestra ser en la segunda jornada) y al ser otros estos dos personajes las profecías hubieran sido igualmente otras. Inútil es, por consiguiente, tanto (*a*) el inquirir si el dejarle encarcelado en secreto a Segismundo para toda su vida natural hubiera de hecho

2.3 Habiendo determinado interrumpirla por las razones expuestas ante la Corte (vv. 760–91), Basilio había prevenido 'un remedio tal | que os suspenda los sentidos' (vv. 794–95): el de ponerle a Segismundo en el palacio para un breve periodo de poder experimental, por ver si se mostraría 'prudente, cuerdo y benigno' (v. 809) o 'soberbio, osado, atrevido y crüel' (vv. 817–18). Lo que no dijo entonces a la Corte era su intención de hacerle traer al palacio *dormido*: hecho que ocurre literalmente al nivel de la *acción*, pero que tendrá consecuencias inesperadas las cuales nos obligarán a reconocer retrospectivamente que también tenía un valor metafórico sobre el *nivel temático* de la pieza. El discurso que nos ha de servir de texto básico es la contestación de Basilio a Clotaldo cuando éste le pregunta cuál era su intento en traer Segismundo a palacio precisamente 'desta manera' (v. 1093).

2.4 Dicho discurso reza así, dividiéndose sus argumentos en cuatro partes distintas (las cuales van numeradas aquí para facilitar su análisis):

> 1.   Clotaldo, muy justa es esa   1095
>   duda que tienes, y quiero
>   sólo a vos satisfacerla.
>   A Segismundo, mi hijo,
>   el influjo de su estrella
>   (vos lo sabéis) amenaza   1100
>   mil desdichas y tragedias.
>   Quiero examinar si el cielo
>   (que no es posible que mienta,
>   y más habiéndonos dado
>   de su rigor tantas muestras   1105
>   en su crüel condición)
>   o se mitiga o se templa
>   por lo menos, y vencido
>   con valor y con prudencia
>   se desdice; porque el hombre   1110
>   predomina en las estrellas.
> 2.   Esto quiero examinar,
>   trayéndole donde sepa
>   que es mi hijo, y donde haga
>   de su talento la prueba.   1115
>   Si magnánimo se vence
>   reinará; pero si muestra
>   el ser crüel y tirano,
>   le volveré a su cadena.
> 3.   Agora preguntarás   1120
>   que para aquesta experiencia,
>   ¿qué importó haberle traído
>   dormido desta manera?
>   Y quiero satisfacerte,
>   dándote a todo respuesta.   1125

podido evitar los daños pronosticados, como (*b*) decir que un tirano auténtico los hubiera podido evitar muy sencillamente, mandando matarle al príncipe cuando recién nacido. Si Basilio fuera un hombre diferente —o más *tirano* (vv. 775–76) o menos *vacilante* (v. 793)— lo pronosticado sería sin duda alguna muy distinto, hubiera o no hubiera nacido tal como nació su hijo Segismundo.

Si él supiera que es mi hijo
hoy, y mañana se viera
segunda vez reducido
a su prisión y miseria,
cierto es de su condición   1130
que desesperara en ella;
porque sabiendo quién es
¿qué consuelo habrá que tenga?
4.   Y así he querido dejar
abierto al daño esta puerta   1135
del decir que fue soñado
cuanto vio. Con esto llegan
a examinarse dos cosas.
Su condición la primera;
pues él despierto procede   1140
en cuanto imagina y piensa.
Y el consuelo la segunda
pues aunque agora se vea
obedecido, y después
a sus prisiones se vuelva,   1145
podrá entender que soñó,
y hará bien cuando lo entienda;
porque en el mundo, Clotaldo,
todos los que viven sueñan.

2.5 Una de las palabras claves de este discurso es *condición*, empleada tres veces (vv. 1106, 1130, 1139).[5] Según la maneja Basilio, parece tener el sentido de *manera de ser* o *carácter permanente* del individuo, tanto cuando habló antes de que el dar Segismundo la muerte a su madre daba 'de su condición indicios' (v. 703) como en todas estas tres ocasiones: la 'crüel condición' de Segismundo parecería significar su naturaleza, dada e inmutable (v. 1106); quien la tuviera tal bien pudiera desesperarse en la miseria, si hoy se viera príncipe para verse 'segunda vez reducido | a su prisión' mañana (vv. 1128–29); y la experiencia ha sido montada tal cual lo está precisamente para 'examinar' su 'condición' (vv. 1138–39) (aunque también para asegurar el *consuelo*), trayéndole 'donde haga | de su talento la prueba' (vv. 1114–15) para averiguar si efectivamente tiene o no tiene 'el ser crüel y tirano' (v. 1118). El rey tiene dudas, esto sí, de si los indicios anteriores habían sido ciertos, pero no tiene duda alguna de que las muestras de su manera de 'ser' que Segismundo daría estando en palacio serían indicios ciertos de su verdadero carácter. Basilio andaba equivocado en creerlo, sin embargo, y conviene aclarar la naturaleza de su error aquí, aunque esto no se aclare en la obra misma hasta mucho después.

5. En la primera versión de esta comunicación (tal como fue leída en Exeter) el comunicante no se detuvo en esta palabra. En la discusión, el Dr Hans Flasche le preguntó cuál sería la relación entre *condición* y *pasiones*, sugiriendo que bien pudiera ser que *condición* significara aquí 'el complejo de las pasiones de Segismundo'. La contestación espontánea del comunicante ya no le parece acertada en cierto respecto (véase nota 7) pero el repensar la parte aceptable le ha inducido a incluir aquí estos cinco párrafos adicionales (§§2.5–2.9), añadiendo varias referencias más a *condición* y *costumbres* en otros lugares.

2.6 En la tercera jornada, cuando Segismundo quiere explicar a la Corte cuál había sido el error de su padre en encarcelarle (en la primera experiencia) por primera vez, el príncipe ya regenerado habrá de hacer una distinción entre *condición* y *costumbres*. Atribuirá la fiereza de las *costumbres* que había mostrado en palacio a su 'linaje de crianza' en la torre, y no a su *condición* personal en sí, la cual se hubiera mostrado muy otra a no haber adoptado su padre medidas precisamente 'por excusarse a la saña' de ella.[6] No hay que entender por esto que no hubiera nada de 'fiera' en su manera de ser, sin embargo.

2.7 Por un lado, en cuanto Segismundo es hombre tenía que haberlo. El hombre tiene una doble naturaleza y lo animal entra por lo tanto en la composición de todo individuo humano, pero de un modo genérico (y no particular): forma parte de la *condición humana*, por decirlo así. Una de las finalidades de la educación tiene que consistir, por lo tanto, precisamente en enseñarnos a reprimir este aspecto de nuestra naturaleza, y no despertarla tal como hiciera Basilio. Como se verá en la quinta sección de este estudio, el reconocimiento de su doble naturaleza y su decisión de reprimir el aspecto fiero de su ser serán dos pasos decisivos en el itinerario de Segismundo hacia su conversión total.

2.8 Por otro lado, no todos los hombres son iguales, y aquella decisión de reprimir su 'fiera condición' (v. 2149) también se refiere a algo verdaderamente particular (de lo cual el dar 'la muerte a su madre' quizás sí que fuera un indicio auténtico). Los hombres tienen, efectivamente, *condiciones* distintas: las de sus diferentes *temperamentos* (en el sentido técnico de la palabra) conforme a las ideas de la psicología humoral (según la cual o se era *colérico*, o *melancólico*, o *sanguíneo*, o *flegmático*, dependiendo de la combinación de los humores elementales que le daban a uno cierto complejo determinado de pasiones y propensiones).[7] Esto se tiene por *herencia*, pero se va condicionando por la *circunstancia* de uno (como Ortega diría), modificándose según el trato que uno reciba, y otra de las finalidades de la educación es —por lo tanto— precisamente la de realizar las buenas potencialidades de cierta disposición innata y refrenar las malas, templando cualquier desequilibrio humoral y pasional. Segismundo bien pudiera tener una disposición que propendiera a la fiereza, pero lo sabio hubiera sido (evidentemente) darle un 'linaje de crianza' que le educara en refrenarla y templarla. Segismundo está denunciando a su padre como mal educador por haberle proporcionado un 'linaje de crianza' que no podía dejar de resultar contraproducente (vv. 3186–3219), siendo tal que serviría para fomentar la expresión tanto de lo animal que cada uno de nosotros lleva dentro de sí como de lo diferencialmente fiero que pudiera haber en la disposición innata de su hijo. Cuando Segismundo termina esta denuncia diciendo 'quien vencer aguarda | a su fortuna, ha de ser | con prudencia y con templanza' (vv. 3217 –19), esta *templanza* no sustituye al *valor* de la fórmula proporcionada por Basilio (v. 1108, véase §§3.1–3.6 abajo) sino que la refrena y encauza bien (sin *valor* la fortuna no se vence,

---

6. Véanse los versos 3172–84: 'Mi padre, que está presente, | por excusarse a la saña | de mi condición, me hizo | un bruto, una fiera humana; | de suerte que, cuando yo | por mi nobleza gallarda, | por mi sangre generosa, | por mi condición bizarra, | hubiera nacido dócil y humilde, sólo bastara | tal género de vivir, | tal linaje de crianza, | a hacer fieras mis costumbres.'

7. La teoría de los humores es un lugar común de las literaturas europeas del siglo XVII (para un resumen sucinto, véase Tillyard 1948). Su importancia en el teatro español del Siglo de Oro (indicado en Pring-Mill 1961) todavía queda por investigar. Su papel en *La vida es sueño* entra en el ámbito de las investigaciones del comunicante, pero hubiérase dejado fuera del presente estudio completamente si no fuera que la necesidad de aludir a *condición* (véase nota 5) llevó encadenada la de referirse a dicha doctrina psicológica.

como colegimos del ejemplo del pobre Clarín cobarde: 'un hombre desdichado' que por quererse 'guardar de la muerte' la buscó: véanse vv. 3075–77).[8]

2.9 Volviendo ahora a la segunda experiencia, es fácil ver que uno de los errores de Basilio como investigador consistiría en interpretar mal los resultados que ésta le iba a proporcionar. Creía que estaba montando una experiencia que le daría indicios ciertos de la *condición* permanente de Segismundo como individuo (de su verdadera manera de ser), mientras —gracias a las consecuencias de la experiencia anterior— sus resultados tendrían en la verdad muy poco que ver con la *condición* personal de Segismundo, refiriéndose más bien a lo que éste denominará *costumbres* (las consecuencias inevitables de la crianza que había recibido hasta entonces).[9] Los resultados serían indicios ciertos de su *manera de crianza*, más bien que de su *manera de ser* fundamental. Pero Basilio no solamente no ha visto esta distinción, sino que ni vislumbra la posibilidad de que los resultados de su segunda experiencia pudiesen depender directamente de los procedimientos empleados en la anterior. Anulada la primera, él se cree que la segunda se podrá montar independientemente, volviendo a examinar los mismos fenómenos *ab initio*.

3. El 'valor' y la 'prudencia'

3.1 EN LA PRIMERA SECCIÓN de aquella larga cita, al afirmar la posibilidad de que Segismundo pudiera vencer su horóscopo a pesar del rigor del cielo, Basilio parece aludir de nuevo a la sentencia de Tolomeo que había citado en su discurso a la Corte. Pero hay ciertas diferencias. Antes, al citarla en el contexto de su propio encarcelamiento de su hijo (la primera de sus dos experiencias), había empleado la palabra 'sabio', refiriéndose desde luego a sí mismo pero aludiendo a una calidad evidentemente concebida como necesaria para poder tener 'en las estrellas dominio'. La verdad de la sentencia era algo que se tenía que averiguar: si dudas tenía, no eran dudas de que él mismo fuera 'sabio' sino más bien de que el 'sabio' tuviera el dominio predicado. Hablando ahora a Clotaldo, ya parece aceptarlo, puesto que afirma rotundamente sin más ni más que 'el hombre predomina en las estrellas' (como si dicho aforismo no admitiera contradicción alguna), pero esta vez el *sapiens homo* de Tolomeo queda reducido escuetamente a 'el hombre'. Los versos anteriores

---

8.   Es evidente que también hace falta estudiar el papel de la *templanza* o *temperantia* (la cuarta de las virtudes cardinales) a la luz del correspondiente tratado de la *Summa Theologica* (I. II. QQ. CXLI–CLXX). Pero la adquisición de la *prudencia* por Segismundo no sólo se estudia con mayor atención en la pieza (véase §§3.4– 3.9 abajo) sino que también lleva necesariamente implícita el lento perfeccionamiento en él del hábito de la *templanza*; de ahí que esta virtud juegue un papel menor, en comparación con el de aquélla.

9.   La distinción entre *condición* y *costumbres* hecha por Segismundo parece preferible a la idea propuesta por el comunicante (en su contestación oral a la pregunta del Dr Flasche, véase nota 5) al sugerir que *condición* también pudiera referirse a un *estado transicional* del individuo. *Estados transicionales* sí que los hay en *La vida es sueño* (y uno de los errores de Basilio sí que estriba en creer que lo que no era más que un *estado transicional* representase el *carácter permanente* de su hijo) pero la palabra *condición* no parece emplearse para designarlos; ni es del todo apta para hacerlo. Se estaría equivocando el comunicante, por lo tanto, cuando dijera: 'Creo que Calderón nos enseña a Segismundo pasando de una *condición* a otra, mientras Basilio cree que tiene que tener una *condición* determinada y quiere averiguar cuál será de dos posibles *condiciones*'. Añadió a continuación: 'O sea que *condición* es una palabra de sentido complejo, y Calderón la emplea con cierta *ironía teatral*: hay toda una serie de palabras en esta obra que tienen doble sentido y que Basilio emplea en un solo sentido fijo, pero que luego se muestran ser verdad en otro sentido que él no vislumbrara'; esta última generalización es indudable (véase Dunn 1963, el primer capítulo del presente estudio, páginas 43–46, y nota 21, abajo), pero *condición* no puede ser una de las que el comunicante llamó entonces 'aquellas múltiples ambigüedades en cuyo empleo estriba la compleja ironía de la pieza' más que en el sentido muy reducido de que pudiera haber cierto juego menor (pero intencionado) sobre la diferencia entre lo que puede afirmarse del hombre genéricamente y lo que puede afirmarse del 'complejo de pasiones' (o temperamento específico) de un determinado individuo humano.

indican de una manera todavía más precisa, sin embargo, cuáles son las calidades específicas que él cree ser necesarias para predominar en las estrellas: a saber, el *valor* y la *prudencia* (v. 1109).[10]

3.2 Si aceptamos la fórmula propuesta (y veremos que es cierta, *si bien se entiende lo que significa*), es evidente que para que pudiera desdecirse el cielo —o mitigarse o templarse 'por lo menos'— Segismundo tendría que mostrar tanto la *prudencia* como el *valor* en las situaciones que se le presentarían en 'aquesta experiencia'. Y según Basilio parece ver la situación, en la segunda parte del pasaje citado, esta experiencia tenía efectivamente dos soluciones posibles, mutuamente exclusivas y hasta opuestas: Segismundo podría vencerse a sí mismo, y si 'magnánimo se vence' (v. 1116) cuando 'haga | de su talento la prueba' (vv. 1114–15) entonces habrá de reinar; pero también puede mostrar de nuevo 'el ser crüel y tirano' (v. 1118) y en este caso su padre le habrá de volver 'a su cadena' (v. 1119). Según Basilio parece ver las cosas, por lo tanto, ambas posibilidades le estaban abiertas a su hijo, el cual pudiera optar libremente entre ellas según le diera la real gana.

3.3 Pero si los requisitos para vencer el cielo son de verdad las que el rey ha propuesto, no hay que discurrir mucho para darse cuenta de que no existía ninguna posibilidad de que Segismundo las reuniera a ambas en aquel entonces. En cuanto al *valor*, sí: el *valor* es una cosa con la cual o sin la cual se nace (o sea que forma parte de la *condición* básica de quien lo muestra), y Segismundo nos ha dado muestras de su valentía al querer defender a Rosaura y Clarín en la primera jornada. Pero el *valor* sin la *prudencia* no solamente no basta sino que puede llevarle a uno a cometer toda una serie de imprudencias.[11] Y aunque Segismundo podrá mostrar su *valor*, no existe posibilidad alguna de que pudiese manifestar *prudencia* en el palacio, si bien miramos el significado de la palabra.

3.4 Hoy en día, se emplea la palabra *prudencia* en una variedad de sentidos poco estrictos, teñidos la mayoría de ellos con cierto matiz de excesiva precaución que raya en timidez. Pero en el campo de la teología moral tenía (y tiene todavía) una definición estricta y muy precisa, en cuanto se la considera como la primera de la serie de cuatro virtudes cardinales (*prudentia, justitia, fortitudo, temperantia*). Y para estudiar a fondo el papel jugado por la *prudencia* en *La vida es sueño*, habría que hacer para esta comedia lo que Sloman (1950: 72–88) hizo para *El príncipe constante* con respecto a la *fortaleza* (la tercera de dichas cuatro virtudes): a saber, analizar la comedia metódica y detenidamente a la luz del correspondiente tratado de la *Summa Theologica*, no solamente estudiando todos los aspectos de la virtud misma *secundum se* y en sus partes sino estudiando lo hecho y dicho concretamente por cada uno de los personajes a lo largo de la pieza a la luz de tales abstracciones.[12] Tal

10. Quizás convendría recordarnos aquí de que cuando, mucho más tarde en la pieza, Basilio se rinde durante cierto tiempo a un determinismo netamente fatalista (después del fracaso de su segunda experiencia, y cuando el devolver Segismundo a su prisión no ha hecho sino acarrear la división del reino que se temía) Clotaldo le habrá de contestar en términos muy parecidos, afirmándole que 'el prudente varon | victoria del hado alcanza' (vv. 3118–19) e insistiendo que 'no es cristiana | determinación decir | que no hay reparo a su saña' (vv. 3115–17). Pero hay que dejar esta escena posterior de lado en esta ocasión, para hacer hincapié en la naturaleza de la segunda *experiencia* montada por Basilio y en las razones de su fracaso.

11. Lanzado en mal camino por la mala crianza de que luego culpara a su padre, Segismundo seguirá siendo valiente (en el sentido de mostrar el coraje animal de una fiera) durante toda la segunda jornada. Pero por no saber cómo emplearlo bien —i. e. para vencerse a sí mismo— su *valor* no le sirve sino para hacerle dar lo que han de parecer a su padre más muestras todavía de ser esencialmente 'crüel y tirano', pareciendo confirmar los 'indicios' anteriores de una 'condición' irrefrenablemente fiera.

12. Véanse, para ciertas reservas importantes a la manera en que Sloman se sirve de la *Summa*, la reseña de Parker (1952), y también Truman (1964).

como el tratado *De Fortitudine* (*Summa Theologica*, II. II. QQ. CXXIII–CXXXIX) le sirvió a Sloman para aclarar muchos puntos de la caracterización y actuación tanto del príncipe Fernando como de quienes le confrontan, el tratado *De Prudentia* —igualmente parte de la *Secunda Secundae* (II. II. QQ. XLVII–LVI)— parece ser una clave esencial para la comprensión tanto de la caracterización de varios de los personajes como de la finalidad de *La vida es sueño*.[13] En la presente ocasión, sin embargo, tendremos que limitarnos a Basilio y Segismundo en lo concreto, y en lo abstracto a subrayar someramente ciertas de las características de dicha virtud, tal como quedó definida por el Doctor Angélico.

3.5 En primer lugar, a la pregunta 'Utrum prudentia insit nobis a natura' (Q. XLVII, art. XV), Santo Tomás contesta que aunque cierto hombre pueda tener una disposición más apta que otro para adquirirla, la *prudencia* no es jamás innata, procediendo por un lado de la doctrina y por el otro de la experiencia que uno va adquiriendo en la vida: 'prudentia non inest nobis a natura, sed ex doctrina et experimento'. Y esto, porque la prudencia no se limita al puro pensamiento, sino que tiene que ver con la aplicación de la razón a la acción: 'laus prudentiae non consistit in sola consideratione, sed in applicatione ad opus, quod est finis practicae rationis' (Q. XLVII, art. L, ad 3). Y ya que la virtud tiene que ver no sólo con la consideración de principios universales sino también con su aplicación al obrar, el prudente varón tiene que conocer no solamente dichos principios sino también los *singularia* a los cuales aquéllos se aplican: 'necesse est quod prudens et cognoscat universalia principia rationis, et cognoscat singularia, circa quae sunt operationes' (Q. XLVII, art. III). Ahora bien, los principios universales constituyen lo que se puede aprender a base de pura doctrina, pero las cosas singulares sólo se pueden conocer por la experiencia: en la verdad, éstas son infinitas, siendo por su infinitud incomprensibles por la razón humana; de ahí la incertidumbre de nuestros consejos.[14] Pero la experiencia puede reducir la infinitud de *singularia* a cierto número finito de cosas que suelen ocurrir por regla general, y el conocimiento de éstos bastará para la *prudencia humana*: 'Tamen per experientiam singularia infinita reducuntur ad aliqua finita, quae ut in pluribus accidunt; quorum cognitio sufficit ad prudentiam humanam' (Q. XLVII, art. III, ad 2).

3.6 Aplicando todo esto al caso de Segismundo, será evidente que, careciendo de toda experiencia de los *singularia* de la vida normal (fuera de la cárcel de su torre), le tiene forzosamente que ser imposible obrar prudentemente cuando se le traiga a palacio, por mucha y por buena que sea la doctrina en que había sido instruido en la torre por Clotaldo.[15] De ahí su fracaso, y de ahí que 'mañana se viera | segunda vez reducido | a su

---

13.   Quizás cupiera decir que lo sea de manera todavía más estricta, porque en la verdad es de dudar que Calderón pensara exclusivamente en la *fortaleza* tomista cuando caracteriza este aspecto del príncipe Fernando: el calificarle de *constante* pudiera indicar que no solamente estaba pensando en la *constancia* como mera parte constitutiva (y paciente) de la *fortaleza* (véase *Summa Theologica*, II. II. Q. CXXVIII) sino que quizás también tuviera en mente la *constancia* como doctrina neo-estoica (véase, por ejemplo, el tratado *De Constantia* de Justo Lipsio, cuya posible importancia para la interpretación de dicha pieza le fue sugerida al comunicante muchos años ha por Peter Russell). De un modo parecido, aunque bien pudiera ser que el *valor* calderoniano tenga bastante que ver con la *fortaleza* tomista, sería sumamente arriesgado equiparar ambos conceptos sin más ni más: por un lado, la diferencia terminológica sugiere la presencia de matices distintos; por el otro, ya que vemos que el *valor* puede aplicarse o bien o mal, parece ser una cosa moralmente *indiferente* (mientras la *fortaleza*, en cuanto virtud, tiene que ser buena de sí aunque siempre cabe la posibilidad de que una virtud se aplique mal por haberse uno equivocado de objeto). Véase también nota 17.

14.   'quia infinitas singularium non potest ratione humana comprehendi, inde est quod sunt *incertae providentiae nostrae*, ut dicitur Sap. 9' (Q. XLVII, art. III, ad 2).

15.   'Éste le ha enseñado ciencias; | éste en la ley le ha instrüido | católica...' (vv. 756–58).

prisión y miseria' (vv. 1127–29). Por falta de experiencia, no pudo obrar prudentemente, y el *valor* aplicado de manera ciega no sólo no le permite vencer las estrellas sino que contribuye al cumplimiento de los males pronosticados en su horóscopo. Pero lo dicho por Santo Tomás acerca de la *prudencia* tiene que aplicarse no solamente a la explicación de las imprudencias de Segismundo en el palacio, sino también a sus aciertos posteriores.

3.7 Si pasamos a la tercera jornada vemos a Segismundo sometido a una segunda serie de tentaciones paralela a la primera, pero esta vez las rechaza una por una (no sin conflictos interiores, desde luego, que se exteriorizan en reflexiones de sumo interés) estando resuelto a *obrar bien*, y sabiendo además *cómo hacerlo*. De ahí que 'predomina en las estrellas': no es que la profecía no se cumpla (pues sí se cumple, y al pie de la letra) sino que al cumplirse ahora no acarrea las tristes consecuencias que Basilio había considerado inherentes en las circunstancias previstas. Y si no las trae consigo, es porque Segismundo 'magnánimo se vence': ha aprendido a sobreponerse a toda situación por sobreponerse a sí mismo.[16] Mucho se ha escrito sobre la naturaleza y las etapas de esta conversión, y mucho queda todavía por decir, pero en la presente ocasión tendrá que bastar el subrayar lo siguiente: si las estrellas sólo pueden ser dominadas cuando la *prudencia* acompaña al *valor*, y si la *prudencia* presupone el escrutinio de la experiencia por la razón, y si Segismundo no pudo obrar prudentemente en la segunda jornada por carecer de la experiencia necesaria pero sí obra prudentemente en la tercera, entonces se sigue que la *prudencia* que demuestra ahora tan sólo puede haber procedido de sus reflexiones sobre la experiencia que adquiriera durante la jornada central de la comedia (sobre su propia 'experiencia' de la segunda *experiencia* montada por el rey su padre, más aquella de encontrarse por segunda vez reducido a su prisión).

3.8 O sea que la trayectoria de Segismundo pasa por tres etapas bien distintas, correspondientes a los tres actos de la obra:

(*i*)   en la primera jornada, le vemos bien adoctrinado por Clotaldo, pero careciendo por completo de experiencia de la vida extramural;

(*ii*)   por consiguiente aparece desprovisto de *prudencia* en la segunda, pero ahí adquiere la experiencia requerida, sobre la cual reflexiona al ser devuelto a la torre; de ahí que

(*iii*)   en la tercera jornada vaya aplicando a las nuevas situaciones con las cuales tiene que encararse las lecciones aprendidas al reflexionar sobre lo que le ha sucedido en lo anterior.

Con decir esto no se está afirmando que su conversión esté completa al terminar la segunda jornada, ni mucho menos: su *prudencia* se va perfeccionando a lo largo de la tercera, a medida que pase del *obrar bien* por razones en parte equivocadas (como veremos más abajo) al *obrar bien* por haber acudido finalmente a lo eterno (v. 2982), extendiéndose (según cree el presente autor) finalmente de la *prudencia sencilla* o particular ('quae ordinatur ad bonum proprium') a la *prudencia política* 'quae ordinatur ad bonum commune civitatis, vel regni' (Q. XLVII, art. XII) que se requiere en un príncipe.[17]

---

16.   Véase arriba, página 43, para las razones por las cuales el comunicante no comparte la opinión de Dunn, según el cual la profecía se cumple y no se cumple a la vez.

17.   Q. XLVII, arts X–XII. En cuanto a Segismundo como príncipe perfecto (tema del artículo de Hesse de 1953) es probable que resultaría muy fructífera una investigación de las relaciones entre la fórmula *valor* + *prudencia* de Basilio y el *topos* 'sapientia et fortitudo' estudiado por Curtius (1953. 173–70). Según Curtius, este *topos* medieval reaparece en el Renacimiento y en el Siglo de Oro español como el conocido tema de las *armas* [< *fortitudo*] y las *letras* [< *sapientia*]: véase Russell (1967).

3.9 Con lo dicho, ya se habrá visto que el comunicante disiente de su amigo Harold Hall (1968) acerca de lo que le sucede al soldado rebelde en el desenlace, pero bien pudiera decir con Segismundo '¿quién me mete en discurrir' (v. 1245) sobre este asunto?, ya que esto se ha de dejar para el próximo ponente, Terence May.[18] Indispensable, en cambio, resulta el dilucidar ciertos detalles de la manera precisa en que Segismundo extrae su *prudencia* de su experiencia para luego *obrar bien*, por lo que Dunn ha llamado 'a process of cause and effect in which morality follows from experience and actions from morality' (1953: 191).

4. Lo astrológico, las pasiones, el libre albedrío

4.1 DUNN SE DISPUSO a precisar el papel jugado por la profecía en el desarrollo de este proceso, y aquí se habrá de volver a hacer lo mismo, pero desde un ángulo algo distinto. Otra vez tendremos que valernos de la *Summa Theologica*, consultando lo que Santo Tomás tuvo que decir de la astrología cuando quería precisar cuáles eran los límites teológicos sobre la certeza de las predicciones de los astrólogos. Al discutir la *Quaestio* 'Utrum corpora coelestia sint causa humanorum actuum' (I. I. Q. CXV, art. IV) él acepta (como cualquier hombre de su tiempo) que los movimientos de los cuerpos celestes pueden influir sobre el apetito sensitivo, y admite además (en un pasaje citado en alemán por la señorita Lorenz) que los más de los hombres siguen los dictados de sus pasiones, siendo pocos los que sean sabios y sepan resistirlas a éstas: 'plures hominum sequuntur passiones, quae sunt motus sensitivi appetitus, ad quas cooperari possunt corpora coelestia; pauci sunt sapientes, qui hujusmodi passionibus resistant' (I. I. Q. CXV, art. IV, ad 3).[19] De ahí que los astrólogos puedan predecir lo que uno hará en la mayoría de los casos, y sobre todo de una manera general: 'Et ideo astrologi ut in pluribus vera possunt praedicere et maxime in communi'. Pero nunca lo pueden hacer con certeza en ningún caso específico ('non autem in speciali') porque todo hombre dispone de su libre albedrío, y nada puede impedir que él lo emplee para resistir los dictados de sus pasiones: 'quia nihil prohibet aliquem hominem per liberum arbitrium passionibus resistere'.

4.2 Si seguimos un poquitín más allá todavía (la cita alemana de la señorita Lorenz terminaba en el 'et maxima in communi') hallaremos la sentencia de Tolomeo que citara Basilio glosada ahora en un sentido muy preciso y muy cristiano, porque Santo Tomás nos dice a continuación: 'Unde et ipsi astrologi dicunt quod *sapiens homo dominatur astris*, in quantum scilicet dominatur suis passionibus'. De modo que el sabio sí que predomina en las estrellas, en cuanto sepa predominar en sus pasiones. O sea que lo que los astrólogos nos pueden predecir es lo que va a suceder si los hombres, en lugar de dominar sus pasiones, se rinden ante los dictados de su apetito y consienten en pecar cada vez que caigan en alguna tentación. Calderón, desde luego, no se proponía defender la posición de los astrólogos (ni más que Santo Tomás), pero —pudiendo tomar estas ideas por sentadas— lo que hace repetidas veces en sus comedias es emplear alguna que otra predicción astrológica para simbolizar cuáles son los dictados de las pasiones de sus personajes, para luego

18. En el congreso de Exeter, May leyó (inmediatamente después de la discusión de la presente comunicación) una comunicación dedicada específicamente a escudriñar de nuevo el final de la comedia, a la luz del artículo de Hall. Sabiendo que le estaba reservado este tema, el comunicante se lo dejó (de muy buen grado) entonces; ni tampoco le ha parecido bien abordar la materia al revisar su comunicacion para la publicación, aunque él y May distan mucho de coincidir en sus respectivas maneras de disentir del profesor Hall.
19. Todas las demás frases citadas en este párrafo vienen de esta misma sección.

mostrarnos el hombre dominando las estrellas en cuanto sepa vencerse a sí mismo, pero cumpliendo sus profecías en cuanto siga obedeciendo los dictados de su naturaleza inferior.

4.3 Volviendo a *La vida es sueño*, si se aplican estas ideas no solamente al caso de Segismundo sino también al caso de Basilio, se echará de ver que el horóscopo de aquél no se refería solamente a su propio futuro sino también al futuro de su padre. Y si la profecía se cumple en cuanto se cumple, no lo hace sencillamente porque Segismundo actúe en fiera (por no saber todavía cómo resistir sus propias pasiones) sino porque éste actúa así precisamente a resultas de las medidas sumamente contraproducentes adoptadas por Basilio. Y la motivación de estas medidas no era —como éste se figuraba— propiamente sabia y prudente sino, en la verdad, profundamente apasionada: hubo el orgullo en la fuerza de su propio ingenio (véanse vv. 604–43); hubo el amor propio, que 'hace... su oficio' en quien 'da crédito... al daño que ha visto en su estudio' (vv. 726–29); hubo el miedo por sí mismo y por su patria (vv. 761–67) que le había llevado a convertirse él mismo en tirano (v. 1504) por querer evitar así la tiranía de otro (vv. 767–69); y, en último lugar, ha habido aquella curiosa duda posterior de su propio ingenio que —manteniéndole 'entre una y otra causa | vacilante y discursivo' (vv. 792–93)— le ha llevado a modificar su plan primitivo después de tantos años para montar una nueva *experiencia*, la cual ha de terminar por acarrearle todos los males que temía. Cuando sus planes fracasan, en lugar de dudar de su propia *prudencia* pasará al fatalismo más extremo de aquel 'si ha de ser, la defensa es imposible | que quien la excuse más, más la previene' (vv. 2454–55). Y sólo será cuando libremente acepte su propia fortuna, postrándose a los pies de su hijo, que el mal que temía se va a desvanecer: no gracias a sus propias acciones, desde luego, sino porque Segismundo ya haya sabido sobreponerse a todas las circunstancias que le fueron impuestas por su padre, sobreponiéndose a sí mismo.

4.4 Lo que Basilio ha hecho ha sido, en la verdad, ir creando una larga serie de situaciones adversas para su hijo, tal como lo hiciera el Curcio de *La devoción de la cruz* para Eusebio. Ambos padres, iniciadores de la *acción* de sus respectivas piezas, tienen la función dramática de fabricar situaciones al nivel de la *acción* para sus hijos, cuyas propias decisiones como protagonistas auténticos de sus respectivos dramas constituyen la verdadera clave para la comprensión del *tema* principal de cada obra.[20] En *La vida es sueño*, las situaciones que Basilio crea para Segismundo son las siguientes:

(i) la situación física de su prisión en la torre, la cual le hace lo que es moralmente cuando llega al palacio;

(ii) la situación física del palacio, en que Segismundo obra 'libremente' por primera vez, pero no puede librarse todavía de sus propias pasiones por estar sujeto a las *costumbres* morales creadas en él por su encarcelamiento primitivo;[21]

20. Véanse arriba, páginas 24–25.
21. En la discusión que siguió la lectura de esta comunicación, el comunicante fue preguntado por el profesor Ángel M. García si creía realmente (cuando dijera que Segismundo había actuado 'libremente' en el palacio) que se trataba de verdadera *libertad moral*, o únicamente de *libertad física*. Quizás su contestacion (ligeramente abreviada) aporte una aclaración provechosa: 'La palabra *libremente* iba escrita entre comillas: Segismundo tiene *libertad física* por la primera vez en su vida, y tiene *libertad moral* en el sentido de que nada exterior a él le obliga a decidir en un sentido o en otro. Pero no tiene plena *libertad moral* porque todavía está tan sujeto a su naturaleza inferior que no sabe —ni pudiera saber— cómo emplear su libre albedrío por escoger lo que le quisiera dictar su razón y no lo que le dictan las pasiones. Permítaseme aclarar esto de otra manera: yo diría que lo que le pasa a Segismundo en la *experiencia* del palacio es, por decirlo así, una condensación en pocas horas (y, por lo tanto, evidentemente inverosímil en el sentido habitual de esta palabra) del

(*iii*) la situación física de su regreso a la prisión, cuando parecía haberla merecido moralmente por sus repetidas faltas; y

(*iv*) la ficción de que el palacio fuera soñado.

Según podemos ver en las dos últimas secciones de nuestro texto básico, esta ficción fue impuesta sobre Segismundo en parte para su *consuelo*, pero terminará de hecho por modificar su segunda experiencia de la torre de una manera que su padre no pudo prever, contribuyendo a la creación del estado de desengaño en que Segismundo tomará libremente la decisión moral de reprimir *su fiera condición* y *obrar bien*. Después, indirectamente y ya no por voluntad propia, el rey resulta haber contribuido por sus acciones a la creación de otra situación más:

(*v*) aquella en que sus vasallos se rebelan, devolviéndole a Segismundo su libertad de acción física, en la cual su nueva resolución moral se habrá de manifestar en una serie de libres decisiones de *obrar bien*.

Y finalmente, cuando Basilio se decide a aceptar su propia fortuna (en lugar de seguir huyendo) y se postra a los pies de su hijo diciendo 'cumpla el cielo su palabra' (v. 3157), resulta haberle proporcionado voluntariamente una situación favorable por primera vez:

(*vi*) la situación que conduce directamente al feliz desenlace de la pieza, en el cual Segismundo distribuye a los demás personajes los premios y castigos que les corresponden.

El Segismundo que actúa en las situaciones (*v*) y (*vi*) ya no parece ser el mismo que actuara en las anteriores: ¿cómo y por qué se ha obrado en él este cambio de actitud tan radical, que tanto le sorprende al rey su padre cuando éste creyera hallarle de nuevo tal cual se había manifestado en el palacio antes?

5. 'Conocerse' y 'dominarse'

5.1 AQUÍ, SOLAMENTE HAY lugar suficiente para investigar dos momentos decisivos de la primera fase de la conversión de Segismundo —dos momentos de su trayectoria, por decirlo así— con lo cual daráse fin al presente ensayo. Para que pueda devenir *prudente* (pasando del estado de fiereza en que rechaza toda advertencia y se le denuncia repetidas veces como *atrevido* —por ejemplo en los vv. 1520 y 1656— a la condición del *advertido* que sabe sobreponerse a toda tentación) tiene que vencerse a sí mismo, o —por concretarlo más— tiene que dominar sus propias pasiones, dominando así las estrellas que cooperaban en los movimientos de sus apetitos. Pero antes de que pueda vencerse, tiene que conocerse:

---

desarrollo moral que normalmente se experimenta entre los tres y diez años de edad. Ya sabemos que no se atribuye plena *responsabilidad moral* al niño hasta que llegue a la edad de la razón. Podríamos decir que Segismundo es un niño de razón artificialmente rezagada, y que no puede —en la verdad— tener plena responsabilidad moral ni legal cuando primero se le introduce a palacio, porque no se le han dado los años de preparación proporcionados en la infancia a todos los hombres normales, en los cuales se aprende la distinción entre lo que una pasión les dicta y lo que la razón les dicta, aprendiendo experimentalmente a escoger *libremente* lo que su razón les dice y no lo que una pasión les dice. Así es que hay una ambigüedad irónica en esta libertad provisional: Basilio le da la *libertad física* creyendo que le está dando plena *libertad moral*, y que podrá *escoger*, pero nosotros sabemos (si escudriñamos bien las circunstancias) que Segismundo *no podía escoger* más que tal como escogió gracias a la educación —o *falta de educación*— que se le había dado.' Para precisar más, pudiérase agregar ahora que aunque no le faltara lo *teórico* de la educación, le ha faltado la *práctica* (y la 'doctrina' sin la 'experiencia' no puede constituir la *prudencia* que se le ha de pedir). De ahí la discrepancia entre su aplicación acertada de la teoría a los demás, por ejemplo cuando dice al Criado 2º 'En lo que no es justa ley | no ha de obedecer al Rey' (vv. 1321–22), y el no saber aplicársela a sí mismo cuando rechaza el 'Digo lo que es justo' (v. 1415) del mismo criado con un 'Nada me parece justo | en siendo contra mi gusto' (vv. 1417–18) a la vez tiránico y niñeril.

el *nosce teipsum* es el primer paso en el itinerario de su conversión, y la decisión de reprimir sus pasiones es el segundo. En la opinión del comunicante, éstos son los dos momentos esenciales de esta primera fase, y se concretan en los versos '... sé quién soy: | un compuesto de hombre y fiera' (vv. 1546–47) y (seiscientos versos después) 'Es verdad; pues reprimamos | esta fiera condición (vv. 2148–49).

5.2 El primero viene cuando Basilio le deja solo, después de haberle denunciado como 'bárbaro... y atrevido' (v. 1520). Segismundo dice:

> ... si me viste primero
> a las prisiones tendido,
> fue porque ignoré quién era.
> Pero ya informado estoy.   (vv. 1542–45)

En términos de la historia, sabe que es 'desta corona [de Polonia] heredero' (v. 1541): éste es uno de los aspectos de su *circunstancia* que antes desconocía, uno de los infinitos *singularia* exteriores, un *accidente*. Pero al agregar que se reconoce como 'un compuesto de hombre y fiera', Segismundo está glosando este reconocimiento de quién es en términos *sustanciales* y morales: el verse a sí mismo en acción, sujeto a sus pasiones en cada una de las situaciones que se le han presentado hasta ahora, le ha permitido entrever la composición de su doble naturaleza. Y éste es un reconocimiento que tiene un valor simbólico para cada uno de nosotros.

5.3 El conocerse no basta para saber vencerse, sin embargo: no será hasta el comienzo del segundo famoso monólogo que Segismundo tomará la resolución de reprimir su 'fiera condición', la cual no había podido aprender a refrenar antes a consecuencias de su pésimo 'linaje de crianza' durante su primer encarcelamiento. Reprimido este aspecto de su ser, desde allí en adelante Segismundo actuará como 'hombre' racional: recordando con su *memoria* las situaciones que había conocido antes, su manera de conducirse en ellas, y las consecuencias que este género de conducta le acarreara; escudriñando con su *entendimiento* las posibilidades de la nueva situación que le confronta, para ver en qué consistiría el *obrar bien*; y sometiendo los dictados de sus pasiones a su razón por un acto consciente de la *voluntad* cada vez que entren en conflicto los dos niveles de su ser. Pero, ¿qué es lo que le lleva precisamente del *conocimiento de sí mismo* al *dominio de sí mismo*? Nada menos que aquella famosa trampa o ficción 'del decir que fue soñado | cuanto vio' (vv. 1136–37), la cual se convierte ahora en el instrumento de su desengaño.

6. El papel del 'decir que fue soñado'

6.1 SEGISMUNDO HABÍA HECHO muy bien en rechazar la ficción de que cuanto hiciera y viera fuese un sueño, cuando su padre se la sugirió en el palacio: 'No sueño, pues toco y creo | lo que he sido y lo que soy.' (vv. 1534–35). Y tenía toda la razón: está apelando al testimonio de sus sentidos en estos dos versos, y 'sensus proprii sensibilis falsus non est' (*Summa Theologica*, I. Q. XVII, art. I, ad 2). El error estriba siempre en los juicios que nos formamos, a base de la información que aceptamos, y así habrá de suceder con Segismundo. Se le devuelve a la torre, dormido; cuando despierta, Clotaldo (mintiendo) le asegura que había estado dormido desde que 'las fuerzas | rindió al sueño' (vv. 1069–70) en aquella misma cárcel, o sea que su experiencia del palacio hubiera sido un sueño. Clotaldo sabe que le está mintiendo y nosotros también lo sabemos, pero Segismundo (aunque no deje de tener sus dudas) lo acepta —por lo menos provisoriamente— y entonces se pone a raciocinar de una manera estrictamente lógica: '... si ha sido soñado | lo que vi palpable y cierto, | lo que veo será incierto' (vv. 2102–04). De hecho, la torre no es ni más ni menos real que lo que había sido el palacio. Si se acepta la proposición de que el palacio fuera soñado, se sigue que esta cárcel tampoco es más real que un sueño. De ahí que para Segismundo (el cual no ha conocido más que cárcel o palacio en toda su experiencia de la vida) 'toda la vida es sueño' (v. 2186).

6.2   Pero ¡nótese que Segismundo es el único personaje que duda en cualquier momento de la realidad del mundo material que nos rodea! Y todos sabemos que él ha sido engañado. La metáfora del título tiene su sentido (el cual quedará bien definido antes de que termine la última jornada) pero éste no es, desde luego, un sentido literal: cuando Basilio dijera (en la última sección de nuestro texto básico) que Segismundo haría bien en entender que había soñado si se le tuviera que devolver dormido a su prisión 'porque en el mundo, Clotaldo, | todos los que viven sueñan' (vv. 1148–49), el rey no desconocía la presencia del equívoco en el argumento que avanzaba como para justificar el engaño que se estaría practicando sobre Segismundo para su 'consuelo'. Pero sí que desconocía cuáles serían las consecuencias de dicho engaño.

6.3   Lo que pasa es que en esta crisis de duda total Clotaldo le ofrece una sola cosa segura, al afirmarle que 'aun en sueños | no se pierde el hacer bien' (vv. 2146–47). Toda la vida puede ser un sueño, pero si hubiera obrado bien en el sueño del palacio, Segismundo no se encontraría ahora de nuevo en la pesadilla de la cárcel. Aceptando esta segunda proposición falsa (cuando dice 'Es verdad'), Segismundo decide *por consiguiente* reprimir su 'fiera condición' en vista de las consecuencias desastrosas que el manifestarlo le ha acarreado (v. 2148). El presente comentarista ya ha hablado un poco en otra ocasión de aquel 'aun en sueños no se pierde el hacer bien' (arriba, página 35), y todavía le queda más por decir al mismo respecto. Por ahora, baste repetir que aquí (al final de la segunda jornada) Segismundo toma una *decisión indudablemente acertada*, tomándola asimismo *por razones equivocadas*. Segismundo se encuentra en un estado de desengaño total: imposible sería, en la opinión del comunicante, que él se pudiera hacer todavía aquella sutil distinción que Wilson y los que le han seguido han hecho (muy acertadamente) al escudriñar sus palabras, indicando que lo que el rey sueña no es propiamente su existir sino su realeza cuando sueña 'que es rey' (v. 2158) (Wilson 1946: 69; y arriba, página 36).

6.4   No será hasta que Rosaura le haya demostrado que su día en el palacio no había sido ningún sueño, lo cual sucede en la mitad de la última jornada, que Segismundo podrá distinguir entre la realidad del existir y la vanidad de bienes como 'la grandeza y el poder' (v. 2952). Entonces, ante 'señas tan notorias' (v. 2933), Segismundo se verá obligado a aceptar la realidad de su experiencia de la Corte. Su primera reacción será la del *collige rosas*: el *collige Rosauras* (por decirlo así) de su 'Gocemos, pues, la ocasión' (v. 2960). Pero ya que nuestras experiencias de lo real son tan irreales que, recordadas, 'Las verdaderas son | tenidas por mentirosas' (vv. 2940–41) y todo 'pasado bien... es sueño' (v. 2972), Segismundo termina el vaivén de sus reflexiones tan angustiadas resolviendo finalmente acudir 'a lo eterno' (v. 2982). Y desde aquel momento en adelante ya no volverá a vacilar: su conversión se completó en aquel instante.

6.5   Al terminar la pieza, se sabe definitiva y muy precisamente en qué sentido hay que entender aquel 'todos los que viven sueñan' del final de nuestro texto básico. Hay un sentido, y sólo uno, en que la vida sí que es sueño: v. g. en cuanto 'toda la dicha humana |

... pasa' (vv. 3313–14). Pero lo materialmente real sigue siendo materialmente real, y la mentira de que no lo fuera (de la cual dependía la validez transitoria del 'aun en sueños no se pierde el hacer bien', en cuanto aplicábase a un *sueño* que tan sólo era un *seudo-sueño*) ya se ha desechado. Fue una mentira muy útil, sin embargo, a pesar de que jamás sirviera la segunda de las dos funciones que se propusiera el rey, ya que el 'entender que soñó' (v. 1146) no fue motivo de 'consuelo' (v. 1142) para Segismundo (o por lo menos no lo llega a ser en el sentido en que pensara el rey). Introducido al nivel de la *acción* como un mero expediente para tranquilizarle, se habría de convertir de una manera totalmente imprevista en el auténtico instrumento de un desengaño inesperado, llevándole finalmente a entender la profunda *verdad temática* que se escondía en su sentido figurado. De ahí que Segismundo se convirtiera en el *caído en la cuenta*[22] que sabe (en aquella frase de Dunn) 'extraer la moralidad de la experiencia y luego traducirla en acción', agregando la *prudencia* a su *valor* innato para convertirse en el *sabio* verdadero: el único hombre que de verdad puede predominar 'en las estrellas' *in quantum scilicet dominatur suis passionibus*.[23]

22. Véanse Gilman (1946: 95–97) y Pring-Mill (1968: 272–75).

23. Preguntado por el profesor Ángel M. García cuál sería el tema principal de la obra, el de la libertad o el de la vida como sueño, el comunicante dijo que los consideraba como tan íntimamente relacionados (cuando se ha llegado al desenlace) que no quisiera decir que cualquiera de los dos predominase sobre el otro. Agregó que la *finalidad moral* de la pieza tenía que ser la de enseñarnos a emplear bien nuestro libre albedrío, de modo que *el tema de la libertad* constituiría la doctrina esencial que Calderón nos quisiera comunicar, pero que este tema llegaba a estar fundido inextricablemente con el *tema del título*. Introducido por vez primera al nivel de la acción, como mera acción o trampa, el tema de la vida como sueño no solamente se habría de convertir en el factor que desengañase a Segismundo sino que también terminaría pasando a formar parte de la moralidad que la pieza contiene para nosotros, cobrando auténtico valor temático: v. g. en cuanto sólo sería cuando reconociéramos que *la vida* era —en cierto sentido bien determinado— un *sueño*, que estaríamos dispuestos a emplear nuestro libre albedrío bien para someter las pasiones debidamente a la razón ('porque si la vida no fuera sueño en este sentido, entonces tendríamos toda la razón —por decirlo así— en gozar de *la ocasión* (v. 2960) cada vez que se nos presentara').

III: ESTRUCTURAS LÓGICO–RETÓRICAS Y SUS RESONANCIAS

NOTA. Este capítulo está basado en dos ponencias, la una leída en Hamburgo en el julio de 1970 y la otra en Westfield College en el julio de 1973. Al volver a desarrollar el tema por escrito, el texto se fue alargando tanto que varios aspectos de su tesis tuvieron que postergarse para una posible 2ª parte, la cual —por varias razones— no pudo iniciarse hasta ya salida su primera entrega en 1973 bajo el título 'Estructuras lógico-retóricas y sus resonancias: Un discurso de *El príncipe constante*', correspondiente a las secciones §§ 1–8 del presente trabajo (páginas 65–100) más el Apéndice (páginas 122–24). Luego, al retomar las ideas pendientes después de la larga pausa, éstas se iban creciendo (de modo imprevisto cuando se terminara la 1ª parte) mayormente en torno a las relaciones entre dos formas del *Summationsschema*: el de *tipo argumentativo* examinado en un retorno al mismo discurso de *El príncipe constante*, y el de *tipo descriptivo* ejemplificado por la invocación inicial de *El gran teatro del mundo* (bipolaridad de base reflejada en su título 'Estructuras lógico-retóricas y sus resonancias, 2ª parte: Hermosa compostura y piedad real'). Esta 2ª parte comprendía las secciones §§9–13 del presente capítulo (páginas 100–22). Una descripción más detallada del génesis y desarrollo de las ideas aquí expuestas se puede consultar en Pring-Mill (1973: 109–10: 'Nota preliminar' y 1976: 74: 'Nota final').

* * * * *

1ª parte : Un discurso de *El príncipe constante*

1. Intenciones y contexto crítico

1.1 EN LA TERCERA JORNADA de *El príncipe constante*, el príncipe don Fernando dirige un largo discurso de ciento setenta versos (véase la sección § 3 de este capítulo) al Rey de Fez, apelando primero a su *piedad* y luego a su *rigor* para pedirle no —como pudiérase haber supuesto— la *vida*, sino la *muerte*. Este discurso es una oración argumentativa y persuasoria, perteneciente al *genus deliberativum* (uno de los tres géneros de discurso heredados de la Antigüedad).[1] Estructurado simétricamente a base de un complejo juego de paralelismos y

---

1. Véase Curtius (1948: Capítulo 4: 'Rhetorik'). Pero la clasificación tripartita de los discursos en *genus demonstrativum, genus deliberativum* y *genus iudiciale* (con las ligeras variantes descritas por Curtius), aunque fuese adecuada para toda *situación de la vida* en que se había de emplear un discurso formal, no bastó para abarcar los *tipos* específicos que se llegaron a establecer para la serie más complicada de *situaciones dramáticas*: véase Clemen (1955). Las teorías de Clemen sobre (*a*) el establecimiento de una serie de *tipos de escena* específicos que fueron inicialmente las unidades constituyentes de una obra teatral, con una serie correspondiente de *tipos de discurso* propios para emplearse en aquéllos (véase capítulo 3: 'Grundtypen der dramatischen Rede', 39–50), y (*b*) su visión de la evolución de la tragedia en Inglaterra como una progresiva complicación del maridaje entre tales escenas (acompañada por el desarrollo de formas cada vez más híbridas de discurso), deberían de aplicarse sistemáticamente *per analogiam* al campo hispánico. Son, creo yo, de máxima importancia para nuestra comprensión de las diversas estructuras observables en la *comedia*. Mientras todos empleamos el

antítesis, de correlaciones poéticas y de ideas contrapuestas, este texto constituye un ejemplo magistral de la retórica calderoniana, y es como tal que se lo va a comentar aquí.

1.2 El comentario versará principalmente sobre su estructura retórica, sobre la naturaleza y fuerza lógica de los argumentos aducidos (a la vez que sobre aquellas de los métodos de argumentación que en él se emplean), y sobre las 'resonancias cósmicas' de dicha argumentación, entendiéndose por esta frase las series de asociaciones encadenadas que se despertarían en nosotros —asociaciones a la vez filosóficas y estéticas— si nosotros fuéramos miembros de un auditorio del siglo XVII (conciudadanos de nuestro don Pedro Calderón de la Barca, compartiendo el mismo *Weltbild* y la misma *Weltanschauung*). Pero el comentario no ha de terminar allá, porque (según el juicio del ponente) lo que se habrá de decir con respecto a un solo discurso en particular no solamente puede generalizarse para referirse a la retórica calderoniana en toda su amplitud, sino que quizás termine siendo referible al nivel superior de la estructura de la comedia calderoniana en sí, a la vez que al campo de la estética calderoniana en general y a la visión del mundo que ésta transparenta.

1.3 Como bien se echa de ver, este programa peca de ambicioso: aun dejando de lado aquellos niveles superiores, ninguna comunicación de congreso podría abarcar todas las observaciones que pudiera suscitar tal texto. Si situamos la tarea dentro del contexto de los demás trabajos anunciados para este coloquio anglogermano, veremos que —para que tal comentario fuese completo— resultaría 'imprescindible' (en frases de Hans Flasche) 'tomar en consideración todas las relaciones semánticas…, la sintaxis…, la *situación comunicativa*, el contexto lingüístico y extralingüístico'; tendríamos que estudiar a fondo (en frases de Kurt Reichenberger) tanto el 'ámbito metafórico' como el 'ámbito de la estructura del contenido', a la vez que la 'función estructuradora de las figuras de dicción', examinando (en términos de Helmut Hatzfeld) todos sus 'estilemas dinámicos y estáticos'.[2] Y luego, para que pudiéramos ver cuáles son las funciones de nuestro texto dentro de una 'obra de arte… unitaria' cuya trama es la 'expresión lógica del tema' (frases de John Varey), tendríamos que terminar situando esta *Mikroanalyse* del discurso en sí dentro de una *Makroanalyse* de la comedia entera.[3]

1.4 Cada una de aquellas frases tiene algo que ver con lo que se intentará hacer en esta ponencia (aunque el comentario quede necesariamente incompleto desde todos aquellos puntos de vista). Pero la razón de citarlas aquí es porque parecen complementarse y completarse mutuamente, definiendo en su conjunto cierta manera de leerle a Calderón —cierta manera de aproximarse a la lectura y estudio de una de sus obras— que hubiera sido impensable hace pocas décadas. Confluyen en este enfoque crítico los métodos de la lingüística moderna, los métodos del 'análisis temático-estructural' estudiados por el ponente en otra ocasión (véase Capítulo I, páginas 13–47), aquellos de lo que hace quince años todavía se tenía que denominar la 'nueva estilística' (véase Hatzfeld 1955), y la manera de enfocar la metafórica calderoniana de un Wilson (1936) en Inglaterra, un Parker ahora

libro de Curtius, la importancia de aquel de Clemen para los hispanistas ha pasado inadvertida en los estudios publicados hasta ahora, por lo menos entre 'los calderonistas de habla inglesa'. Hay versiones inglesas de ambos (Curtius 1953, Clemen 1961).

2. Todas las frases citadas en este párrafo provienen de los resúmenes de las ponencias correspondientes distribuidas antes de celebrarse el coloquio mismo.

3. Términos que tomo otra vez de una obra de Hans Flasche (1968a: 14).

trasladado de Escocia al *Philosophenturm* de Austin (Texas)[4] y —aquí en Alemania— un Kommerell (1946), un Horst (1946), o un Ochse (1967).[5]

1.5 Cada uno de nosotros maneja este modo de leer una obra calderoniana de una manera un poquitín diferente de los demás, con matiz distinto, pero hay dos cosas que todos tenemos en común. Por una parte, todos nos estamos interesando por lo que Kurt Reichenberger ha llamado 'modelos de estructura' (de un tipo o de otro) —aunque ninguno de nosotros se llamaría propiamente un *estructuralista* en el sentido francés de la palabra— y, por la otra parte, ninguno de nosotros se aproximaría a un texto calderoniano cual un Menéndez y Pelayo, pensando encontrar una obra ibseniana y quejándose por consiguiente de la ausencia de personajes convincentes, de psicología naturalista o de aquel ilusionismo teatral que le permite a un miembro del auditorio creer que esté en presencia de la vida misma e identificarse consiguientemente con las personas cuyas peripecias se complace en contemplar. Por lo contrario, todos estaríamos de acuerdo con Cyril Jones, el cual ha hecho una interesantísima comparación entre Calderón y Bertolt Brecht (1967), en cuanto consideraríamos como ejemplos de la 'técnica de la alienación' —el sobremanera conocido *Verfremdungseffekt*— a casi todos los fenómenos cuya presencia se habrá de destacar en el discurso del príncipe constante don Fernando.

2. La lógica y la retórica en Calderón

2.1 SÓLO ES CUANDO se acepta que la técnica calderoniana es esencialmente una 'técnica de alienación' (y cuando se acepta libre y voluntariamente el distanciamiento que esto nos impone) que pueden apreciarse las finalidades y la eficacia de la estructura lógico-retórica de un discurso como el que se habrá de comentar. Ni es lo que diría un príncipe reducido a la condición de un esclavo casi agonizante, ni está expresado en términos aptos para persuadir a un Rey de Fez —que lo fuera de verdad— a otorgar la codiciada muerte a su cautivo. Contiene, esto sí, una cadena de razonamiento lógico (aislable de las palabras) la cual hace mucho para aclarar 'la paradoja cristiana' de la cual hablara Helmut Hatzfeld (1973), cuya presencia al centro de *El príncipe constante* fue señalada en el primer capítulo del presente libro (página 27); y esta concatenación de silogismos ligeramente escondidos se nos presenta empleando toda manera de recursos retóricos, aptos a la vez para satisfacer cierto tipo de sensibilidad estética (condicionada por el gusto de aquel siglo) y para persuadirnos a nosotros —los espectadores— de la profunda seriedad del dramaturgo para con las ideas expuestas y de la profundidad de las emociones que éste ha querido atribuir al personaje.

2.2 Para Calderón, diríase —a base de un estudio de su teatro— que todas las funciones del lenguaje como medio de comunicación pudieran reducirse a las dos artes hermanadas de la Lógica (para razonar) y la Retórica, empleada ésta para persuadir y conmover *y por lo tanto para expresar las emociones*. El personaje calderoniano no se expresa como se expresaría de verdad, sino de modo que pueda despertar en su auditorio (esencialmente objetivo) la debida actitud de *admiración* que corresponde al grado de emoción atribuido a

---

4. Véase Parker (1957, rev. en Bentley 1970). Lo añadido en el título de la versión de 1970 es importante. ¡Lamento sólo el que me haya traducido el término *análisis temático-estructural* como 'Thematic-Structural Analysis'!: el adjetivo compuesto que me pareciera lícito en castellano, yo no me lo hubiese permitido en inglés (si alguna vez tuviera que traducir aquel estudio a mi propia lengua, yo hablaría de 'The Thematic Approach to Structural Analysis').
5. La obra de Kommerell es inmerecidamente desconocida por la mayoría de los hispanistas españoles e ingleses. En el segundo tomo, presentó interesantes traducciones alemanas de *La vida es sueño* y *La hija del aire*.

quien habla. De ahí el hecho (para nosotros tan curioso) de que la retórica calderoniana vaya intensificándose y complicándose progresivamente cuanto más violentas devengan las emociones de sus personajes (en lugar de irse simplificando, como en la vida, hasta alcanzar el mero aullido irracional que manifiesta la inexpresibilidad de cualquier emoción experimentada en máximo grado): por ejemplo, en el famoso primer monólogo de Segismundo, cuyas intrincadas décimas no son la bella y tranquila meditación poética que pudieran parecer cuando las encontramos en una antología (aisladas de su contexto dramático) sino el modo de expresarse violentísimamente de quien experimenta una *pasión* tan intensa que se siente 'un volcán, un Etna hecho' y 'quisiera sacar del pecho | pedazos del corazón' (Sloman 1961: vv.164–66). Pero pasemos ya de una vez a la consideración de nuestro texto.

3. Análisis del texto: Estructura retórica + estructura argumentativa

3.1 EN LA SIGUIENTE TRANSCRIPCIÓN de nuestro texto se verá que ya se lo ha sometido a dos tipos de análisis, ambos marginales, resumiendo lo esencial de la argumentación a la derecha y lo formal y dispositivo de su estructura retórica a la izquierda. [6] Recuérdese brevemente el contexto circunstancial: reducido a la condición de esclavo por el Rey de Fez, el príncipe don Fernando la acepta sin protesta alguna, prestándole la debida obediencia. El Rey se queda maravillado, y le pregunta si 'esta obediencia' es 'humildad o valor' (vv.400–01). Entonces, Fernando le contesta del siguiente modo:

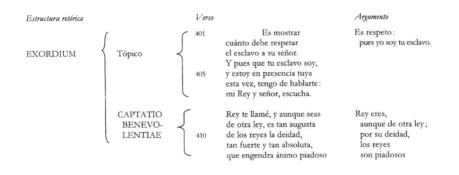

Estructura retórica			*Verso*		*Argumento*
EXORDIUM	Tópico		401	Es mostrar	Es respeto:
				cuánto debe respetar	pues yo soy tu esclavo.
				el esclavo a su señor.	
				Y pues que tu esclavo soy,	
			405	y estoy en presencia tuya	
				esta vez, tengo de hablarte:	
				mi Rey y señor, escucha.	
	CAPTATIO BENEVOLENTIAE			Rey te llamé, y aunque seas	Rey eres,
				de otra ley, es tan augusta	aunque de otra ley;
			410	de los reyes la deidad,	por su deidad,
				tan fuerte y tan absoluta,	los reyes
				que engendra ánimo piadoso	son piadosos

6. Se sigue la edición de Maccoll (1888: 102–07). Este discurso me ha interesado como muestra magistral de la oratoria calderoniana ya desde cuando fui un estudiante en Oxford, en los años de posguerra: mi antiguo maestro W. J. Entwistle (véase arriba, páginas 16–17 y Pring-Mill 1952: 43–46) lo citó de paso en una conferencia, como prueba de que Calderón estaba bien informado sobre la manera tradicional de ordenar un discurso con *exordium* y *captatio benevolentiae*, exposición pormenorizada de los argumentos y *peroratio* final, agregando que todos los discursos 'públicos' de sus personajes solían seguir los modelos retóricos tradicionales. Esta indicación me llevó a hacer mi primer análisis detenido de este discurso ya en el otoño de 1949, y fue entonces que me empecé a preocupar por los aspectos más bien barrocos que tradicionales de su estructuración estética. Este análisis empezó a desarrollarse más en mi primer curso universitario sobre Calderón en 1954, y se ha ido elaborando progresivamente en cursos sucesivos (conforme a mi creciente interés por la interpenetración de la lógica y la retórica en el lenguaje dramático calderoniano) hasta terminar como materia de las últimas tres conferencias de un ciclo de ocho sobre 'Logic, rhetoric and casuistry in Calderón' en 1967, cuya composición fue paralela en el tiempo a la del primer capítulo del presente libro).

Estructura retórica		Verso	Argumento
NARRATIO ET PROBATIO			
	Proposición	y así es forzoso que acudas a la sangre generosa 415 con piedad y con cordura;	así tú lo serás;
	Confirmación	que aun entre brutos y fieras este nombre es de tan suma autoridad, que la ley de naturaleza ajusta 420 obediencias;	pues aun entre brutos lo son, por ley de naturaleza.
I Invocación	Amplificación	y así lêmos	Así leemos que
	Ejemplo 1º	en repúblicas incultas, al león rey de fieras, que cuando la frente arruga de guedejas se corona 425 es piadoso, pues que nunca hizo presa en el rendido	entre fieras, el león lleva corona y es piadoso;
	Ejemplo 2º	En las saladas espumas del mar el delfín, que es rey de los peces, le dibujan 430 escamas de plata y oro sobre la espalda cerulea coronas, y ya se vio de una tormenta importuna sacar los hombres a tierra, 435 porque el mar no los consuma.	entre peces, el delfín lleva corona y es piadoso;
	Ejemplo 3º	El águila caudalosa, a quien copete de plumas riza el viento en sus esferas, de cuantas aves saludan 440 al sol es emperatriz, y con piedad noble y justa, porque brindando no beba el hombre entre plata pura la muerte, que en los cristales 445 mezcló la ponzoña dura del áspid, con pico y alas los revuelve y los enturbia.	entre aves, el águila caudalosa lleva corona y es piadosa;
	Transición	Aun entre plantas y piedras se dilata y se dibuja 450 este imperio;	
	Ejemplo 4º	la granada, a quien coronan las puntas de una corteza, en señal de que es reina de las frutas, envenenada marchita 455 los rubíes que la ilustran, y los convierte en topacios, color desmayada y mustia,	entre plantas, la granada lleva corona y es piadosa;
	Ejemplo 5º	el diamante, a cuya vista ni aun el imán ejecuta 460 su propiedad, que por rey esta obediencia le jura, tan noble es, que la traición del dueño no disimula; y la dureza, imposible 465 de que buriles la pulan,	entre piedras, el diamante (es obedecido y) piadoso

69

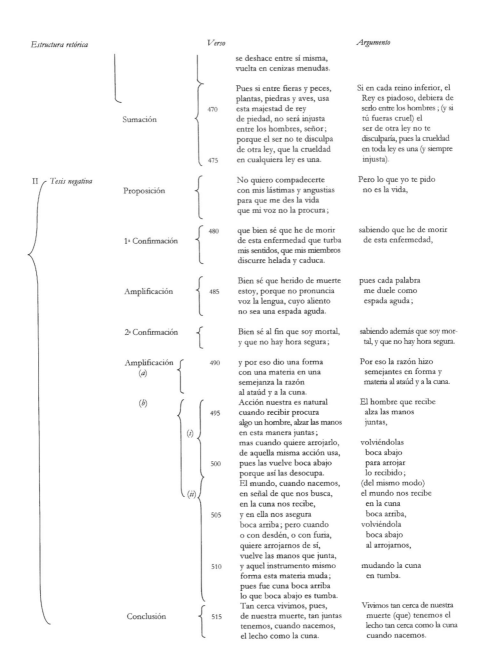

Estructura retórica		Verso		Argumento

se deshace entre sí misma,
vuelta en cenizas menudas.

Sumación — 470 / 475

Pues si entre fieras y peces,
plantas, piedras y aves, usa
esta majestad de rey
de piedad, no será injusta
entre los hombres, señor;
porque el ser no te disculpa
de otra ley, que la crueldad
en cualquiera ley es una.

Si en cada reino inferior, el
Rey es piadoso, debiera de
serlo entre los hombres ; (y si
tú fueras cruel) el
ser de otra ley no te
disculparía, pues la crueldad
en toda ley es una (y siempre
injusta).

II Tesis negativa

Proposición

No quiero compadecerte
con mis lástimas y angustias
para que me des la vida
que mi voz no la procura;

Pero lo que yo te pido
no es la vida,

1ª Confirmación — 480

que bien sé que he de morir
de esta enfermedad que turba
mis sentidos, que mis miembros
discurre helada y caduca.

sabiendo que he de morir
de esta enfermedad,

Amplificación — 485

Bien sé que herido de muerte
estoy, porque no pronuncia
voz la lengua, cuyo aliento
no sea una espada aguda.

pues cada palabra
me duele como
espada aguda;

2ª Confirmación

Bien sé al fin que soy mortal,
y que no hay hora segura;

sabiendo además que soy mortal, y que no hay hora segura.

Amplificación (a) — 490

y por eso dio una forma
con una materia en una
semejanza la razón
al ataúd y a la cuna.

Por eso la razón hizo
semejantes en forma y
materia al ataúd y a la cuna.

(b)

(i) — 495 / 500

Acción nuestra es natural
cuando recibir procura
algo un hombre, alzar las manos
en esta manera juntas;
mas cuando quiere arrojarlo,
de aquella misma acción usa,
pues las vuelve boca abajo
porque así las desocupa.

El hombre que recibe
alza las manos
juntas,

volviéndolas
boca abajo
para arrojar
lo recibido;

(ii) — 505 / 510

El mundo, cuando nacemos,
en señal de que nos busca,
en la cuna nos recibe,
y en ella nos asegura
boca arriba; pero cuando
o con desdén, o con furia,
quiere arrojarnos de sí,
vuelve las manos que junta,
y aquel instrumento mismo
forma esta materia muda;
pues fue cuna boca arriba
lo que boca abajo es tumba.

(del mismo modo)
el mundo nos recibe
en la cuna
boca arriba,
volviéndola
boca abajo
al arrojarnos,

mudando la cuna
en tumba.

Conclusión — 515

Tan cerca vivimos, pues,
de nuestra muerte, tan juntas
tenemos, cuando nacemos,
el lecho como la cuna.

Vivimos tan cerca de nuestra
muerte (que) tenemos el
lecho tan cerca como la cuna
cuando nacemos.

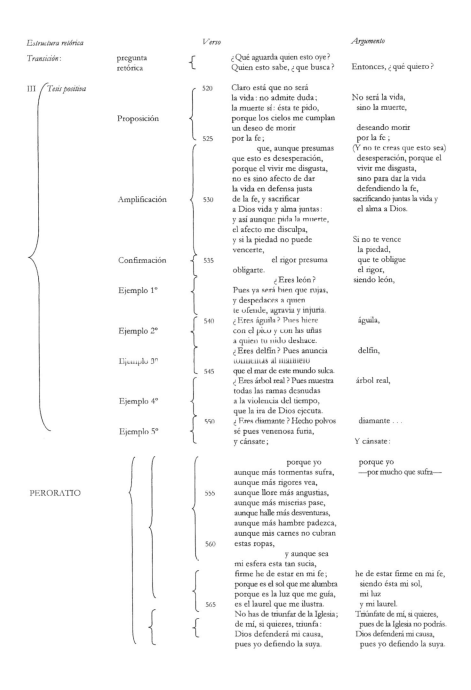

Estructura retórica		Verso	Argumento
Transición:	pregunta retórica	¿Qué aguarda quien esto oye? Quien esto sabe, ¿que busca?	Entonces, ¿qué quiero?
III Tesis positiva	Proposición	520 Claro está que no será la vida: no admite duda; la muerte sí: ésta te pido, porque los cielos me cumplan un deseo de morir 525 por la fe;	No será la vida, sino la muerte, deseando morir por la fe;
	Amplificación	que, aunque presumas que esto es desesperación, porque el vivir me disgusta, no es sino afecto de dar la vida en defensa justa 530 de la fe, y sacrificar a Dios vida y alma juntas: y así aunque pida la muerte, el afecto me disculpa,	(Y no te creas que esto sea) desesperación, porque el vivir me disgusta, sino para dar la vida defendiendo la fe, sacrificando juntas la vida y el alma a Dios.
	Confirmación	y si la piedad no puede vencerte, 535 el rigor presuma obligarte.	Si no te vence la piedad, que te obligue el rigor,
	Ejemplo 1°	¿Eres león? Pues ya será bien que rujas, y despedaces a quien te ofende, agravia y injuria.	siendo león,
	Ejemplo 2°	540 ¿Eres águila? Pues hiere con el pico y con las uñas a quien tu nido deshace.	águila,
	Ejemplo 3°	¿Eres delfín? Pues anuncia tormentas al marinero 545 que el mar de este mundo sulca.	delfín,
	Ejemplo 4°	¿Eres árbol real? Pues muestra todas las ramas desnudas a la violencia del tiempo, que la ira de Dios ejecuta.	árbol real,
	Ejemplo 5°	550 ¿Eres diamante? Hecho polvos sé pues venenosa furia, y cánsate;	diamante . . . Y cánsate:
PERORATIO		porque yo aunque más tormentas sufra, aunque más rigores vea, 555 aunque llore más angustias, aunque más miserias pase, aunque halle más desventuras, aunque más hambre padezca, aunque mis carnes no cubran 560 estas ropas, y aunque sea mi esfera esta tan sucia, firme he de estar en mi fe; porque es el sol que me alumbra porque es la luz que me guía, 565 es el laurel que me ilustra. No has de triunfar de la Iglesia; de mí, si quieres, triunfa: Dios defenderá mi causa, pues yo defiendo la suya.	porque yo —por mucho que sufra— he de estar firme en mi fe, siendo ésta mi sol, mi luz y mi laurel. Triúnfate de mí, si quieres, pues de la Iglesia no podrás. Dios defenderá mi causa, pues yo defiendo la suya.

3.2 En la sinopsis de la argumentación que figura en la margen derecha, sólo se ha resumido lo esencial de los argumentos y no todos los pasos esenciales de su desarrollo: por ejemplo, al resumir los cuatro primeros versos en la forma 'Es respeto: pues yo soy tu esclavo', se ha suprimido la proposición sobrentendida 'todo esclavo debe respetar a su señor', la cual —por más que sólo implícita en el original— es la indispensable premisa mayor del *entimema* empleado por Fernando para establecerse ante el Rey y definir la naturaleza de la situación en que le va a dirigir su petición.[7] De modo parecido, los diversos corchetes que marcan las partes constituyentes del discurso han sido limitados —por lo general— a las divisiones estructurales más obvias, para no oscurecer las grandes líneas del análisis: por ejemplo, al señalar la serie de cinco ejemplos desarrollados en los vv. 422–67, sólo se han indicado las divisiones entre ejemplo y ejemplo y no las subdivisiones internas de cada uno de ellos.[8]

3.3 En lo que se refiere al análisis esquemático de la estructura retórica que se halla en la margen izquierda, cabe decir que éste ha sido hecho siguiendo el modelo clásico del *exordium* preliminar (con su subdivisión la *captatio benevolentiae*), la *narratio* y la *probatio* centrales (las cuales no se separan en dos secciones distintas sino que más bien se van alternando, consistiendo en varias proposiciones sucesivas, cada una de las cuales queda confirmada en su lugar) y luego la *peroratio* final.[9] Lo que aquí se ha designado la *invocación* pudiera muy fácilmente considerarse como una ampulosa extensión de la *captatio*, pero a pesar de que se venga desarrollando como consecuencia directa de predicar la realeza del monarca que está escuchando, y de que esté destinada enteramente a conseguir su *piedad*, la argumentación en que se apoya es tan compleja y tan prolija que viene a ocupar más de la tercera parte del discurso, llegando a constituir una de tres secciones principales (a la última de las cuales está ligada íntima y paradójicamente, como se verá más tarde).

3.4 En cuanto a las subdivisiones de estas tres secciones principales, los seis términos *proposición, confirmación, amplificación* y *transición, sumación, conclusión* han sido empleados aquí de una manera puramente descriptiva (sin ningún deseo de ligar la técnica del dramaturgo a cualquier fuente determinada entre los muchos manuales de Retórica que le fueron

---

7. Es decir que detrás de las palabras 'Es demostrar | cuánto debe respetar | el esclavo a su señor. | Y... tu esclavo soy' (vv. 401–04) se sobrentiende un argumento de tipo silogístico a pesar de que no se diga explícitamente ni *todo esclavo debe respetar a su señor*, ni *tú eres señor* (aunque pueda colegirse del *tu esclavo soy*), ni tampoco la conclusión *pues yo te debo respetar*. Para un estudio excelente de muchos aspectos de la dialéctica calderoniana véase Cilveti (1968), aunque se concentre tanto sobre lo silogístico que el lector termina a veces perdiendo de vista los aspectos retóricos y estéticos de los pasajes estudiados (véase nota 40). Al haberse formulado explícitamente dos de las tres proposiciones necesarias para establecer un *silogismo*, sobrentediéndose la tercera, tendríamos un *entimema* en uno de *por lo menos siete sentidos distintos* en que este término ha sido empleado en la Retórica (sería en el único sentido en que Cilveti emplea la palabra, desde luego, pues él se limita a estudiar el lenguaje calderoniano a la luz de la lógica formal). Ya que nuestro discurso contiene ejemplos de todos estos fenómenos, conviene tenerlos claramente definidos y descritos de una vez, para podernos referir por ejemplo a un *Entimema del 2º tipo* (como sería el caso del ejemplo aludido: *argumento de tipo silogístico que consta de dos proposiciones solamente*). Para la exposición detenida de dicha clasificación, véase Apéndice.
8. En una ocasión como la presente, sólo ciertas secciones de la estructuración interna del discurso pueden ser examinadas. Esta ponencia no pretende resumir todas las líneas de interpretación y análisis expuestas en mis clases dedicadas a la exposición de este texto en Oxford, aunque en esta versión impresa de la ponencia se tratan muchas cosas que no habían sido expuestas en aquel ciclo de conferencias.
9. Uno de los términos formales, *narratio*, pudiera parecer inaplicable ya que no hay hechos para ser narrados en un discurso como éste, pero esta objeción ya la hizo Aristóteles (*Rhet.* III. 13 = 1414 a–b); el término siguió empleándose generalmente, sin embargo, para designar *lo propuesto* —o sea lo que había que confirmarse o corroborarse en la *probatio*— y podía consistir en varias proposiciones, cada una de las cuales se confirmaba en su lugar, tal como ocurre en este caso.

asequibles);[10] y se han empleado los títulos de *tesis negativa* y *tesis positiva* para designar los dos largos argumentos que constituyen respectivamente el 'no' y el 'sino' de una gran contraposición, o construcción sustitutiva, al modo gongorino — o sea: cuya parte rechazada no sólo queda grabada en la mente del lector, sino que importa muchas veces tanto o más que la sección afirmativa que la sigue.

3.5 Ya será evidente que nuestro texto contiene todas las partes tradicionales de un discurso del *genus deliberativum*, pero también será evidente que éstas han sido tratadas conforme a una organización estética muy del siglo XVII, por no decir *barroca* (palabra que todavía suele evitarse en la crítica literaria en mi país). De ahí que el propósito no se declare inmediatamente sino que se mantenga escondido hasta que lleguemos a la *tesis positiva* ('la muerte sí: ésta te pido', v. 522), dando un carácter marcadamente enigmático al discurso. Y no solamente se somete cada parte a un proceso de amplificación muy ampuloso, sino que estas amplificaciones están relacionadas entre sí (como después se verá más detenidamente) por una compleja red de relaciones simétricas, paradójicas y antitéticas, recordando vivamente aquel dicho de Gracián (*Agudeza y arte del ingenio*, Discurso XL): 'A más contraposiciones, más dificultades, y a más dificultades, más fruición del discurso, en topar con el significado' (Gracián 1944: 263).

3.6 Si relacionamos el desarrollo del programa inicial otra vez a los procedimientos clásicos, veremos que Calderón emplea de una manera muy consciente tres de las cinco divisiones tradicionales de la Retórica (*inventio, dispositio* y *elocutio*)[11] — y nótese aquí de paso que las otras dos (*memoria* y *actio*) entran de pleno en el campo de la representación de sus obras por los actores en la escena. Habría muchísimo que decir de la *elocución*, pero las observaciones del presente comentario van a versar casi exclusivamente sobre la *invención* (o búsqueda del material) y la *disposición* de lo hallado (véase Curtius 1948: 75, 79) y veremos que ambas tienen su parte en la elaboración de una composición lógico retórica complicadísima, estructurada simétricamente a base de un juego genial de paralelismos y antítesis, de contraposiciones y correlaciones.

4. Estructuración lógico-retórica del discurso en su conjunto

4.1 EL CONTENIDO de este largo discurso puede resumirse muy sencillamente. Después de haberse reconocido a sí mismo como esclavo en el tópico inicial (véase §5.3), Fernando se dirige al Rey como rey en la *captatio*, reconociendo allí su majestad para que pueda apelar

---

10. Todos los términos retóricos que se emplean aquí se usan así, aprovechándose de ellos sólo como instrumentos de análisis. La terminología tradicional se refería a cosas consabidas en el Siglo de Oro, pero la identificación de fuentes precisas para la retórica de Calderón no tiene nada que ver con mi propósito. Ni creo, en la verdad, que se las pudiera identificar con certidumbre alguna, salvo (quizás) cuando Calderón nombre cierto fenómeno de modo explícito y lo defina —como sucede a veces en los autos— y hasta en tales casos la constante repetición de fórmulas y definiciones en los manuales pudiera imposibilitar la empresa. El mero empleo de cierta *figura retórica identificable* no nos dice nada, desde luego, acerca de la identidad del *manual teórico* del cual Calderón la aprendiera en el colegio o la universidad; ni tampoco es necesario haber estudiado una figura en los manuales, para usarla. Recuérdese cómo Herrera intentó convertir a Garcilaso en *modelo retórico*, identificando y definiendo las figuras que aparecen en su poesía: no sería verosímil imaginarse, a consecuencias de tal tipo de *anotaciones* herrerianas, que Garcilaso hubiese procedido diciéndose, por ejemplo, 'ya es hora de emplear *anadiplosis*' cuando empezara cierto verso repitiendo la última palabra o frase del verso anterior. Ni tampoco hay que imaginarse que Garcilaso necesariamente supiera que lo que hacía se llamara así. Véase Pring-Mill (1967: 491).

11. Las intervenciones del Dr Körner tanto en la discusión de la ponencia de John Varey como en la del presente trabajo ofrecen interesantes posibilidades en conexión con la parte de la *elocutio* y la *actio* en la representación de una obra calderoniana. A raíz de sus observaciones, el análisis resumido en los párrafos §§5.15–5.17 fue llevado mucho más allá, pero no se han podido incorporar todos sus resultados por razones de espacio.

en lo sucesivo a la *piedad* propia de todo rey. Esta *piedad* real no tiene nada que ver con la religión de un monarca, sino que es propia de los reyes por 'la ley de naturaleza' (vv. 418–19), y la mayor parte de lo que se ha designado la *invocación* está dedicada a confirmar esta proposición por una serie de ejemplos tomados de la naturaleza misma. Era de esperar que, después de esto, Fernando pasase a su propósito, y también se pudiera haber pensado (como ya se ha dicho) que lo que desearía sería que el Rey de Fez le concediera la *vida*. Lo que de hecho ocurre es que Fernando le dice que la vida es lo que no desea, y la parte central del discurso resulta ser una larga e ingeniosa declaración de esta *tesis negativa*, exponiendo detenidamente dos razones distintas por las cuales la vida es lo que no le está pidiendo.

4.2 Paradójicamente, lo que quiere pedirle es la *muerte*, y la petición de muerte pasa a ser la *tesis positiva* del discurso, desarrollada en su tercera parte, con —primero— una exposición de sus razones para pedírsela (v. g. su deseo de 'dar la vida' por 'la fe', vv. 528–29) y luego —por si la invocación de la *piedad* real no le haya movido— una invocación del *rigor* con que un rey tiene la obligación de tratar a cuantos representen amenazas a su reino. Y esta invocación de su *rigor* viene apoyada por otra serie de ejemplos la cual parece ser una inversión paradójica de la serie aducida en favor de su *piedad*, ejemplos tomados (igual que aquéllos) de los diversos reinos de la naturaleza. Y la *peroratio* final (de la cual se podrá decir bien poco en esta ponencia) es una apasionada reafirmación de la constancia del 'príncipe constante': un verdadero desafío al rey, bien calculado para provocarle a conceder (sea por ira, sea por rigor) aquel martirio que Fernando tanto anhela.

4.3 En su conjunto, pues, el contenido del discurso resulta ser una petición no de *vida* sino de *muerte*, paradójicamente apoyada en una apelación dirigida primero a la *piedad* del Rey de Fez y luego a su *rigor*.[12] Esta estructura básica puede resumirse así:

> Por PIEDAD: *no* VIDA, *sino* MUERTE;
> y *cuando no* por PIEDAD, *pues* por RIGOR.

Reduzcámoslo ahora a fórmula, como hiciera Dámaso Alonso con las construcciones *no A sino B* y sus variantes en su estudio magistral de la lengua poética de Góngora (Alonso 1950b: 138–56), pero empleando en nuestro caso las letras iniciales de nuestros cuatro sustantivos para facilitar la comprensión de lo que después se habrá de decir de sus relaciones y de las diversas maneras en que se los pudiera combinar:

> Por P, no V sino M; y cuando no por P, por R.

4.4 Expresada así, se echa de ver que la estructura general del discurso abarca no una sino dos de las que más arriba (§3.4) se han llamado *construcciones sustitutivas*, pues el *no V sino M* de las dos tesis queda colocado entre las dos partes del *Por P, y cuando no por P, por R*. Estas dos grandes contraposiciones están, además, contrapuestas entre sí, entrelazándose *quiásticamente* (o sea con el cuarto miembro relacionado al primero y el tercero al segundo), pero con la enigmática complicación adicional de que la relación que habrá de establecerse finalmente entre el cuarto miembro y el primero queda insospechada hasta después de haberse concluido la contraposición interior entre los miembros segundo y tercero. De ahí

---

12.   Hay cierto problema tocante a las relaciones entre estas dos calidades, el cual no afecta el análisis general de nuestro discurso en su conjunto (tal como se estudia en esta sección), pero sí que afectaría la relación entre varios de sus aspectos. Ha parecido mejor dejar la discusión de este problema para las sección §10 (§10.12–§10.14), en la cual se podrá examinarlo a la luz de las dos series de ejemplos contrapuestos tomados de los diversos reinos de la naturaleza.

nuestra sorpresa cuando nos hallamos encauzados de repente en la segunda serie de ejemplos que se van sucediendo con rapidez vertiginosa en los vv. 536–51: serie que queda contrapuesta paradójica y violentamente a la del primer miembro (vv. 420–67) para terminar lanzándonos —ya sobremanera admirados— en el tempestuoso mar de ocho 'aunques' que se vienen sucediendo cual otras tantas olas en la primera mitad (vv. 553–61) de la *peroración* final.

4.5 Ahora bien, uno de los aspectos más notables de esta estructura total estriba en que *la naturaleza quiástica del conjunto de las tres secciones principales* (a saber, vv. 413–552) *no pudiera ser prevista*, sino que solamente se la reconoce retrospectivamente. Y es, desde luego, sólo porque la contraposición de la R a la P *no* pudiera preverse, que la P haya tenido que repetirse —'y si la piedad no puede | vencerte' (vv. 534–35)— como punto de arranque para la R que habrá de terminar sustituyéndola: 'el rigor presuma | obligarte' (vv. 535–36). Pero hay más: recordemos que esta sustitución no constituye el único *elemento de sorpresa* en aquel gran quiasmo. Ya desde el primer párrafo de esta ponencia, se ha subrayado lo sorprendente de la otra sustitución: la del *no V sino M* central. Será conveniente, pues, modificar nuestra fórmula de modo que pueda destacar estos dos *elementos de sorpresa*, aislándolos entre aquellos signos ortográficos llamados tan aptamente en la lengua castellana 'puntos de *admiración*',[13] lo cual nos da:

Por P, ¡no V sino M!; y cuando no por P, ¡por R!

4.6 Fue el primero de estos dos *elementos de sorpresa* el que quedó subrayado ya desde el comienzo de este estudio, al decirse que don Fernando se estaba dirigiendo al Rey 'para pedirle no —como pudiérase haber supuesto— la *vida*, sino la *muerte*' (§1.1). Aquella frase 'como pudiérase haber supuesto' abarca no sólo el secreto de la *admiración* que nos inspira aquel *¡no V sino M!*, sino también el secreto de otra serie de relaciones importantes entre los cuatro términos PVMR. Será evidente que el *elemento de sorpresa* contenido en el *¡no V sino M!* central depende en parte de que un hombre esté pidiendo la *muerte*, en lugar de la *vida*. Pero gran parte de la sorpresa estriba en que sea por *piedad* que un hombre esté pidiendo la *muerte*, cuando 'pudiérase haber supuesto' que quien apelase a la *piedad* de un rey más propiamente estaría pidiéndole la *vida*. O sea que las relaciones entre P y V y entre P y M también contribuyen a aquel *elemento de sorpresa*, por ser inversiones aparentemente paradójicas de las relaciones que eran de esperar.[14] Pero cuando se consideran las

---

13. No toda estructura quiástica es necesariamente enigmática: una estrofa que rime ABBA ya es un quiasmo formal, y decir 'Mi padre es bueno, y buena es mi madre' sería quiasmo conceptual. Pero ni el uno ni el otro contendría cualquier *elemento de sorpresa*.

14. Dentro del esquema quiástico del discurso en su conjunto, la compleja relación entre lo que era de esperar (*Por P, no M sino V*) y lo que hallamos y nos choca (*Por P, ¡no V sino M!*) también evoca cierta especie de *quiasmo*, esta vez no escrita en el papel sino establecida en la mente de quien escucha o lee por la *contradicción* entre *lo inesperado que se halla* y *lo no hallado que era de esperar*. Trátase evidentemente de una especie de *agudeza*, constituyendo estas dos relaciones entre los términos P, V y M un *concepto* (fácil sería construir una representación diagramática del entrecruce de relaciones conceptuales presupuesto por esta especie de choque mental producido por *la sustitución de lo esperado por lo inesperado*). A un nivel inferior, pudiérase decir que toda especie de *hipérbaton* trae consigo la evocación —por momentánea que sea— del *mismo tipo de construcción mental*: el breve, pero no por eso menos deslumbrante a veces, tejer de una red de relaciones quiásticas entre lo inesperado y lo que (por su normalidad) se esperara, lo cual añade otro nivel conceptual: un nivel invisible, esta vez también, por estar presente sólo en la mente del lector o auditor, tal como lo estuviera antes en aquella de quien escribiera o pronunciara las palabras cuya orden hiperbática contiene el *elemento de sorpresa* (véase nota 31 para otro término anejo), creando en nosotros cierta especie de *admiración*, ¡siempre que no sea, claro está, aquella especie de *irritación* provocada en gran parte de los lectores de nuestro propio siglo por fenómenos lingüísticos de esta orden!

relaciones entre la pareja VM y R —el último en aparecer de aquellos cuatro términos— la situación es muy distinta: mientras era sorprendente que quien recurriera a la *piedad* solicitase la *muerte*, no existe ningún *elemento de sorpresa* en la relación entre *muerte* y *rigor*. Lo que nos hubiera sorprendido, en cambio, hubiera sido si se hubiese recurrido al *rigor* en una *petición de vida*.

4.7 Sustituyendo de nuevo los sustantivos por sus letras: hay una conformidad natural entre M y R, y la V no hubiera entrado en juego de modo alguno *al no haberse introducido anteriormente aquella invocación de la P*. Poniendo las relaciones naturales entre nuestros cuatro sustantivos en forma matemática, pudiérase decir que existe entre los pares de ideas VM y PR una correspondencia de proporción del tipo M : R :: V : P, pero lo esencial del argumento de don Fernando tiene que ver únicamente con la primera de estas dos relaciones, la M : R.[15] Cabe preguntar, por lo tanto, por qué razón se ha establecido el gran quiasmo de la *estructura lógico-retórica total*, cuya arquitectura conceptual se nos acaba de revelar como una construcción alambicadamente artificiosa, establecida no solamente por haberse extendido el ámbito de la discusión desde la relación necesaria M : R para abarcar también la relación innecesaria V : P, sino por habérsenos presentado estos cuatro términos no ya en uno de uno de sus múltiples órdenes lógicamente posibles[16] sino entrecruzando las parejas quiásticamente para que nos llegasen en el orden PVMR, gracias al cual estableciéronse todos aquellos *elementos de sorpresa* que hemos venido comentando.

4.8 Ahora bien, ¿hemos de creer que todo esto fuera un mero artificio gratuito? Esto sería —cuanto menos— suponerlo un ejemplo de *amplificatio* retórica que pecase de prolijo. ¿Será pues una construcción amplificadora elaborada sencillamente para despertar el sentimiento de *admiración* que se concedía en el siglo XVII a la ingeniosidad y brillantez del artificio? Algo de esto sí que pudiera haber, pero es de suponer que los motivos de un Calderón fuesen más sutiles (porque sus estructuras lógico-retóricas siempre suelen tener una *función dramática* muy bien pensada) y que dicha construcción tuviese por consiguiente finalidades más recónditas y —sobre todo— más significantes. También cabe pensar que los motivos de un don Pedro Calderón al construir el discurso para su héroe no coincidieran necesariamente con los motivos atribuidos a éste dentro de la situación dramática en la cual se le ha colocado. Convendrá investigar este problema en una sección aparte, antes de que pasemos a considerar algunas de las *estructuras lógico-retóricas menores* observables en ciertas de las divisiones interiores del discurso.

5. Motivación y contexto ideológico del 'gran quiasmo'

5.1 EMPECEMOS RECORDANDO que la finalidad de don Fernando sería, a fin de cuentas, pedirle la *muerte* al Rey. Al haberse seguido el orden natural de las cosas, el príncipe no hubiera tenido que hacer más que recurrir directamente al *rigor* que éste bien pudiese

15.   También existe otra *correspondencia proporcional* entre nuestros cuatro sustantivos: la que pudiera aducirse entre el par de calidades P R y el par de dones V M, o sea P : R :: V : M, la trasposición de cuyos elementos pudiera haber establecido otro *elemento de sorpresa* si se hubiese llevado a cabo de una manera completa para darnos ¡P : M:: R: V!. Pero la trasposición que se nos propone en este sentido sólo es parcial, pues aunque se nos diga *Por P, ¡no V sino M !*, no se nos afirma *Por R, ¡no M sino V !* (la combinación aludida al final del párrafo anterior, cuando se dijo 'nos hubiera sorprendido... si se hubiese recurrido al *rigor* en una *petición de vida*'). Aun sin ir tan lejos (lo cual no hubiera sido difícil *pero no venía al caso*) la estructura quiástica va mucho más allá de lo indispensable para fundamentar una sencilla *petición de muerte* sobre una llamada al *rigor*.

16.   V. g. M : R :: V : P, V : P :: M : R, R : M :: P : V y P : V :: R : M: o (véase la nota anterior) P : R :: V : M, con sus variantes V : M :: P : R, R : P :: M : V y M : V :: R : P.

manifestar contra tal cautivo tercamente obstinado en oponerse a la voluntad real. Pero esta invocación de su rigor ha sido anticipada por la introducción de aquella súplica previa a su *piedad*: calidad conceptualmente opuesta —y estructuralmente contrapuesta— a la que venía lógicamente al caso. ¿Por qué razón, pues, pudiera haber construido el discurso así no don Fernando sino Calderón?

5.2 Antes de que se pueda contestar esta pregunta hay que dar un paso atrás, para situar nuestro texto dentro de su *contexto* inmediato. No se trata, desde luego, de situarlo 'dentro de una *Makroanalyse* de la comedia entera' (§1.3), ni de situarlo dentro del contexto algo más reducido de la tercera jornada —¡ni siquiera de examinar toda aquella sección de la acción en que se halla que los editores del siglo pasado solían aislar como una escena!— sino de mirarlo únicamente dentro del contexto todavía más reducido de la pregunta del Rey de Fez que le sirve a don Fernando (¿o a Calderón?) de pretexto para el discurso entero: '¿Es humildad o valor | esta obediencia?' (vv. 400–01). Don Fernando empieza su *exordio* (del cual se hablará después: §§7.1–7.2) diciéndole que es más bien *respeto*: 'Es mostrar | cuánto debe respetar | el esclavo a su señor' (vv. 401–03).

5.3 Si dejamos de lado la idea de *respeto* para el momento, veremos que todo lo que se ha designado la *invocación* —primer miembro del gran quiasmo en que se han entretejido la *narratio et probatio* del modelo clásico— cuadra perfectamente con la primera de las dos hipótesis del Rey: la de que aquella *obediencia* fuera *humildad*. Este primer miembro pudiera resumirse así: 'Yo soy, efectivamente, tu humilde ESCLAVO, y siendo HUMILDE, humildemente yo suplico tu PIEDAD'. O sea que hay una especie de conformidad o correspondencia natural entre la *piedad* que se suplica y la *humildad* del suplicante. Pero el cuarto miembro que nos sorprendiera por su *volte-face* total (aquel *cuando no por P, ¡por R!*) cuadra de manera parecida con la segunda de aquellas dos hipótesis. Explicitando lo que queda implícito, pudiera resumirse así: 'Yo soy tu ENEMIGO, y aunque te obedezca como esclavo, es gracias a mi VALOR que puedo seguir oponiéndome a tus deseos (para con Ceuta) y puedo incitarte a aplicarme tu RIGOR de la manera más violenta, dándome la MUERTE'. Nótese, de paso, que el oponerse al Rey con respecto a Ceuta, aunque no cuadre con la *obediencia* o *respeto* del 'esclavo' para con su señor terrenal mahometano, es la *obediencia* valiente del príncipe cristiano cautivado con respecto a la voluntad de un Señor superior. Pero lo que viene más al caso es la especie de conformidad que existe entre el *rigor* que se incita y el *valor* de quien se atreve a incitarlo: una conformidad paralela a la que se ha señalado entre *piedad* y *humildad*.

5.4 Aprovechándonos de nuevo de la manera matemática de expresar la correspondencia entre tales relaciones, pudiéramos formularla así:- piedad: humildad:: rigor: valor, o sea (reduciendo también los sustantivos nuevos a sus letras iniciales) $P:H::R:V$. Nótese, sin embargo, que la H y la V mencionadas por el Rey quedan sólo sobrentendidas en lo dicho por don Fernando, el cual no las menciona explícitamente en ningún lugar de su respuesta. Aunque esto sea así, es indudable que las dos hipótesis del Rey de Fez (contrastadas entre sí cual *piedad* y *rigor*, cual *vida* y *muerte*)[17] parecen autorizar la presencia de ambos extremos del gran quiasmo —sus miembros primero y cuarto— justificando al mismo tiempo (por decirlo así) la contraposición que entre ellos se establece.

---

17. Ya tenemos una proporcionalidad tripartita, por lo tanto, que pudiera expresarse $H:V::P:R::V:M$.

5.5 Pasemos ahora a considerar de nuevo los miembros segundo y tercero de aquel quiasmo: el *¡no V sino M!* de la fórmula original. Después de haber creado en el segundo miembro cierta atmósfera muy emotiva (véase abajo: §5.16 B), y habiendo establecido su verdadero propósito a comienzos del tercero (v. g. el de pedir la *muerte* en lugar de la *vida*, vv. 520–22), don Fernando se pone a explicar sus propios motivos de una manera a la vez sucinta y clara. Su *petición de muerte* no ha sido motivada directamente ni por el *valor* ni por la *humildad*, sino sencillamente por 'un deseo de morir | por la fe' (vv. 524–25). Y para que no cupiera ningún malentendido en la mente del Rey (ni en aquellas, podemos añadir, de los otros circunstantes sobre el tablado o del público que le escucha), don Fernando se apresura a aclarar que este 'deseo de morir' no ha de interpretarse como *desesperación* (v. 526) — la cual sería el peor de los pecados[18]— sino que es exclusivamente un 'afecto de dar | la vida en defensa justa | de la fe' cristiana (vv. 528–30).

5.6 Es verdad que este deseo pudiera considerarse a la vez *humilde* y *valiente* (cuadrando así con ambas hipótesis del Rey), pero la *humildad* y el *valor* serían más bien las calidades necesarias para que Fernando prosiguiera en su intento hasta la *muerte*, que razones para desearla. El verdadero motivo del príncipe sigue siendo siempre aquel *afecto de dar la vida* por *la fe*, según se colige de la reafirmación con la cual termina esta fase del discurso: 'aunque pida la muerte, | el afecto me disculpa' (vv. 532–33).[19] Más abajo, Fernando agrega que seguirá sin vacilar en su intento gracias a su propia *firmeza* —un aspecto esencial de la *constancia* a que ya se aludiera en el mismo título de la obra[20]— pero hay que esperar casi

---

18. Véase *Summa Theologica*, II. II. Q. XX, art. III, citado en la primera página de Entwistle (1945), cuyo análisis de la 'tentación a la desesperación' como motivo dramático en *El mágico prodigioso* marcó etapa en la evolución del análisis temático-estructural (véase arriba, página 17). Entwistle (1948a) volvió al mismo tema cuando estudiara la psicología tomista de otros personajes calderonianos (para la interpretación de *La devoción de la cruz* entre 'los calderonistas de habla inglesa', véase arriba, páginas 21–27 y 29).

19. Ya que siguen (sin más pausa que una coma) aquellas frases 'y si la piedad no puede | vencerte, el rigor presume | obligarte' (vv. 534–36), ¿no pudiéramos sospechar la presencia de un bello equívoco en el empleo de la palabra *piedad* en esta ocasión? Claro está que Fernando ha estado dirigiendo una súplica a la *piedad* del Rey hasta este punto, pero la *piedad* que aquí se 'puede' que no le venza a éste, ¿no pudiérase referir también a la *piedad* que Fernando acaba de mostrar en aquel deseo de sacrificarse por su Dios y fe? Entenderíase aquel pasaje, pues, como: 'y si ni la *piedad* que yo acabo de mostrar hacia arriba como cristiano, ni la que tú debieras de mostrar hacia abajo como rey (aunque lo seas de otra ley) te han podido vencer, ¡que te presuma obligar entonces tu rigor!' Si se aceptase la existencia de este equívoco, pudiera resultar pertinente a la resolución del problema citado en la nota 12, arriba.

20. Dos observaciones tocantes al papel del *título* en una obra dramática, la primera general, la segunda restringida a *El príncipe constante*: (*i*) En su propia ponencia el Señor Körner había sugerido como aspecto importante del comienzo de toda pieza —desde el punto de vista de su propio análisis lingüístico— que tales inicios del diálogo no tenían ningún contexto antecedente (aunque pasaban a constituir en sí parte del contexto de todo lo que venía después de ellos); en la discusión del importante estudio del Señor Körner, yo sugerí que por lo menos el título de la obra (conocido por todo miembro del auditorio antes de iniciarse la acción sobre el tablado) debiera de considerarse como constituyendo lo que osé llamar un *contexto de expectación*. Se puede que esta observación carezca de importancia lingüística (los métodos del análisis lingüístico de la escuela hamburguesa me fascinan, pero no me atrevería a decir que los comprendo plenamente), pero me parece indudable que tal *contexto de expectación* creado por el título es una indicación importantísima tanto para el público como para el crítico literario que emplea 'los métodos del análisis temático-estructural': de ahí el prominente lugar concedido a títulos como *La vida es sueño*, *El médico de su honra* o *La devoción de la cruz* en los estudios de dichas comedias publicados por los 'calderonistas de habla inglesa' (véase Capítulo I, arriba); (*ii*) Para el papel de la *constancia* en sí, en *El príncipe constante*, véase la discusión del tratado *De Fortitudine* de Santo Tomás (*Summa Theologica*, II. II, QQ. CXIII–CXXXIX) en Sloman (1950: 72–88); pero véanse también las reservas de Parker (1952) y Truman (1964) a la manera en que Sloman empleara la *Summa Theologica*, como también mi propia sugerencia que la calificación del príncipe como *constante* 'pudiera indicar que (Calderón) no solamente estaba pensando en la *constancia* como mera parte constitutiva (y paciente) de la *fortaleza* (véase *Summa Theologica*, II. II, Q. CXXVIII) sino que quizás también tuviera en mente la *constancia* como doctrina neo-estoica (véase por ejemplo el tratado *De Constantia* de Justo Lipsio, cuya posible importancia para la

treinta versos antes de que la proclame. No lo hace ni en el tercero ni en el cuarto miembro del gran quiasmo, sino ya bien entrado en la segunda parte de la *peroratio*, cuando dice reciamente 'firme he de estar en mi fe' (v. 562). Esta *firmeza* que muestra, en el duro trance en que se encuentra, se apoya en parte sobre aquella misma fe cristiana que defiende, pues ésta es simultáneamente —según las tres metáforas que se aducen en aquel lugar— 'sol' que le alumbra (v. 563), 'luz' que le guía (v. 564) y 'el laurel' que le ilustra (v. 565)[21]; pero depende quizás más todavía de la seguridad que manifiesta cuando agrega 'Dios defenderá mi causa, | pues yo defiendo la suya' en los últimos dos versos del discurso.

5.7 Su certidumbre inquebrantable con respecto a esta *reciprocidad* es muy de notar: según él ve las cosas, casi se diría que Dios tuviera que corresponderle de manera forzosa. Algo pudiera haber en esto de una creencia en la *justicia poética*,[22] pero en este caso concreto trátase más bien de una *justicia teológica*, como ya demostrara hábilmente mi colega oxoniense R. W. Truman en 1964: hay al centro de la comedia misma un argumento teológico importante tanto para la plena comprensión de la pieza (el propósito de Truman) como para aquella de nuestro propio texto. Según Truman (1964: 46) la *justicia* es uno de los temas esenciales de la obra, y en cuanto este tema afecta las relaciones entre don Fernando y Dios, la certidumbre que aquél muestra (aquí y en otros lugares) respondería a su confianza absoluta en la justicia de Dios para con sus fieles:

> God has a duty to Fernando: He must reward him for his constancy in obedience and just dealing... God, whose honour has been defended and preserved by Fernando, is bound to bestow honour on him in return. At the end of the play we see that Fernando and God have respected their obligations to each other as justice required.

Desde este punto de vista, la frase esencial de nuestro propio texto sería evidentemente la que empleara Fernando al afirmar su 'afecto' de dar la vida 'en defensa justa' (v. 529) de la fe: es precisamente a esta *defensa justa de la fe* que su Dios habrá de corresponder, defendiéndole su 'causa' pues él le defendiera la suya.

5.8 Miremos esta relación entre Fernando y Dios en más detalle, comparándola con las relaciones establecidas entre el Rey y su cautivo por el príncipe mismo. Mientras nuestro discurso empezara refiriéndose sobre todo a las relaciones entre Fernando y el Rey, sus relaciones para con Dios y la fe empiezan a resaltar hacia el final: en la mayor parte tanto de la *proposición* como de la *amplificación* de la *tesis positiva* (vv. 523–33) a la vez que en la segunda parte de la *peroración* (vv. 562–69). Hay referencias a la fe en los vv. 525, 530 y 562 y a la Iglesia en el v. 566; mientras las tres ocasiones en que se nombra directamente a Dios ocurren en los vv. 531, 549 y 568 (aunque su presencia en el *contexto ideológico* del discurso ya se haya sugerido —ligera pero firmemente— en sus comienzos, al hablar de la 'deidad' de los reyes en la *captatio*, v. 410). Al examinar las relaciones entre la actitud de Fernando para

---

interpretación de nuestra pieza me había sido indicada muchos años ha por P. E. Russell)' (Pring-Mill 1970: véase arriba, página 56, nota 13).

21. Esta última metáfora parece especialmente significativa, en cuanto representa una anticipación de la *corona de mártir* que Fernando habrá de ganar, la cual le hará (aunque humanamente sea tan sólo un príncipe) el superior (cristianamente hablando y *sub specie aeternitatis*) del Rey que se la habrá de otorgar. Cuando hallamos dicha metáfora en el contexto de un pasaje que trata de las propiedades de los reyes, y *en que Calderón se cuida de citar la naturaleza de sus coronas como demostración de realeza* en los cinco ejemplos tomados de los reinos naturales (véanse §§7.14–7.15), creo que no puede caber duda de la fuerza asociacional de esta alusión.

22. Véase arriba, páginas 21–22 y los trabajos de Parker allí citados, más mis propias observaciones (Pring-Mill 1961) que fueron comentadas a su vez por Parker (1962: 226 en la nota que sigue allí de la página anterior). Véase también la nueva versión de Parker (1957) en Bentley (1970).

con el Rey —que le escucha sobre el tablado— y su actitud para con el Dios cuya presencia en el fondo de la acción[23] se nos recuerda de manera tan explícita, volvemos a encontrarnos con una serie de contraposiciones sumamente interesantes, las cuales no dejan de tener cierto sentido irónico en esta ocasión.

5.9 Empecemos por subrayar el hecho de que aquella interrogante del Rey contenía un tercer sustantivo, *obediencia*, la naturaleza de cuya motivación él quiso aclarar al preguntar si debiera interpretarse como *humildad* o como *valor*; y recordemos de nuevo que el príncipe había sustituido para ambas hipótesis la idea de que su obediencia no era sino 'mostrar | cuánto debe respetar | el esclavo a su señor' (vv. 401–03). Ahora bien: según Covarrubias (1943: 833a), la obediencia consiste 'en la execución de lo que se nos manda' y *dar la obediencia* es 'reconocer al mayor y superior' mientras *respeto* es 'miramiento y reverencia que se tiene a alguna persona' y *respetar* 'es mirar con los ojos baxos y humildes hacia la tierra' (907a). El verbo *respetar* empleado por Fernando se refiere, efectivamente, a su manera de *mostrar* cierta actitud por su modo de tratarle al Rey: trato que es la señal visible del *respeto* interior que todo 'esclavo' debe a 'su señor', manifestando —efectivamente— cierta forma de 'miramiento y reverencia'. Por otra parte, notemos que la *obediencia* (según Covarrubias) parece tener dos partes, la una de las cuales consistiría en el *reconocimiento* del superior (manifestada en el acto formal de *dar la obediencia*) y la otra en la *ejecución* 'de lo que se nos manda' (consecuencia, en la verdad, de aquel mismo reconocimiento). He citado a Covarruvias para dar el sentido común de las palabras en el Siglo de Oro, pero para comprender cómo funcionan más precisamente en el contexto de una comedia caldero-niana cabe mirarlas a la luz de fuentes teológico-legales más fidedignas y profundas: concretamente, a la luz de la *Summa Theologica* de Santo Tomás de Aquino, citada repetidas veces en el artículo de mi colega Truman (el cual está muy bien informado sobre los *tratados de príncipes* del Siglo de Oro, sobre los cuales escribiera su tesis de doctorado).[24]

5.10 Dentro de su estudio de la función dramática del tema de la justicia y de sus 'partes' —como solían llamarse en la España del siglo XVI— o 'virtudes anejas' (como prefería llamarlas Santo Tomás)— Truman (1964: 43, 46) ha demostrado muy claramente que el reconocimiento por parte del príncipe cautivo de que el Rey ya fuese (por el derecho de la guerra) su *señor* temporal —y que había por consiguiente que aceptar la condición de *esclavo* y la *obediencia* que ésta impone— era un reconocimiento a la vez sincero y justo. En tales circunstancias, efectivamente, esta obediencia le era debida; pero el hecho de que se la concediese era al mismo tiempo una muestra del carácter virtuoso de Fernando, el cual estaba manifestando así la virtud llamada técnicamente *observantia*, por la cual 'cultus et honor exhibetur personis in dignitate constitutis' (II. II, Q. 102, *art.* 1, *resp.*). Ahora bien, técnicamente hablando, la *observantia* tenía dos partes, y la segunda de éstas es la *obedientia* propiamente dicha (una virtud subordinada, para Santo Tomás, por la cual obedecemos las órdenes de nuestros superiores: Q. 104, *art.* 2, *resp.*), lo cual concuerda muy bien con la definición de la *obediencia* que encontramos en Covarrubias: aquella *ejecución* 'de lo que se nos manda'; mientras la primera parte de la *observantia* resulta ser, para Santo Tomás, la reverencia de que estuvimos hablando anteriormente al considerar la manera en que Covarrubias definía el *respeto*. Pero las cosas no terminan en eso, pues el *tipo de reverencia*

---

23. Escuchándole 'de las tejas arriba' a la vez del teatro concreto en que se desarrolla la comedia y del gran teatro del mundo sobre cuyo tablado todos actuamos.
24. Publicada, en forma ampliamente revisada, años después de redactarse este Capítulo (Truman 1999).

de que habláramos se llama *dulia* en la *Summa*, siendo propiamente 'la reverencia de los siervos para su señor, pues *dulia* es el griego para la servitud' (Q. 103, *art.* 3, *resp.*). Este *tipo de reverencia* constituye, como ya se ha indicado, la primera de las dos virtudes subordinadas de la *observantia*, y Truman agrega con toda propiedad: 'It is clear that Fernando possesses both these subordinate virtues'. A este *tipo de reverencia*, sin embargo, se contrapone otro en la *Summa*, llamado *latria*, la cual se distingue de la *dulia* por ser la reverencia por la cual reconocemos el señorío de Dios, mientras la *dulia* es el debido reconocimiento del señorío de otro ser humano (Q. 103, *art.* 3, *resp.*). Ambos tipos traen consigo, desde luego, el *deber* de obedecer al señor correspondiente: la *latria* a Dios, la *dulia* a un señor temporal. Refiriéndose a estos dos deberes distintos, Truman observa (1964: 46):

> If Fernando insists uncompromisingly on the primacy of his duty to God, he is no less conscious of the reality of his secondary duty to the King and no less resolute in his honouring of it.

Pero lo que nos importa para la comprensión de nuestro discurso es más bien lo que podemos sacar de esta misma observación trocando el orden de sus partes: si Fernando está consciente de la realidad de su deber secundario hacia el Rey, insiste inflexiblemente sobre la primacía de su deber para con Dios.

5.11 Nuestra digresión semántica (por larga que haya sido) no viene fuera de propósito para el comentario de nuestro texto, pues nos permitirá establecer ciertas distinciones bastante importantes. Hay (en dicho texto y su contexto) dos fenómenos importantes que casi merecen llamarse juegos de palabras —aunque, por no explicitarse plenamente, quizás fuese major hablar de 'juegos de ideas'— pues dependen del doble sentido de dos términos claves. En primer lugar, hay el término *obediencia* que empleara el Rey: Fernando oí que le obedece en todo lo que se refiere a su propio deber —como *esclavo*— de ejecutar las justas órdenes de su *señor*; pero se niega a obedecerle en lo único que al Rey le importaba de verdad (v. g. la rendición de Ceuta, como rescate del príncipe cautivo) pues su cristiano deber para con Dios es superior a su deber de esclavo para con su señor temporal. De ahí que 'érase y no se era'[25] esta *obediencia* a la cual se refería el Rey: y en cuanto que 'se era' trátase concretamente de la *obedientia* tal cual la definiera Santo Tomás, como segunda parte de la *observantia*. Preguntado por el Rey si esta *obediencia* fuese *humildad* o *valor*, sin embargo, hemos visto que Fernando la explicó diciendo que era más bien muestra de cuánto debía *respetar* 'el esclavo a su señor'.[26] Detrás del trato respetuoso visible al Rey, existe el *respeto* mismo: aquella *reverencia* 'que se tiene a alguna persona' (según Covarrubias) la cual más propiamente se llamara *dulia* en la terminología escolástica y latina de Santo Tomás. Y esta *dulia* completaría, por lo tanto, la *observantia* tomista, tratándose precisamente de su primera parte.

5.12 Ahora bien, este *respeto* que Fernando muestra no sólo sería auténtico, dado el carácter de nuestro héroe, sino que debíasele al Rey más todavía por ser éste no un *señor* cualquiera sino precisamente un 'rey' (vice-gerente de Dios en toda 'ley') cuya realeza siempre transparenta la 'deidad'. Pero este mismo *respeto*, tal como aquella *obediencia*, sólo se

---

25.   Adáptase aquí al castellano la frase con que empieza toda *rondalla* mallorquina ('era i no era...'), la cual sirve para establecer de un modo inigualable *la realidad de la irrealidad del cuento, ¡y viceversa!*

26.   Veremos después que esto es al mismo tiempo un *topos*, o *tópico*, de los que se consideraban propios para el exordio de un discurso (§7.1): tópico que no dejaría de tener algo de la modestia afectada, en la verdad, pero que juega un papel importante en la argumentación del príncipe (§7.2).

extiende hasta cierto límite bien demarcado: tal como la *obediencia* tenía que dar lugar a la *oposición* en cuanto los propósitos del Rey iban en contra del deber del príncipe con respecto a otra *obediencia* superior, este tipo de reverencia terrenal (la *dulia*) no puede ser llevado más allá del punto en que entra en conflicto con el tipo de reverencia superior (*latria*) que Fernando debe a la 'deidad' misma. En el fondo ideológico de la situación dramática, por lo tanto, encontramos una contraposición entre dos *obediencias* (una de las cuales, la superior, se manifiesta en forma de *oposición* a la otra). Al mismo tiempo, hallamos una contraposición entre los dos tipos de respeto para un señor: (*a*) la *dulia* en cuanto Fernando se está dirigiendo directamente al Rey, y (*b*) la *latria* en cuanto Fernando jamás deja de pensar en lo que debe a aquel Señor y rey superior *en cuya presencia también está hablando*. Pues es a la vista de Dios que se desarrollan tanto la acción que se está representando sobre el tablado como la vida de todo ser humano: sea miembro del público, sea actor, sea el personaje portugués cuya historia verdadera le sirviera al dramaturgo de punto de partida,[27] sea el dramaturgo mismo, sea el crítico moderno (o quienes le escuchan o le leen).

5.13 Permítaseme relacionar estas nuevas contraposiciones brevemente a otras anteriores: la *obediencia* tal como la concibe el Rey es la que ocupa el primer miembro del gran quiasmo, pareciendo concordar con su hipótesis de *humildad* (en aquella solicitud de su *piedad* que parece estarnos preparando para una *petición de vida*), mientras la *oposición* que se pone de relieve en el cuarto miembro responde precisamente a los dictados de aquella otra *obediencia* superior, concordando con la segunda hipótesis del Rey (*valor*) al apoyar tan inflexiblemente la *petición de muerte* que hallamos en la *tesis positiva*. De igual manera, la *dulia* en que consiste aquel *respeto* del esclavo para su señor —y que (según el príncipe mismo) motiva aquel primer tipo de *obediencia*— seguirá manifestándose durante todo el primer miembro del gran quiasmo, pero luego parecerá trocarse en su contrario —la *falta de respeto* hacia el Rey— cuando Fernando empieza a provocarle en el cuarto miembro, recurriendo ahora a su *rigor* en una manifestación del otro tipo de *respeto* (pues aquí le impulsa la *latria* que debía a Dios). Y ¿no pudiéramos decir también que aquella sorprendente *falta de respeto por la vida* del *¡no V sino M!* —inversión tan paradójica de los valores que se anticipaban— sólo cobra su pleno *sentido argumentativo dentro de la situación concreta* cuando se la considera a la luz de esta misma larga serie de *contraposiciones ideológicas*?, lo cual no quiere decir —desde luego— que no contenga otro sentido mucho más general también (véase §5.18).

5.14 Con la motivación del príncipe aclarada por él mismo (§§5.5–5.6), y teniendo sus propias actitudes hacia Dios y el Rey bien definidas (§§5.8–5.12), estamos más cerca de poder explicar aquella construcción quiástica de la *narratio et probatio*: ya vimos antes (§§5.3–5.4) hasta qué punto sus miembros primero y cuarto quedaron en cierto sentido autorizados por la doble interrogante inicial del Rey (pregunta utilísima, que le fue puesto en boca —desde luego— por don Pedro Calderón), mientras acabamos de ver (§5.13) cómo estos dos miembros se relacionan al mismo tiempo con el doble sentido de aquellos términos claves *obediencia* y *respeto*. Además el tercer miembro ya se ha tenido que analizar bastante a fondo, al hablar de las aclaraciones que hiciera don Fernando con respecto a su *tesis positiva*. Pero todavía queda por comentar el segundo miembro del gran quiasmo,

---

27. Véase Sloman (1950) para la manera de emplearse las fuentes históricas en nuestra comedia, y Parker (1959) para un examen de las consideraciones poéticas que podían llevarle a Calderón a modificar la *verdad histórica* a la luz de necesidades superiores. Coméntase este punto en el Capítulo I (arriba, página 21).

como también la cuestión de si el dramaturgo pudiera haber tenido motivos distintos de los de su personaje al construirle su discurso así. Para aclarar estos puntos habrá que dar un nuevo paso atrás, pero será un paso mucho menos largo esta vez.

5.15 Lo que hay que hacer es examinar concisamente los distintos *cambios de tono* que se tendrían que hacer durante la declamación del discurso, pues éstos van a constituir la clave para terminar de contestar aquella pregunta fundamental. Y si se emplea, ahora, la frase *declamación del discurso* —en lugar de hablar, por ejemplo, de su programa lógico o de los pasos de su desarrollo como 'una oración argumentativa y persuasoria' (§1.1)— es porque los puntos que se habrán de tomar en cuenta son meras *indicaciones dramáticas* cuya plena realización teatral correspondería a la manera en que el actor que representara a don Fernando hubiera tenido que interpretar su papel, dramatizando nuestro discurso: por gestos y ademanes, variaciones en el tono y en la intensidad de la voz, y el dirigirse visiblemente ora al Rey, ora directamente al público que presenciara el espectáculo, ora a los circunstantes sobre el tablado (cuyas propias reacciones también irían cambiando mientras le escuchasen, subrayando así sus *cambios de tono* y sus puntos más notables con otra serie más de gestos y ademanes). Todas estas cosas pertenecen a la *actio*: la quinta de aquellas cinco divisiones de la Retórica tradicional.[28]

5.16 Tales indicaciones para la *actio* —las cuales cualquier actor profesional sabría aprovechar— consideradas junto con la naturaleza cambiante de la argumentación empleada, sugieren que las diversas partes de la *narratio et probatio* son muy distintas entre sí en cuanto a su carácter persuasorio. Considerémoslas una por una:

A: La primera sección (I: *Invocación*: vv. 413–75) es de naturaleza esencialmente *argumentativa*, dirigida directamente al Rey en la *proposición* (vv. 413–15) aunque luego se generalice (vv. 416–72) hasta el momento en que don Fernando se dirige de nuevo directamente al Rey, para aplicar la conclusión sacada del resumen de sus cinco ejemplos al caso concreto.

B: En la segunda parte (II: *Tesis negativa*: vv. 476–517) hay un cambio de tono abrupto que engendra (como ya se dijo: §5.5) una *atmósfera esencialmente emotiva*. Lo que pasa es que la *petición de muerte* que se habrá de hacer después (III) viene precedida aquí por el rechazo sobremanera apasionado y pormenorizado de la *vida* como objeto deseable. Este rechazo se funda en parte sobre la *situación personal* del príncipe (vv. 480–87) expresada

---

28. Durante el coloquio de Hamburgo, hubo una interesantísima discusión de las relaciones entre texto y representación (parte en las intervenciones del Señor Körner después de la ponencia del Señor Varey y en las contestaciones de éste, y parte en las intervenciones del Señor Körner y del Señor Siebenmann después de la presente ponencia). El Señor Körner me llamó la atención, además, a la presencia de una serie de fenómenos lingüísticos que servirían a la vez de indicaciones al actor y de puntos de apoyo para la crítica lingüístico-literaria, por ejemplo (*i*) la presencia del imperativo 'escucha' (v. 407) indicaría que Fernando se dirigía directamente al Rey, y al cual pudieran corresponder 'gestos que indicarían que se estaba dirigiendo corporalmente a éste', mientras (*ii*) el 'Rey te llamé' del v. 408 pudiese indicar que ya no se dirigía exclusivamente al monarca sino también al público (de lo cual yo no estoy totalmente seguro), y (*iii*) la ausencia de ninguna alocución directa al Rey en los vv. 420–71 indicaría un grado de generalización todavía mayor en la dirección del discurso a todo circunstante (lo cual me convence plenamente). Aunque tal análisis de orden lingüístico no cuadraba con la orientación específica de mi ponencia, dediqué cierto tiempo a seguir esta pista después de regresar a Oxford, llegando a notar nada menos de 61 indicaciones de este tipo en nuestro texto (sin incluir las referencias directas a gestos expresivos en los vv. 494–513). Dichas indicaciones refuerzan notablemente el análisis de los *cambios de tono* aludidos, pero por razones de espacio sólo las he podido citar (§5.16A–D) cuando resultase indispensable para aclarar la manera de representarse y declamarse el discurso. Le agradezco al Señor Körner por haberme llamado la atención a un aspecto del lenguaje calderoniano que habré de tener en cuenta, desde ahora, siempre que me ponga a dilucidar la naturaleza dramática de cualquier pasaje o escena.

en una forma que requiere del actor una intensificación de lo emotivo por un *cambio de tono* bien calculado para inspirar la compasión — ya que a pesar de haber empezado por decir al Rey 'No quiero compadecerte | ... | *para que me des la vida*' (vv. 476–78) es evidente que sí quiere *compadecerle* (aunque lo que le querrá pedir, cuarenta y cuatro versos más tarde, no haya de ser la *vida* sino la *muerte*). Después del argumento *personal*, se nos propone una *razón general* para rechazar la *vida*, y la emoción sigue montando a medida que se vaya generalizando el argumento hasta que éste se refiera a todo ser humano.[29] Esta intensificación se realiza mediante el uso de un complejo *exemplum* cuya fuerza depende precisamente de dos dramáticos *gestos* contrapuestos: las acciones de *recibir* (vv. 494–97) y de *rechazar* (vv. 498–501), cuya larga —y, sea dicho de paso, *lógicamente falaz*— aplicación a este mundo (vv. 502–13) termina conceptuosamente con la imagen 'pues fue cuna boca arriba | lo que boca abajo es tumba'.[30] Estas acciones contrapuestas se relacionan, desde luego, con una de las series de contraposiciones ya examinadas (*recibir:humildad:piedad::rechazar:valor:rigor*), tal como *cuna:tumba* con la pareja *vida:muerte*. Tan profundamente emotiva cuán alambicadamente recargada, la imagen *cuna:tumba* termina convirtiéndose en *lecho:cuna* (transposición quiástica, pero mudándose *tumba* en *lecho* para establecer ahora un paralelismo en lugar de un contraste) cuando desemboque en una conclusión puesta en la primera persona del plural (vv. 514–17), por lo cual se aplica de nuevo a todos los seres humanos. Entre éstos, por supuesto, queda incluido el mismo don Fernando.

C: El *pequeño quiasmo* que marca la *transición* del segundo al tercer miembro del mayor está constituido por una doble pregunta retórica: '¿Qué aguarda quien esto oye? | Quien esto sabe, ¿qué busca?' (vv. 518–19). Su primera parte relaciona la *tesis negativa* posible a todo oyente (Rey, actor, miembro del público, lector o crítico moderno) de la manera más general. El primer miembro de la segunda parte, en cambio, la relaciona a la experiencia de 'quien esto sabe': concretamente la experiencia personal de quien lo dice, pero al mismo tiempo la de cualquier desengañado de la época, y hasta —en la verdad— la de cualquier persona medianamente informada sobre la *vida* en cualquier época. Y el último miembro de aquel pequeño quiasmo —la dramática interrogante '¿qué busca?'— lo termina por despertar la curiosidad de todos para saber cuál ha de ser la *tesis positiva*.

D: Cuando llega dicha tesis (III: vv. 520–52), la exposición ya vuelve a ser de carácter *argumentativo* y razonado, primero aclarando los motivos de la *petición de muerte* (vv. 520–33) para luego recordar muy brevemente la *piedad* (vv. 534–35) que antes se invocara, y entonces pasar ya definitivamente al tema del recurso al *rigor* (vv. 535–52). Esta vez, todos los ejemplos aducidos de los reinos naturales se dirigen directamente al Rey humano allí presente, solicitando su *rigor* de un modo tan violento que pareciera calculado de propósito para despertar la pasión de la *ira* al mismo tiempo.

---

29. En los términos del más conocido de todos los ejemplos de la silogística ('Todos los hombres son mortales: pero Sócrates es un hombre: luego Sócrates es mortal') pudiérase decir que aquí estamos remontando inductivamente de la *conclusión* particular ('Sócrates es mortal' = 'Bien sé... que soy mortal' v. 488) a la *premisa mayor*: 'Todos los hombres son mortales' (= 'Tan cerca vivimos, pues, | de nuestra muerte...').

30. Aunque tuve que volver a esta imagen hacia el final de mi ponencia en Hamburgo, por una coincidencia muy feliz esta misma imagen había sido examinada el día anterior en la ponencia de Helmut Hatzfeld, a cuyo texto (1973) remito por lo tanto al lector (de muy buen grado) para muchos aspectos que aquí se podrán dejar de comentar, pues nuestro Doyen ya nos los ha expuesto de modo magistral.

En resumen, pues, hemos podido constatar que todas las partes que corresponden a *la argumentación del discurso en cuanto dirigido al Rey de Fez* —en una situación concreta y específica— quedaron colocadas en los extremos de la *narratio et probatio*, separadas por una parte central emotiva (II) por la cual se tiene que pasar para ir del I *argumentativo* al III que también lo es.

5.17 Según mi propio parecer, sería en el II central que *la argumentación personal dirigida por Fernando al Rey* se entrelazaría con lo que a mí me parece ser *el argumento central del discurso en cuanto dirigido al público por Calderón*. El mensaje que éste quisiera comunicar a cuántos escuchasen el discurso que él pusiera en boca de su personaje no coincidiría, por lo tanto, con la *petición de muerte* que Fernando quiere hacer (la cual solamente puede referirse, desde luego, a su propia situación) sino que tendría que ver con la parte que se halla *formal y emotivamente al centro*. O sea que coincidiría precisamente con el *elemento de sorpresa* que se introdujo al frustrar nuestra expectativa inicial de hallarnos escuchando una *petición de vida*.[31] Según esta hipótesis, la previa súplica a la *piedad* habría sido introducida muy deliberadamente para reforzar el mensaje central, por infundirle aquel tan conceptuoso *elemento de sorpresa*, aumentando así el dramatismo (y por lo tanto la eficacia) de la comunicación que Calderón deseaba establecer con sus oyentes. Bien mirada, entonces, esta misma parte central (la *tesis negativa del personaje*) pudiera constituir —por así decirlo— la *tesis positiva de dramaturgo* en este contexto.

5.18 Esto no quiere decir, desde luego, que la discusión de la *piedad* y el *rigor*, de la *humildad* y el *valor*, y de todos los demás hilos ya citados de la compleja madeja ideológica que constituye la temática de la comedia no tuviese su significado en la lección total que Calderón estaba proporcionando a su público en *El príncipe constante*; ni tampoco que las partes de este discurso específico que tienen que ver con aquellos hilos temáticos no contribuyan de una manera directa a dicha finalidad moral. Pero dentro del contexto inmediato de esta confrontación entre captor y cautivo —escena de carácter dramático tan impresionante— las partes I y III serían más bien partes circunstanciales para los miembros del auditorio: partes, además, de la *circunstancia* específica del príncipe cautivo,[32] no de la de cada uno de ellos (salvo que algún miembro de aquel público —por pura casualidad— pudiese haber pasado por una peripecia parecida en su propia vida). O sea que según mi parecer estas dos partes colocadas en los extremos del gran quiasmo debieran de mirarse como un paréntesis frondoso, encerrando el mensaje emotivo que Calderón estuviera dirigiendo allí a todo miembro de su público: todos los cuales, desde luego, se encontraban viviendo en la misma situación existencial que Fernando por el mero hecho de ser humanos y mortales.

---

31.   Viene muy a cuenta aquí el término *momento de expectación frustrada*, empleado —según he aprendido de Bĕlič (1969: 5), libro tan importante por habernos puesto en contacto con lo que están haciendo nuestros colegas hispanistas que trabajan al otro lado de la cortina de acero— por 'los versólogos checoslovacos modernos' cuando 'después de percibir una unidad... que posee cierta organización rítmica, esperamos... otra unidad... con una organización análoga', y luego hallamos que de hecho 'tal caso no ocurre'. Este elemento, evidentemente, juega un papel muy importante dentro de la estética calderoniana, en campos que no tienen nada que ver directamente con la versología.

32.   Desde el punto de vista de Fernando, el mismo Rey de Fez no es sino una parte de ésta: en palabras de un chiste dedicado a Ortega 'con cariño' por el humorista Jaume Perich, en *El Correo Catalán* (1970: 91), 'Yo soy yo y usted, mi querido Director General, mi circunstancia'. En la verdad, todo personaje de una obra calderoniana forma parte (de una manera muy especial) de la *circunstancia* de cada uno de los demás: véase el concepto de la *responsabilidad difusa* elaborada por Parker (1962), de la cual se habla extensamente arriba, páginas 21–30).

5.19 Este mensaje central, o *tesis positiva del dramaturgo*, ¿en qué consiste? Concretamente, trátase de una reafirmación bastante compleja —a la vez que marcadamente senequista— del *desengaño* con los valores que solían atribuir a la vida cuántos no hubieran 'caído en la cuenta' todavía.[33] Este mensaje no era nada nuevo: trátase de un *locus communis* a la vez del teatro de Calderón y de la época en que vivía. Pero era precisamente porque fuese un *lugar común* que había necesidad de reafirmarlo ingeniosa y novedosamente para que volviera a cobrar su poder de sacudir. Recordemos las palabras de Herrera: 'sin duda alguna es mui dificil dezir nueva i ornadamente las cosas comunes; i assi la mayor fuerça de la elocucion consiste en hazer nuevo lo que no es'.[34] Herrera lo había escrito pensando principalmente en la poesía lírica, pero lo mismo pudiera decirse, por una parte, de la poesía dramática, y por la otra de la oratoria sagrada, durante todo el siglo XVII. En el caso concreto de nuestro discurso, el medio empleado para 'hazer nuevo lo que no es' fue la estructuración lógico-retórica de aquel gran quiasmo, y sobre todo la concentración emotiva de su parte central. Fue precisamente mediante aquel *Por P, ¡no V sino M!* que Calderón supo restaurar al desengaño teológico de la época el grado de violencia chocante que de verdad le corresponde, pero que había perdido de tanto divulgarse en sermones, en poemas, en comedias.

5.20 Con decir esto, y con describir la sección central como la *tesis positiva del dramaturgo* a pesar de que constituyera la *tesis negativa del personaje*, no se ha querido restar nada de su valor para el personaje mismo dentro de su propia situación personal. Todo lo contrario: a pesar de que su propósito o *tesis positiva* fuese la de hacer una *petición de muerte* al Rey, y aunque nos explicase después cuáles fuesen sus *razones positivas* y cristianas para desearla en aquella situación (vv. 523–31, y arriba §§5.5–5.6), no cabe duda de que su deseo de lograr la corona de mártir en la otra vida deriva de hecho en gran parte del impulso emocional que le hubiera dado el haber llegado —a través de sus tristes experiencias como cautivo— al *estado de desengaño* de un 'caído en la cuenta'. La parte central de su discurso no sólo tendría una función dramática emotiva (la de conmover al auditorio, dándoles un delicioso escalofrío admirativo al saborear el *desengaño* tan ornadamente renovado) sino que también tendría la otra función dramática de comunicar la intensidad emocional del estado de ánimo atribuido al personaje. El teatro tenía que articular lo inarticulado para que el auditorio comprendiera su intensidad, y según se ha sugerido antes (§§2.1–2.2) la manera en que lo hacía Calderón era por reflejar la *creciente intensidad de la emoción atribuida al personaje* en la *progresiva intensificación de su proyección retórica*. Tratábase, por decirlo en una frase inglesa, de elaborar poéticamente el efecto muy consciente de 'look-at-me-having-this-emotion': contempladme y ved cuán profundamente conmovido estoy.

5.21 Si esta interpretación es cierta, entonces la intensidad de la emoción que el actor que representara a don Fernando tendría que proyectar aquí (y que constituía no el

33. La frase es de Malón de Chaide, empleada para designar quien hubiese conseguido 'la victoria de sí mismo': véanse Gilman (1946: 95–97) y el comentario que se le agrega Pring-Mill (1968).

34. Observación publicada en 1580 (*Anotaciones*: 292). Casi setenta años más tarde, en 1648, Gracián añadió: 'No se contenta el ingenio con sola la verdad, como el juicio, sino que aspira a la hermosura. Poco fuera en la arquitectura asegurar firmeza, si no atendiera al ornato' (*Agudeza*, Discurso II: Gracián 1969: I. 54). Lo profundo de esta analogía gracianesca entre literatura y arquitectura no puede ponderarse aquí, pero es indispensable indicar que la hermosura del ornato no proporciona únicamente deleite al ingenio —por lo menos en casos como el nuestro— sino que es un medio de 'dorar la píldora' de la enseñanza, sirviendo como instrumento para obligar el juicio a reconocer la *firmeza* de la *verdad* que así se ha renovado. Véase también §7.8 para otra aplicación de esta idea, en la vida misma de los seres ejemplares.

contenido sino parte de la inspiración de su *petición*) coincidiría por lo tanto con lo que he estado llamando el *mensaje* del dramaturgo: la profunda experimentación personal del desengaño por los miembros de su auditorio, que quedarían conmovidos por aquel lugar común precisamente por razón de su renovación retórica (por la 'fuerça de la elocucion' calderoniana). Y aquel *gran quiasmo* que se ha venido comentando de manera tan prolija sería sencillamente el instrumento escogido en esta ocasión para renovar aquella verdad tan consabida. Permítaseme aquí una breve cita del resumen de la ponencia de nuestro maestro Helmut Hatzfeld (idea desarrollada más extendidamente en la ponencia misma):

> [A Calderón] le gustó establecer paralelos que son al mismo tiempo contrastes y corresponden a la técnica que el arte barroco llama de *contrapuesto*. La forma mínima de esta tendencia es la preferencia del quiasmo retórico. Se desarrolla así un arte de polarización culminando en el famoso antítesis que prefiere situaciones entreclaras y crepusculares para aclararse en un desengaño. (Hatzfeld 1973: 39)

¡No pudiera haber ninguna observación general que mejor cuadrase con lo que Calderón estaba haciendo en este caso concreto!, aunque nuestro *gran quiasmo* apenas pudiera describirse como una 'forma mínima' más que por un empleo extremado de *litotes*.[35]

6. Estructuras lógico-retóricas menores

6.1 PASEMOS AHORA a considerar la estructura interna de ciertas partes constituyentes del discurso, enfocándolas de modos algo distintos (aunque complementarios), y concediendo mayor importancia ahora a la naturaleza y fuerza persuasoria de los argumentos mismos que en las dos secciones anteriores, en las cuales se hablara extensamente de *la manera de contraponer las ideas*, sin decir mucho con referencia a *la validez de la argumentación en sí*. Todas las estructuras menores tienen su parte dentro de aquella organización general del discurso, y pudiera decirse —empleando términos muy de la época— que están relacionadas entre sí cual los diversos miembros de un cuerpo bien proporcionado, de tal modo que vayan componiendo ante nuestros ojos y oídos (o, mejor dicho, ante el *entendimiento* de quien los tenga que ir apreciando a través de los informes que le llegan de sus diversos *sentidos*

---

35. Los *elementos de sorpresa* ya comentados son los ardides usados para establecer el aspecto entreclaro de la situación que se proyecta en nuestro discurso: sin ellos, la situación hubiese sido clara casi a más no poder, pero es gracias al empleo de tales recursos enigmáticos que Calderón hásela podido dar aquel carácter crepuscular que dota su desenlace inesperado de gran parte de su poder afectivo (al 'aclararse' en aquel violento y súbito *desengaño* de ¡*no vida!*). En tales casos, pudiérase modificar (de una manera que quizás parezca demasiado frívola pero cuya intención apenas pudiese ser más seria) la célebre afirmación gracianesca tocante al mérito doblado de lo que, siendo bueno, es breve, de modo que rezase 'lo claro, si entreclaro, dos veces convincente' (o, distándonos un poco más todavía de la fórmula gracianesca: 'lo consabido, si oscurecido, renovado'). Y lo mismo pudiérase decir, hablando ya al nivel de una comedia entera, de la ambigüedad o 'agudeza paradójica' del desenlace de obras cual *El príncipe constante*: arriba, en la página 27, dícese (de *La devoción de la cruz*) que lo que 'termina siendo "spiritual triumph" de las tejas arriba' sigue 'siendo (asimismo) "human catastrophe" visto por debajo de las tejas' (paradoja calificada allí de otra consecuencia más 'de la triste ironía de la vida'), agregándose que son muchas 'las veces en que Calderón repite paradojas parecidas, mostrándonos claramente que lo que sobre el nivel humano puede parecer tragedia no siempre lo es *sub specie aeternitatis* (piénsese, por ejemplo, en *El príncipe constante*), y esta paradoja espiritual no es —al fin y al cabo— más que la otra cara de la que estaba en el fondo de todo el desengaño de la época: el reconocimiento de que todo lo que sobre el nivel humano transitorio nos parezca gloria se tenga que reducir a vanagloria al confrontarlo con la divina gloria perdurable'. Añadamos que gran parte de lo que se ha venido diciendo en las secciones §4 y §5 del presente estudio, con respecto al *gran quiasmo* en nuestro texto básico, pudiera decirse igualmente de la manera en que Calderón concibe las relaciones entre sus personajes, los cuales quedan dotados con los atributos necesarios para poderlos contraponer de un modo que con frecuencia se organiza quiásticamente a lo largo de toda una jornada (o de una obra entera). Algo parecido ya fue explorado veinte años ha por Dámaso Alonso (1951).

exteriores) un conjunto hermosa y bellamente constituido, quiástica y contrapuestamente estructurado, y elaborado con una 'concordancia' tan 'primorosa' y con tal exquisitez de invención que la 'armónica correlación' entre sus muchos y varios 'conoscibles extremos' no pudiera dejar de halagar ni siquiera a la 'inteligencia' más sutil con la fecundidad de su 'artificio conceptuoso'.

6.2 Las frases entre comillas derivan de dos lugares de la *Agudeza*: 'Consiste, pues, este artificio conceptuoso, en una primorosa concordancia, en una armónica correlación entre dos o tres conoscibles extremos, expresada por un acto del entendimiento'; y 'No brillan tantos astros en el firmamento, campean flores en el prado, cuantas se alternan sutilezas en una fecunda inteligencia' (Gracián 1944: 16–17, Discursos II y III). Con estas breves alusiones, yo quisiera señalar la presencia de ciertos rasgos fundamentales de la estética gracianesca en este discurso calderoniano (como en tantos otros), aunque lo que Gracián llamaría la 'ponderación' de lo que pudieran significar tales rasgos tenga que dejarse para un artículo mucho más general sobre la naturaleza de la estética conceptista, basado en investigaciones desarrolladas lentamente y expuestas paso a paso en varios ciclos de conferencias sucesivos dados en Oxford a partir de 1952.[36] De las *estructuras menores* de nuestro discurso, desgraciadamente sólo hay dos que se podrán analizar detenidamente en la presente ocasión: el *exordio*, y la *invocación*.

7. El exordio y la invocación de la piedad

7.1 EL *EXORDIO* EMPIEZA con una declaración cuyo sentido ideológico ya hemos comentado, pero ¿cuáles serían sus funciones retóricas? Por un lado, sirve evidentemente de contestación a la pregunta del Rey, pero por el otro lado aquella misma declaración se utiliza como el punto de entrada al cuerpo del discurso. Consiste en un *tópico* de aquellos que son, precisamente, los más aptos para prologar una obra o un discurso: una *fórmula de submisión* (o *Unterwürfigkeitsformel*, como lo llama Curtius 1948: 93–97, 414–15) en la cual Fernando reconoce su condición de esclavo, acepta las obligaciones que esta condición le impone, y adopta con toda propiedad una actitud humilde ante su *señor*. Lo hace citando una regla general, de tipo sentencioso, y aplicándolo a su propio caso: la situación concreta en que se halla. Tales transiciones de lo general a lo particular, y viceversa, juegan un papel importantísimo en la argumentación de este discurso, tal como en la mayoría de las obras literarias —de cualquier género— en el Siglo de Oro.[37]

---

36.   'Culteranismo and conceptismo', 1952 y (ya de un modo más teórico) 1960; siguiendo otra pista en 'Seventeenth-Century Lyrics', 1957; ya haciendo hincapié en los puntos que más me han preocupado desde entonces, en 'The *conceptista* aesthetic', 1965; y (con notables modificaciones) 1970. Lo esencial de dichas investigaciones fue resumido en varios 'graduate seminars' y conferencias aisladas en diversas universidades de los Estados Unidos en 1967, y en el Instituto de Filología y Literatura Hispánicas de la Universidad de Buenos Aires en 1968. El artículo, en el cual se ha intentado resumir una serie de ideas de tan lenta elaboración, estaba casi en su forma definitiva en 1967 y publicóse en 1968. Quisiera llamar la atención de los lectores también a dos importantes artículos sobre temas estrechamente relacionados con mis propias investigaciones, publicados por uno de mis amigos y ex-alumnos: Woods (1968a y 1968b). En el Congreso de 1970 de la Association of Hispanists of Great Britain and Ireland, al cual tuve por desgracia que dejar de asistir al último momento, Woods trató además (en una ponencia entitulada 'The Anatomy of Wit') algunos problemas que coinciden más estrechamente todavía con aquellos que yo he estudiado: pero me parece que hemos terminado enfocando dichos problemas desde ángulos bastante diferentes, aunque nuestras conclusiones probablemente resultan más bien complementarias que antitéticas. Hay un capítulo específicamente sobre el conceptismo calderoniano en Bryans (1977).

37.   Véase abajo: §§7.7–7.9. Para el papel de las *sentencias* en el teatro, y concretamente en el caso particular de una comedia de Lope, véase Pring-Mill (1962b).

7.2 Con las palabras 'mi Rey y señor' (v. 407), Fernando ya está pasando del tópico inicial a la *captatio benevolentiae*, y la transición es más sutil de lo que pudiera parecer a primera vista. Aunque el respetar a su señor sea propio del esclavo, éste no tiene (en la vida verdadera) el derecho de dirigirle largos discursos. Un rey, en cambio, tiene la obligación de escuchar las peticiones de sus súbditos, y el situarse quien se le dirige en la categoría de *súbdito con el derecho de ser escuchado* es otro tópico exordial. Aquí, la transición se establece entrecruzando los dos tópicos, por la anteposición de 'Rey' a 'señor'. En todo esto, no deja de haber algo de la modestia afectada (la *affektierte Bescheidenheit* de que nos habla Curtius) también propia de los exordios:

> Der Redner hatte in der Einleitung die Hörer wohlwollend, aufmerksam und gefügig zu stimmen. Wie macht man das? Zunächst durch bescheidenes Auftreten. Man muß diese Bescheidenheit aber selbst hervorheben. So wird sie affektiert.[38]

Huelga decir que la presencia del adjetivo 'afectada' (explicada tan sucintamente por Curtius) no desdice necesariamente de la sinceridad de quien inicie un discurso con este *topos*. El hecho de que sea expediente (*zweckmäßig*) emplearlo, según un consejo ciceroniano aludido por Curtius en aquel lugar, tampoco nos dice nada de la sinceridad o falsedad de quien lo hace, y ya vimos antes (§§5.9–5.10) que la actitud respetuosa de Fernando cuadra perfectamente con el carácter netamente virtuoso del príncipe cautivo, cuyo *respeto* corresponde aquí precisamente a la primera parte (o *dulia*) de la virtud llamada *observantia* por Santo Tomás, siendo enteramente propio a quien se encuentre en tal situación. Sin embargo, hay cierta sutileza un poco sofística en el modo preciso de dirigirse Fernando al Rey: algo que nos permitiría decir —pero siempre sin menoscabo del carácter virtuoso de Fernando— que su *modestia afectada* no deja de ser al mismo tiempo hasta cierto punto una *modestia fingida*. El punto que quiero destacar no pasa de ser un mero ardid retórico, plenamente justificado en aquel contexto pero no por eso menos artificioso. Fijémonos de nuevo en el orden de aquellas cuatro palabras 'mi Rey y señor': aunque el Rey de Fez sea efectivamente su 'señor' por haberle esclavizado (teniendo el derecho de hacerlo, como lo demostrara mi colega Truman) *no es en la verdad 'su' Rey*, y el tratarle como tal es una ficción muy conveniente para hacerle sentirse obligado a escuchar en silencio los ciento sesenta y dos versos que todavía están por declamar.

7.3 Al iniciar la *captatio*, propiamente dicha, Fernando repite el título de 'Rey', desproveyéndolo del posesivo dudoso, pero insistiendo en colocar al individuo a quien se está dirigiendo en cierta categoría de personas con determinadas obligaciones sociales: obligaciones compartidas por todos los reyes, por cualquiera que sea su religión, pues cada rey es el representante personal de Dios (por derecho natural), en cuyo nombre rige la sociedad monárquica que le haya tocado gobernar. El Rey de Fez es indudablemente un rey, y aunque accidentalmente sea 'de otra ley' (v. 474) que su cautivo, esto no disminuye las obligaciones sustanciales de su propia realeza. Para apelar a su *piedad*, Fernando empieza por invocar la fuerza de otra regla general de tipo sentencioso: 'es tan augusta | de los reyes la deidad, | tan fuerte y tan absoluta, | que engendra ánimo piadoso' (vv. 409–12). Y luego lo aplica al caso concreto en los primeros versos de lo que yo he designado la

---

38. Curtius (1948: 91 — la discusión de este *topos* sigue hasta la página 93). En el caso de Fernando, el hecho de la superioridad moral del príncipe parece añadir cierto elemento de ironía a este empleo del tópico (por lo menos por parte de Calderón), el cual podría relacionarse además a la superioridad de la corona de mártir que le ha de tocar ('el laurel que me ilustra' del v. 565, véase página 79, nota 21, arriba).

invocación: 'y así es forzoso que acudas | a la sangre generosa[39] | con piedad y con cordura' (vv. 413–15).

7.4 El razonamiento vuelve a ser de tipo silogístico, aunque la premisa menor se haya antepuesto a la mayor para establecer (esta vez) una transición desde el caso particular a la regla general, de cuya aplicación al caso concreto se quiere sacar la consecuencia que le interesa al suplicante. Lo presupuesto sería entonces un *silogismo categórico*:

> *Premisa mayor*: Todo rey tiene el ánimo piadoso.
> *Premisa menor*: Pero tú eres un Rey ('Rey te llamé').
> *Conclusión*: Luego tú tienes ánimo piadoso.

O, mejor dicho, en la verdad *tú debieras de tenerlo por razón de tu realeza*: no todos los hombres cumplen con las obligaciones de su estado, ni todos los reyes con aquellas de su realeza, ¡por 'augusta' y 'fuerte' que sea su 'deidad'! Como cualquier hombre, todo rey goza de libre albedrío, y por lo tanto el 'así es forzoso' (v. 413) que inicia la *invocación* contiene algo de exageración: lo predicado del Rey de Fez como individuo no es 'forzoso' con tal de que no se sobrentienda la *condición* 'si tú eres rey cumplido'. Cabría interpretar este argumento de dos maneras. Por un lado, podría decirse que se presupone otro silogismo: esta vez un *silogismo condicional* (la forma más frecuente del *silogismo hipotético* — véase Cilveti 1968: 473– 75) cuya *premisa mayor* sería precisamente aquel 'si tú eres rey cumplido'. Pero por el otro lado, al apelar así a una regla general tocante a la piedad de los reyes pudiérase decir con toda propiedad que Fernando estaba empleando un *entimema del 3ʳ tipo* ('silogismo que parte de probabilidades'), basándose sobre 'una proposición generalmente aprobada: algo que los hombres saben... que suele suceder así' —en las palabras de Aristóteles (*Analytica priora*, II. 27 = 70a; véase Apéndice)— y empleándolo no para *demostrar* (pues no demuestra nada) sino solamente para *persuadir*. Parte de su fuerza persuasoria reside, desde luego, precisamente en el hecho de que contenga en sí —de modo implícito— el argumento: 'no acudir a tu sangre con piedad demostraría que no fueras rey cumplido' (lo cual, al haberse explicitado, constituiría un *entimema del 5° tipo* —'sacar una conclusión de su contrario'— con respecto al argumento enunciado de modo explícito por don Fernando).[40] Esta

---

39. Hay que tener mucho cuidado con palabras como ésta. El sentido corriente de *generoso* para el hombre moderno se restringe a los sentidos 2° y 3° del *Diccionario de la lengua española* ('2. Que obra con magnanimidad y nobleza de ánimo' y '3. Liberal, dadivoso y franco') a pesar de que dicho diccionario siga notando como el primer significado 'Noble y de ilustre prosapia' y agregue como el 4° 'Excelente en su especie' (dando como ejemplo de este último la expresión '*Caballo* GENEROSO', que remonta por lo menos hasta Covarrubias). En el Siglo de Oro, las prioridades eran otras, según se colige fácilmente de Covarrubias: '*Generoso*. El hombre ilustre, nacido de padres muy nobles, y de clara estirpe, conocida por el árbol de su descendencia. Éste es generoso por linage. *Generoso* a veces sinifica el que considerada su persona sola, tiene valor y virtud, y condición noble, liberal y dadivosa. Cavallo generoso, el castizo y de buena raza' (636a). En nuestro texto, el 'es forzoso que acudas | a la sangre generosa' se refiere a la *fuerza de la sangre* noble. No por esto hemos de negar, sin embargo, que entre en juego (ya *como asociación secundaria*) la insinuación que la generosidad de la sangre debiera de corresponder la generosidad del ánimo. La sangre noble trae privilegios, pero impone obligaciones que se debieran de honrar: es sobremanera frecuente en el teatro del Siglo de Oro encontrar situaciones de *improporción* o *impropiedad* en este respecto, en las cuales un noble (como el comendador en *Fuente Ovejuna*) quiere abusar de sus privilegios, sin hacer nada para cumplir con sus obligaciones para con los inferiores que se le habían sido encomendados (véase Pring-Mill 1962b).

40. Véase Apéndice §5. Si me he detenido tanto en el caso de este argumento bastante sencillo, es porque tengo ciertos recelos de llevar demasiado lejos la interpretación de la argumentación calderoniana en términos de la lógica formal. Admiro mucho el magistral artículo del profesor Cilveti (y él sería el primero en admitir que tuvo que concentrar la exposición de sus ideas hasta tal punto que las cosas pueden parecer más sencillas de lo que son) pero el caso es que toda argumentación puede ser reducida a una serie de silogismos con tal de que todas las incertidumbres se interpreten como presuponiendo otros tantos *silogismos hipotéticos* y toda *inducción* (v. g. subir de lo particular —un caso concreto— a una regla general) sea vista como presupo-

segunda interpretación de lo que Fernando ha hecho en los vv. 409–15 me parece preferible, pues lo dicho no pasa de ser un argumento persuasivo, por fuerte que sea. Nótese cómo Fernando lo refuerza al añadir la *cordura* a la *piedad* (v. 415), de un modo casi parentético, insinuando así que el no mostrar un *ánimo piadoso* sería en cualquier rey al mismo tiempo una señal de falta de buen seso.

7.5 Cuando pasamos de lo que se ha designado la *proposición* a su *confirmación*, y luego a la *amplificación* de ésta, nos encontramos frente a un argumento mucho más complejo (tanto por su estructura como por la naturaleza de la argumentación que allí se emplea). Convendrá distinguir claramente entre sus diversas etapas, pero ya que varias de éstas corresponden simétricamente a puntos ya establecidos (o en la *captatio* o en la *proposición* que acabamos de comentar) no podemos dejar estos pasos anteriores de lado al considerar el resto de la *invocación*. Ya indiqué al comenzar que toda esta larga *invocación* 'pudiera muy fácilmente considerarse como una ampulosa extensión de la *captatio*' (§3.3), y es como tal que la tendremos que mirar ahora: ambas partes constituyen, de hecho, una sola serie de reflexiones encadenadas (vv. 408–75) sobre el tema de *la propiedad de la piedad en todo ser que tenga 'majestad de rey'* (v. 470).[41] Esta serie abarca once pasos distintos, ligados entre sí no sólo por la orden de su progresión en el tiempo sino también por una compleja serie de correspondencias, las cuales van mucho más allá del evidente paralelismo entre los cinco ejemplos desarrollados en los vv. 422–67: cinco ejemplos que no constituyen sino uno sólo de los once pasos que yo quisiera distinguir, a pesar de ocupar cuarenta y seis de los sesenta y ocho versos del pasaje (y aunque cada ejemplo contenga otra serie de *subdivisiones interiores* que se habrán de comentar más adelante: se las puede dejar de lado ahora, sin embargo, pues no afectan la numeración general).

7.6 De los once, cuatro corresponden a puntos ya considerados (§§7.3–7.4). La serie completa es la siguiente:

(*i*) La *designación específica* de aquel 'Rey te llamé' (v. 408, véase §7.3), dirigida concretamente al Rey de Fez en la segunda persona del singular;

(*ii*) El 'aunque seas | de otra ley' (vv. 408–09) que también se refiere *específicamente* al Rey de Fez, al cual Fernando sigue hablando directamente;

niendo la aceptación previa de una regla general, de modo que la *inducción* misma se considere como el remontar a la *premisa mayor* de un silogismo ya existente (el cual sólo se hubiera dejado de explicitar por poder suponer que se lo sobrentendiera). Hay casos en que estos precedimientos se justifican plenamente, pero si los llevamos demasiado lejos es fácil terminar reduciendo demasiado de lo que es propiamente de *carácter retórico y persuasorio* a cadenas de razonamientos silogísticos cuya validez o falsedad se estableciera a base de largas series de reservas y distingos. No quiero sugerir que el profesor Cilveti haya hecho así: él analiza argumentos cuyo carácter silogístico es obvio (pues los vocablos empleados por los personajes suelen mostrar que Calderón estaba pensando, en tales casos, precisamente en términos de la silogística formal). Pero algunos de sus lectores pudieran fácilmente concluir que toda la argumentación de las comedias de Calderón se pudiera —y debiera de— interpretarse así: ¡claro está que ningún lector letrado del Siglo de Oro, bien informado como lo estaría sobre las relaciones entre la Lógica y la Retórica, hubiese caído en tal confusión! Mas me ha parecido necesario subrayar el *carácter solamente persuasorio* de gran parte de la argumentación calderoniana (como se puede constatar muy fácilmente en el caso de este discurso) porque creo que sólo podremos apreciar la verdadera naturaleza de sus 'estructuras lógico-retóricas' si reconocemos cuáles rasgos hubieran sido reconocidos como lógicos, y cuáles como retóricos, por sus compañeros de clase en el Colegio Imperial.

41.   Antes las tuvimos que separar, para que la *invocación* pudiese verse claramente como la primera de las tres secciones que constituyen (en su conjunto tripartito) juntamente la *narratio* y la *probatio* del discurso (véase página 72, nota 9): secciones íntimamente relacionadas entre sí por aquella serie tan compleja de paralelismos y contraposiciones analizada en las dos secciones anteriores.

(*iii*) Aquella *regla general* de tipo sentencioso (vv. 409–12, véase §§7.3–7.4), según la cual la 'deidad' de los reyes es tan 'augusta', 'fuerte' y 'absoluta' que 'engendra ánimo piadoso';

(*iv*) Su *aplicación al caso concreto* (vv. 413–15) cuyo comienzo 'así es forzoso' —aunque falaz (véase §7.4) — cobra mayor fuerza persuasiva por recordar el 'tan fuerte' del v. 411;

(*v*) Otra *afirmación general* (vv. 416–20) en *confirmación* del paso anterior, refiriéndose a la operación de la misma regla del 3r paso 'aun entre brutos y fieras';[42]

(*vi*) Una serie de cinco *ejemplos específicos* (vv. 420–67) aducidos en *corroboración* del 5° paso;

(*vii*) La *recapitulación* de éstos (vv. 468–71, desde 'Pues' hasta 'piedad'), constituyendo una *reafirmación* implícita del 5° paso;

(*viii*) *Aplicación* de la proposición reafirmada a todo el *género* ('los hombres', v. 472) al cual pertenece el Rey de Fez;

(*ix*) *Aplicación personal* de dicha proposición a éste como *individuo*, hecha de modo implícito al nombrarle no Rey (véase §7.12) sino otra vez 'señor' (v. 472, recordando el v. 407);

(*x*) *Reafirmación* rotunda de que el ser de 'otra ley' no le libra de la regla general del 3r paso (vv. 473–74, recordando los vv. 408–09 del 2° paso);

(*xi*) *Confirmación* del paso anterior por indicar (vv. 474–75) que *el contrario* de lo que se solicita —o sea la *crueldad* (v. 474), que aquí se contrapone a la *piedad*— es una 'en cualquiera ley'.

Queriendo destacar la manera de encadenarse el razonamiento, se ha concentrado en esta lista sobre *la naturaleza de la relación* entre cada paso y el anterior, diciendo sólo lo indispensable sobre *la naturaleza intrínseca de los pasos individuales*. Tuvo que haber cierta indicación de su contenido, para que pudiéranse comprender los diversos tipos de ligazón empleados (y sobre todo para que resaltasen aquellas transiciones de lo particular a lo general y viceversa); pero evitóse en lo posible toda observación de tipo formal.

7.7 En esta categoría de *observaciones de tipo formal*, inclúyese el decir, por ejemplo, que el último paso tiene el carácter de *sentencia*, con todas las asociaciones de gravedad y de autoridad (asociaciones al mismo tiempo éticas y estéticas) de fórmulas de esta naturaleza. Ahora, sin embargo, nos toca iniciar nuestras observaciones formales por hacer hincapié precisamente en este mismo punto concreto: la naturaleza de la *sentencia* y su función. Tales *sentencias* corresponden a los *apothegmata* de Aristóteles, cuyo significado dentro de su visión de la retórica se mirará más adelante (§10.9). Aquí nos vienen más a cuenta dos observaciones de la *Rhetorica ad Herrenium* seudo-ciceroniana, la primera tocante a sus orígenes, y la otra a su fuerza persuasiva: (*i*) 'Una sentencia es un dicho sacado de la vida, el cual muestra concisamente o lo que ocurre en ella o lo que debiera de ocurrir'; y (*ii*) 'No puede dejar de estar tácitamente de acuerdo aquel que escuche la aplicación al caso de algo cierto sacado de la vida y las costumbres'. Estas observaciones abren y cierran, respectivamente, el capítulo del *Ad Herrenium* dedicado a la *sententia* como una de las *figuras de la dicción* (*exornationes verborum*).[43] Del hecho de hallarla colocada entre las figuras de la dicción

---

42. Afirmación que constituye la *proposición* inicial del *Summationsschema* argumentativo cuya estructura se analiza en las secciones §§8–11.

43. 'Sententia est oratio sumpta de vita quae aut quid sit aut quid esse opporteat in vita breviter ostendit'; 'Et necesse est animi conprobet eam tacitus auditor cum ad causam videat adcommodari rem certam ex vita et moribus sumptam' (*Ad Herrenium*, IV. XVII). La distinción entre los dos tipos de ornato viene al comienzo del capítulo XIII del mismo libro: 'Dignitas est quae reddit ornatam orationem varietate distinguens. Haec in verborum et in sententiarum exornationes dividitur. Verborum exornatio est quae ipsius sermonis insignita

(cuyo ornato consiste en la pulidez del lenguaje mismo) en lugar de aquellas del pensamiento (cuya dignidad se deriva de las cosas, no de las palabras) se colige la importancia del *aspecto estético*. Pero importa subrayar que mis dos citas fundamentales se refieren, sin embargo, más bien a su contenido, o sea al *aspecto ético*.

7.8 Según ellas, será evidente que las *sentencias* expresan, en su *aplicación al caso*, una de aquellas formas de aplicar lo general a lo particular cuya importancia se subrayara en aquella lista (y que ya se señalara anteriormente: §7.1); su *fuerza persuasiva* reside en que piden que el auditor reconozca la existencia de una norma de conducta y se conforme a ella, mostrando así su reconocimiento de lo que pudiérase llamar el *aspecto ético* del concepto del *decoro* (a la vez que la consecuencia implícita de que el no conformarse a ella sería *éticamente indecoroso*). Según mi propia manera de ver las cosas, yo quisiera añadir que gran parte de su *fuerza estética* me parece residir igualmente en este mismo hecho de que constituyan un *recurso al decoro*, considerándolo a éste como un concepto normativo que estructura las vidas de los individuos según modelos sacados inductivamente de la vida misma, con lo cual se establecen series de correspondencias entre el caso y la regla: correspondencias que son *relaciones de simetría*. Recuérdense las palabras de Gracián (citadas en la nota 34): 'No se contenta el ingenio con sola la verdad, como el juicio, sino que aspira a la hermosura', cita que seguía 'Poco fuera en la arquitectura asegurar firmeza, si no atendiera al ornato'. Lo mismo puede decirse, creo yo, de la arquitectura de las vidas ejemplares que se viven bella y decorosamente. Pues me parece que la *verosimilitud* (cuya forma más primitiva reside precisamente en el concepto del *decoro* mismo: aquella doble noción del 'Dulce et decorum est' horaciano) viene a ser no solamente *una condición de la 'imitación' artística* sino al mismo tiempo *una norma para vivir la vida artísticamente* (¡si se me permite decirlo así!).

7.9 Pero para el autor del *Ad Herrenium* es evidente que la *fuerza estética* de las *sentencias* estriba en su belleza formal —¡en su belleza verbal!— y sobre todo en la concisión (el único aspecto formal subrayado en cualquiera de aquellas citas básicas). Trátase, por lo tanto, de la manera de formularlas en palabras memorables y citables, o sea en la belleza de su *estilo lapidario* (empleando este término, desde luego, en su sentido español o inglés, y no en su sentido alemán, el cual —¡por razones que me escapan!— equivale más bien a 'estilo llano y pedestre': *inmemorable* en lugar de *memorable*). De lo dicho en el *Ad Herrenium* puede colegirse, además, que la autoridad esencial de las *sentencias* residía en lo que yo me he permitido llamar su *verosimilitud* (estando bien consciente de la multiplicidad de asociaciones que la palabra lleva) y no en el haber sido formuladas anteriormente así por cierta persona determinada —como tal o cual filósofo o santo— aunque sea frecuente que tengan la *fuerza persuasiva* adicional de venir de fuentes que se reconocerían, y que se aceptaban de hecho como autoritativas. Pero ya hay que regresar de nuevo de lo general a lo particular: de la función ético-estética de las *sentencias* en sí, al papel de la *sentencia* particular que constituía el undécimo paso de aquella lista.

7.10 Con esta *sentencia* sobre la *crueldad* ('la crueldad | en cualquiera ley es una', vv. 474–75) se da por terminado el largo razonamiento cuyo verdadero punto de partida fue otra afirmación general: la de aquella *sentencia* tocante a 'la deidad' de los reyes, propuesta tantos versos antes (vv. 409–12) en el 3ʳ paso. Ambas son *sentencias* normativas, pero de signo

---

continetur perpolitione. Sententiarum exornatio est quae non in verbis, sed in ipsis rebus quandam habet dignitatem.'

opuesto: la del undécimo paso refiérese a algo que debemos evitar, y la del tercero a algo que debiera imitarse (no por todos nosotros, desde luego, pues no somos reyes, pero por cuántos pertenezcan a esta categoría limitada, y concretamente por el Rey de Fez allí presente). Esta se comentó al considerar la *captatio benevolentiae* (§7.3), y no queda más que agregar que el señalar que aunque fuese el origen verdadero del cuerpo mismo del razonamiento, esta *sentencia* era dos pasos anterior a la *afirmación general* del 5° que originara de un modo más inmediato todo el proceso de su propia *confirmación*, la cual — discurriendo bellamente por sus seis pasos netamente distinguibles— había finalmente de abocar en aquella *sentencia* terminante y terminal sobre el carácter siempre reprensible de la *crueldad*. Teniendo estos seis pasos y los cinco que los precedieron todos aislados y numerados para nuestra mayor conveniencia, resultará más fructífero comentarlos empezando por el final del pasaje. Y lo primero que hay que constatar es que este final quedó trunco —¡en la verdad!— en cierto sentido notablemente significativo.

7.11 Al confirmar la propiedad de la *piedad* en toda especie de rey por recurrir, en el 11° paso, a una consideración de su contrario, la *crueldad*, se calló una conclusión sobremanera evidente: v.g. que el mostrarse cruel siempre sería por lo tanto un defecto en cualquier monarca. Pudiérase haber pensado que con haberla formulado abiertamente el argumento se hubiera redondeado mejor, por aludir así de nuevo a su verdadero punto de partida en el 3ʳ paso y —a través de éste— a su origen concreto tadavía más remoto: aquel 'Rey te llamé' del 1°. Aquí hay que tener dos cosas en cuenta, sin embargo, la primera siendo una consideración muy sencilla. Pudiérase suponer por un lado que fuese por ser tan obvia que se dejara de explicitar aquella conclusión: o sea que se omitiera porque hubiera resultado no sólo superflua sino aburrida, y por tanto contraproducente. La otra consideración es a mi ver de mayor peso, y es ésta: por no aplicarse aquella *sentencia* específicamente al campo regio —la materia concreta del pasaje— nos queda grabada en la mente en forma mucho más general, refiriéndose no solamente a los reyes sino (tal como el 8° paso) a todo el género humano. Y de ahí coligiríase también, implícitamente, el argumento adicional que si la *crueldad* es mala en cualquier hombre, ¡cuánto peor será cuando la 'majestad de rey' la emplea en lugar de la *piedad* que le es propia!

7.12 La importancia de esta última consideración salta a la vista cuando se la mira en su contexto inmediato, notando que Fernando, cuando se dirige otra vez directamente al Rey de Fez (en el 9° paso), lo hace llamándole no 'rey' sino 'señor' (v.472). O sea que lo hace volviendo entonces al *segundo término* de la fórmula exordial 'mi Rey y señor' (v.407) que comentamos antes (§7.2), cuyo primer término había constituido el *leitmotiv* de los últimos sesenta y seis versos. Con hacer esto al terminar su larga invocación de la *piedad real*, Fernando se ha vuelto a colocar (muy hábilmente) en la situación del primer *topos exordial*: el de la *fórmula de submisión* del humilde esclavo que mostraba cuánto debía 'respetar... a su señor' (vv.401-02: §7.1). Y es de notar que lo hiciera precisamente cuando estaba a punto de entrar en la parte más emotiva de su discurso (véase 5.16B) en la cual se habrá de esforzar para mover todo su auditorio a compadecerle (véase §§5.20–5.21), a pesar de que la comenzara diciendo específicamente 'No quiero compadecerte' a su señor el Rey.

7.13 Remontemos ahora de *lo que no se dijera*, al terminar la *invocación*, a lo que sí se dijo en su final explícito: el 11° paso. Ya hemos notado que recuerda, por lo sentencioso, el 3° (dando fin de modo general al largo razonamiento que empezara del mismo modo). Una sola cosa queda por agregar con respecto a su naturaleza formal: siendo una confirmación adicional de una proposición por 'sacar una conclusión de su contrario', constituye otro ejemplo del *entimema del 5° tipo* (según la clasificación de los sentidos de dicho término que se ha hecho en el Apéndice). Remontando un paso más, al 10° paso (vv. 473–74), notemos que aunque su *función lógica* sea la de prevenir cualquier tipo de objeción que pudiérase haber hecho a base de ser el Rey 'de otra ley', su *función estructural* reside más bien en el hecho de que recuerde (como ya señalamos) la afirmación parecida en el 2°. Y si volvemos a remontar un paso, hasta el 9°, veremos que la *aplicación personal* del argumento al Rey corresponde formalmente no solamente al 4° paso (aplicación del 3° al Rey) sino también a su *designación específica* de 'Rey' en el 1°. O sea que existe una correspondencia paralelística entre la serie de los tres primeros pasos y aquella de los últimos tres: 1° + 2° + 3° || 9° + 10° + 11°.[44]

7.14 Volvamos a los miembros centrales de aquellas dos series de tres pasos, o sea a la *correspondencia estructural* entre las dos alusiones a la religión del Rey. Es evidente que constituyen, por decirlo así, algo a manera de un marco formal dentro del cual se va desarrollando todo aquel argumento tocante a la propiedad de la *piedad* en los monarcas. Y no será por pura casualidad, creo yo, que ambas alusiones a la religión se hagan empleando el vocablo *ley*, cuando lo que encierran haya de ser precisamente un argumento basado sobre otro tipo de *ley* más fundamental todavía —la 'ley de naturaleza' de los vv. 418 y 419— o sea lo que también se denomina el *derecho natural* (pero con las asociaciones adicionales del cuadro del mundo medieval y renacentista en que todos los niveles de la creación observaban la misma 'ley de naturaleza', cada cual a su manera). Una de las definiciones más sencillas del derecho natural es la del *Diccionario de la lengua española*: 'Primeros principios de lo justo y de lo injusto, inspirados por la naturaleza, y que como ideal trata de realizar el derecho positivo'. Cuando lo vemos resumido como *primeros principios de lo justo y de lo injusto*, se echa de ver que tanto el argumento en favor de la *piedad* como el argumento en contra de la *crueldad* se sitúan claramente en el campo del *tema de la justicia* del cual ya se ha hablado tanto (§§5.7–5.11), estudiado a fondo por mi colega oxoniense Truman.

7.15 Ahora bien, todo el argumento tocante a 'la ley de naturaleza' y su aplicación al caso (desde el v. 416 hasta la conclusión de que el usar la 'majestad de rey' de *piedad* no sería 'injusta' —¡nótese el adjetivo escogido!— 'entre los hombres', vv. 470–72) constituye un bello ejemplo de cierta estructura estilística, ya citada como típicamente calderoniana por el Doyen de este coloquio hace más de cuarenta años,[45] pero que hoy día suele identificarse por la designación de *Summationsschema* que lo diera Curtius en un artículo publicado en 1941, el cual (ampliado) pasó a formar parte de su gran tratado.[46]

8. El *Summationsschema* como estructura lógico-retórica

8.1 EL ANÁLISIS DE ESTA ESTRUCTURA, tanto en general como en nuestro ejemplo concreto, requiere una sección aparte. Trátase, evidentemente, de un fenómeno estilístico del género correlativo: uno de aquellos *sintagmas no progresivos* —o sea una *serie sintagmática* cuya 'progresión sintáctica está detenida por varias plurifurcaciones, que a veces se sub-

---

44. Estas correspondencias paralelísticas se entrelazan, desde luego, con muchas otras menos regulares : por ejemplo las del 1°, 2° y 9° al 4° (por referirse todas ellas personalmente al Rey); las del 3° y el 7° también al 4° (por referirse todas ellas a la *piedad*, que también aparece explícitamente —v. 441— en el tercer ejemplo del 6° paso: o sea precisamente en el *ejemplo central de dicha serie de cinco*); o las del 5° y 11° al 3° (por su generalidad).

45. Hatzfeld (1927). No he podido consultar el texto original, y cítase por lo tanto siguiendo la traducción española (Hatzfeld 1949: 170): 'El poeta que ha llevado a su más alto punto esta técnica (de la *recapitulación o resumen*), en la línea gongorina, es Calderón'.

46. Curtius (1940–41 y 1948: 291, nota 1).

plurifican de nuevo'— que Dámaso Alonso definiera y analizara tan diestramente en la primera de aquellas *Seis calas* que salieron de su fructífera colaboración con Carlos Bousoño.[47] Más específicamente, trátase de cierta forma de *plurimembración correlativa* muy particular en que se combinan dos procedimientos distintos, constituyendo (y aquí cito el subtítulo de una sección de lo que sigue siendo el estudio fundamental sobre la parte que tales fenómenos han jugado en la poesía) *un tipo especial de correlación: 'diseminación' y 'recolección'* (Alonso 1944a). Gracias a la profundidad de sus estudios sobre los fenómenos correlativos, es evidente que gran parte de la terminología creada por Dámaso Alonso se nos impone de un modo necesario, aunque siga resultando más conveniente emplear la designación monoverbal de Curtius para el *Summationsschema* mismo.

8.2 Leo Spitzer, al reseñar el artículo original de Curtius en 1944, ya estableció una importantísima distinción fundamental entre el *Summationsschema* meramente enumerativo, y otro de tipo 'más bien intelectual' —como el primer monólogo de Segismundo que citamos antes (§2.2) el cual había sido uno de los principales ejemplos aducidos por Curtius mismo— en los cuales se 'quiere probar una *tesis*', y cuya inspiración Spitzer (1944: 90) llamara por lo tanto 'silogística'. Es a este tipo que pertenece, como es obvio, nuestro ejemplo, pero prefiero llamarlo un *Summationsschema* de *tipo argumentativo*, pues me parece que la argumentación de tales estructuras suele ser de naturaleza híbrida, siendo lógica y retórica al mismo tiempo. En el texto de esta ponencia, tal como yo la di en Hamburgo, hablé por una parte de su aspecto lógico a la luz de las ideas de mi antiguo maestro W. J. Entwistle, el cual solía llamarlo un *silogismo distribuido*,[48] en el cual el término colectivo de la *premisa mayor* 'Todo A es B' se distribuía en una serie paralelística de *premisas menores* referentes a una serie de ejemplos de A (A_1, A_2, A_3 ... A_n), todos los cuales se mostraban ser efectivamente B, de modo que su *sumación* final confirmaba la *mayor*, justificando por lo tanto la aplicación de ésta a otro ejemplo más (A_p) —en nuestro caso el Rey de Fez — y justificando al mismo tiempo una protesta si este A_p violase la *mayor*, no siendo B. Esto es lo que sucede, por ejemplo, en aquel monólogo de Segismundo, cuyo cautiverio resulta ser lo que llamé 'un estado de excepción', en que se habían aparentemente suspendido las leyes de la misma naturaleza.

8.3 Hablé después, aunque solamente en forma abreviada, del modo en que Cilveti (1968: 489) nos describiera el mismo fenómeno básico como un *polisilogismo* del tipo

---

47. Alonso & Bousoño (1951). Las frases subrayadas vienen de la primera de las cuatro 'calas' que son de Dámaso Alonso, en cuya página 24 se halla la descripción citada entre comillas. Para la bibliografía fundamental sobre la correlación hasta entonces, véase página 48 nota (que sigue a pie de página hasta la página 50). Con respecto al *Summationsschema* en Calderón, debiéranse de agregar la tesis de Boring (1929: especialmente 87–130), y Horst (1946: 21). Posteriormente, lo más notable es indudablemente Cilveti (1968), especialmente la sección sobre 'Silogismo y correlación' (484–91). Bryans (1977) contiene una sección importante sobre el *Summationsschema*: me limito en la presente ocasión a aspectos en que no nos duplicamos, aunque desenmarañar nuestras contribuciones respectivas resulta difícil por el hecho de que sus propias investigaciones nacieron de las mías (desarrolladas en mis conferencias de facultad, véase página 68 nota 6, a la vez que expuestas más detenidamente en las sesiones en que he dirigido sus propios estudios en el campo calderoniano primero como su *tutor* en 1963 y luego como *supervisor* de su tesis a partir del octubre de 1966).

48. En sus conferencias sobre Calderón, las cuales tuve el privilegio de escuchar cuando yo era un estudiante en Oxford en los años de posguerra. Desgraciadamente, no llegó a publicar ningún análisis detenido de lo que llamaba 'a distributed syllogism'. En el sucinto resumen de sus ideas dado aquí, he modificado la notación empleada para que conformase con la de Dámaso Alonso, para evitar mayores complicaciones. Pero el hecho de que Entwistle lo describiera diciendo que la construcción silogística consistía en los siguientes pasos, 'all X is Y, B is X, therefore B should be Y; developed by the distribution of X, and crowned by the recapitulation of X' (cito mis notas de sus conferencias textualmente), sugiere que su análisis fuese independiente de aquel de Alonso.

'formado por una enunciación, seguida de diseminación, con recolección de los elementos de los conjuntos paralelísticos', y agregara que en tales construcciones lógicas 'las pluralidades aparecen como premisas y conclusión, ya implícitas, ya explícitas'. Fue sólo después de esto que pasé a hablar de mis propias razones para rechazar este tipo de interpretación puramente silogística del fenómeno, insistiendo en los aspectos que me obligaban a considerarlo como constituyendo más bien una *estructura lógico-retórica* cuya fuerza persuasoria no pudiera reducirse por completo a una fórmula de orden estrictamente lógica.

8.4 Cuántos colegas escucharon mi ponencia en Hamburgo recordarán que fue a través del examen de los aspectos a la vez lógicos y retóricos del *Summationsschema* de los vv. 416–72 (y del *Summationsschema* truncado que se le contrapone en la confirmación de la *tesis positiva*, vv. 536–52) que llegué finalmente a la serie de consideraciones más generales sobre lo que yo había llamado las 'resonancias cósmicas' del texto comentado, junto con las demás 'proyecciones' de mis conclusiones a otros niveles superiores (propuestas como parte del programa del presente estudio en el párrafo §2.2).

8.5 Los que estuvieron presentes en Hamburgo recordarán, quizás, que cuando me puse a dilucidar la estructuración lógico-retórica del *Summationsschema* de *tipo argumentativo*, me sentí obligado a reemplazar espontáneamente —en plena sesión pública y sobre la pizarra— las representaciones diagramáticas que siempre había empleado hasta entonces para explicar la naturaleza de este esquema (como también de varias otras estructuras análogas)[49] por otro 'modelo' visible que me había sido sugerido por ciertas frases empleadas por Helmut Hatzfeld el día anterior. Este nuevo 'modelo' es el que aquí se representa visiblemente en la Figura 1: corresponde al procedimiento bipartito de la dispersión y recombinación de la luz blanca en un sistema óptico a base de dos prismas (con una serie intermedia de espejos cuyas imágenes específicas manifiestan, cada cual en términos de su propia naturaleza —o sea, en el modelo óptico, la serie de los distintos colores del espectro— 'los aspectos multiformes' de lo que se había enunciado inicialmente de un modo general, al introducirlo en el sistema). Limítase, en la figura, la serie de ejemplos al número de cinco (los del *Summationsschema* que se quería analizar) pero el modelo puede aplicarse, desde luego, a series o más cortas o más largas.

8.6 Este modelo, ¿de dónde me salió, tan de repente? El resumen de la ponencia de Helmut Hatzfeld ya había contenido la siguiente afirmación: 'Su intercambio de metáforas [eso es, el de Calderón] no es jamás juego… sino perspectivismo y prisma para reflejar los

---

49. Pring-Mill (1968: 281–82). Para la naturaleza de mis representaciones anteriores, véase §10. Lo único que puedo indicar aquí es que todos habían concentrado sobre la representación del esquema (en todas sus manifestaciones) como una estructura arquitectónica, extraíble de la obra de literatura que lo manifestaba y que fluía a través de él, pero que se mostraba como simétrica tanto en la correspondencia entre su comienzo y su fin como en aquella de las relaciones paralelísticas entre sus miembros centrales, de modo que la estructura misma sería *reversible* (aunque nos viésemos obligados, por nuestra propia naturaleza temporal y la naturaleza temporal de toda obra literaria, a experimentarla —incialmente por lo menos— en la misma dirección del Tiempo). Es que me parece que en el siglo que estudiamos, se esforzaban cuantos practicaban aquellas artes que son por su naturaleza temporales a darles una estructura intemporal (arquitectónica), mientras cuantos practicasen las artes intemporales se esforzaban para obligarnos a experimentar sus obras progresivamente (de un modo temporal): de ahí la dirección a la vez del consabido ilusionismo del Barroco y de la tendencia de las artes a confluir hacia una arte total (como en los *autos sacramentales*, o la *ópera*). Y creo que esta doble tendencia (hacia la intemporalidad en las artes temporales, y hacia la temporalidad en las artes intemporales) responde a la conciencia barroca de la presencia de algo paradójico en la naturaleza misma del universo en que vivimos: por una parte, su *aspecto arquitectónico* de 'fábrica feliz', y por la otra el hecho de que esta misma 'hermosa compostura' estaba sujeta sin embargo a ser siempre diversa (para citar frases del comienzo de *El gran teatro del mundo*). Es lo que llamo 'the flux-fabric paradox' en inglés: y es a raíz de mi conciencia de ella que siempre he huido de toda representación de tipo más bien puramente fluvial.

aspectos multiformes de una naturaleza unida en Dios pero que se ofrece al hombre sólo en forma de fragmentos'. A pesar de haber leído esto meses antes, solamente fue al escuchar en la ponencia misma la frase 'lo prismáticamente fragmentado' que me di cuenta abruptamente de las posibilidades de aquella imagen con respecto a la materia que yo había de exponer el día siguiente. No creí poder aprovecharme de ella en mi propia ponencia, sin embargo, temiendo que cambiar de imagen a última hora violentaría excesivamente la estructura de una exposición ya redactada de antemano. Pero las potencialidades de la imagen se me fueron imponiendo (cuanto más pensaba en ella) de tal modo que —cuando ya me encontraba en la mitad de la lectura— no pude sino proponer mis propias representaciones anteriores con el único fin de rechazarlas y sustituir por ellas el primer esbozo de este nuevo 'modelo', e indicar muy brevemente (ya en la discusión) algunas de sus posibles aplicaciones a estructuras análogas.

8.7 Hasta aquí: lo sucedido en Hamburgo. Cuando llegué de nuevo a este punto en la reelaboración de mi texto me di cuenta finalmente que ya no habría más remedio en la presente ocasión que limitarme a indicar la manera en que yo concebía la naturaleza de la estructura comentada, proponiendo esta figura del nuevo 'modelo científico' en forma algo mejorada. Como se verá, viene acompañada (tal como el texto básico del discurso calderoniano) de dos glosas marginales: a la izquierda, se ha resumido su aplicación a la estructura del *Summationsschema* de *tipo argumentativo* (siguiendo muy de cerca, como se notará en seguida, el análisis implícito en la descripción de Entwistle: §8.2); mientras en la otra margen se halla un breve análisis de las distintas 'partes' del modelo mismo, junto con una indicación más breve todavía de su aplicabilidad a otras construcciones de estructura análoga. Bajo esta frase intencionalmente vaga *construcciones de estructura análoga*, yo incluiría toda una serie de fenómenos que me han interesado desde hace muchos años en la literatura y la cosmovisión del Siglo de Oro: algunos de ellos quizás 'puramente' estéticos, otros lógicos, o lógico-retóricos (como el *Summationsschema* que nos interesaba), otros hasta cosmológicos, pero todos ellos fundamentalmente conceptuales hasta cuando lo que satisfagan sean los deseos estéticos de la época.

8.8 Si he llamado esta figura un *modelo científico*, no es porque se derive de la dioptría (aquella parte de la óptica que trata de los fenómenos de la refracción) sino porque tiene la función de cierto tipo determinado de *modelo* en el campo de las ciencias. Hay, como es consabido (por lo menos entre nuestros colegas de las ciencias exactas), dos tipos de modelo conceptual en el campo científico: el que no hace más que disminuir el tamaño de lo representado, o destacar ciertos aspectos ya visibles por aislarlos del conjunto, para hacerlo más comprensible (lo que llamamos en inglés 'scale model' o 'picturing model'); y otro cuya estructuración profundamente analógica permite la exploración —bajo determinadas condiciones y dentro de ciertos límites muy importantes— de aspectos insospechados del fenómeno original, aspectos que en la verdad sólo se hayan logrado descubrir gracias a las propiedades del modelo mismo, de ahí su nombre de *modelo de descubrimiento* (en inglés, 'disclosure model').[50] Pues bien: mientras mis propias representaciones anteriores no pasaban de ser modelos del primer tipo (meramente ilustrativos), el *modelo dióptrico* que me evocaron aquellas frases hatzfeldianas me resultó ser un modelo del

---

50. El término es de Ramsey (1964: 9–10) que lo prefiere al término 'analogue model' usado por Black (1962). Véase también Freudenthal, *The concept and the role of the model in mathematics and natural and social sciences* (1961) — las actas de un coloquio celebrado en Utrecht en 1960.

segundo tipo, apto para dilucidar una serie de estructuras análogas en una pluralidad de campos (como sugerí con suma rapidez en la discusión).

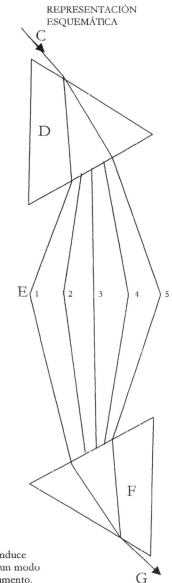

ESTRUCTURA ARGUMENTATIVA	REPRESENTACIÓN ESQUEMÁTICA	PARTES Y APLICACIÓN DEL 'MODELO'
Proposición	C	**C : LUZ BLANCA**
que se ha de confirmar (todo A es B) = *premisa mayor* del argumento silogístico	D	= la unidad original, que deviene 'lo prismáticamente fragmentado' [51] cuando se la descompone por *difracción* en la
Diseminación		**D : 1ª PRISMA**
del *término medio* A ($A_1, A_2, \ldots A_n$)		cuya *difracción* de la luz separa los *colores del espectro*, los cuales siguen divirgiendo hasta incidir en la
Ejemplificación		**E : SERIE DE ESPEJOS** [52]
paralelística o *hipotáctica* [53] ($E_1: A_1$ es B, $E_2: A_2$ es B, $E_3: A_3$ es B, $E_4: A_4$ es B, $E_5: A_5$ es B, ... $E_n: A_n$ es B,	E ⟨ 1 2 3 4 5 ⟩	cuyas *imágenes específicas* correspondientes manifiestan (cada cual en términos de su propia naturaleza) 'los aspectos multiformes' [51] de la unidad reflejada, convergiendo después para recomponerla, en su paso por la
Recolección		**F : 2ª PRISMA**
correlativa o *paratáctica* [53] ($A_1 \ldots A_n$ son todos B) de los diversos *ejemplos* confirmantes	F	cuya *recombinación* de los diversos *colores del espectro* (la serie de *imágenes específicas*) terminará por reconstituir la
Reafirmación de la *mayor*, cuya *aplicación* al término medio cuando sale como A_p en la *premisa menor* conduce implícitamente (cuando no de un modo explícito) a la *conclusión* del argumento.	G	**G : LUZ BLANCA** en un solo rayo, de dirección paralela a la del rayo inicial.[54]

Figura 1.   Representación diagramática del *Summationsschema* argumentativo

51.   Frase de Hatzfeld en su propia ponencia.
52.   Siendo impar el número de ejemplos en nuestra serie, proyectamos el E_3 sobre una pantalla traslúcida (en lugar de espejo) la cual registra su imagen sin impedir que pase el rayo que habrá de recombinarse con los otros de la prisma 'recolectiva' F.
53.   Término de Alonso (1951: 29, 62–64); nótese que su empleo de *parataxis* o *hipotaxis* responde a conceptos más limitados que los que así se designan en la *sintaxis* (véase 29, nota 4 y 63, nota 18).
54.   ¡Lástima que el rayo G no pueda representarse como una prolongación de la línea del rayo C sin quebrantar las leyes de la óptica! (véase §8.1).

8.9 Pero al empezar a explorar sus posibilidades metódicamente, me di cuenta muy pronto de dos cosas. Por una parte, tendríanse que reexaminar casi todos los aspectos del fenómeno lógico-retórico que hemos venido llamando el *Summationsschema*, mirándolos además a la luz de sus correspondencias analógicas con otras estructuras parecidas. Por la otra, era bien evidente que nada de lo que yo ya había establecido y expuesto en Hamburgo sobre las 'resonancias cósmicas' del discurso comentado pudiera presentarse — lógicamente— antes de que yo hubiera expuesto dicha reexaminación radical del *Summationsschema* (véanse §§9–11). Aquí, sólo me queda por agregar un punto más: que no se crea, a raíz de la perfección simétrica del modelo, que lo que tendré que decir más adelante esté dirigido a reducir toda la estética lógico-retórica calderoniana a tales simetrías. Cuantos me escucharon en Hamburgo ya sabrán que estoy bien consciente de que la fuerza estética de las estructuras literarias calderonianas depende en gran parte —como es, desde luego, consabido— de la presencia de irregularidades asimétricas dentro de una estructura conceptualmente regular.

*   *   *   *   *

NOTA. Al retomarse el tema de las 'Estructuras lógico-retóricas y sus resonancias' después de tres años, lo esencial de los §§8.1–3 se tuvo que reformular como propedéutica para el nuevo público. De ahí el alto grado de coincidencia entre determinadas partes de los §§8.1–3 y partes de los §§9.1–3: la version anterior contenía mucho que no se repitió, pero tampoco se han podido eliminar los elementos repetidos puesto que su reformulación aporta nuevos términos por emplearse en lo sucesivo. Se pide, por lo tanto, la paciencia del benévolo lector para con las coincidencias entre ambas versiones.

2ª parte : Hermosa compostura y piedad real

9. Las dos formas del *Summationsschema* y sus implicaciones

9.1 COMO YA FUE INDICADO arriba (§7.15), el término *Summationsschema* fue inventado por Curtius para designar cierta forma de lo que Dámaso Alonso llamaría un *sintagma no progresivo* (una *serie sintagmática* cuya 'progresión sintáctica está detenida por varias plurifurcaciones, que a veces se subplurifican de nuevo': Alonso & Bousoño, 1951: 24) la cual manifiesta un tipo muy particular de *plurimembración correlativa*. Lo que distingue este *tipo especial de correlación* de los demás fenómenos parecidos es el hecho de que abarca, necesariamente, lo que podríamos llamar dos 'movimientos' distintos y a la vez contrarios, el uno de despliegue y el otro de repliegue, llamados respectivamente por Alonso (1944a: 156–78) la *diseminación* y la *recolección*. Habiendo escrito tanto Dámaso Alonso sobre tales fenómenos, su terminología se nos impone hasta cierto punto de una manera inescapable (aunque tendremos necesidad de elaborar sobre ella), por conveniente que sea perpetuar la designación monoverbal para el conjunto del estilema, con su doble movimiento de *diseminación* distributiva complementada por una *recolección* o sumación.

9.2 Ahora bien, cuando reseñara el artículo de Curtius (1940–41), Leo Spitzer (1944: 90) hizo resaltar una distinción fundamental entre dos tipos distintos de *Summationsschema*: el primero meramente enumerativo y el otro, silogístico en su inspiración, en que se quisiera 'probar una *tesis*'. En el presente trabajo, éste se denominará el *Summationsschema* de *tipo argumentativo* (y su estructura lógico-retórica, ya indicada brevemente en §§8.2–8.3, se examinará en la sección §10); el otro se designará *Summationsschema* de *tipo descriptivo*, y su estructura más bien estético-retórica se examinará en la sección §11. Como ejemplo básico del *tipo argumentativo*, volveremos a la invocación de la *piedad real* que constituía la primera sección de la *narratio et probatio* del discurso del príncipe Fernando cuya estructura general ya hemos comentado. Y como ejemplo básico del *tipo descriptivo*, se estudiará la invocación dirigida al Mundo por el Autor al comienzo de *El gran teatro del mundo*, que empieza 'Hermosa compostura | de esa varia inferior arquitectura, | que entre sombras y lejos | a esta celeste usurpas los reflejos'. De ahí las palabras 'Hermosa compostura' del título original de lo que era la segunda parte de este estudio (véase 'Nota', página 65). Figuran allí con doble intención, sin embargo, pues lo que se quisiera examinar en las secciones §§10– 11 es precisamente la 'hermosa compostura' del *Summationsschema* mismo (de ambos tipos), sugiriendo en la sección §12 que su propia 'varia inferior arquitectura' no sólo usurpa los reflejos de la cosmovisión total del Siglo de Oro sino que también puede ayudar a aclararnos varias estructuras de diseño análogo. Ambos textos son bastante complejos, y no todos sus detalles podrán comentarse aquí: quiero concentrar sobre determinados aspectos a la vez interesantes de por sí y capaces de llevarnos a materias anejas, o de proveernos ciertos puntos generalizables cuyo valor para el estudio de Calderón va mucho más allá de los pasajes mismos.

9.3 Para dilucidar la estructura del *Summationsschema* de *tipo argumentativo* emplée en Hamburgo un 'modelo' visible inspirado por ciertas frases de Hatzfeld (véase la Figura 1). Esa misma representación diagramática nos servirá para la exposición de ambos tipos del *Summationsschema*, a la vez que para la aplicación posterior de su estructura esencial a varias materias estructuralmente análogas. Era porque los *ejemplos* aducidos en la invocación de la *piedad* se limitaban a cinco, que sólo se representaron cinco líneas de dispersión y de recombinación; pero el modelo puede aplicarse indistintamente a cualquier estructura de la misma naturaleza.

10. El *Summationsschema* de tipo argumentativo

10.1 CONSIDEREMOS PRIMERO el texto argumentativo (los vv. 413–75 en las páginas 69– 70). Dije que su estructura era *lógico-retórica*. En un conocido artículo de Cilveti (1968: 489), tales sistemas se describen exclusivamente desde el punto de vista de la silogística, considerándolos como *polisilogismos* formados por 'una enunciación, seguida de disemina- ción, con recolección de los elementos de los conjuntos paralelísticos'. Para mí, su fuerza persuasoria no permite reducirse a una fórmula meramente silogística; pero comencemos hablando, sin embargo, de su aspecto lógico otra vez. Como ya queda indicado, mi antiguo maestro W. J. Entwistle solía considerarlo un *silogismo distribuido*: mi propio análisis de los aspectos lógicos del estilema es una extensión del suyo, y queda resumido en las observaciones que se hallarán, bajo el título de ESTRUCTURA ARGUMENTATIVA, en el margen izquierdo de la Figura 1.

10.2 La estructura argumentativa consta de cinco partes: *proposición* + *diseminación* + *ejemplificación* + *recolección* | *reafirmación*. La primera es una proposición que se ha de confirmar, del tipo 'Todo A es B': *premisa mayor* de un argumento silogístico. En nuestro caso, sería la generalización 'Todo rey es piadoso': aunque no formulada tan sucintamente (y es una característica de tales argumentaciones calderonianas que la *mayor* queda con gran frecuencia medio disfrazada), podemos sacarla del texto si aproximamos diversas frases algo distanciadas entre sí:

> es tan augusta
> de los reyes la deidad...   (vv. 409–10)
> que engendra ánimo piadoso   (412)
> ... aun entre brutos y fieras.   (416)

Sigue la *diseminación* del *término medio* A, en una serie de ejemplos sacados de las 'repúblicas incultas' (v. 421) para confirmar que 'la ley | de naturaleza ajusta obediencias' (vv. 419–20) a la regla general. Estos ejemplos se toman de los diversos reinos naturales: el león, rey de las fieras; el delfín, rey de los peces; el águila, emperatriz de 'cuantas aves saludan | al sol' (vv. 439–40); la granada, ' reina de las frutas' (v. 453) y por consiguiente de todo el reino vegetal; y el diamante, rey de las piedras. Después de desarrollarse con muchos pormenores paralelísticos (véanse §§10.10–10.11), dicha *ejemplificación* queda resumida en lo que se designó sencillamente una 'sumación' en el primer análisis del texto mismo (página 70), aunque se me impusiera después el término alonsino de *recolección* al elaborar el 'modelo' dióptrico. Esta *recolección* correlativa o paratáctica de los diversos ejemplos confirmantes (en los vv. 468–71) conduce a una *reafirmación* de la *premisa mayor*, cuya aplicación al *término medio* cuando sale en la *menor* (en nuestro caso, el Rey de Fez 'entre los hombres', v. 472) conduce a la conclusión del argumento. Explicitémosla: pues todos los reyes son piadosos, y tú eres rey, entonces (por decirlo así) 'Ten piedad, Señor...'. No es, evidentemente, una mera proposición como la que constituyera el punto de partida, sino una exhortación al rey concreto a seguir la regla general.[55] Con esto, ya hemos salido del marco puramente lógico: el argumento es más bien de orden persuasorio, al carecer de cualquier fuerza necesariamente concluyente. Si los reyes de las 'repúblicas incultas' obedecen *necesariamente* a la regla general, es sólo porque no disfrutan —como los reyes humanos— de libre albedrío: aunque el Rey de Fez tenga, por ser rey, la obligación moral de ser piadoso, podrá no serlo y de hecho no lo es.

10.3   Cuando Entwistle solía comentar tales estructuras, empleaba como su ejemplo fundamental el primer monólogo de Segismundo en la comedia *La vida es sueño* en el cual, después de dos décimas iniciales, los ejemplos de *ave*, *bruto*, *pez* y *arroyo* ocupan otras tantas estrofas (desarrolladas con bello paralelismo) para terminar cada vez con la protesta '¿... tengo menos libertad?' antes de conducir al resumen recolectivo de la décima final. En una breve referencia publicada, Entwistle resumió el argumento segismundiano así (1945: 186–87): 'All living things are free; Segismundo lives, but is not free.'[56] A este ejemplo fundamental, agregó sucintamente otros dos: el elogio de Rosaura en la misma obra ('All loveliest things are queens; Rosaura is loveliest, but no queen', 187) y, concretamente, el texto

---

55.   El procedimiento permite interpretarse de dos maneras: o presuponiendo un *silogismo condicional* (cuya premisa mayor sería 'si eres un buen rey'), o como llevando implícita la consecuencia que 'el no seguir la regla mostraría que tú fueras un rey malo' (*entimema del 5º tipo* —'sacar una conclusión de su contrario'— según la clasificación contenida en el Apéndice). Para una situación parecida, véase arriba, §§7.3–7.4.

56.   Su nota 1 resume un interesante diálogo entre Entwistle y Parker sobre la relación entre la invalidez de la conclusión cuando Segismundo la aplica a su propio caso y el carácter ilusorio de la vida (en cuanto *vida-sueño*), y si esto se debe a que nos engaña nuestra experiencia de las cosas sublunares (Entwistle) o si somos nosotros los que nos engañamos (Parker). Aunque este debate ya quede resuelto, y más bien a favor de Parker que de Entwistle (véase arriba, páginas 61–63), los términos en que se formulara conservan su interés.

que constituye el objeto del presente comentario.[57] De los tres ejemplos aludidos en aquellas breves frases, los dos primeros (el monólogo de Segismundo, y su elogio de Rosaura) fueron precisamente los ejemplos culminantes de la sección dedicada por Alonso a Calderón en su análisis de aquel *tipo especial de correlación*, en la monografía publicada el año anterior. El primero de éstos era, además, el único *Summationsschema* calderoniano aducido por Curtius (tanto en 1941 como luego en su famoso estudio de 1948). Pero ni el uno ni el otro destacó el carácter esencialmente *argumentativo* de los discursos aludidos, el cual resalta inmediatamente de las escuetas frases con que mi antiguo maestro los resumiera.[58] Para Entwistle, según recuerdo su exposición oral de la materia, el aspecto esencial de tales estructuras dentro del contexto de las situaciones dramáticas en que suelen figurar era el hecho de que podían constituir silogísticos *motivos de protesta* cuando una conclusión que debiera de haber resultado valedera no lo era, en nuestro mundo falible por debajo de la luna (dentro del cual, añadiría yo, los hombres no se ven forzados a seguir ni siquiera lo que se les está impuesto moralmente por 'la ley de la naturaleza'). Siempre era en contextos dramáticos de esta índole que solía hablar de ellas en sus conferencias, tal como lo fuera en aquella breve alusión impresa (la única que alcanzara a publicar antes de su muerte prematura).

10.4 Arriba (§§7.5–7.6), se distinguieron once pasos dentro de la serie de reflexiones encadenadas (vv. 408–75) sobre el tema de *la propiedad de la piedad en todo ser que tenga 'majestad de rey'* constituida por la combinación de la *captatio benevolentiae* (véase §§7.2–7.4) y la invocación que aquí nos ocupa. Conviene situar nuestra estructuración del *Summationsschema argumentativo* dentro de aquel análisis, antes de proseguir. El 5° paso (véase página 92) constituye la *proposición* inmediata que se había de diseminar (aunque su argumento intrínseco remontase hasta el 3°). La *diseminación* ocupa ciertas partes del 6°, y notablemente las dos subagrupaciones de categorías dentro de la colectividad de las 'repúblicas incultas': la del v. 416 ('aun entre brutos y fieras') de la cual dependen los E_1, E_2 y E_3, y luego la del v. 448 ('Aun entre plantas y piedras') de la cual dependen los E_4 y E_5. La *ejemplificación* queda repartida a lo largo del 6° paso en aquella serie de E_1, E_2, E_3, E_4 y E_5; la *recolección* en sí ocupa el 7° paso, mientras la aplicación de la *premisa mayor* 'Todo A es B' ('Todo rey es piadoso') al A_p— Rey de Fez— es bipartita, primero remontando de los reinos naturales al género humano (en el 8°) antes de aplicarse ya de modo personal en el 9° al individuo que escucha, con lo cual ya queda finalmente redondeada la parte confirmativa de la invocación.

---

57. Resumido en doce breves palabras: 'All kings are clement; but the King of Fez is a tyrant' (187). Bella formulación, pero va mucho más allá de la *invocación de la piedad*: Entwistle ha conseguido una concisión todavía mayor en este caso por reducir el argumento a sólo dos proposiciones, y esto con la segunda transformada de negativa en afirmativa al introducir un sustantivo ('tyrant') opuesto a la propiedad que se había predicado en la primera, incluyendo como excepción a la regla algo que no podía saberse con certeza todavía (v. g. que el Rey de Fez no respondería con *piedad* sino mostrándose un *rey tirano*).

58. A pesar de las circunstancias de la guerra, es probable que Entwistle ya conociera en 1945 el artículo de 1941 de Curtius; pero ya que tanto la reseña de Curtius por Spitzer (1944) y el artículo en que Alonso llegase a hacer una distinción parecida (1944b: 149–52) como la monografía en que éste hablase detenidamente de ambos discursos (1944a) fueron publicadas en 1944 —sólo un año antes de la aparición de su propio estudio— y dada la tardanza con que suelen aparecer los trabajos entregados a las diversas revistas de nuestra especialidad, no es probable que pudiese haber conocido ninguna de ellas. Las coincidencias de interés por el mismo fenómeno alrededor de aquellos años, así como el hecho de que cuatro eruditos de mentalidades tan diversas estuvieran convergiendo hacia una explicación muy parecida de las mismas estructuras, son de una importancia histórica fascinante para cuantos se interesen por el desarrollo de la Nueva Estilística en el periodo de la Segunda Guerra Mundial y los años de posguerra.

10.5 Examinemos el proceso de *ejemplificación* algo más a fondo. ¿Qué cosa es un ejemplo? Lógicamente hablando, un *ejemplo* es —según Aristóteles— una *inducción*: 'Cualquiera que consiga persuadir por demostrar (algo) lo hace... empleando o entimemas o ejemplos'. En el sentido en que aquí se emplea, el *entimema* 'es un silogismo retórico; y el ejemplo una inducción retórica'.[59] Si es así, existe un doble movimiento lógico en el *Summationsschema argumentativo*: el primero deductivo (yendo desde lo universal a lo particular) en cuanto se enuncia una proposición general cuya aplicación al caso concreto constituirá la culminación del argumento, y el segundo inductivo (en la *ejemplificación* central) pues al ilustrar aquella proposición por los ejemplos se está remontando inductivamente de cada caso aducido para corroborarla. Hay más: ya que la proposición no se ha formulado explícitamente en textos como el nuestro, su explicitación sólo consta en el proceso recolectivo: la sumación inductiva de los diversos casos particulares que se hayan examinado.

10.6 Pero hay algo más que decir de esta serie de ejemplos. Todos son al fin y al cabo argumentos *per analogiam*, cuya eficacia en el siglo XVII dependía de la continuada creencia en la estructuración analógica de todo aspecto de la creación, con series de correspondencias precisas entre microcosmo y macrocosmo, entre el cuerpo humano y el organismo social (o cuerpo político), y entre cada uno de los distintos niveles del ser y todos los demás (todos los cuales estaban estructurados jerárquicamente —monárquicamente— de idéntica manera). No hay para qué pormenorizar acerca de este *Weltbild* aquí,[60] y ya he hablado en otra ocasión de cómo esta cosmovisión constituye el fondo contra el cual se desarrolla la acción de toda comedia del Siglo de Oro: marco de referencia, por decirlo así, al cual la pieza queda relacionada a la vez por imágenes cimentadas en estas correspondencias analógicas, por alusiones mitológicas dotadas de fuerza alegórica, y por el empleo repetido de generalizaciones sentenciosas (Pring-Mill 1961: vii–viii; y, para las sentencias, arriba: §§7.7–7.9). En el caso concreto de nuestro texto, el argumento depende de las correspondencias entre la sociedad monárquica humana y la serie de supuestos reinos inferiores o 'repúblicas incultas' : de ahí que la 'ley de naturaleza' pregonada se extienda más allá del campo del *derecho natural humano* (que Fernando proclama, y con razón, como transcendiendo las fronteras entre las diversas religiones de los hombres) para gobernar el tipo de organización social de la naturaleza entera. Los ejemplos aducidos no son meros ejemplos históricos de tal o cual buen rey humano que se hubiera mostrado piadoso (como lo pudieron haber sido, aunque con fuerza persuasoria distinta) sino ejemplos tomados de la estructura del universo mismo.

10.7 Hasta ahora, he hablado de estos ejemplos como si fuesen meras ilustraciones: inducciones, sí; argumentos con cierta fuerza debida a su dependencia de la cosmovisión recibida, sí, pero sin gozar de mayor *autoridad*. ¿Es que la tuvieron? Creo que cobran mayor fuerza si miramos lo que había sucedido al *ejemplo* entre Aristóteles y el Siglo de Oro. El Filósofo hablaba de citar o hechos históricamente acaecidos (los cuales podían servir de precedentes) o hechos más bien fingidos, agregando que éstos podían ser o paralelos ilustrativos (tomados de otro campo de la experiencia humana) o fábulas como las fábulas esópicas, diciendo que era conveniente suplementar nuestros entimemas por

---

59. *Rhet.* I. 2 = 1356b; pasaje aludido en el Apéndice, en donde se distingue entre éste y otros sentidos del término *entimema*.

60. Ver las obras clásicas de Lovejoy (1936), Tillyard (1943), y Bamborough (1952). Para ciertos aspectos muy especiales véanse Spitzer (1963). En el campo calderoniano, véase la excelente obra de Frutos Cortés (1970) y para la literatura española en general, disponemos del utilísimo libro de Rico (1970).

ejemplos de varios tipos tal como si estuviéramos agregando las declaraciones de otros tantos testigos en pro de lo alegado (*Rhet.* II.20 = 1393ª–1394ª). Posteriormente, como Curtius ha señalado (1948: 65–68), se agregó a la noción primitiva del *exemplum* la idea de la *figura ejemplar*. Y durante la Edad Media, todo tipo de *exemplum* fue adquiriendo (por decirlo así) la autoridad adicional conferida por esta noción de *ejemplaridad*. Entre otras cosas, lo fabular también adquirió cierta autenticidad adicional (casi diríase que historicidad) al ir adquiriendo este carácter reforzante de profunda ejemplaridad moral. Todos los ejemplos de nuestro *Summationsschema argumentativo* son *exempla* de este tipo: hechos atribuidos al mundo natural, citados como autoridades cuyo valor ejemplar para los hombres fuera tan patente como innegable.

10.8 Tal como las *sententiae* de los *auctores*, tales *exempla* se recopilaban en compendios, cuya existencia por escrito los agregaba otro grado más de autoridad: aquella palabra 'lêmos' del v.420 es importante, en cuanto sugiere que para cada uno de los ejemplos aducidos se pudiera suponer la existencia de alguna que otra fuente escrita (cuya identificación no es de nuestro propósito aquí, ni atañe a la operación directa de lo que ocurre en el discurso mismo). Había compendios especializados: los *exempla* referentes a 'brutos y fieras' se hallarían en los *bestiarios*; los que se referían a las plantas, en los *herbarios* (formando parte de la catalogación de sus calidades benéficas o nocivas); y aquellos que se referían a las propiedades de las piedras en los *lapidarios* (y detrás de cada uno de los anécdotas recogidos en tales obras suele existir otra fuente concreta más remota, por ejemplo algún pasaje de Plinio). Con el transcurso del tiempo, se fueron recopilando estos compendios especializados en obras más enciclopédicas, de las cuales fueron derivándose otras obras aun, ya muy remotas de las fuentes primitivas: obras de divulgación, populares en el Siglo de Oro, como la *Silva de varia lección* (1540) de Pedro Mexía o —sobre un plano más elevado— aquella obra tan estraña del P. Eusebio Nieremberg que es la *Curiosa y oculta filosofía* (1634). Cuando Fernando dice 'así lêmos', es en libros de uno u otro de estos tipos que estaría pensando: sus tres primeros ejemplos son de los que figuran en bestiarios, el cuarto es de herbario, y el quinto es de lapidario (me refiero a sus orígenes medianamente remotas, desde luego, pues Calderón probablemente los conocería en alguna recopilación más general). No solamente no nos interesa determinar las fuentes concretas en esta ocasión, sino que hasta se pudiera afirmar que ni siquiera importa que existieran de hecho: como veremos después (§10.13), la lista paralela aducida en la tercera parte del discurso de Fernando contiene fabricaciones bien patentes cuya inautenticidad no parece reducir su eficacia retórica.

10.9 Ahora bien, esta serie de cinco ejemplos tiene la importancia adicional de constituir una lista exhaustiva, en que se representan todos los reinos inferiores: no se trata meramente de unos cuantos casos particulares, sino de demostrar que la regla general tiene vigencia en toda la serie, siendo indiscutiblemente 'ley de naturaleza' para todas las 'repúblicas incultas' de que 'lêmos'. Hay representantes del reino inorgánico (el diamante), del reino vegetal (la granada), y del nivel del ser que corresponde a los animales (león, delfín y águila). Este nivel, superior a los dos primeros y próximo al nivel 'culto' de la sociedad humana, queda subdividido aquí en tres reinos distintos (el de las bestias, el de los peces y el de las aves) los cuales corresponden a las esferas de los tres elementos habitables (tierra, agua, aire). No será por casualidad que Calderón haya dado al monarca del reino más elevado ('el águila caudalosa', v.436) el título de 'emperatriz' (v.440). Por ser una lista exhaustiva, esta serie de ejemplos da un carácter absoluto a la argumentación *per analogiam* en pro de la universalidad de la *piedad real*. Si recordamos ahora que para Aristóteles toda la argumentación retórica estaba compuesta exclusivamente de ejemplos (*paradigmata*) y entimemas, y que las premisas y conclusiones de los entimemas eran precisamente sentencias (Aristóteles las llamaba *apothegmata* — véase arriba, §§7.7–7.9), será evidente que nuestro *Summationsschema* combina en máximo grado, dentro de una sola estructura o estilema unitario, ambos métodos de persuadir. Se le puede describir como un entimema cuya generalización inicial ha sido distribuida por una ejemplificación exhaustiva de su validez, para ser resumida en otra generalización sentenciosa aplicable —y aplicada inmediatamente— al caso particular. El aspecto lógico de su fuerza persuasoria reside en todos estos diversos factores.

10.10 Pero lo que he llamado su 'fuerza persuasoria' tiene otro aspecto más, el cual reside en una característica de la serie de ejemplos no subrayada hasta ahora: su marcado paralelismo estructural, en cuanto a la presentación de cada anécdota. Este paralelismo entre los cinco miembros de la serie hipotáctica los refuerza mutuamente, y estriba en un estricto paralelo entre las cinco partes constituyentes de cada ejemplo (aunque no todas éstas sean de la misma extensión). En cada uno de ellos: 1° se nombra un monarca (león, delfín, etcétera); 2° se le asigna una categoría de súbditos (fieras, peces, etcétera); 3° se le da un título (rey, reina o emperatriz); 4° se señala su 'corona', de 'guedejas' o 'escamas' etcétera (salvo en el caso del diamante, para el cual —en la ausencia de una corona visible— se tiene que citar otro símbolo de autoridad); y 5° se narra el anécdota que demuestra la posesión de 'ánimo piadoso'. De estos cinco pasos, uno que pudiera parecernos mero ornato merece una consideración atenta: v.g. el señalar la posesión de una corona como prueba de que la criatura nombrada es un monarca auténtico. (Recuérdese lo dicho en la sección §5.6 tocante al 'laurel' que le 'ilustra' a Fernando, y que terminará transformándose en *corona de mártir*: señal de su superioridad *sub specie aeternitatis* al rey humano que se la habrá de otorgar.) Trátase, efectivamente, de emplear un entimema del cuarto de los siete tipos enumerados en el Apéndice, o sea un *silogismo que parte de signos o señales* (véase Aristóteles, *Anal. priora* II. 27 = 70ª). De hecho, Calderón nos aclara el procedimiento explícitamente en el caso del cuarto monarca, diciendo que 'las puntas | de una corteza' (vv. 451–52) coronan a la granada 'en señal | de que es reina de las frutas' (vv. 452–53). Es a esta demostración lógico-retórica de su realeza, que sigue en cada ejemplo el anécdota mismo.

10.11 Tal como el ser exhaustiva la serie de los ejemplos contribuía notablemente a su fuerza lógica, su paralelismo contribuye a influir sobre quien los escuche. Y si, después de haber mirado bien los aspectos lógicos o semi-lógicos de esta estructura, nos preguntamos directamente 'Pero, ¿por qué persuade?' (por lo menos al auditorio, ¡ya que no al Rey de Fez!), creo que hay que contestar que esto depende a la par de sus aspectos propiamente lógicos y de lo que nos satisface en el orden estético: su organización simétrica, que se transparenta a cada momento a través de la hábil estructuración de su contenido conceptual. En el caso concreto de nuestros cinco ejemplos, la importancia de conseguir este paralelismo se ha mostrado ser tan transcendental que se ha sobrepuesto (no sin violencia) a pequeños defectos consecuentes en el orden de la lógica: por ejemplo es por exigencias paralelísticas que se ha tenido que asignar al diamante una 'señal' de su dominio (de ahí lo del imán), aunque ésta no solamente no haya podido ser 'corona' (por no existir ningún rasgo físico del diamante que pudiera interpretarse como tal) sino que careciese —en la verdad— de cualquier fuerza ilustrativa verdadera, pues el imán deja de ejecutar 'su propiedad' (v. 460) en presencia de cualquier piedra, y no solamente en aquella del diamante. Lógicamente, el signo es defectuoso, pero la fuerza de la analogía paralelística entre este ejemplo y los demás no sólo requiere su presencia sino que parece haberlo 'justificado' plenamente ante el auditorio calderoniano.

10.12   Esta característica, la de sobreponerse las exigencias del paralelismo estético a aquellas de la precisión lógica, se nota de una manera todavía más marcada cuando a estos cinco ejemplos de la *piedad real* se contraponen, hacia el final del largo discurso del príncipe, cinco brevísimos ejemplos que les corresponden uno a uno para apoyar una apelación a la calidad contrapuesta del *rigor*, en el último miembro del 'gran quiasmo' cuya estructura de conjunto resumióse arriba en la formula:

> Por PIEDAD: *no* VIDA, *sino* MUERTE;
>
> y *cuando no* por PIEDAD, *pues* por RIGOR.

Durante nueve versos (vv. 525–33) Calderón se ha detenido para aclarar los móviles virtuosos de su héroe, y luego viene la inversión de los argumentos analógicos de la invocación: si la *piedad* con la cual un rey debe escuchar a un suplicante no le ha podido vencer, pues que la oposición de un enemigo empedernido le obligue a conceder la muerte a Fernando por *rigor*. Iníciase entonces una pequeña *ejemplificación* en todo antitética a la primera, desarrollándose con suma rapidez:

> ¿Eres león?
> Pues ya será bien que rujas,
> y despedaces a quien
> te ofende, agravia y injuria.
> ¿Eres águila? Pues hiere
> con el pico y las uñas
> a quien tu nido deshace.
> ¿Eres delfín? Pues anuncia
> tormentas al marinero
> que el mar de este mundo sulca.
> ¿Eres árbol real? Pues muestra
> todas las ramas desnudas
> a la violencia del tiempo,
> que la ira de Dios ejecuta.
> ¿Eres diamante? Hecho polvos
> sé pues venenosa furia,
> y cánsate;...   (vv. 536–52)

Y el *Summationsschema* paralelo que esperábamos queda truncado allí, dejando el proceso de la *recolección* implícito por un brillante empleo de *aposiopesis*: figura muy recomendada por los retóricos para marcar la transición de la *oración* propiamente dicha a la *peroración*.[61]

---

61.   Esta se va acelerando e intensificando (vv. 552–61) hasta llegar a una paralelística afirmación de la firmeza de fe fernandina (vv. 562–65, véase §5.6), para terminar en dos pares de versos abruptamente contrapuestos: el primero de ellos ('No has de triunfar de la Iglesia; | de mí, si quieres, triunfa', vv. 566–67) una última antítesis, relativa al tipo de triunfo bien limitado que el rey puede esperar, y el otro ('Dios

10.13 En esta segunda serie de ejemplos (todos más sucintos que los de la primera), hay algunos bastante forzados y uno (el penúltimo) totalmente arbitrario: échase de ver más obviamente todavía que la consistencia lógica de los ejemplos aducidos se considera menos importante —y claramente menos persuasiva— que el establecimiento de la correspondencia estructural. La necesidad estético-retórica de hallar cinco ejemplos tomados de los mismos reinos naturales que los anteriores (para contraponer las dos series paralelísticamente, en extensión de la contraposición de la *apelación al rigor* a la previa *invocación de la piedad*) ha predominado por completo sobre la necesidad lógica de emplear ejemplos creíbles, convincentes y plenamente conformes con la proposición que sirven ostensiblemente para apoyar. El ejemplo del león es aceptable, como también lo es aquel del águila (y hasta llega a añadirse, en el v. 542, otra consideración muy pertinente, con el verso 'a quien tu nido deshace' porque Fernando no solamente está ofendiendo al rey, sino amenazando el nido del Islam que éste tiene la obligación de proteger). Pero al delfín sólo se le ha conseguido atribuir una muestra de *rigor* por convertirle injustificadamente en responsable por las tormentas que anuncia (mientras el anunciarlas a tiempo pudiérase haber considerado mucho más verosímilmente como una muestra más de *piedad*). El ejemplo del diamante también es algo forzado, aunque puede pasar (y quizás sea más aceptable en la verdad que lo del diamante y el imán en el pasaje anterior). Pero en el caso del reino vegetal Calderón no ha podido hallar modo alguno de atribuir *rigor* a la granada, y ha tenido que producir un anónimo 'árbol real' (v. 546) que sólo puede mostrar *rigor* por el acto de exponer partes de sí mismo a 'la violencia del tiempo' (v. 548).

10.14 Tanto el ejemplo del delfín como el del árbol tienen extensiones, es verdad, cuyas asociaciones y resonancias pudieran contribuir a reforzar otros aspectos temáticos de la comedia (v. g. la imagen del 'mar de este mundo', v. 545, y la relación postulada entre 'la violencia del tiempo' y 'la ira de Dios', vv. 548–49), pero estas asociaciones no tienen nada que ver con la proposición que aquí, en este lugar preciso del discurso, se está sosteniendo y —teóricamente por lo menos— reforzando. Es bien evidente que la consistencia lógica de sus ejemplos le ha preocupado a nuestro dramaturgo mucho menos que la estructuración estético-retórica del discurso entero a base de aquel complicado juego de paralelismos y antítesis, de correlaciones poéticas y contraposiciones de ideas, que se ha venido estudiando aquí. Pero no por eso deja de tener este discurso un fondo de argumentación lógica a la vez fuerte y de suma sencillez, pidiendo *la muerte* en lugar de *la vida*, y sosteniendo simultánea y paradójicamente que el rey debiera de concederla o por *piedad* o por *rigor*.

10.15 Ya se ha dicho que los *Summationsschemata* de *tipo argumentativo* son lógico-retóricos, y hemos mirado ambos vertientes de dicha descripción: sinteticemos ahora lo fundamental. Tienen de lógico el silogismo básico (siempre presente por lo menos implícitamente) pero —a pesar de su distribución en la *diseminación* por los ejemplos— su aplicabilidad al caso concreto no alcanza carácter necesario, sino tan sólo persuasivo. Segismundo, por ejemplo, al final de su famoso monólogo, sigue teniendo efectivamente 'menos libertad' (para las relaciones entre *libertad física* y *libertad moral*, véase Pring-Mill 1970); en el caso de la *piedad real* que hemos venido estudiando, a fin de cuentas el Rey de Fez podrá mostrarse o piadoso o cruel, posibilidades antitéticas cuya incompatibilidad se

defenderá mi causa, | pues yo defiendo la suya', vv. 568–69) un paralelismo correlativo referente a la alianza triunfante entre Fernando y Dios que fue analizada en §5.7.

subraya por la paradójica contraposición entre las dos series de ejemplos. De hecho, buena parte de la eficacia persuasiva del estilema depende de factores extralógicos de orden netamente estético: la belleza convincente —por lo menos para el gusto barroco— de la simétrica estructura tan ingeniosamente construida a base de aquella plurimembración correlativa. Como dijera Gracián en un pasaje ya citado (página 86, nota 34) 'No se contenta el ingenio con sola la verdad, como el juicio, sino que aspira a la hermosura', y era a los ingenios de la época barroca que se había de contentar. La cita sigue con aquella comparación tan significante: 'Poco fuera en la arquitectura asegurar firmeza, si no atendiera al ornato' (*Agudeza*, Discurso II). Dado este contexto de expectación estetizante, el ornato no puede ser algo meramente decorativo, sino que deviene al mismo tiempo una cosa esencialmente funcional: al satisfacer el ingenio, contribuye al mismo tiempo a la persuasión del juicio del auditor. En la arquitectura del *Summationsschema argumentativo*, la 'firmeza' de la estructura estriba en lo que de lógico contenga, pero su retórica belleza seductora contribuye a persuadir hasta cuando sus simetrías sólo llegan a establecerse violentando la credibilidad intelectual del argumento aducido.

11.   El *Summationsschema* de tipo descriptivo

11.1   EN EL SEGUNDO TIPO de *Summationsschema*, donde no hay argumentación propiamente dicha sino exposición descriptiva de una materia (desarrollada por *diseminación* y *recolección*), ya que no hay *fuerza lógica* que lleve parte del peso el énfasis tiene que caer sobre los aspectos estéticos del estilema, aunque éstos puedan verse apoyados a su vez por la estructuración conceptual de algún aspecto de la cosmovisión que se transparente a través de las palabras. Dado lo que hemos venido estudiando en §§10.10–10.14, pudiérase haber supuesto que en este caso la estructuración interna del estilema llevaría el recurso del paralelismo hasta su último extremo, pero lo que de hecho se hace tiene otro matiz. Vamos a constatar que gran parte de la belleza y fuerza halagadora de esta estructura estético-retórica estriba precisamente en el no haberla construido según el molde paralelístico de un modo excesivamente riguroso, sino en haberse sabido emplear variaciones sutiles cuya irregularidad dentro de la estructura total nos satisface más todavía — aunque para que nos satisfagan dichas variaciones ellas mismas se establecen a base de paralelismos y antítesis menores que van creando otras series de correspondencias significantes dentro del diseño total.

11.2   Tal como se resumiera la *estructura argumentativa* del tipo anterior en el margen izquierdo de la Figura 1, la *estructura descriptiva* del presente tipo queda resumida en el margen izquierdo del texto reproducido a continuación. En ambos, el doble proceso de *diseminación* y *recolección* es el mismo, pero para referirnos a las manifestaciones puramente descriptivas de la misma estructura, cabe sustituir para los tres términos lógicos *proposición*, *ejemplificación* y *reafirmación*, respectivamente, los términos *enunciación*, *expansión* y *nombramiento* (la nomenclatura no-alonsina es mía). En tales textos, la *enunciación* inicial puede ser explícita, pero en la mayoría de los casos —como el nuestro— suele ser meramente alusiva (hasta enigmática a veces). Al final, en cambio, casi siempre hay un *nombramiento* explícito como es aquí el 'por llamarte de una vez, tú el mundo' (v. 24). Síguese el primer parlamento de *El gran teatro del mundo* :

Estructura descriptiva			Verso	Texto
Enunciación			1	Hermosa compostura
				de esa varia inferior arquitectura,
			3	que entre sombras y lejos
				a esta celeste usurpas los reflejos,
			5	cuando con flores bellas
				el número compite a sus estrellas,
			7	siendo con resplandores
				humano cielo de caducas flores.
Diseminación			9	Campaña de elementos
				con montes, rayos, piélagos y vientos:
Expansión	1°		11	con vientos, donde graves
				te surcan los bajeles de las aves;
	2°		13	con piélagos y mares donde a veces
				te vuelan las escuadras de los peces;
	3°		15	con rayos donde ciego
				te ilumina la cólera del fuego;
	4°		17	con montes donde dueños absolutos
				te pasean los hombres y los brutos:
Recolección			19	siendo, en continua guerra,
				monstruo de fuego y aire, de agua y tierra.
Nombramiento			21	Tú, que, siempre diverso,
				la fábrica feliz del universo,
			23	eres, primer prodigio sin segundo,
				y por llamarte de una vez, tú el mundo,
			25	que naces como el Fénix y en su fama
				de tus mismas cenizas.

11.3 En esta bellísima invocación (Calderón 1942: 69–70), tanto la *enunciación* como el *nombramiento* van dirigidos directamente al Mundo, tomando la forma de un largo *vocativo inicial* (de ocho versos, en silvas pareadas) y un *vocativo terminal* también de buena extensión (cuatro endecasílabos enmarcados por dos heptasílabos).[62] Habría mucho que decir, si espacio hubiera, de la estructuración de ambos y de sus resonancias cósmicas, pero aunque tendré que referirme después a ciertas frases tomadas de dichas partes, el comentario mismo versará exclusivamente sobre la estructuración de los doce versos centrales, en que se explora la extremada *variedad* de la 'Hermosa compostura | de esa varia inferior arquitectura' que constituye el Mundo invocado. En su totalidad, desde luego, todo este discurso no es sino una larga perífrasis o circunlocución para nombrarle, en que se evoca el

---

62.   Hanse empleado las designaciones *vocativo inicial* y *terminal* para evitar términos retóricos (como *exordial* y *epilogal*) que pudiesen haber impuesto la forma de un discurso sobre nuestra invocación. Para nuestro propósito, podemos prescindir de las consideraciones sugeridas por el hecho de que el pasaje entero es algo como un *prólogo* al auto mismo.

conjunto por una descripción pormenorizada de sus partes. Estas partes son los cuatro elementos y sus diversas manifestaciones.

11.4 Aunque nuestro texto no sea un *Summationsschema argumentativo*, la serie de partes no deja de ser (en este caso) rigurosamente exhaustiva: no está basada en una sencilla enumeración cualquiera (como sería el caso al tratarse de un número arbitrario de cosas semejantes: cinco, siete o diecisiete flores, por ejemplo; o seis, once o trece atributos de un amante despreciado), sino que cobra parte de su fuerza estética del hecho de ser una exploración completa de su materia. De hecho, gran parte de dicha fuerza depende de lo que llamé 'la estructuración conceptual de algún aspecto de la cosmovisión que se trans-parenta' (§11.1); y no creo que podemos apreciar adecuadamente la estructuración estético -retórica de la *forma exterior* del texto, sin saber hasta qué punto su *forma total* depende de la *forma interior* impuesta por las expectaciones conceptuales de cualquier contemporáneo de Calderón. Lo explicitado no abarca todo lo que está ocurriendo conceptualmente: de ahí que resulte indispensable exponer determinados aspectos de las doctrinas recibidas acerca de los elementos antes de adentrarnos en el texto mismo.

11.5 Como es consabido, según la cosmovisión vigente entonces el mundo material (aquel que aquí se invoca) consistía de las combinaciones de los cuatro elementos *fuego, aire, agua* y *tierra,* 'contrariamente unidos' (como se los describe en el auto *La vida es sueño,* v. 55): relacionados entre sí por un complejo juego de concordancias y contrastes basadas en su participación en dos pares de calidades fundamentales (el *calor* y el *frío,* la *sequedad* y la *humedad*). Sus naturalezas y relaciones representábanse en el conocidísimo *cuadrado de los elementos,* y resultará conveniente tener ante los ojos una versión algo simplificada de dicha representación visual:

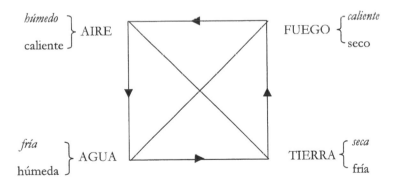

Figura 2. Cuadrado de los elementos

11.6 Como se puede ver fácilmente, cada elemento participa en una calidad de cada par (el fuego, por ejemplo, es caliente y seco), siendo una de sus dos calidades la primaria (la que está en cursiva) y la otra (en letra romana) la secundaria. Hay una concordancia entre un elemento y otro cuando tienen una calidad en común; pero hasta dentro de un par de elementos concordantes siempre existe un contraste o desacuerdo, en cuanto sus otras calidades son opuestas (el fuego y la tierra, por ejemplo, concuerdan por su *sequedad,* pero aquél es caliente y ésta es fría). Y hay una oposición total entre cada elemento y aquel que le está diametralmente opuesto en el cuadrado, ambas de cuyas calidades serán contrarias a las suyas (el agua, por ejemplo, es enemiga total del fuego, oponiéndosele absolutamente por ser no sólo fría sino húmeda también). De ahí que luchen siempre entre sí (como lo hacen físicamente sus personificaciones al comienzo del auto *La vida es sueño*), de modo que el Mundo pueda describirse efectivamente en nuestro texto como una 'campaña de elementos' (v. 9) por ser (como se afirma en los dos versos de la *recolección*, vv. 19–20) 'en continua guerra, | monstruo de fuego y aire, de agua y tierra'.

11.7 Otro rasgo más de la teoría resulta imprescindible para la plena comprensión de nuestro texto: paradójicamente, la serie de los elementos es a la vez una jerarquía y un sistema circular. Jerárquicamente hablando, los elementos se ordenan con el fuego arriba, bajando por el aire y luego el agua hasta la tierra (y es así que se relacionan sus respectivas esferas en la estructura del cosmos), pero gracias a la circularidad de sus relaciones influenciales *dentro de todo ser elementado* —indicada por las flechas en la Figura 2— la misma tierra se vuelve a relacionar al más alto de la serie por contribuir su propia *sequedad* primaria como calidad secundaria al fuego. Tanto esta relación circular entre los cuatro, como la otra jerárquica o vertical, tendrán que tenerse en cuenta en la consideración conceptual de nuestro texto.

11.8 Antes de diseminarse, el Mundo aparece como una totalidad, pero como una totalidad que implica lucha interna, en aquella frase 'campaña de elementos'; una vez diseminado y explorado por una investigación detenida de sus partes constituyentes, se volverá a resumir en otra totalidad —'monstruo'— con implicaciones parecidas (pero con el aspecto disforme de su lucha interna acentuado por las asociaciones más tendenciosas del segundo sustantivo). Básicamente, lo ocurrido es sencillísimo, en la estructuración total de aquellos doce versos:

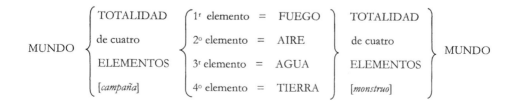

Figura 3. Diseminación y recolección del Mundo

112

Sólo que, como pronto veremos, aunque en la *doctrina elemental* aparezcan en el orden jerárquico en que yo los he representado en la Figura 3, no es en este orden que aparecen en la *diseminación* ni en la *expansión* tampoco (ni es el orden la misma en ésta que en aquélla), sino tan sólo en el verso de su *recolección* (v. 20). Del juego intelectual entre estos tres órdenes distintos, resulta todo un intrincado baile de relaciones paralelísticas y antitéticas.

11.9 Los cuatro elementos mismos no se nombran como tales (aunque el fuego salga en una posición subordinada en el v. 16) hasta la *recolección*, en la cual aparecen en forma propia y en su orden consuetudinario. Antes, lo que se hace con la palabra 'elementos' (v. 9) del comienzo es desplegarla en sendas manifestaciones concretas de los cuatro, v. g. *montes, rayos, piélagos* y *vientos* (v. 10). El *conjunto genérico* que se ha de diseminar es el conjunto de los elementos mismos (v. g. el mundo material), pero la *diseminación* se hace en términos de *objetos específicos* que nos los representan.[63] Esta serie aparentemente sencilla de cuatro palabras ya encierra una compleja red de relaciones conceptuales, pues los elementos no aparecen ni en su orden jerárquico ni en orden circular. Jerárquicamente hablando, *montes* y *rayos* representan el peldaño inferior y el peldaño superior, y vienen seguidos por el par interpuesto (también nombrados en su orden ascendente), de modo que los cuatro aparecen en el orden 4 1 3 2. Pero si recordamos que en el sistema circular hay una relación de contigüidad (y por lo tanto de concordancia) entre la tierra y el fuego, análoga a la relación de concordancia entre el agua y el aire, veremos que el par exterior de la jerarquía corresponde al par interior. Hay, sin embargo, cierta diferencia entre ellos: dentro del sistema de influencias circular, mientras la tierra ejerce su influencia sobre el fuego y no vicecersa (de modo que el par *montes + rayos* sí que está en orden progresivo) es el aire el que ejerce su influencia sobre el agua, y no viceversa. Así es que el par *piélagos + vientos*, que paralela el par *montes + rayos* en cuanto ambos están en orden ascendente, es una inversión suya cuando se les considera con respecto al orden de la influencia (orden que no se puede dejar de tener en cuenta conceptualmente para 'comprender' la yuxtaposición de *montes + rayos*).

11.10 Luego, la *diseminación* da lugar a la *expansión*, dedicándose dos versos a cada elemento (el cual sigue representado por su manifestación concreta). Ahora bien, habiéndosenos presentado la serie primitiva en aquel orden intrincadamente determinado, al llegar a la plena plurimembración correlativa de la expansión hallamos que —por mayor halago de nuestra mente— lo diseminado queda invertido: la serie *montes, rayos, piélagos* y *vientos* se examina en el orden *vientos, piélagos, rayos, montes*. Numerándolos otra vez según su orden jerárquico, los elementos diseminados 4 1 3 2 se amplifican en el orden 2 3 1 4. Lo que formalmente es una sencilla inversión de la serie primitiva se convierte, desde luego, en un baile muy complejo —casi diríamos que en todo un minué mozartiano— cuando se lo mira desde el punto de vista conceptual, teniendo en cuenta cuáles son las relaciones de jerarquía y de influencia operantes entre los cuatro elementos que ahora vuelven a entrar a la inversa. Para terminar, a la *expansión* sigue la breve *recolección*, y es tan sólo en esta sumación final que todo se aclara: los elementos se nombran por sus propios nombres, y se nos van saliendo en su habitual orden jerárquico descendente (aunque vengan agrupados en

---

63.   Aunque no se hubiesen concretado en *objetos* específicos representativos, el descenso de lo genérico a lo específico hubiera sido el mismo; el procedimiento de diseminar lo genérico en lo específico es algo fundamental en los *Summationsschemata*: 'los miembros de un sintagma no progresivo pueden ser consideradas (aunque, en algunos casos, sea preciso para ello un especial punto de vista) como diferencias específicas de un mismo genéro común' (Alonso, 1951: 29).

dos pares). Los disfraces se quitan, lo entretejido se desteje, y el diseño total se resuelve en armonía tal como en la culminación de una fuga musical. Efectivamente, lo que hemos estado presenciando es una forma de fuga de ideas, en que los diversos elementos se han ido cazando —ora en forma proyectada, ora (como pronto veremos) por vía de metafóricos trueques de atributos— para terminar declarándose abiertamente en la forma que habíamos estado anticipando desde que se iniciara la *diseminación*.

11.11 En su conjunto, pues, el estilema nos presenta una estructura cuyas irregularidades representan variaciones diestramente manejadas sobre la base de la fórmula rígida. Pero dentro de esta estructura total, tan hábilmente construida, hay otras estructuras menores, y la estructuración de ellas ¿ será irregular o regular? Otra vez, hay algunas cosas previsibles y otras no, y nos toca examinar por lo menos algunas de ellas al considerar de cerca las distintas partes de aquella *expansión* central: la serie cuatrimembre de pares de versos dedicados a los cuatro elementos (serie que corresponde estructuralmente, en nuestro texto descriptivo, a la *ejemplificación* pentamembre del *Summationsschema argumentativo* ya considerado). Denotemos estos cuatro pares de versos por sus sustantivos básicos (puestos en mayúsculas para distinguir entre su función aquí y su significado normal): 1° VIENTOS, 2° PIÉLAGOS, 3° RAYOS, 4° MONTES. Se suceden, desde luego, en serie, pero se agrupan por la versificación en paralelo : al heptasílabo-más-endecasílabo de VIENTOS sigue el doble-endescasílabo de PIÉLAGOS, y otro tal ocurre con RAYOS (7 + 11) y MONTES (11 + 11). Con esto, ya se establecen relaciones paralelísticas secundarias entre VIENTOS y RAYOS, y entre PIÉLAGOS y MONTES: relaciones formales, desde el punto de vista de la versificación, pero que implican necesariamente un entretejer todavía más complejo —el cual no podremos explorar aquí— de las relaciones conceptuales (de jerarquía y de influencia) entre los objetos que así se parangonan.

11.12 Cuando se considera la estructura interna de dichos miembros, estas relaciones paralelísticas secundarias se ven reforzadas por otros factores, pero al mismo tiempo se complican más todavía por la introducción de nuevas relaciones antitéticas. Veamos primero la pareja PIÉLAGOS y MONTES (los dos pares de endecasílabos): ambos contienen desdoblamientos —lo cual no sucede en los otros dos— al establecerse los pares de sustantivos *piélagos y mares* (v. 13) y *los hombres y los brutos* (v. 18). En el primer caso esto ocurre en el primer verso, mientras es a la inversa en el otro, y desde el punto de vista conceptual es de notar que el primer desdoblamiento lo es de la zona que manifiesta el elemento (el *piélagos* de la serie inicial que ahora se desdobla en *piélagos y mares*) y no de la clase de criatura que le corresponde (*peces*) mientras en el segundo la zona queda intacta (*montes*) pero se subdividen sus 'dueños absolutos' (v. 17). En la otra pareja de miembros (VIENTOS y RAYOS), aunque no consten tales desdoblamientos, hay otros paralelos y contrastes: en ambos casos, el heptasílabo termina en adjetivo (*graves* y *ciego* respectivamente), pero el primero de estos se refiere a las criaturas correspondientes mientras el otro se refiere al elemento mismo — el único elemento nombrado directamente antes de la *recolección*. O, mejor dicho, se refiere al humor que le corresponde en el sistema psico-fisiológico humoral (*la cólera del fuego*), con lo cual el fuego queda personificado: es el único elemento que así se personifica en este pasaje, dándole cierto énfasis sobresaliente, y destacando así el humor que más aptamente caracteriza el aspecto del conjunto que se ha deseado subrayar en las frases 'campaña de elementos' y 'continua guerra'.

11.13   Hemos considerado las relaciones entre el 1ᵉ miembro y el 3°, y entre el 2° y el 4°, así como el contraste de orden formal entre este par (11 + 11 y 11 + 11) y aquél (7 + 11 y 7 + 11). Pero al escuchar el *Summationsschema*, los cuatro miembros de esta expansión se oyen —naturalmente— en el orden en que aparecen, y otras relaciones aun quedan subrayados por este orden natural: relaciones muy estrechas al comienzo (entre el 1° y el 2°), con otro tipo de progresión bien distinto en los dos miembros de la segunda mitad.

11.14   En la primera mitad, entra en juego un procedimiento metafórico muy al gusto de la época de Calderón: VIENTOS y PIÉLAGOS se entretejen bellamente por un doble *trueque de atributos* conceptista,[64] de un tipo analizado por Wilson hace más de treinta años (1936) en un artículo ya clásico. Dada la exposición wilsoniana, bastará indicar con suma brevedad lo que ocurre en el caso concreto: en VIENTOS, las criaturas correspondientes a esta zona (*aves*) son descritas con una frase metafórica traída de la zona acuática (*te surcan los bajeles*, v. 12), mientras en PIÉLAGOS se aplica —a la inversa— un verbo traído de la zona aérea (*vuelan*) a los *peces* propios de los *piélagos* y *mares*. La transposición o *trueque* no es violenta sino armoniosa, y esto tanto en el orden teórico como en el poético, pues conceptualmente los dos elementos así entretejidos son concordantes: jerárquicamente contiguos, y ligados por compartir la *humedad*. Sin embargo, el paralelismo no es total: hay diversificación a la vez sintáctica y conceptual entre los dos miembros. En lo sintáctico, la frase *los bajeles de las aves* (v. 12) se distingue de *las escuadras de los peces* (v. 14) por constar éste de un sustantivo colectivo (*escuadras*) aplicable sin trueque —aunque sí que implica cierta extensión metafórica— a los conjuntos de las criaturas denotadas por el segundo sustantivo (*peces*), mientras aquél establece más bien una ecuación metafórica entre dos sustantivos (*bajeles* y *aves*) que se refieren a los individuos de sus especies respectivas. Y en lo conceptual, nótese que lo metafórico del primer verso abarca tanto el primer sustantivo como el verbo (*te surcan los bajeles*), oponiéndose sólo a *de las aves* en el orden literal, mientras el trueque del segundo verso se limita exclusivamente al verbo *vuelan*.

11.15   Los otros dos miembros, RAYOS y MONTES, que constituyen la segunda mitad de la *expansión*, no tienen ninguna relación de este tipo: su progresión es muy distinta, aunque formalmente proyectamos sobre ellos algo del alto grado de unidad que se observara en la mitad precedente. Lo que ocurre es que al par de miembros íntimamente ligados entre sí —sumamente compuestos y ordenados— se opone ahora un par mucho más diversificado (cuyas diferencias internas huelga subrayar aquí, pues saltan a la vista), y su desorden relativo me parece conducirnos desde el aspecto armonioso del conjunto de los cuatro elementos — bien resumido en el adjetivo *graves*— hacia su aspecto más violento. A la *gravedad* anterior se opone ahora la *ceguera* de la *cólera*. Pasamos inmediatamente a una zona (MONTES) en que se nos habla por vez primera de *dueños* (con la implicación de que existen seres inferiores adueñados), y dentro de los dueños mismos hay un desdoblamiento (*hombres* y *brutos*) que parece sugerir no tanto una jerarquía feudalmente armoniosa como la relación de conflicto de la caza propia de los *montes* (las asociaciones difieren de lo que hubieran sido si la zona terrestre se hubiese explicitado como *campos*). Esta nota de conflicto sirve como una ligera anticipación de la *continua guerra* que es la característica del Mundo que se habrá de subrayar en la *recolección*. Pero, ¿cuál es nuestra impresión final?

---

64.   Término de los comentaristas gongorinos del siglo XVII, véase Alonso (1951: 145–46, nota 32).

11.16 No es, en la verdad, ninguna impresión de cólera ciega: aunque el Autor haya querido subrayar lo que de conflicto haya en la estructura básica del mundo material, éste es un conflicto sumamente ordenado, por no decir estilizado. Hay más: es un conflicto esencial, porque si los elementos no se enlazaran en este sistema de concordancias y contrastes, el mundo material en que vivimos no existiría. La impresión dominante que retenemos, al final de la expansión, es la de la 'hermosa compostura' a la vez del estilema mismo y de la 'varia inferior arquitectura' del mundo que en él se nos describe. Pero no hemos de creer que su hermosura consista en la regimentación total de sus partes según ningún sistema absolutamente regular: la hermosura verdadera de esta 'hermosa compostura' estriba no sólo en lo que tiene de orden (de ser bella y exquisitamente 'ordenada') sino de modo igual en la agradable *variedad* que diversifica la superficie de esta estructura de fundamento tan simétricamente riguroso:

> que aquesta variedad deleita mucho :
> buen exemplo nos da Naturaleza,
> que por tal variedad tiene belleza.   (Vega Carpio 1925: vv. 179–80)

Lo que nos deleita en el orden estético en este *Summationsschema* (a la vez tan rigurosamente estructurado y tan bellamente diversificado) corresponde de hecho a las características estructurales de la realidad del Mundo mismo que su Autor nos ha estado describiendo.

11.17 Al centro de esta visión, hay un profundo conflicto (no destructivo, sino rico en potencialidades) entre la firmeza estructural del fundamento y su fluidez diversificadora al irse desarrollando en el tiempo. Es algo paradójico que estriba en la misma naturaleza del mundo, algo que queda aptamente resumido en dos frases de los primeros versos de aquel *vocativo terminal*:

> Tú, que *siempre diverso*,
> la *fábrica feliz* del universo,
> eres...   (vv. 21–23).

Todo está sujeto a irse cambiando continuamente, en la 'campaña de elementos' del mundo material, sujeto a los procesos de generación y corrupción que dominan las combinaciones orgánicas de los elementos en las criaturas por debajo de la luna. Pero esta misma diversidad ineluctable de la superficie se entreteje —bellamente— a todo momento con la sencillez de la estructura profunda (y empleo la frase con todas las asociaciones de 'deep structure' chomskiana) del *aspecto arquitectónico* de la 'fábrica feliz'. Es lo que llamo en inglés 'the flux-fabric paradox', y ya indiqué en una nota arriba (véase página 97, nota 49) que creo que la conciencia barroca de esta paradoja en la estructura de la existencia misma influye sobre muchísimos aspectos de la estética del siglo XVII en España. Si me he preocupado en esta sección por hacer resaltar tanto ambos aspectos de nuestro *Summationsschema descriptivo*, ha sido precisamente porque creía ver en lo que iba dilucidando no solamente una bella estructura retórica, sino una representación artísticamente esquematizada de lo que en ella se nos describía. El pasaje es un ejemplo de *imitación artística* en el sentido más profundo de este término: de auténtica *mimesis*, en que la *forma interior* y la *forma exterior* se corresponden perfectamente, uniéndose de manera indisoluble en la *forma total* del texto mismo. Este resultado me parece contentar a la vez el *juicio* con la *verdad* y el *ingenio* con la *hermosura*, al ir atendiendo siempre al *ornato* mientras se vaya asegurando la *firmeza* de la profunda estructura conceptual.

12. Aplicaciones analógicas del 'modelo'

12.1   En esta sección, quiero dejar de lado el tema de la *variedad* creada por las diestras irregularidades superficiales (casi siempre simétricas ellas mismas) de los dos textos estudiados, para tratar únicamente de su 'deep structure', tal como queda representada visiblemente en el 'modelo dióptrico' de la Figura 1. Ambos tipos, el *argumentativo* y el *descriptivo*, conforman rigurosamente a dicho 'modelo' en su estructuración conceptual (aunque a veces pueda callarse alguna parte, dejándola implícita, tal como en nuestro texto argumentativo no hubo ninguna *diseminación* explícita—en forma de una lista de los monarcas que se iban a examinar—antes de que se procediera a la consideración de los ejemplos). Lo que me interesa ahora ya no es el estilema mismo, sino la aplicabilidad de la estructura que de él se ha extraído a otros campos, pues ya indiqué arriba que creo que este 'modelo' tiene ciertas potencialidades que van más allá del *Summationsschema*, siendo aplicable a toda una serie de otras 'construcciones de estructura análoga... en la literatura y la cosmovisión del Siglo de Oro' (§8.7). Y si me he detenido tanto aquí para hablar de las *particularidades* de dos ejemplos del mero estilema (uno de cada tipo), era precisamente porque quería terminar pasando de lo concreto a lo abstracto —a la estructura misma representada en aquel 'modelo'— trasladándome a este nivel de *generalidad* para concluir con algunas sugerencias tocantes a la aplicación del 'modelo' a la dilucidación de otros fenómenos concretos: 'algunos de ellos quizás "puramente" estéticos, otros lógicos, o lógico-retóricos..., otros hasta cosmológicos, pero todos ellos fundamentalmente conceptuales hasta cuando lo que satisfagan sean los deseos estéticos de la época' (§8.7).

12.2   En lo que se refiere a la cosmovisión filosófica, de raíz neoplatónica, el 'modelo' puede ayudarnos a comprender varios aspectos importantes de la estructura ejemplarista de la creación, dentro de cuyos límites espacio-temporales nos hallamos habitando:

A: Abarca la procesión desde la unidad a la multiplicidad —desde la unidad divina del Dios creador (ejemplar divino reflejado en todo ser creado en términos de su correspondiente naturaleza propia y particular) a la multiplicidad de sus criaturas sobre todos los niveles de la creación— y, en la fase de la *recolección*, el proceso inverso del retorno a la unidad previsto para el final de los tiempos;

B: Dentro del tiempo, esta misma cosmovisión está estructurada especial y jerárquicamente por el doble proceso de *diseminación + recolección*, proporcionándonos la trama y urdimbre de aquella red de correspondencias (consideradas entonces como existentes en la realidad objetiva) la cual es la 'deep structure' cuya presencia implícita se ha de sobrentender detrás de todo el mundo metafórico de un Góngora, por ejemplo;

C: El 'modelo' sirve igualmente para aclarar la naturaleza de las relaciones entre Dios, el macrocosmo diseminativo de los mundos inteligible y material, y el microcosmo humano recolectivo (doctrina que logra su forma más extrema en la concepción de Jesucristo como el microcosmo supremo, en quien toda la creación queda redimida y perfeccionada gracias a la coexistencia en la Encarnación de la serie completa de tres mundos: el divino, el inteligible, y el material); y

D: Puede servir, igualmente, para aclarar la visión de todo lo que sucede en el desarrollo del tiempo como una transición de lo estático a lo dinámico que se completa necesariamente con el retorno a una 'stasis' final, tanto en el cosmos como en cualquier serie de fenómenos que en él se circunscriben.

12.3 En todos estos casos de aplicación cosmológica el 'modelo' sirve para analizar los fenómenos descriptivamente, tal como sirviera el comienzo de *El gran teatro del mundo* en su exposición estético-retórica de la naturaleza diversificada del mundo material. En todos estos aspectos de la cosmovisión de la época, y muchos otros, estamos en presencia de una correlativación profunda de la realidad misma: una 'distribución ordenada del mundo' (en frase de Dámaso Alonso) que conducía a una sistemática 'estilización plurimembre' de la realidad, la cual se reflejaba de un modo muy natural en las manifestaciones artísticas de la época, pero quizás nunca de un modo tan exquisito como se puede observar a todos los niveles de la estructuración correlativa del mundo dramático calderoniano (Alonso & Bousoño 1951: 175, 177).[65]

12.4 Las aplicaciones que Dámaso Alonso hiciera de su análisis correlativo al teatro calderoniano se referían, más o menos estrictamente, a verdaderos ejemplos de *Summationsschemata* de estructura estética más o menos rigurosa. Aunque volveremos a tal tipo de fenómenos después (§12.9), en este punto yo quisiera sugerir tres aplicaciones de lo esencial de nuestro 'modelo' a determinados aspectos de la comedia del Siglo de Oro que no son necesariamente muestras de *plurimembración correlativa* rigurosa — aunque lo puedan ser en determinados casos. Todos estos tres puntos específicamente dramáticos están relacionados a sendos aspectos de los 'métodos del análisis temático-estructural' cuyos orígenes expuse hace algunos años (véase el Capítulo 1 del presente volumen), y lo que quisiera sugerir ahora es que el 'modelo' mismo —ya plenamente abstraído de las estructuras lógico-retóricas que nos lo proporcionaron— puede servirnos hasta cierto punto como instrumento analítico para facilitar nuestra comprensión de la morfología del organismo dramático que es la comedia española.

12.5 El primer punto de los tres es el menos riguroso: nuestro 'modelo visible' tiene cierta aplicabilidad al desarrollo de la comedia a través de sus tres jornadas. La forma es en sí una forma tripartita: 'en tres actos de tiempo le reparta', nos dice Lope (Vega Carpio 1925: v. 212), y cada acto o jornada tiene su propia función estructural:

> En el acto primero ponga el caso,
> en el segundo enlace los sucessos,
> de suerte que hasta el medio del tercero
> apenas juzgue nadie en lo que para.   (vv. 298–301)

Y luego, cuando sí se sepa más o menos en lo que ha de parar, el todo remata en el desenlace. Dado el *caso*, que es como la *enunciación* o *proposición* (de vez en cuando formulada en el título de la pieza), el enlazar de los sucesos es siempre un proceso de despliegue, con ramificaciones —previsibles o imprevistas— cuyas relaciones mutuas conservan siempre cierto grado de causalidad. Y la manera en que se repliegan al anudarse suele ser algo a modo de una sumación o *recolección*, la cual conduce en muchísimos casos a una corroboración o *reafirmación* del título de la comedia misma: título que es (cuando consiste en

---

65. Véase la cuarta 'cala' entera ('La correlación en la estructura del teatro calderoniano', 113–86), pero sobre todo la siguiente afirmación: 'Muchas veces se ha repetido que el mundo de Calderón es una estilización de la realidad. Es necesario añadir que es una estilización plurimembre. De bastantes miembros en el cosmos simbólico de los autos o en la comedia de mundos remotos (mitología, historia antigua, etcétera). De dos (alguna vez de tres) miembros en el núcleo que refleja vida aproximadamente contemporánea. La comedia menos alejada de la realidad, en Calderón, tiene la plurimembración que la realidad abundantemente ofrece: la dual. La comedia calderoniana menos alejada de la realidad es, así, una estilización dual del mundo' (177).

alguna proposición general como *Guárdate del agua mansa* o *La vida es sueño*) algo a modo de la *premisa mayor* del silogismo dramático.

12.6 'Silogismo dramático', dije, y esto me conduce al segundo punto: el *caso* que se ha puesto en el primer acto de una comedia calderoniana suele dilucidarse silogísticamente, casuísticamente — como se sugiere en otro trabajo, esbozado en una conferencia en la Universidad de Hamburgo en 1964 (véase Capítulo IV). Sugerí entonces que en una comedia didáctica de don Pedro pudiéramos considerar el *tema* y la *acción* (términos empleados aquí en su sentido parkeriano, véase arriba, páginas 17–20) como las premisas *mayor* y *menor* respectivamente de un silogismo estructural cuya *conclusión* estriba en la *finalidad moral* de la obra entera. Hoy, repensándolo a la luz de nuestro 'modelo', yo agregaría que el proceso de su desarrollo silogístico suele seguir el tipo de estructuración argumentativa que ha quedado resumido en el margen izquierdo de la Figura 1, con los individuos del reparto —o por lo menos buena parte de ellos— jugando en lo esencial el papel de los diversos ejemplos aducidos en nuestro texto argumentativo (aunque no se les desarrolle necesariamente en simetría y la conclusión termine asignándoles destinos distintos, según la manera en que hayan actuado con respecto a la idea central, como ocurre con los personajes de *La vida es sueño*).

12.7 El último de aquellos tres puntos es éste (y es más bien otra faceta del anterior que un punto totalmente distinto): si pasamos de los términos *acción* y *tema* de las reglas parkerianas a el de la *causalidad dramática* (su 5ª regla), creo que el 'modelo' diseminativo y recolectivo de nuestra figura puede hacer algo para dilucidar la teoría que Parker desarrolló posteriormente (1962), al elaborar su concepto de la *responsabilidad difusa* en Calderón, por ejemplo en su análisis de la estructuración causal de *La devoción de la cruz* (ampliamente comentado en el Capítulo 1), con Curcio como el *fons et origo* de todos los males, pero con cada cual de los personajes cuyas relaciones trágicas conducen al desenlace contribuyendo con su propio grado de responsabilidad moral al nexo de responsabilidades que se anudan cuando la acción desemboca en el cuadro que nos ha de quedar grabado en la mente a la caída del telón. La *responsabilidad difusa* se inicia en un solo punto, pero se va diseminando por otros personajes cuyos propios casos morales no dejan de examinarse con cierto detenimiento antes de que venga la *recolección* final, en que sus relaciones mutuas terminarán por aclararse de un modo habitualmente inequívoco (salvo en raros casos como el que tantas veces se ha discutido, aquel de *El médico de su honra*).

12.8 Todos aquellos tres puntos son, como ya se indicó, no tanto aplicaciones rigurosas del 'modelo' sino aplicaciones sugestivas, en las cuales espero que las líneas de pensamiento propuestas nos permitan entrever nuevos aspectos de fenómenos estructurales cuya naturaleza ya se había examinado previamente desde ángulos distintos. Pero hay otras aplicaciones literarias más rigurosas, a diversas series de fenómenos estructurales cuya naturaleza es tan *argumentativa* como lo fuera aquella de nuestro primer texto, y es aquí que el 'modelo' tiene su máxima utilidad como instrumento de análisis literario, el cual nos permitirá aclarar la naturaleza intrínseca de auténticos *Summationsschemata argumentativos* de dimensiones que sobrepasan —y de mucho— los límites de un mero discurso aislado.

12.9 Indiquemos tan sólo tres obras concretas, a modo de ejemplos:

A: Aquella que nos proporcionó nuestro segundo texto, *El gran teatro del mundo* (determinados aspectos de cuya organización fueron tan hábilmente estudiados por Pollmann 1970), cuya *proposición* fundamental referente al deber de los hombres de

'Obrar bien, que Dios es Dios' (v. 438) queda diseminada por todo un espectro de tipos humanos que *ejemplifican* su sentido —estudiados sucesivamente con respecto a sus reacciones ante su estado, ante su prójimo, y ante la muerte— para reunirse en un proceso de *recolección* en la sumación final del escrutinio de su actuación por el Autor;

B: Una variación sobre la obra anterior, mucho más complicada tanto en lo estético como en el orden lógico-retórico y apologético, o sea el auto *No hay más fortuna que Dios* (brillantemente estudiada por Parker en su conocida edición de 1962 y cotejada con *El gran teatro* por Pollmann, 1970); y

C: Un texto quevedesco, *El mundo por de dentro*, cuya defensa de la tesis 'Ninguno es lo que parece' sigue precisamente el mismo esquema de nuestro 'modelo', para culminar en el desengaño total del espectáculo recolectivo del mundo visto 'por debajo de la cuerda' (Pring-Mill 1968a).

Huelga decir que otros fenómenos hasta cierto punto análogos, pero no siempre idénticos con respecto a lo argumentativo (ni analizados desde el mismo punto de vista lógico-retórico), fueron considerados por Dámaso Alonso (1951). Paralelos más exactos, en cuanto a su estructuración netamente argumentativa, se hallarán repetidas veces en otros textos del Siglo de Oro: para citar un solo caso adicional, las múltiples *crisis* de *El criticón* se suelen construir de esta manera. Y otro tanto se puede decir de grandísima parte del sermonario barroco, en que no solamente se da el caso de que la organización argumentativa sea ésta, sino que el predicador se jacta de emplear todo tipo de recursos estético-retóricos en el bellamente trabajado y recargado ornato de la superficie de su tesis apologética.

12.10 Esta no ha sido una lista exhaustiva, ni mucho menos, de las posibles aplicaciones del 'modelo' cuya forma visible se ha presentado en la Figura 1. Es un *modelo de descubrimiento* ('a disclosure model', véase §8.8) bien fecundo para la época que estudiamos: cada lector de estas páginas podrá vislumbrar otras aplicaciones aun, a diversas obras o aspectos de la literatura y de las otras artes del Siglo de Oro. Algunas de estas aplicaciones podrán ser remotas (como las que se sugirieron en §§12.5–12.7), pero otras muchas serán tan rigurosas y estrictas como la dilucidación estructural de *El gran teatro del mundo*, cuyo discurso inicial nos proporcionó un verdadero microcosmo de toda una manera de *interpretar* y (consiguientemente) de *representar* la experiencia humana de la realidad tal como fue vivida por un Quevedo o un Gracián, un Góngora o un don Pedro Calderón.

13. Conclusiones: La sencillez y la complejidad

13.1 Lo que nuestros *Summationsschemata* nos han enseñado cabe dentro de la visión del mundo y del arte cuyos reflejos en otros aspectos de aquel discurso de *El príncipe constante* fueron estudiados en secciones §§1–8. Para terminar, yo quisiera pasar otra vez al contexto más amplio, situando lo recién considerado dentro del marco de la visión total.

13.2 Cuando habla de la 'correlación estructural' de obras enteras, Dámaso Alonso la describe en magistrales páginas como un fiel reflejo estético de aquella 'distribución ordenada del mundo' que se manifestaba en la cosmovisión de la época, y termina viendo en todo esto 'siempre, siempre un gusto estético por el exacto esquema y la difícil simetría; una necesidad de ordenar, de peinar estilizadamente la maraña del mundo real y la niebla del pensamiento' (Alonso 1951: 183). No puedo menos que concordar con él, y aplaudir aquella metáfora tan sugestivamente exacta del 'peinar estilizadamente', extendiéndola mucho más allá de las meras *plurimembraciones correlativas* (aunque sea en ellas que esta tendencia se manifiesta más bella y claramente). Pero los hechos tienen dos caras, y a mí me parece que el peine del estilo se emplea no sólo para reducir la maraña del mundo a orden, sino también —como viéramos en el caso de nuestra descripción del mundo material, o en la brillante organización esquemática del 'gran quiasmo'— para organizarlo en forma de bellas complicaciones adicionales (tal como lo hacen, a veces, las mujeres al peinar su cabellera). Y a mí me interesa no sólo la sencillez que se halla o se impone, sino también y hasta el mismo punto la complicación que se le agrega a la realidad (ornamentándola), y sobre todo *la naturaleza de la interacción artística* entre ambos rasgos, tal como la hemos podido constatar a lo largo de aquel magnífico discurso.

13.3 Si pensamos no solamente en la estructuración correlativa del *Summationsschema* sino en la totalidad de la organización quiástica de aquel discurso (con la proliferación de detalles estilísticos menores que se nos presentan a todo rato en la superficie del parlamento), vemos muy claramente que aunque el 'mensaje' del príncipe sea (en la verdad) bastante sencillo —'¡Dame la muerte!'— Calderón nos lo ha comunicado en una estructura verbal cuya superficie se complica retóricamente a más no poder. Creo que podemos concluir, sin cavilar, no solamente que la argumentación lógica se caracteriza efectivamente —debajo del intrincado tejido de la retórica— por su extremada sencillez, sino que lo esencial del placer estético e intelectual que tales discursos pueden proporcionar debiera de hallarse precisamente en la interacción entre esta sencillez y aquella complicación: entre el movimiento incesante de la superficie y la rigidez de la estructura lógica que la sostiene, tal como en una fachada barroca, atendiendo siempre al *ornato* mientras se fuera asegurando la *firmeza*.

13.4 Esta misma interacción entre extremada sencillez y el afán de complicar la superficie de las cosas se manifiesta igualmente a otro nivel superior —el de la obra entera— gobernando la naturaleza de las relaciones entre *tema* y *acción* en la estructura total de cualquier comedia del Siglo de Oro (pero sobre todo en aquellas de Calderón, que llevan estas tendencias estéticas más allá que las de cualquier otro dramaturgo). Un largo discurso de Calderón, como el que hemos estado estudiando, viene a ser algo a modo de una versión miniaturizada de sus obras tan hábilmente organizadas: un imagen reducido del conjunto, cuyo estudio puede ayudarnos a apreciar la organización de una comedia en su totalidad, la cual no es sino una manifestación todavía más compleja de los idénticos principios estéticos.

13.5 Estos mismos principios no son, a fin de cuentas, otra cosa que el fiel reflejo de la cosmovisión a la cual tantas veces hemos tenido que aludir: una visión del mundo en que la realidad misma (la realidad del macrocosmo en que vivimos) queda estructurada del mismo modo, siguiendo la sencillez sublime del mismo modelo ejemplar divino que se ha diversificado simétricamente al multiplicarse cuando se impusiera sobre todo lo creado en la vasta *analogia entis* (el *ergänzende Vergleich* de Kommerell 1946: 16) dentro de cuyas reticulaciones cósmicas cada cosa tiene su lugar, determinado por un cálculo poético como si la cosa misma pudiese hablar y declararnos 'seine Sphäre, seine Mitte und sein Bezug zum Ganzen' (19). De ahí que el mundo del artista llegue a constituir una 'segunda verdad'.[66]

---

66. Flasche 1958: 627 ('Kommerell sprach von Calderóns Bemühung, den Ort eines Dinges im kosmischen Netzwerk zu bestimmen, von der Welt als Pracht, und der Welt der Bilder als zweiter Wirklichkeit').

13.6   Pero lo dicho sugiere una tranquilidad la cual está ausente del arte barroco: siempre hay que acordarse de otro elemento, que es el que contribuye el *frisson* a sus experiencias estéticas. Si se me pregunta por qué aquel siglo encontraba el máximo grado de placer estético-intelectual en esta intrincada interacción entre la complejidad de una superficie sobremanera confusa y la sencillez de un fondo de verdades expuestas con lógica clarividente, permítaseme traducir la relación *acción–tema* —verdadero eje de la creación dramática— a los términos de la *tensión* que se halla al centro de la manera barroca de experimentar aquella cosmovisión en la realidad vivida: la tensión y el conflicto entre la confusión a la vez halagadora y aterrante de las apariencias (el mundo del *parecer*) y la sencillez de la realidad eterna y universal (mundo del *ser*) cuyos secretos sólo podemos vislumbrar de vez en cuando —por entre 'sombras y lejos'— en esta vida.

13.7   Esta tensión es el producto del conflicto entre la complejidad de lo que Stephen Gilman ha llamado *el mundo vitalmente percibido* y la sencillez de lo que él llama *el mundo lógicamente concebido*: entre lo temporal y lo eterno, lo finito y lo infinito, los 'hechos' (o verdades particulares) de la Historia (sea verdadera o fingida: no importa) y las verdades generales (los 'universales' de la Poesía) que constituyen a la vez el objeto de la *imitación* y el marco general del *Weltbild* que nos ha ocupado tanto.[67] Este es un marco a la vez para el arte y para la vida, dentro del cual las situaciones particulares de la vida humana se analizan y miden por reglas generales y los actos individuales de los hombres se juzgan a la luz de los valores absolutos pregonados por la filosofía moral, cada caso concreto dilucidándose por irlo relacionando a los principios de que depende (tal como en los manuales de la casuística) sea en el mundo de la vida verdadera, sea en el mundo ficticio (pero no por eso *menos* sino —¡quizás!— *más* verídico) que se nos escenifica con tan halagadora brillantez en las comedias de un don Pedro Calderón.

*   *   *   *   *

APÉNDICE: TIPOS DE ENTIMEMA

COMO SE HA DICHO en la nota 17 (véase página 72), la palabra *entimema* ha sido empleada en por lo menos siete sentidos distintos durante la larga historia de la Retórica. Ya que ejemplos de todos ellos ocurren en nuestro discurso, conviene poder referirnos a ellos como *entimemas del 2° tipo, del 5°*, etcétera, sin tener que considerar sus historias en el momento de encontrarlos: de ahí la conveniencia de resumir lo esencial de la historia semántica del término en un Apéndice. Pero nótese que el llamarlos nosotros así no significa que Calderón hubiese empleado el mismo término *entimema* para designar todos estos fenómenos retóricos distintos, ya que varios de ellos tuvieron distintos nombres específicos en las Retóricas humanísticas de los siglos XVI y XVII.

El estudio de Kommerell todavía tiene mucho que ofrecernos, si estamos dispuestos a leerlo bien y aprovecharnos de lo que él supo vislumbrar tan claramente.

67.   Para Gilman, 'the pervading and tragic duality of the Baroque' estriba no en 'the dual presence of heaven and earth in Baroque style', sino en 'a derived and more revealing duality, that of the world as it is vitally perceived against the world as it is logically conceived' (1946–47: 88). Su trabajo es fundamental para nuestra comprensión del Siglo de Oro.

1. En su *Rhetorica*, Aristóteles atribuye un sentido muy general a la palabra, empleándola para designar cualquier *silogismo* usado en un contexto retórico (o sea cuando se lo empleara *para persuadir*), y esto sin menoscabo de que siguiera constituyendo —siempre que se tratara de un silogismo válido— una *demostración lógica*: toda *demostración lógica* puede ser un modo de persuadir, aunque no todo *modo de persuadir* constituya una demostración lógicamente convincente. El filósofo afirma: 'Cualquiera que consiga persuadir por probar (algo) lo hace, efectivamente, empleando o entimemas o ejemplos: no hay otro modo de hacerlo; y ya que cualquiera que pruebe algo tiene que emplear o silogismos o inducciones... síguese que los entimemas sean silogismos y los ejemplos inducciones' (*Rhet.* I.2 – 1356b). De ahí que diga también: 'Llamo el entimema un silogismo retórico, y el ejemplo una inducción retórica', afirmando 'con respecto a la persuasión conseguida por pruebas, o por pruebas aparentes', que 'así como en la dialéctica hay por una parte la inducción y por la otra el silogismo o el silogismo aparente, lo mismo sucede en la retórica: el ejemplo es una inducción, el entimema es un silogismo, y el entimema aparente es un silogismo aparente' (1356a–b). A pesar de que Aristóteles haya empleado el término así, en el cuerpo del presente estudio se emplea el término *entimema* solamente en los diversos sentidos más restringidos que se exponen a continuación, excluyendo su empleo en este primer sentido para poder distinguir claramente entre *lo que quede demostrado lógicamente por un silogismo válido*, y *lo que no pase de ser un mero modo de persuadir*.

2. *Entimema = argumento de tipo silogístico que consta de dos proposiciones solamente.* Teóricamente, la que se omite puede ser cualquiera de las tres, pero suele ser aquella de cuya verdad hay menos duda: suprimir la *conclusión*, por ejemplo, puede añadir cierto énfasis dramático a una consecuencia tan obvia que el referirla constituyera una especie de anticlímax, pero es más común omitir una de las dos *premisas* (o por ser notoria, o porque sea deseable —por alguna que otra razón— no tener que formularla abiertamente), y lo más frecuente es que la omitida sea la *mayor*. Este sentido —el único admitido por Covarrubias (1943: 524b)— parece tener su justificación en la *Rhetorica* de Aristóteles: 'El entimema debe consistir en pocas proposiciones, y con frecuencia menos que las que forman el silogismo normal, porque si cualquiera de estas proposiciones es un hecho notorio, no hay siquiera necesidad de referirla: el oyente la añade por sí mismo' (*Rhet.* I.2 = 1357a). Muchas veces se la atribuye, sin embargo, a un malentendido ya presente en Boecio (año de 524), habiéndose interpretado una descripción del *entimema* como *silogismo imperfecto* pensando que se refiriera a la forma, y no al contenido (véase Whately 1849: 265). La verdadera descripción aristotélica aludida es esta: 'un entimema es un silogismo que parte de probabilidades o de signos' (*Analytica priora*, II.27 = 70a), o sea que abarca dos sentidos parecidos pero distinguibles, que llamaremos *entimemas del 3° y 4° tipo*. Por el haberlos tratado simultáneamente Aristóteles, asimismo, se han descrito y distinguido juntos en este párrafo antes de reformularlos separadamente en los dos párrafos que siguen.

3. *Entimema = silogismo que parte de probabilidades*, siendo la *probabilidad* 'una proposición generalmente aprobada: algo que los hombres saben... que suele suceder así' (*Analytica priora*, II.27 = 70a); y

4. *Entimema = silogismo que parte de signos* (o *señales*: el término empleado por Calderón, por ejemplo, en el v.452 de nuestro discurso), siendo el *signo* algo que 'significa una proposición o necesariamente o generalmente aprobada, así que cualquier cosa tal que si se es pues

tal otra ha de ser (o si ha venido a ser, la otra tiene que haber venido a ser o antes o después) es signo de que la otra o sea o haya venido a ser' (II. 27 = 70a). Este cuarto sentido tiene su fundamento, por lo tanto, en cosas particulares, que se cree que justifican o un *principio general* u otra cosa también *particular*, y procede *inductivamente* (mientras el anterior se basaba sobre una proposición general la cual es habitualmente —pero no necesariamente— valedera, procediendo entonces *deductivamente* por aplicarla al caso concreto del cual se trata). Ambos tipos de argumento podrán *persuadir*, pero no demuestran nada.[68]

Entre los latinos, el término se usó en dos sentidos más:

5. *Entimema = sacar una conclusión de su contrario* (por ejemplo, Quintiliano, VIII. 5.9): entre los retóricos renacentistas este tipo de argumento llamábase también *contrarium* y *oppositio* (véase Sonnino 1968: 62–63: libro útil, aunque demasiado simplista en su manera tajante de resolver —o pasar por alto como si no existieran— las muchas controversias terminológicas de la época); y

6. *Entimema = terminar un periodo retórico con una antítesis chocante* (Cicerón, *Topica* XIII).

7. *Entimema = cotejo detenido de las circunstancias de un ejemplo con las circunstancias parecidas del caso.* Este es el sentido subrayado por uno de los mejores manuales de predicadores publicados en el siglo XVI en España: la *Rhetorica cristiana o ídea de los que dessean predicar con espíritu, y fruto de las almas*, del P. Juan Bautista Escardo, S.J. (1647). El P. Escardo, citando la *Rhetorica* de Hermógenes, lo describe llamándolo 'un genero de argumento, que sube de punto la razon, y aprieta la dificultad que se ventila, tanto quanto se puede apretar: *Enthymema est, ad summum perducta ratio*'; y agrega que esto se consigue 'cotejando las circunstancias de un exemplo trahido en confirmacion de nuestro intento, con las circunstancias que concurren, en el caso de que hablamos'. A continuación, el P. Escardo contrapone al *entimema* el *epentimema*, que es una forma de argumento construido sobre la base del mismo *entimema* (en este su 7° sentido) que uno acabara de emplear: 'Epentymema es otro argumento que aprieta mas nuestra razon descubriendo alguna diferencia en las circunstancias del exemplo trahido, y la cosa que se trata. Y quanta mas diferencias se descubrieren, o mas circunstancias se ponderaren en favor de nuestro intento, mejor será, y mas eficaz la persuasion' (capítulo 14, fol. 48 v). Hásele citado al P. Escardo *in extenso*, porque sus observaciones parecen resumir cierta orientación bien evidente en Calderón, y que se acentúa notablemente en la estética conceptista (véanse §3.5, §6.2, y página 88, nota 36).

---

68. Salvo en el caso de que el *signo* sea de aquellos que Aristóteles llama 'infalibles' en la *Rhetorica*: 'Entre los *signos*, el primer tipo se relaciona a la afirmación que apoya, tal cual lo particular a lo universal: el otro, tal cual lo universal a lo particular' (*Rhet.* I. 2 = 1357b), pero entre *los del primer tipo* los hay *falibles* e *infalibles*: 'Supongamos que se dijera *El hecho de que Sócrates fuera sabio y justo es un signo de que los sabios son justos*: aquí sí que tendríamos un signo, pero a pesar de que la proposición [referente a Sócrates] sea verdadera, el argumento puede refutarse ya que no constituye un silogismo (válido); supongamos, en cambio, que se dijera *El hecho de que tiene fiebre es un signo de que está enfermo*...: aquí tenemos un *signo infalible* (el único tipo que puede constituir una prueba completa) ya que es del único tipo que no podrá refutarse, siempre que la proposición (i.e. *tiene fiebre*) sea verdadera. El otro tipo de *signo*, relacionado a la proposición que apoya cual lo universal a lo particular, puede ilustrarse por decir *El hecho de que respira rápidamente es un signo de que tiene fiebre*: este argumento también puede ser refutado, a pesar de que la proposición tocante al respirar rápidamente sea verdadera, ya que un hombre puede respirar rápidamente sin tener fiebre'. Tocante a las probabilidades, Aristóteles agrega en la *Rhetorica* la aclaración siguiente: 'Una *probabilidad* es algo que suele suceder: pero no (como ciertas definiciones sugieren) cualquier cosa que suela suceder, sino tan sólo si pertenece a la clase de lo *contingente* o *variable*; y se relaciona a lo que se afirma ser probable (i.e. el caso concreto al cual se aplica dicha *probabilidad*) como lo universal a lo particular'.

IV: LA CASUÍSTICA COMO FACTOR ESTRUCTURI-ZANTE EN LAS COMEDIAS DE CALDERÓN

1. Cosmovisión, comedia, casuísitica

1.1 EN CIERTO SENTIDO, toda gran obra teatral sirve 'para ilustrar una verdad general por medio de un ejemplo específico', como de *King Lear* un notable crítico dramático inglés —Kenneth Tynan (1958)— cuya memoria yo quisiera recordar aquí. Pero hay determinadas épocas y sociedades cuyo teatro trasluce sus verdades generales de un modo más consciente y más obvio que otras: bajo ese respecto, el caso de la comedia del Siglo de Oro español es notorio. Tal como la sociedad jerárquica que lo creó, el teatro del Siglo de Oro —que la sirve, la instruye y la divierte— siempre parece transparentar la cosmovisión jerárquica y bien ordenada de la época (organizada a base de sus tres conocidas series de correspondencias analógicas: entre macrocosmo y microcosmo, entre el microcosmo o individuo humano y el organismo social, y entre éste y los diversos reinos constitutivos del macrocosmo sobre los distintos escalones de la escala del ser).[1] Cada comedia parece haber sido concebida dentro del marco rígido de aquella cosmovisión general, al cual se le relaciona explícitamente (como ya sugerí: Pring-Mill 1961: vii–ix) por la red de sus metáforas, por el empleo de alusiones mitológicas dotadas de una fuerza alegórica, y por medio de sus múltiples sentencias, las cuales sirven para relacionar las situaciones particulares o reglas generales y para justipreciar la conducta particular a la luz de normas y valores absolutos (véase Pring-Mill 1962b).

1.2 En el vasto campo del teatro del Siglo de Oro, sin embargo, las obras de Calderón parecen destacarse por haber sido construidas dentro de aquel marco de una manera muy especial, siguiendo un procedimiento bien definible, con la finalidad de constituir ilustraciones concretas de una o más de aquellas normas o reglas generales, ejemplificadas detenida y analíticamente en casos particulares: casos cuyo desarrollo obedece su propia lógica estricta, con una subordinación absoluta de la acción de la pieza al tema. Es un procedimiento que me recuerda las técnicas de la casuística de la época: sus comedias (o por lo menos sus comedias serias, aunque Calderón me parece emplear las mismas *fórmulas estructurales* en las otras) parecen haber sido concebidas casuístamente ya desde un principio, en cuanto se hallan construidas en torno a la ejemplificación de principios abstractos en casos concretos, los cuales se estudian sobre el tablado mediante la aplicación analítica de los mismos principios que habían dictado su composición. Aunque se elaboren dramáticamente, en términos netamente teatrales, estos casos me parecen haber sido construidos del mismo modo que los múltiples casos de conciencia ficticios que tanto abundan en los manuales de los casuistas. De ahí el título y propósito del presente ensayo, en el cual se

---

1. Hasta cabía arguir *per analogiam* —y con algo más que una fuerza puramente metafórica— desde los reinos naturales a los deberes del monarca de un reino humano, tal como lo hace el príncipe Fernando al rey de Fez: ver Capítulo III, arriba.

pretende estudiar el funcionamiento de la casuística como 'factor estructurizante' (*form-bildender Faktor*)[2] en las comedias de Calderón.

1.3   Mi modo de estudiar cómo funciona este factor queda netamente dentro de la línea de la crítica calderoniana de habla inglesa: escuela cuya metodología se fue elaborando en los estudios de E. M. Wilson, W. J. Entwistle (mi propio maestro en este campo) y A. A. Parker, y cuyos estudios críticos se han caracterizado durante varias décadas por su empleo del *análisis temático-estructural*, término que yo acuñé en un estudio general de su evolución (véase Capítulo I, arriba). En esta ocasión, tendré que volver a valerme de tres de los cinco principios formulados por Parker (1957 etcétera): 'el predominio del tema sobre la acción' (2° principio); 'la subordinación del tema a una finalidad moral por el principio de la justicia poética' (4° principio); y 'la elucidación de la finalidad moral por medio (del estudio) de la causalidad dramática' (5° principio), o sea el examen de las relaciones causales observables en el campo de la *acción* como medio para determinar la naturaleza de la *finalidad moral* atribuída a dicha *acción* en su manifestación concreta del *tema* abstracto.[3] Aquellos tres principios me proporcionan un total de cinco términos críticos ya bien conocidos en este campo (*tema* y *finalidad moral* sobre el nivel universal, la *acción* particularizada que las ejemplifica, y dos principios de organización que sirven para estructurar aquella acción en su subordinación al tema: v. g. la *causalidad dramática* y la *justicia poética*) de los cuales yo me voy a servir —siempre en su sentido parkeriano— para dilucidar la función estructurizante de los procedimientos casuísticos en el teatro calderoniano.

1.4   La comedia del Siglo de Oro suele tener, según Parker, lo que él llama una 'acción completa', por lo cual se entiende no solamente 'una acción bien integrada' sino 'una acción que tiene un sentido total, una acción que muestra un tema que pueda aislarse de la acción y formularse de una manera universal como un juicio importante sobre algún aspecto de la existencia humana' (1957: 5; el texto inglés se reproduce arriba en la página 20, nota 11). Ahora bien, tales temas suelen reducirse a lugares comunes cuando se les aisla de la acción dramática: para que puedan volver a cobrar la plena fuerza de 'un juicio importante' hay que haberlos renovado de alguna manera sorpresiva (desfamiliarizándolos, por así decirlo) al darlos su forma dramática concreta. En el caso de las comedias serias de Calderón, el cual siempre parece haber querido imponer sus temas sobre el auditorio con ejemplar fuerza didáctica, diríase que la construcción de cada pieza responde al fin bien preciso de incorporar una —o más— de estos juicios generales en una serie de episodios particulares de tal modo que la moraleja pueda volver a cobrar su pleno sentido aleccionador gracias a la demostración dramática de su validez en un determinado *caso* particular: un *caso concreto* que manifiesta, y por ende corrobora, el *principio abstracto* que se le hubiera construído para confirmar y enseñar. Éste es el rasgo que más me recuerda los procedimientos de los casuistas, pero ya veremos que este modo de enfocar la estructuración dramática calderoniana nos puede aclarar diversos aspectos de su modo de proceder, y esto

---

2.   Al agregar la frase alemana 'formbildender Faktor' entre paréntesis, se ha querido indicar que la frase 'factor estructurizante' se está empleando aquí en el mismo sentido en que Curtius empleó aquélla, al hablar de la función estructurizante de la numerología simbólica en la literatura medieval (1948: 496). Así quisiera señalar, y reconocer, mis deudas (compartidas por todo romanista de mi generación) a la inspiración y modos de pensar de Curtius.

3.   Todos sus cinco principios se refieren a la comedia del Siglo de Oro en general, pero siempre me han parecido cobrar su máximo valor en el campo del teatro serio de Calderón. Para un comentario sobre su aplicabilidad en el caso de Lope, ver Pring-Mill (1961), y para su papel en la evolución de 'los métodos del análisis temático-estructural' dentro del calderonismo británico, véase el Capítulo I, arriba.

sobre varios de los niveles de integración de los significantes —verbales y no-verbales— que se conjugan para constituir la totalidad de cualquiera de sus obras maestras.[4]

1.5   La casuística se define como aquella parte de la ética que resuelve los casos de conciencia mediante la aplicación de las reglas generales de la teología moral a situaciones particulares (y mayormente a aquellas que presentan alguna que otra circunstancia particular, o algún conflicto entre distintos deberes). Esta subdivisión de la ética recibió su más poderoso impulso durante la Contrarreforma de los teólogos morales españoles, y sobre todo en su desarrollo cada vez más sutil por los casuistas jesuitas cuyos juicios fueron resumidos en la famosa *Teología moral* del P. Antonio de Escobar satirizado tan sin piedad por Pascal en sus *Lettres provinciales*. En los colegios de la Compañía, la discusión de los casos de conciencia —presentados por dos o tres miembros de la comunidad bajo la supervisión del profesor de teología moral— había de tener lugar por lo menos dos veces por semana (según la *Ratio studiorum* de 1586 y 1599); y pudiérase decir que este análisis formal de un caso de conciencia en forma dialogada (llevado a cabo mediante la aplicación de principios generales a cada circunstancia particular, con intervenciones y distingos sostenidos por varios locutores que tomaban lados opuestos sólo para colaborar en la resolución del caso) representaba una extensión a este campo práctico de la técnica de la *disputatio* tradicional, tan prominente en la pedagogía de la nueva escolástica que dominaba la enseñanza en las universidades españolas de la época. Además, ya desde antes de la muerte de San Ignacio en 1556 se celebraban cursos públicos sobre los casos de conciencia en casi todos los colegios jesuitas, y conviene recordar que Calderón fue alumno del famoso Colegio Imperial de la Compañía de Jesús en Madrid durante cinco años, antes de ir a estudiar en las universidades de Alcalá de Henares y Salamanca (véase Bouvier 1924).

2.   Extremidad, objetividad, silogismo dramático

2.1   HABLANDO DE 'cas de conscience', el P. Dublanchy nos dice (1905) que se le puede definir como 'un fait concret réel ou fictif, individuel ou social, pour lequel on décide, conformément aux conclusions de la science théologique, l'existence ou l'inexistence de certaines obligations morales', añadiendo que las obras de casuística 'ne traitent que des cas au moins partiellement fictifs' y agregando que el caso ficticio puede ser 'ou un cas réel dont on a omis par prudence quelques particularités, ou un cas *absolument artificiel, métho-diquement combiné*' —lo subrayado es mío— 'dans le but d'exercer le jugement théologique sur l'application des conclusions de la théologie morale'. Lo mismo pudiera decirse, según mi parecer, del modo y de la finalidad de la construcción de cualquiera de las comedias serias de Calderón. Volveremos sobre este punto después, pero por ahora sólo quisiera destacar dos consecuencias importantes de esta manera de proceder: por una parte, nos explica la aparente exageración de muchas de las situaciones centrales; por la otra, exige la máxima objetividad juiciosa por parte del auditorio (o lector) si no se ha de falsear el sentido de sus obras. Miremos ambos puntos de cerca.

2.2   Por una parte, la violencia de la situación se explica en cuanto había que tomar un caso extremo para que la demostración de una tesis abstracta fuese concluyente (para que se viera claramente que la regla abarcaba todos los casos imaginables). Tomemos, por

---

4. Everett W. Hesse publicó un estudio de 'La dialéctica y el casuismo en Calderón' (1953b), pero no intentó hacer hincapié en las implicaciones para el estudio de Calderón de los métodos de la construcción y solución de los 'casos de conciencia' en los manuales casuistas.

ejemplo, la situación de Eusebio en *La devoción de la cruz*: aquí, una de las cosas que se discuten —no quiero decir que sea necesariamente el punto principal— es la salvación del pecador que se arrepienta al final de su vida, o, por ponerlo en los términos de una de las controversias más notables entre teólogos católicos y protestantes, si basta el arrepentimiento para lograr la salvación o tienen que concurrir con aquél las buenas obras. En la comedia, vemos el caso de un hombre aparentemente muerto sin haberse arrepentido y melodramáticamente 'resucitado' para que pueda confesarse, ser absuelto, y morir en estado de gracia. Si éste se salva, la regla no puede tener excepción alguna: vale para quien se arrepintiese a la undécima hora, o un día (o un mes, o un año) antes de morirse. Pero si Calderón hubiese tomado el caso de un hombre que se arrepintiera un año (o un mes, o tan sólo un día) antes, el hecho de que éste se salvara (quedándole algún tiempo, por breve que fuese, para validar su arrepentimiento con algunas buenas obras) no hubiera establecido la salvación de quien se arrepintiese *in extremis*. La *extremidad* de un caso como el de Eusebio (si se me permite el juego de palabras) no es, por lo tanto, tan sólo un recurso melodramático sino *una necesidad* de la demostración teológica.

2.3   Por la otra parte, la recta interpretación de estos casos concretos requiere del auditorio la objetividad del juez que escucha los argumentos de la defensa y de la prosecución en una corte, del *magister* que preside la confrontación del defensor y el opositor en una disputación, o del profesor de teología moral que dirigía la discusión bisemanal de casos de conciencia. De hecho, no creo que pueda percibirse rectamente el sentido total de una comedia calderoniana —la *finalidad moral* inherente en el tema y que se pone de manifiesto a través de la *acción*— sin haber visto y considerado la acción en su totalidad, apreciando rectamente la operación del principio de la *justicia poética* en cuanto se haya llegado a comprender a fondo la *causalidad dramática* que ha dictado y controlado todas las relaciones entre todos los personajes. No habría que subrayar la necesidad de ser objetivos si no fuese por nuestra moderna tendencia a identificarnos con el protagonista (tendencia, a mi ver, totalmente ausente en el Siglo de Oro): ninguno de los personajes mismos puede ser objetivo (salvo en el caso de otorgársele a uno de ellos, al final de la obra, el papel del juez que dicta su arbitrio sobre lo sucedido), porque todo personaje será *parcial* (y parcial en su propio favor, además) ya que sólo tiene una *vista parcial* de lo que está sucediendo, juzgando las circunstancias que percibe exclusivamente desde su propio punto de vista.

2.4   Identificarse con cualquiera de los personajes es como si el juez se pusiera del lado de la defensa o de la prosecución, en vez de buscar la verdad que se esconde debajo de todos los hechos aducidos, tan distintamente interpretados y coloreados por los diversos testigos. Un breve ejemplo: en *La vida es sueño*, no hay nadie más que Segismundo que dude de la realidad objetiva del mundo material, y éste sólo lo hace al final de la segunda jornada y a comienzos de la tercera, haciéndolo —además— sólo como resultado de una trampa, al creer lo que Clotaldo le dice cuando éste le asegura que su día en el palacio había sido un sueño, lo cual es una mentira (como lo saben muy bien Clotaldo, Calderón y el auditorio: véase Capítulo II, arriba). Pero si nos *identificamos* con Segismundo es muy posible quedarse en este punto sin seguir más adelante con la demostración calderoniana (la cual seguirá redefiniendo la metáfora del título hasta que sepamos que la vida sólo es sueño en cuanto 'toda la dicha humana... pasa como un sueño': vv. 3313–14) y seguir creyendo —como lo hicieron tantos de los lectores e intérpretes románticos de la obra— que Calderón nos estaba predicando el carácter ilusorio de toda la experiencia humana.

Mientras que, bien mirado, la acción de la comedia no solamente nos conduce a una perfecta definición del sentido auténtico del título sino que constituye una acertada demostración de cierta tesis bien específica con respecto a las relaciones entre el hado (visto como la serie de situaciones producidas para el individuo por la interacción de las causas secundarias, las cuales naturalmente incluyen las consecuencias de sus propias decisiones anteriores) y el libre albedrío. Volveremos a *La vida es sueño* después: por ahora, el caso de Segismundo sólo se ha citado como ejemplo de los peligros del identificarse con un protagonista —a lo moderno— y de la consiguiente pérdida de la juiciosa *objetividad* casuista.

2.5   Volvamos al tema central: la naturaleza de la actitud casuista que me parece entrever a través de los episodios de una comedia, y sus consecuencias estructurales (sobre todo con respecto a la relación entre *acción* y *tema*). Los *casos de conciencia* se deciden por un *juicio de la conciencia*, y Santo Tomás de Aquino nos explica en sus *Quaestiones disputatae* (Q. XVII art. 2) —bajo la rúbrica 'Utrum conscientia possit errare' y bajo la rúbrica 'Utrum ignorantia possit esse causa peccati' en la *Summa theologica* (Iª. IIae. LXXVI, art. 1) que todo juicio de la conciencia es la *conclusión* de un silogismo particular, cuya *premisa mayor* afirma un principio general, mientras la *premisa menor* establece un hecho concreto al cual se aplica aquel principio (véase Dublanchy 1905). Me parece que lo mismo pudiera decirse de una obra calderoniana, pero a dos niveles.

2.6   Sobre un nivel inferior, esto pudiera decirse de todas las decisiones individuales tomadas por los personajes. Es en este sentido que Sloman habló de casuística en las obras de Calderón en 1958 (302), al señalar que la casuística era uno de los rasgos cuya presencia o auge distinguía las refundiciones calderonianas de las obras refundidas, pues en los textos calderonianos los personajes solían enunciar reglas de conducta para luego aplicarlas al caso concreto, viéndose confrontados repetidas veces por obligaciones incompatibles, cuya fuerza respectiva solían ponderar al irlas contrastando explícitamente en monólogos o en apartes.[5] Pero para mí el aspecto casuista va mucho más allá, y cuando dije en 1959 (en una recensión del citado libro de Sloman), que el Calderón que nos había sido revelado por los ingleses era 'un casuista dramático, ilustrando temas o principios universales por casos concretos que se desarrollan meticulosamente hasta llegar a sus conclusiones lógicas con una subordinación estricta de la acción al tema' yo ya estaba pensando en otro nivel bien superior: aquel de la concepción total de la obra.

2.7   Sobre este nivel, me parece que lo que Parker nos ha dicho de las relaciones entre *acción* y *tema* puede aclararse más todavía —por lo menos con respecto a las comedias serias de Calderón— si se le mira a la luz de la resolución de los casos de conciencia en la casuística: hasta me atrevería a afirmar que lo que Santo Tomás nos ha dicho sobre la naturaleza de los juicios o decisiones de la conciencia puede referirse directamente a la relación entre *tema* y *acción*, en la concepción total de una de estas obras. Cada una de estas comedias también pudiérase considerar como un silogismo —un *silogismo dramático*— cuya *premisa mayor* es el *tema* en su sentido parkeriano, siendo su *premisa menor* la *acción* concreta que lo ejemplifica, y teniendo como *conclusión* silogística la *finalidad moral* cuya comunicación teatral al auditorio constituye el fin didáctico de la pieza.

---

5.   En tales casos la argumentación es, en efecto, netamente silogística (y las decisiones equivocadas de personajes cuyos errores luego se harán patentes suelen ser faltas de lógica: por ejemplo la argumentación desesperada de Julia después de bajar la escala en *La devoción de la cruz*, en que se emplea —inconscientemente— el mismo sofisma con que el Demonio intenta engañar a Justina en *El mágico prodigioso*).

3. Dilemas, tensiones, conflictos de deberes o valores

3.1 QUERIENDO CONCENTRAR inicialmente sobre la relación entre la *acción* y el *tema* (concebido del modo más general como una idea o tesis universal aislable de aquélla) he dejado de lado hasta ahora uno de los rasgos más importantes del empleo de la casuística, v. g. el hecho de que se la solía aplicar mayormente a aquellas situaciones que presentaban circunstancias particulares o conflictos de deberes. Era con respecto a los monólogos o apartes de los personajes confrontados por obligaciones incompatibles que Sloman habló (1958) de la casuística; pero lo que primero me condujo a considerar este aspecto de las comedias calderonianas detenidamente había sido una observación muy aguda contenida en una recensión del libro anterior de Sloman (1950) publicada por Parker en 1952.

3.2 Una de las tesis de Sloman en su libro de 1950 sobre las fuentes de *El príncipe constante* era que la concepción del carácter de Fernando correspondía precisamente a la definición de la virtud de la *fortaleza* en la *Summa theologica*, pudiéndose decir que el tema de dicha comedia era de verdad más bien la fortaleza en sí que la historia particular del príncipe cautivo. Siempre reconociendo la exactitud de la correspondencia entre el príncipe y aquella virtud, Parker quiso señalar la existencia de cierto peligro en tal modo de estudiar las obras de Calderón a la luz directa de la teología moral:

> St Thomas's treatment of the virtues is schematic, a process of classification whereby human acts are ordered into certain relationships which enable them to be grouped under guiding principles. Such principles could be useful to Calderón, but, as a dramatist, his main interest lay beyond these schemes and centred in the tensions and conflict of values inherent in the situations of human life.

Y Parker terminó su reseña con la siguiente amonestación:

> There is perhaps a danger that Calderonian studies may be coming to attach too much importance to the scholastic background, tending to use the plays to illustrate doctrines instead of using doctrines, where relevant, as aids to the clearer understanding of Calderón's dramatic vision (as such, peculiarly his own) of the dilemmas and conflicts of human life.

¿Problemas, tensiones, conflictos de valores?, creo que todos tenemos que estar de acuerdo con Parker en que éstos (y no la sencilla ilustración de algo como una sola virtud, tal como la ejemplificación de la Fortaleza en la persona de Fernando) constituyen el verdadero centro de interés de toda comedia calderoniana; lo cual no quiere decir —sin embargo— que el dramaturgo mismo no haya podido estar concibiendo sus comedias como *ilustraciones doctrinales* de algo más complejo que una sola virtud, al fabricar tales conflictos como los ejes de las acciones de sus piezas.

3.3 De hecho, a medida que se van distanciando de la mera personificación de alguna que otra abstracción (técnica mas propia de los procedimientos netamente alegóricos del auto sacramental), los *casos concretos* en que se fundamenta la acción se nos van aproximando más y más a los *casos de conciencia* que forman la materia básica de la casuística: casos cuyo común denominador era precisamente la presencia de algún *conflicto de valores* que se tenía que resolver. Si es así, se nos empieza a complicar bastante la cuestión de la unicidad del *tema*: a pesar de que el tercer principio de Parker insista en que debemos buscar la unidad dramática de una comedia en su tema y no en su acción, ¿no pudiera haber complicaciones temáticas insospechadas en estos conflictos de valores, o quizás hasta una pluralidad de temas entretejidos en determinadas obras, como se habrá de ver después?[6]

3.4 Quiero subrayar la importancia de tales conflictos de valores o deberes, porque no creo que se haya justipreciado hasta ahora el papel que juegan en la construcción de la compleja red de nexos dramáticos que se va tejiendo sobre el tablado —ante nuestros propios ojos— entre la acción y el nivel temático de una obra. Su papel estructurizante se puede estudiar, según mi parecer, en tres campos distintos: primero, dentro del personaje individual (o sea sobre el nivel psicológico señalado por Hesse y Sloman); segundo, en el conflicto entre las actitudes contrastantes de dos o más individuos *con respecto a un mismo tema*; y tercero, en el acoplamiento estructural —a nivel de la *acción*— de distintos *casos concretos* cuyo enlace dramático produce una estructura netamente bipolar. Con respecto al primer nivel, tomaré como ejemplo básico la manera en que Pedro Crespo toma sus decisiones a la luz de una clara jerarquización de los valores, en *El alcalde de Zalamea*; en cuanto al segundo, me habré de referir de nuevo (§ 5, abajo) a *La vida es sueño*.[7]

4. Los conflictos intrapersonales y la jerarquización de los valores

4.1 EN LA CASUÍSTICA, recordemos que los conflictos de valores se resolvían mediante la aplicación de las conclusiones de la 'science théologique', las cuales —bien aplicadas— pueden servir para establecer la presencia o la ausencia de determinadas obligaciones morales y para decidir la prioridad que hay que observar entre las que están presentes. Del mismo modo, el conflicto de valores dentro de un personaje calderoniano se resuelve al establecer la debida *jerarquía de valores* que éste debe respetar. Consideremos la jerarquización de los valores en las palabras y acciones de Pedro Crespo, y empecemos recordando los cuatro versos más conocidos de la obra, dichos por éste en la primera jornada:

> Al rey la hacienda y la vida
> se ha de dar; pero el honor
> es patrimonio del alma,
> y el alma sólo es de Dios. (vv. 873–76)

Ya tenemos ahí la primera fase de la jerarquización de los valores, a dos niveles: la 'hacienda' y la 'vida', sobre un nivel inferior, se han de dar al rey; pero el 'honor', en cuanto 'patrimonio del alma', pertenece al nivel superior de la relación entre el alma y Dios.

4.2 Ahora bien, cabe preguntar ¿de qué honor se trata, en esta declaración tan contundente? Pues hay, como es consabido, dos tipos de honor, uno superior (el de la virtud —de la integridad moral— el cual está en las manos del individuo) y otro inferior: el de la mera reputación (perdible por acción propia, esto sí, pero que también puede perderse sin culpa moral alguna por la acción de los demás).[8] Más adelante, hay una situación en que las

6. Idea ya sugerida en el Capítulo I del presente volumen (páginas 20–21), el que data de 1968, habiéndose expuesto algo más detenidamente en una conferencia inédita de 1964: precursor ya remoto del presente estudio, habiéndose ido desarrollando en varias versiones intermedias antes de cuajar aquí en forma ya definitiva. El autor ha aprendido mucho de los comentarios recibidos, y quisiera agradecer a cuantos han intervenido en la evolución de sus ideas en Alemania, Inglaterra, Chile y los Estados Unidos.

7. En el Capítulo I me limité a hablar de las sucesivas contribuciones de mis predecesores, tomando su progresiva dilucidación de *La vida es sueño* como ejemplo del desarrollo de 'los métodos del análisis temático-estructural'; para mis propias ideas sobre Basilio y Segismundo, véase Capítulo II.

8. La distinción verbal que se ha intentado establecer entre los dos, a base de la dualidad de términos *honor* y *honra*, nunca me ha convencido plenamente, ya que parecen emplearse como sinónimos en muchos textos del Siglo de Oro.

acciones (o, mejor dicho, la inacción) de Pedro Crespo establece la debida distinción que esperábamos: violada Isabel, ésta piensa que su padre la habrá de matar, creyendo que la reputación vale más que la vida; pero su padre no la mata porque su hija había resistido al capitán, y su honor personal —su *honor-virtud*— sigue intacto. Éste es, por consiguiente, el honor que es superior a la vida, constituyendo aquel 'patrimonio del alma': la decisión de Pedro Crespo, por ser la contraria de aquella que Isabel esperaba de él, ha servido para establecer esta segunda distinción para nosotros, y ésta es la segunda fase de la jerarquización.

4.3   Pero, ¿es que Pedro Crespo despreciaba la reputación? No, pues aunque subordinase la reputación a la vida, subordina la hacienda a la reputación en un encuentro posterior, ofreciéndole al capitán:

> toda mi hacienda,
> sin que para mi sustento
> ni el de mi hijo
> reserve un maravedí.   (vv. 2266–68, 2270)

Hay más: no sólo le ofrece su hacienda sino también su libertad (como también aquella de su hijo):

> Y si queréis desde luego
> poner una S y un clavo
> hoy a los dos y vendernos,
> será aquesta cantidad
> más del dote que os ofrezco.   (vv. 2275–79)

Todo esto, con tal de que el capitán consienta a restaurar 'una opinión | que [había] quitado' (vv. 2280–81). Tercera fase de la jerarquización de valores, y por lo tanto del ejemplo moral que Pedro Crespo nos está proporcionando.

4.4   Y cuando el capitán rehusa el matrimonio propuesto, ¿es que Pedro Crespo habrá de tomar venganza para limpiar su honor? No, pues le hace ajusticiar —obrando como alcalde y no como individuo— quedando deshonrado según las leyes del honor (si es que le concedemos al campesino Crespo el derecho al *honor-reputación* que el capitán le niega, pero que el mismo Crespo ha demostrado valorar más que la hacienda y aun la libertad). Al hacerle ajusticiar, Crespo ha subordinado a la vez la venganza a la justicia, y su propia causa a las obligaciones que tiene para con la sociedad de que forma parte (y parte superior y ejemplar, por virtud de su cargo). Otro conflicto de valores, por lo tanto, que se resuelve jerárquicamente.

4.5   Y el último comentario sobre el valor de la reputación viene en otra distinción establecida en palabras que se han solido pasar por alto como banales. Al preguntarle don Lope de Figueroa:

> ¿No fuera mejor hablarme,
> dando el preso, y remediar
> el honor de vuestra hija?

Crespo le contesta:

> En un convento entrará;
> que ha elegido y tiene esposo,
> que no mira en calidad.   (vv. 2740–45)

Perdida su reputación, Isabel no podría aspirar a casarse con ningún hombre de la vecindad; pero, virtuosa en el alma, sigue siendo bien digna de desposarse con Nuestro Señor. ¿Qué comentario más cristiano pudiera haber sobre el valor relativo de los dos tipos de honor?

4.6   Hay, claro está, mucho más que esto en *El alcalde de Zalamea*: me he limitado a hablar exclusivamente de la jerarquización de valores establecida por Pedro Crespo en sus palabras y en su propia conducta, sin decir nada de los conflictos entre su sistema de valores y aquellos de los otros personajes, ni de cómo estos *conflictos interpersonales* se resuelven al demostrarse la superioridad de su propio sistema. Cabe señalar, además, que he estado hablando de un ejemplo muy sencillo: conflictos de valores hay, en su caso, y entre sus distintas obligaciones, pero Pedro Crespo tiene pocas dudas que resolver. Las que se resuelven son más bien las nuestras, resueltas al mirarle poniendo sus propios principios en la práctica sin vacilación alguna. Más interesantes son los casos en que los individuos no saben cómo resolver el conflicto entre distintos valores hasta que el dramaturgo los instruya, empleando la *causalidad dramática* y la *justicia poética* para ir dilucidando sus problemas: casos como aquellos de protagonistas como Segismundo en *La vida es sueño*, Eusebio en *La devoción de la cruz*, o Cipriano en *El mágico prodigioso*, o los de las mujeres que son algo a manera de 'segundo protagonista' (si se me permite el término) en las mismas obras: Rosaura, Julia, Justina. O los dilemas de personajes todavía menores, como Clotaldo.

4.7   Ahora bien, lo que he venido diciendo sobre *El alcalde de Zalamea* se refería al nivel inferior de la obra: el nivel de las decisiones individuales. Al limitarme a las decisiones centrales tomadas por Pedro Crespo, sin embargo, se habrá visto que su propia jerarquización de los valores nos iba acercando cada vez más estrechamente al eje temático de la obra. Espero que se habrá podido constatar que esta cuestión del *tema* es bastante más complicado de lo que se pudiera haber pensado, y que sería bien difícil reducirlo a un solo 'juicio importante' sobre 'algún aspecto de la existencia humana' (como sería, por ejemplo, la mera afirmación de la superioridad del honor auténtico —*honor-virtud*— sobre la reputación exterior) sino que constituye un complejo de juicios estrechamente relacionados entre sí sobre la jerarquización de toda una serie de valores distintos en 'la existencia humana'. Habrá, quizás, algún juicio temático sobresaliente, al cual los demás estarían subordinados, tal como del lado de la acción el trama suele ser complicadísimo aunque Calderón siempre logre organizar sus distintos hilos y episodios por medio de la *causalidad dramática* parkeriana. 'Hilos' y 'episodios', dije, del lado de la acción. Pues bien: del lado del *tema* también hay, por decirlo así, los *episodios* de las múltiples decisiones individuales, e *hilos* constituídos por series de tales decisiones formando argumentos encadenados alrededor del eje temático central.

5.   Los conflictos interpersonales de actitudes y su resolución teatral

5.1   AL NIVEL de los conflictos interpersonales, me parece que cabe hablar de la dilucidación casuista de los conflictos entre las actitudes de dos o más individuos con respecto a un solo tema. Aquí, Calderón mismo emplea el principio de la *causalidad dramática* para organizar los sucesivos episodios de la *acción* de tal modo que se vaya vindicando la actitud correcta (cuya inculcación constituye la *finalidad moral* de dicho *tema*) por medio de la aplicación de la *justicia poética*: aplicación que habrá de involucrar la refutación de cada actitud incorrecta sobre el tablado, en cuanto vamos contemplando el desarrollo inevitable de las tristes consecuencias de cada error moral.

5.2 Baste un solo ejemplo, el de *La vida es sueño*, en que Calderón logra establecer su tesis principal con respecto a las relaciones entre el hado y el libre albedrío, contrastando las actitudes erróneas de Basilio (que son varias, a medida que se adelanta la pieza hasta su rendición final a las plantas de su hijo) —y aquella de Clarín— con la actitud correcta adquirida ya en la tercera jornada por Segismundo, el cual también se ha visto forzado a cambiar de actitudes varias veces. El texto básico es un discurso de Basilio que ya he estudiado en otra ocasión (Capítulo II, arriba), en el cual éste nos dice que ha querido traer a su hijo al palacio para:

> examinar si el cielo
>
> ...
>
> vencido
> con valor y con prudencia
> se desdice; porque el hombre
> predomina en las estrellas. (vv. 1102, 1108–11)

5.3 En el desarrollo posterior de la acción, vamos viendo en qué sentido Basilio ha carecido de *prudencia*, y cómo Clarín muere por su falta de *valor*, y la manera en que Segismundo (valiente ya desde la primera escena) adquiere la *prudencia* que muestra y perfecciona en la tercera jornada al reflexionar sobre lo que le ha sucedido en la segunda, en la cual perdiera su vida de palacio por mostrarse falto de *prudencia*: no por ninguna culpa suya, sino porque su padre —'tirano de [su] albedrío' (v. 1504)— le había negado la necesaria experiencia previa de las tensiones y los conflictos de valores con que el hombre tiene que enfrentarse a cada paso en las situaciones de la vida. No hay para qué repetir mi exposición anterior del modo preciso en que Segismundo aprende a refrenar sus pasiones y obrar prudentemente, pero sí cabe señalar que cada etapa de su desarrollo se establece casuísticamente: o por su propia argumentación interior, o por su interacción con otras personas y la resolución *a nivel de la acción* de los conflictos entre sus respectivas actitudes. Esto se obra bajo el control de una *causalidad dramática* tan ineluctable como lo fuera el destino clásico en cualquier tragedia griega, y la *justicia poética* del desenlace siempre me ha parecido a la vez perfecta y ejemplar.

6. A manera de resumen interino

6.1 RESUMAMOS LOS PUNTOS DE CONTACTO entre la estructuración de las comedias serias de Calderón y la casuística del Siglo de Oro que se han sugerido en este ensayo: primero, que en la *acción* de cada comedia se estudian 'casos concretos' que sirven para ilustrar los 'principios generales' de su *tema*; segundo, que estos casos —tal como los casos ficticios de un manual casuista— parecen haber sido 'méthodiquement combiné dans le but d'exercer le jugement théologique sur l'application des conclusions de la théologie morale', con la *finalidad moral* de instruir al auditorio (de ahí por una parte la *extremidad* del caso, y por la otra tanto la *objetividad* de su construcción como aquella que se requiere de nosotros); tercero, que la aplicación de 'principios generales' a 'casos concretos' es una operación silogística, lo cual se refiere no sólo a cada una de las decisiones tomadas por los personajes (decisiones con las cuales hemos de concurrir, o de las cuales tenemos que disentir si el razonamiento que las ha dictado es falaz) sino también al nivel del engarce total entre *acción* y *tema*, de modo que la comedia en sí parece poder describirse como un *silogismo dramático*; y, cuarto, que estos casos concretos no son sencillas ilustraciones de alguna que otra verdad general, sino que tienen que ver (tal como aquellos del casuista) con los conflictos de valores o deberes inherentes en las situaciones de la vida humana.

6.2   La resolución de tales conflictos se ha estudiado, hasta aquí, sobre dos niveles: el de la jerarquización de los valores en la resolución de conflictos intrapersonales; y el de la resolución teatral de los conflictos entre varias actitudes, protagonizadas por distintos personajes, a nivel de la acción misma de la pieza. La resolución recíproca de casos interdependientes como fórmula estructural se habrá de quedar para un futuro ensayo, en donde se tomará *El mágico prodigioso* como ejemplo del acoplamiento estructural de dos casos que parecen referibles a distintos temas, pero cuyo enlace dramático a nivel de la acción trasciende su dualidad temática de modo ejemplar (véase abajo, 194–97).

V: CALDERÓN Y LA FUERZA EJEMPLAR DE LO POETIZADO

1. Parker y la inmaterialidad de la 'verosimilitud realista'

MI TEMA ES BIEN GENERAL: 'Calderón y la fuerza ejemplar de lo poetizado'. No se trata, hoy, del análisis temático-estructural de una obra específica (como el breve estudio de 'La victoria del hado' en *La vida es sueño* que presenté en el primer Coloquio Anglo-germano en Exeter: Capítulo II del presente volumen) ni tampoco de un examen de la estructuración lógico-retórica de algún discurso aislado (como los trabajos que presenté en Hamburgo y Westfield, los cuales pueden consultarse en forma ampliada en el Capítulo III), sino de una especie de meditación sobre ciertos aspectos de algunos de los principios fundamentales del teatro calderoniano. Estas breves reflexiones representan, por lo tanto, una vuelta al nivel teórico de mi primera contribución calderoniana, sobre los 'métodos del análisis temático-estructural' (Capítulo I), y constituyen, al mismo tiempo, un homenaje muy personal a uno de mis dos maestros en el campo de los estudios calderonianos: nuestro querido y respetado amigo Alec Parker, al cual todos debemos tanto.

Mi primer maestro en este campo fue otro: William James Entwistle, cuyas contribuciones al calderonismo británico quedan sin justipreciar debido a su temprana muerte — hace casi treinta años— la cual no le permitió terminar el libro en que se hubiera cuajado toda la sabiduría que nos iba brindando en sus conferencias oxonienses (véase Pring-Mill 1952). Pero desde su muerte (en 1952) la evolución de mis propias ideas sobre Calderón se ha debido máximamente al impacto de las sucesivas publicaciones de Parker, con las cuales he seguido 'dialogando' desde que publiqué mi primer comentario sobre *The Approach to the Spanish Drama of the Golden Age* en 1961.[1] Aquel folleto suyo sigue siendo indispensable, pero todo calderonista profesional debiera de consultar la versión ampliada publicada en 1970 con un título lo suficientemente distinto para que no se pudieran confundir ('The Spanish drama of the Golden Age: A method of analysis and interpretation'), y es a esta segunda versión que me voy a referir hoy día.

Quiero entablar un nuevo diálogo con el sistema parkeriano, sistema que se basa sobre la bella y harmoniosa estructura de sus bien conocidos 'cinco principios'; pero esta vez quiero concentrarme sobre una sola frase, frase que se agrega a su segundo principio a modo de corolario. El principio mismo proclama 'el predominio del tema sobre la acción', y la frase agregada reza 'con la consiguiente inmaterialidad (*irrelevance*) de la verosimilitud realista'. Yo la dejé de lado en mis discusiones anteriores porque quise estudiar la función de los principios netamente estructurizantes, pero no se la puede esquivar cuando se está estudiando 'la fuerza ejemplar de lo poetizado' porque la *ejemplaridad* didáctica de un texto (entendiéndola en un sentido socio-moral y no en el sentido estético) tiene que depender

---

1. Ver la discusión de sus principios en Pring-Mill (1961) y la reseña del folleto de Parker (Pring-Mill 1962a).

de la naturaleza de la relación entre la obra dramática y la vida real: la naturaleza de su *verosimilitud*, la naturaleza del 'tipo de verdad' que el dramaturgo nos está proporcionando.

2. 'Por donde viene a ser la poesía más excelente que la historia'

COMO NOS SEÑALARON Alberto Porqueras-Mayo y el lamentado Federico Sánchez Escribano (1971: 601), el 'problema de qué sea la verdad en literatura preocupa sobremanera a los teóricos del teatro español' de la Edad de Oro:

> Los tratadistas dramáticos dirigieron sus ojos, al igual que los teorizantes de otros géneros, hacia Aristóteles... Fundamentalmente, Aristóteles venía a decir que la verdad en la poesía era distinta de la verdad histórica... Los teóricos... sabían que la poesía tenía que imitar la naturaleza, y que esta imitación tenía que ser verdadera. El mismo Aristóteles había señalado la existencia de [aquellas] dos verdades: la particular (histórica) y la poética (universal). El segundo esquema de verdad quedaba mucho más dignificado a causa de la universalidad que sólo el arte podía conseguir... Esta doctrina de las dos verdades... además de elevar artísticamente el género dramático y colocarlo dentro de la categoría de *Poesía,* justificaba también su mera existencia desde unos presupuestos morales. En efecto, el teatro representaría, a su manera, un tipo de verdad sancionado por la autoridad de Aristóteles.

No quiero detenerme en los tratadistas tan hábilmente presentados por Porqueras Mayo y Sánchez Escribano (1965), sino tan sólo estudiar las consecuencias calderonianas del reconocimiento de que 'a la literatura la bastaba con que no rompiese las leyes de la *verosimilitud,* concepto en el que... cabían muchas personales escapadas' (1971: 601).

¿Cuáles fueron las de un Calderón? Pues bien: no hubo escapadas, sino un enfrentarse cara a cara con la naturaleza de la 'verdad' deseada. Y tal como nos lo demostró Parker en 1959 en su análisis de *Las armas de la hermosura,* Calderón estaba bien dispuesto a enmendar la 'verdad histórica' para satisfacer las demandas de la poesía. En una nota, Parker cita un pasaje de Cascales (1634) que establece este orden de prioridades claramente:

> ... no es oficio del poema narrar los casos sucedidos propiamente como sucedieron, sino como pudieron suceder verisímil o necesariamente. Por donde viene a ser la poesía más excelente que la historia; y la causa es, porque aquélla mira a objecto universal, y ésta particular. De aquí se echa de ver que tomando un suceso como naturaleza lo comenzó y acabó, le hallaremos muchas imperfecciones, y éstas es menester enmendarlas con el arte, y perfeccionarlas de manera que no le falte circunstancia necesaria para que aquella obra parezca y sea consumada. Pues esta licencia que tiene el poeta para quitar y poner en la obra de naturaleza, se llama ficción poética.   (Cascales 1930–41: II.59)

Y si se tiene esta licencia para enmendar la verdad histórica de una serie de hechos archiconocidos, el poeta disfrutará *a fortiori* de una libertad mayor todavía cuando se trata de la invención o fingimiento de una serie de incidentes totalmente ficticios. Aunque mayor, esta libertad no será sin embargo una libertad absoluta, ya que los 'hechos' fingidos se tendrán que narrar tales 'como pudieron ser verisímil o necesariamente' (en aquella frase aristotélica de Cascales). Y esto, ¿qué significaría para un dramaturgo español de la Edad de Oro?

En el caso de Calderón (y yo no quisiera hablar aquí más que de Calderón) estoy plenamente de acuerdo en que significaría 'el predominio del tema sobre la acción' (el 2°

principio parkeriano), pero ¿qué hay que decir de aquella frase agregada 'con la consiguiente inmaterialidad de la verosimilitud realista'? Su examen nos podrá llevar a consideraciones de cierta importancia para la comprensión cabal de la *mimesis* teatral en Calderón. La *verosimilitud* tiene que ver con la relación entre la obra artística y la verdad —la verdad de la vida— o sea entre la *imitación* y la 'realidad' que se está imitando. De hecho, estoy plenamente de acuerdo con el profesor Parker con respecto a la 'inmaterialidad de la verosimilitud realista' en las comedias del Siglo de Oro, pero tengo mis dudas acerca de su empleo de la palabra 'consiguiente', porque aunque las comedias españolas dejen de observar la verosimilitud realista yo no creo que esto sea una consecuencia necesaria del predominio del *tema* sobre la *acción*.

Es fácil concebir una forma dramática en que la *acción* se subordinara al *tema*, pero cuyo instrumento primario para la ilustración eficaz de aquel *tema* fuera precisamente la 'verosimilitud realista' de su *acción*. Es lo que hallamos en la inmensa mayoría de las obras de tesis del teatro moderno a partir de Ibsen (no en todas, desde luego: las tesis del teatro épico brechtiano se comunican por métodos que se parecen mucho más a los del teatro calderoniano —ver Jones 1967— que a los del teatro de un Ibsen, un Gerhard Hauptmann o un Bernard Shaw). Pero estoy plenamente de acuerdo con Parker en que nuestra moderna 'tendencia a asociar el significado [de una pieza] con el realismo' —'a buscar el tema en el grado en que la acción se aproxime a la vida real'[2]— sólo sirve para falsear el significado de la mayoría de las comedias del Siglo de Oro, sobre todo en el caso de Calderón. Lo que quisiera hacer en esta ocasión es investigar las razones para esto un poco más a fondo, partiendo de lo que Parker tiene que decir de la relación entre *tema*, *acción* y *verosimilitud*. La *acción* 'es lo que los incidentes de la trama constituyen de por sí' y el *tema* 'es lo que estos incidentes significan';[3] y según Parker:

La relación entre tema y acción no tiene nada que ver con el grado de verosimilitud observada por ésta, sino que depende completamente de [una] analogía. La trama de una pieza no es más que una situación inventada, y como tal es una especie de metáfora, ya que su contacto con la realidad no es la de una representación literal sino una correspondencia analógica; el tema de una pieza es la verdad humana expresada metafóricamente por la ficción teatral.

De ahí, se saca una conclusión más general, a saber:

el principio general que no importa para nada si la trama de una pieza deja de ser verídica con respecto a la vida, en el sentido de dejar de ser verídica con respecto a la experiencia normal, con tal de que su tema lo sea con respecto a la naturaleza humana.[4]

---

2. 'We tend instinctively, owing to the modern dramatic and novelistic tradition in which our literary responses have been trained, to look for the theme in the degree to which the action approximates to real life' (1957: 6; 1970: 681).

3. 'The action is what the incidents of the plot are in themselves, the theme is what these incidents mean' (1957: 6; 1970: 684).

4. 'The relation of theme to action has nothing whatever to do with the degree of verisimilitude in the latter, but depends entirely upon analogy. The plot of a play is merely an invented situation, and as such a kind of metaphor since its contact with reality is not that of literal representation but analogical correspondence; the theme of a play is the human truth expressed metaphorically by the stage fiction... For the moment it is necessary only to state the general principle that it does not matter in the least if the plot of a play is untrue to life in the sense of being untrue to normal experience, provided its theme is true to human nature' (1957: 6; 1970: 684).

Este principio general es muy importante, pero tengo cierta duda acerca de la argumentación que lo precede, y quisiera examinar unos cuantos de los términos empleados algo más detenidamente.

3. Lo universal y lo particular : Acción, tema y verosimilitud

AQUÍ TENEMOS cuatro cosas: *tema, acción, naturaleza humana, y experiencia normal.* La expresión *verosimilitud realista* tiene que ver con la relación entre la *acción* y la *experiencia normal,* y estoy plenamente de acuerdo con que 'la relación entre tema y acción no tiene nada que ver con el grado de verosimilitud observada por ésta'; pero debo confesar que no estoy totalmente conforme con la afirmación que 'la relación entre tema y acción... depende completamente de analogía.' Me temo que mi viejo y muy buen amigo Alec va a pensar que quiero introducir un distingo innecesariamente alambicado, pero pudiera resultar esclarecedor, y sólo se lo propongo a modo de una invitación al debate.

No veo la relación entre *acción* y *tema* como una relación propiamente analógica, sino como una relación más bien *representativa* o *ejemplificadora.* Según mi propio parecer, la relación entre el *tema universal* y la *acción particular* de una comedia tiene que ser la misma que aquella que existe en el campo de la filosofía moral entre una proposición o regla general y el caso concreto que se emplea para ilustrarla y corroborarla en cualquier manual casuista, mas no quiero meterme en el campo de la casuística en esta ocasión, porque ya he estudiado este aspecto de las comedias de Calderón (véase arriba, Capítulo IV).[5] A mi ver, pues, 'la relación entre tema y acción' es la que siempre existe entre una determinada proposición universal y cualquiera de las situaciones particulares que la ejemplifican. Y si pensamos de nuevo en aquel cuaternario de términos parkerianos, creo que podremos constatar que la relación entre la naturaleza humana y la experiencia normal es parecida: la experiencia normal consiste exclusivamente de casos particulares, i.e. de encuentros con nuestros semejantes cuya conducta ejemplifica alguna que otra faceta de la *naturaleza humana.*

Hay, eso sí, lo que pudiéramos llamar una diferencia 'direccional' entre las dos relaciones, pero no se distinguen en cuanto a su naturaleza. La diferencia direccional consiste en que nuestras generalizaciones sobre la *naturaleza humana* han sido formadas por inducción, subiendo desde lo particular de la *experiencia normal* a la formulación de principios generales que nos la pueden categorizar y 'explicar', mientras la *acción* de una comedia habrá sido construida deductivamente, bajando desde la generalización que constituye el *tema* a una serie de episodios particulares (y más o menos particularizados —pormenorizados— según los intereses y la técnica del dramaturgo). Pero se trata en ambos casos de una relación entre *lo universal* y *lo particular.*

Ahora bien, hasta aquí apenas se ha mencionado el vocablo 'realidad'. Si queremos introducir esta palabra, será evidente que habrá que emplearla sobre ambos niveles: tendrá que emplearse tanto con respecto a la *naturaleza humana* en general, como con respecto a lo particular de la *experiencia normal.* La distinción entre estos dos *niveles de realidad* es impor-

---

5. Allí se discute la siguiente cita de *The Approach:* 'By a complete action I do not only mean [1970: is meant not only] one that hangs together, that ties up at the end all the loose strands, I mean an action [1970: but an action] that is a significant whole, one that discloses a theme that has a significant bearing on experience, a theme that can be taken out of the particular action and universalized in the form of an important judgment on some aspect of human life' (1957: 5; y con las dos pequeñas modificaciones indicadas, 1970: 683).

tante para la plena comprensión de la relación entre la *acción* de la pieza y 'la realidad': 'la trama de una pieza no es más que una situación inventada', esto sí (dejemos las comedias históricas de lado en esta ocasión), pero ¿en qué sentido es válido decir que 'como tal es una especie de metáfora, ya que su contacto con la realidad no es la de una representación literal sino una correspondencia analógica'? Si la situación dramática ha sido 'inventada', claro está que no puede ser 'una representación literal' de 'la realidad' en cuanto no está representando directa y literalmente ninguna situación real concreta y específica: por lo tanto, su correspondencia con lo que pudiéramos llamar la *realidad particular* de todas las situaciones concretas de la vida (o sea la realidad de nuestra *experiencia normal*) tendrá que ser —efectivamente— tan sólo una especie de 'correspondencia analógica'. Pero ¿'una especie de *metáfora*' (lo subrayado es mío)?

Aunque todas las metáforas son analogías, no toda correspondencia analógica es una metáfora: la correspondencia 'dientes = perlas' sí que lo es, pero no lo será (según yo entiendo el término) la correspondencia 'dientes = dientes' si estamos comparando a una mujer hermosa con otra mujer hermosa, y tampoco lo será la correspondencia 'dientes = dientes' si estamos 'inventando' a una mujer hermosa totalmente ficticia por analogía con las hermosuras reales conocidas en la vida. Lo mismo se puede decir de las situaciones teatrales 'inventadas': su analogía con las situaciones de la vida no será 'metafórica' en cuanto no hay 'traslación' ni (*i*) de un género a otro, ni (*ii*) de especie a género, ni (*iii*) de una especie a otra especie, ni (*iv*) por la analogía de proporcionalidad (por ejemplo llamar a la vejez 'la tarde de la vida' ya que corresponde a la vida tal como la tarde al día), las cuales son las cuatro categorías de la metáfora según la *Poética* de Aristóteles (1457^b). Quizás mi objeción derive de que yo pueda estar empleando el término 'metáfora' en un sentido más restringido que Alec Parker, pero si así le parece a mi amigo y maestro le ruego que no se impaciente todavía, pues la distinción que he querido establecer aquí resultará importante cuando pasamos (ya en la última sección de este capítulo) a considerar las diferencias genéricas entre la comedia y el auto sacramental.

Pero volvamos —brevemente— a las situaciones inventadas de la comedia. Aunque su correspondencia con aquellas de lo que llamé la *realidad particular* (v. g. la *experiencia normal* según el término de aquella cita clave parkeriana) tenga que ser forzosamente 'analógica', yo no creo que esta correspondencia 'lateral' constituye su único 'contacto con la realidad'. Y quisiera preguntar ¿cuál será el tipo de correspondencia 'vertical' entre aquella misma situación inventada y la *realidad general* (la realidad de la *naturaleza humana* de aquella misma cita)? Esta relación vertical no será, me parece, ni metafórica ni analógica sino ilustrativa en todo tipo de teatro de tesis que se proponga mostrarnos algún 'juicio importante sobre algún aspecto de la existencia humana' a través de 'los incidentes de la trama'.

En el caso de un teatro netamente 'realista' en el sentido común y corriente (el teatro ibseniano, por ejemplo) aquellos incidentes nos ofrecen un ejemplo particular e inventado de la *naturaleza humana* puesta en acción, ilustrando —ejemplificando— ciertas generalizaciones logradas inductivamente del escrutinio de la *experiencia normal*: la *verosimilitud realista* tendrá que ver, por lo tanto, con la correspondencia entre lo que vemos sobre el tablado y nuestra propia experiencia (directa o indirecta) de la vida (hablo de la experiencia directa *o indirecta*, porque aunque un individuo pueda no haber tenido ninguna experiencia directa de la guerra, por ejemplo, no por esto dejará de juzgar la verosimilitud de una pieza que la trata: de hecho, ni siquiera podrá dejar de juzgarla, en cuanto la pieza no puede sino o convencerle o dejar de hacerlo). Estaremos tanto más dispuestos a aceptar la analogía entre la situación inventada y las situaciones no-inventadas de la vida real cuanto mayor sea el grado de la *verosimilitud realista* que encontremos en la pieza: tanto en la credibilidad de la invención y desarrollo de la trama —desde la situación inicial hasta el desenlace— como en la concepción y representación de los personajes, cuya *caracterización naturalista* (la ausencia de la cual en el teatro del Siglo de Oro ya no nos choca como chocara a Menéndez Pelayo) es uno de los principales medios empleados en el teatro realista para la comunicación dramática de cualquier tema o tesis.[6]

En el teatro calderoniano, en cambio, la *acción* es una ilustración directa del *tema, y* el *tema* está relacionado más o menos íntimamente (o sea con distintos grados de abstracción) a nuestros conocimientos de la *naturaleza humana* sobre el nivel de la *realidad general*. Pero la pieza no resultará aceptable según el grado de la verosimilitud de su correspondencia con la *realidad particular* de la *experiencia normal* (la *verosimilitud realista*) sino según la validez y eficacia de la *acción* como un caso particular y bien concreto de una verdad más general. Para juzgar su validez, no nos preguntaremos si la situación ha sido inventada de una manera creíble con respecto a la experiencia normal, sino que nos vamos a preguntar si ha sido construida de una manera lógicamente convincente conforme a las demandas conceptuales del *tema*. Pero contrastar 'logicalidad' y 'credibilidad' sería una complicación innecesaria, y más valdrá reformular aquel contraste en otros términos ya conocidos, aplicando nuestra distinción entre *realidad general* y *realidad particular* al campo de la verosimilitud. Cuando Parker habla de la verosimilitud normal como 'verosimilitud realista', el mero hecho de haber empleado este adjetivo tiene que sugerir la posibilidad de una verosimilitud 'no-realista' (aunque no nos la nombre). La verosimilitud siempre tiene que ver con la semejanza entre ficción y verdad, entre lo inventado y la 'realidad': habitualmente, solemos concebirla con respecto a la semejanza entre lo inventado y las verdades de la *experiencia normal*; en el caso de un teatro 'no-realista', en cambio, se tiene que pensar en otra especie de verosimilitud.[7]

Llamarla *verosimilitud no-realista* sería, desde luego, una expresión algo incongrua, oliendo a catacresis; pero su misma incongruidad serviría para subrayar el error que se esconde en nuestra limitación habitual del término 'realismo' a la representación de lo que hemos venido llamando, en palabras de Parker, la *experiencia normal*. Un teatro 'no-realista' puede estar tanto o más preocupado con la representación de la realidad que el teatro llamado 'realista', pero el dramaturgo pudiera estar pensando en otro nivel de la realidad, y empleando por consiguiente otros medios para representarla; de ahí que el criterio de la *verosimili-*

---

6. Lo convincente de la caracterización naturalista también depende —claro está— de la naturalidad del lenguaje que se ponga en boca de los personajes y de la cotidianidad de su proyección hablada o declamada, así como de todos los aspectos visibles de la producción de la obra: la puesta en escena, la decoración y todo el aparato escénico, los trajes y accesorios, la iluminación, los gestos y el estilo de actuación de los actores.

7. Una verosimilitud 'no-realista' bien pudiera apoyarse en la puesta en escena con medios 'realistas', pero se la puede apoyar igualmente empleando *convenciones teatrales* no-realistas como aquellas del Siglo de Oro: entonces, es evidente que nuestra aceptación de lo representado ya no dependerá tanto de nuestra experiencia de 'la vida en sí' como de nuestra experiencia de 'la vida tal cual la estamos acostumbrados a ver sobre el tablado' (o sea: de nuestra aceptación previa de un complejo código de *convenciones teatrales,* las cuales constituyen otro *sistema de signos no-verbales* más). Lo cual no implica una aceptación crédula de la 'ilusión teatral': hasta se puede acrecentar la verosimilitud del mensaje con una destrucción intencionada de dicha ilusión, obligándonos a reconocer la artificialidad de las convenciones teatrales cuyo empleo estamos observando (es el caso del teatro brechtiano, en el cual muchas veces se emplean medios realistas y no-realistas simultáneamente para que el choque entre dos estilos pueda contribuir a nuestra objetividad distanciada).

tud realista tenga que ser sustituido por otra concepción más elevada de la verosimilitud en tales casos.

En el caso particular de la comedia española (y no es el único tipo de teatro 'no-realista' porque también lo es el auto sacramental, por no hablar de las muchísimas fórmulas modernas) será lícito emplear una terminología aristotélica para expresar esta divergencia y decir que este teatro 'no-realista' estaba —por lo menos en las manos de un Calderón— preocupado por representar (por *imitar*) *lo universal y* no lo particular, empleando la 'ficción poética' para representar poéticamente no las cosas tales como son sino las cosas tales como debieran de ser. Su tipo específico de *verosimilitud no-realista* era, por consiguiente, una verosimilitud para con verdades superiores, mirando no a la *realidad particular* de la *verdad histórica* sino a lo que he venido llamando *realidad general* pero que ahora ya se puede llamar (con respecto a este contexto específico de la comedia) *universal.* Esta verosimilitud superior tiene que ver, por lo tanto, con la correspondencia entre lo concreto y particular de lo que vemos sobre el tablado y aquel 'segundo esquema de verdad': el de la *verdad poética* que tanto les preocupaba a los tratadistas neo-aristotélicos.

El *tema* parkeriano pertenece a este nivel superior de la *verdad poética,* quedando ilustrado, concretado y (para decirlo de una vez) 'ejemplificado' en la 'situación inventada' de la *acción*; y la 'fuerza ejemplar de lo poetizado' de mi título estriba en el *tema* mismo y en *la eficacia de su significación* a través de 'los incidentes de la trama'. La poesía imita 'lo universal' y no 'lo particular', pero estos incidentes están muy bien particularizados, y creo que cabría afirmar que la *acción* tiene muchos de los rasgos de una *historia*: sólo que es una historia ficticia, una *seudohistoria* (como lo es también cualquier novela), una historia fingida metódicamente para que sus incidentes particulares respondan a las necesidades de la ilustración del *tema* abstracto.

Volviendo a la *verosimilitud*, bien se me pudiera decir que mis largos rodeos para distinguir entre aquellos dos niveles no nos habían llevado mucho más allá de la ya citada conclusión general de Parker: 'que no importa para nada si la trama de una pieza deja de ser verídica con respecto a la vida, en el sentido de dejar de ser verídica con respecto a la experiencia normal, si su tema lo es con respecto a la naturaleza humana'. Es cierto que mis dos tipos de verosimilitud no son ni más ni menos que aquellos dos modos de 'ser verídico', y mis objeciones a lo que él dijera en aquel párrafo se limitaban, de hecho, a su modo de concebir la relación entre una 'situación inventada' y la realidad, y a su introducción de las palabras *metáfora* y *metafóricamente.* Si esto es todo, ¿para qué tanto ruido? Pues bien: porque tengo otro hilo que seguir.

He dicho muy poco de lo metafórico hasta aquí, pero conviene mirarlo de nuevo ahora por otra razón: una razón netamente calderoniana. Antes de hacerlo, sin embargo, tengo que hacer una pequeña aclaración: cuando negué la propiedad de ver la correspondencia entre *acción* y *realidad* como una *correspondencia metafórica,* me estaba refiriendo (claro está) a la *acción* misma en su totalidad; quizás huelgue decir que no quería hacer ninguna insinuación contra la importancia de las *metáforas* en el lenguaje calderoniano, ni tampoco contra la importancia de aquellos grupos de imágenes metafóricas que se van constituyendo en *símbolos,* tal como nos lo mostró Parker en una de sus contribuciones más espléndidas (1964) que se titula precisamente 'Metáfora y símbolo en la interpretación de Calderón' (leída en el Primer Congreso Internacional de Hispanistas).

Lo que me interesaba era la distinción parkeriana entre dos modos de 'ser verídico': distinción de suma importancia para nuestra comprensión de la naturaleza de la *mimesis* teatral. Y si me opuse a su empleo de la palabra *metáfora* en este contexto, lo hice no sólo por las razones ya consideradas sino también porque me parecía que su empleo podía oscurecer la verdadera naturaleza de esta distinción al irla confundiendo con otra distinción muy importante: la distinción genérica entre el teatro auténticamente metafórico y el teatro que no lo es, o sea (en el campo calderoniano) entre el auto sacramental y la comedia misma.

4.   Dos modos de *mimesis* teatral : El auto sacramental y la comedia

SOSPECHO (y confieso que no es más que una sospecha) que el empleo de las palabras *metáfora* y *metafóricamente* en aquel párrafo pudiera deberse a un determinado aspecto de la evolución cronológica de las ideas teóricas del profesor Parker: me parece posible que Alec Parker haya sido llevado a formular su importantísima distinción entre *tema* y *acción* en aquellos términos en parte como consecuencia de sus investigaciones anteriores de las teorías calderonianas sobre la construcción de los autos sacramentales (investigaciones que nos dieron su libro magistral de 1943, cuyo capítulo fundamental sobre los autos considerados como drama fue publicado en español en el abril de 1944).[8] Allí, en el campo de los autos, sí que resultó fructífera la idea de que el tema y la acción de estas piezas alegóricas no sólo eran distinguibles sino que estaban relacionadas de una manera plenamente *metafórica*, y creo que merece la pena detenernos para ver cómo se empleó esta idea, pues podrá ayudarnos a comprender la relación general entre los autos sacramentales y las comedias durante el Siglo de Oro y —sobre todo— la naturaleza de su relación dentro del teatro de Calderón.

Aunque no empleara la misma pareja de términos *acción* y *tema* al dilucidar la estructura del auto calderoniano, lo que Parker estaba analizando también tenía que ver con la relación entre un nivel temático y una acción dramática (consistente en una serie de incidentes desarrollados sobre un tablado): relación que pudo esclarecer por el análisis de dos citas clave calderonianas. La primera, estudiada por Parker (1943: 67 y 1944: 174–75), viene del auto *Sueños hay que verdad son*:

> … pues lo caduco no
> puede comprender lo eterno,
> es necesario que, para
> venir en conocimiento
> suyo, haya un medio visible
> que en el corto caudal nuestro
> del concepto imaginado
> pase a práctico concepto…   (Pando III. 277).

De ahí, Parker dedujo dos cosas: primero, que Calderón fue bajando desde el 'concepto imaginado' al 'práctico concepto' de su arte,[9] de modo que el lector 'a fin de apreciarlo en su totalidad' debía remontar 'de la forma al significado'; y, segundo, la naturaleza de 'la

---

8.   Si no se dice lo contrario, las citas en español han sido tomadas de la traducción de 1944.
9.   La versión española dice 'fue socavando' donde el inglés reza 'He worked downwards', pero el verbo *socavar* tiene connotaciones que no me parecen cuadrar muy bien con el pensamiento del original.

concepción particular de la relación del tema con la acción: el "concepto imaginado" se transforma en el "práctico concepto" por un "medio visible".[10]

Ahora bien, el primero de estos dos puntos pudiera aplicarse igualmente a la relación entre *tema* y *acción* en las comedias: si la *acción* ha sido concebida como una ilustración concreta de un *tema* abstracto, también pudiera hablarse del paso de un *concepto imaginado* (*tema*) a un *práctico concepto* (*acción*) en la labor de su creación, y el lector tendrá que remontar desde la *forma* de la *acción* al *tema* de un modo parecido para establecer el *significado* total de la obra (y es posible que Parker pudo ver esto tan claramente en el caso de las comedias, en su *Approach,* precisamente por haberlo escudriñado tan a fondo en el caso bastante más complicado del teatro alegórico de los autos). Pero en cuanto a la traducción del *concepto imaginado* en un *práctico concepto* por el empleo de un *medio visible,* los autos y las comedias se distinguen netamente: ambos géneros emplean *medios visibles,* pero estos *medios visibles* son de tipos bien distintos.

En el caso de los autos, el *medio visible* es *alegórico, y* por lo tanto *metafórico* (recordemos que la definición más general de *alegoría* era 'metáfora sostenida'). En el caso de las comedias, en cambio, el *medio visible* tiene un sentido literal: las cosas son tales como se representan y las personas son individuos humanos (aun cuando cobren algún tipo de valor simbólico adicional a medida que la acción se vaya desarrollando, como sucede a veces). Ahora bien: esta *acción* no pierde nada de su sentido literal por el mero hecho de que el desarrollo de la situación inventada establecida entre los personajes esté destinado a comunicarnos un *significado* superior mediante la ilustración en términos concretos de ideas o principios abstractos (los cuales constituyen el *tema* que dictó la invención de todo lo que estamos presenciando en escena).

Esta distinción entre un tipo de medio visible *alegórico y* otro *literal* es muy importante, a mi modo de ver, y esto es lo que queda oscurecido (creo yo) si se introduce la palabra *metáfora* en la discusión de la comedia. La palabra es esencial cuando se trata de los autos precisamente porque éstos son alegóricos por doquier se los mire, como podremos constatar si consideramos la segunda cita clave (unos versos de *Las órdenes militares*: Parker 1943: 107; 1944: 181):

> Y pues ya la fantasía
> ha entablado el argumento,
> entable la realidad
> la metáfora...   (Pando I. 104)

(Entiéndase que el sujeto del verbo *entable* es *metáfora* y no *realidad*: aquí, *realidad* tiene que significar el *medio visible* de la acción dramática que se habrá de ir desarrollando sobre el tablado, aunque Calderón emplea la palabra *realidad* en otro lugar para significar lo que 'produce' la *metáfora*.) Parker analiza el sentido de estos versos así:

Hay que distinguir aquí dos planos o esferas diferentes: el de la imaginación y el del escenario. Al primero corresponde el tema *(argumento),* al segundo, la acción dramática visible *(realidad).* El tema es desarrollado por la imaginación *(fantasía),* la acción, por el

---

10. Al traducir 'the particular conception of the relation of theme to action' por 'la concepción particular o relación del tema con la acción' (181) la versión española ha tergiversado el pensamiento del autor (por cierto que el texto inglés tiene una pequeña errata, habiéndose perdido la 'f' de 'of', lo cual ha permitido una lectura conjetural 'or' que no cuadra con la exposición parkeriana).

arte literario *(metáfora)*, operando sobre el tema. Hay, por lo tanto, en la composición de un *auto* una progresión ordenada, cuatro estadios diferentes, dependiendo cada uno del que le precede: *fantasía > argumento > metáfora > realidad.*

(1944: 181–82; véase también 1943: 107)

El comentario es espléndido, pero me queda un pequeño distingo que hacer: si se aceptara tal como reza, pudiéramos creer que el auto y la comedia se parecieran más de lo que se parecen, porque ya sabemos que la trama de una comedia (con la excepción posible de las piezas históricas) también es una 'situación inventada', o sea una 'acción [desarrollada] por el arte literario... operando sobre el tema'. Se me dirá que he omitido la palabra 'metáfora' que figura entre paréntesis después de la frase 'el arte literario', y que su inclusión hubiera servido para distinguir el auto de la comedia: sí que serviría para distinguirlos para mí (aunque no para Parker, en cuanto la trama de la comedia era precisamente 'una especie de metáfora' para él). Es cierto que el texto parkeriano reza 'el arte literario *(metáfora)*', sugiriendo una sinonimia; pero es precisamente aquí que yo quiero introducir mi pequeño distingo.

Pensemos en nuestros dos géneros: el auto y la comedia. En ambos, el dramaturgo estará empleando 'el arte literario' para entablar una 'acción dramática visible', y haciéndolo 'operando' innegablemente 'sobre el tema'. Pero lo hace por medio de una verdadera *metáfora* en el caso del auto (la metáfora sostenida de su alegoría), mientras lo que se hace en el caso de la comedia es inventar una situación concreta (un *caso*) que pueda servir para ilustrar el *tema* de una manera siempre literal y directa (por muchos y ricos que puedan ser los elementos simbólicos que se introduzcan en su elaboración, y por muchas y ricas que puedan ser las metáforas de su lenguaje).

La acción del auto es necesariamente *metafórica* en cuanto está constituida por una alegoría en la cual *cada* cosa representa *otra* cosa *de orden distinto* (sus correspondencias no son del tipo 'dientes = dientes' sino del tipo 'perlas = dientes'). Hay 'tranlaciones' por doquier se mire: las ideas abstractas se traducen en personificaciones bien concretas y visibles, y las relaciones entre aquellas ideas abstractas se reflejan en la red de relaciones interpersonales establecidas por la perpetuación de la metáfora fundamental ('mundo = teatro', por ejemplo) a lo largo de una alegoría con toda su propia trama compuesta de una serie de incidentes encadenados, la cual tiene —efectivamente— una relación exclusivamente analógica con el *argumento* abstracto que es lo que hay que comunicar al espectador. Como Parker dice, con respecto a los autos:

> La alegoría es la conexión entre dos planos de 'realidad' distintos: de un lado, tenemos la realidad visible de la escena; de otro, la realidad invisible de un orden del ser [order of being] del cual la acción escenificada es solamente la reflexión o representación.[11]

En el caso de las comedias, en cambio, la *acción* no puede ser metafórica en este sentido, porque no es el reflejo de un *tema* en *otros* términos sino su ejemplificación directa en términos que le son *propios*. O sea que es una ejemplificación literal y no una representación alegórica.

Para que exista una relación analógica tiene que haber un *tertium comparationis*: A corresponde a B en cuanto A tiene C (o refleja C) y B también tiene C (o la refleja), y la analogía

---

11. En este solo caso la traducción es mía, habiéndose perdido un trocito de la página 81 inglesa entre el original y la página 191 de la versión española.

entre A y B estriba en la existencia de esta C común. Así vemos, en el caso de *El gran teatro del mundo*, que el mundo es un teatro en cuanto los actores en un teatro no se juzgan según el papel que les ha sido entregado sino según lo bien o mal que lo hayan desempeñado en el escenario, tal como en el mundo (o mejor dicho cuando lo acabamos de dejar) Dios nos habrá de juzgar no según el papel que a Él le plugo darnos sino según la manera en que hayamos obrado en las circunstancias que Él nos haya impuesto.

Para juzgar la eficacia de una alegoría como ésta, está claro que no vamos a medirla según las demandas de la *verosimilitud realista,* pero tampoco se la puede medir según las demandas de la *verosimilitud poética* que estuvimos explorando en el campo de la comedia: sin embargo, tiene que existir alguna medida parecida (queramos o no queramos llamarla una especie de verosimilitud) en cuanto lo que nos ha de ocupar también tendrá que ver con la semejanza entre ficción y verdad, entre lo inventado de la *metáfora* y la 'realidad' trascendente del *argumento.* Como nuestras dos verosimilitudes anteriores, lo que se busca es (por decirlo así) una medida de la *consistencia* de la relación entre dos cosas (*metáfora, argumento*) — sólo que, *en este caso plenamente analógico,* también se tiene que tener en cuenta el *tertium comparationis.* No estamos considerando una sola correspondencia (por compleja que sea) como en el caso de la comedia, sino tres: la correspondencia entre A y B, aquella entre B y C, y aquella entre A y C. Para que una alegoría funcione bien, todas estas tres correspondencias tienen que tener un alto grado de consistencia, y cuando una alegoría no nos satisface *en cuanto alegoría* (me refiero a su concepción, no al arte literario) creo que la explicación siempre se hallará en un desperfecto en una (o más) de aquellas tres correspondencias.[12]

Ahora bien, un dramaturgo hábil muchas veces podrá ocultar un desperfecto, o hasta sabrá aprovecharlo subrayándolo: así vemos en *El gran teatro del mundo* que la *metáfora* 'mundo = teatro' no es perfecta en cuanto los actores en un teatro normalmente tienen oportunidades para ensayar la pieza, mientras los hombres tienen que acertar sin ensayar; igualmente, los actores de una comedia suelen tener un texto que se aprende de antemano, mientras los hombres tienen que improvisar en *El gran teatro del mundo* sin más texto que el repetido apunte 'Obrar bien, que Dios es Dios'. Calderón no intenta callar estas faltas de correspondencia exacta entre mundo y teatro, sino que sabe aprovecharse de ellas: estamos en un mundo-teatro tan singular que se nos niega cualquier oportunidad de ensayar pero no necesitamos ningún ensayo para poder representar nuestro papel, con tal de que se nos indique cuándo hay que entrar en escena y cuándo hay que salir de ella; y lo podemos ir improvisando adecuadamente con tal de que escuchemos (y obedezcamos) el apunte que nos da la Ley de Gracia. O sea que hasta *las resonancias de las inconsistencias* (sus connotaciones) sirven para reforzar la moraleja de la pieza.

5. Los respectivos significados del auto y de la comedia de *La vida es sueño*

PARA TERMINAR, quiero volver sucintamente al campo de las diferencias entre nuestros dos géneros refiriéndome, ahora, a una historia fingida que todos conocemos en dos versiones: la una un auto, la otra una comedia. Ambas formas tienen el mismo título: *La*

---

12. Como dije, hablando de los *Sueños* de Quevedo, 'the transition into allegory has replaced the need for ocular verisimilitude by a demand for other kinds of consistency: (*a*) that which is presented through the allegory must be self-consistent; (*b*) the allegory itself must hold together; (*c*) the allegory and the message it conveys must be conformable to one another at all points' (Pring-Mill 1968: 278 nota 1). Si cualquiera de estas tres formas de correspondencia se quiebra, la obra habrá de fracasar como alegoría (es lo que sucede en la primera versión del auto *La vida es sueño,* así como en la alegorización de la comedia *El pintor de su deshonra*).

CAPÍTULO V

vida es sueño (este título ya es de sí una metáfora, pero no es hora ni de meterme en la función específica de esta *metáfora titular*, ni de entrar de un modo mas general en la problemática de tales *metáforas titulares* en la comedia del Siglo de Oro — mas véase arriba, Capítulo I). Lo que quiero considerar es la relación entre los significados de ambas piezas, pero mirándola desde un ángulo inesperado: aquel de la interpretación tipológica de las Sagradas Escrituras.

Recordemos aquel conocido versículo mnemónico de Nicolás de Lyra (un comentarista bíblico franciscano que murió en 1340):

> Littera gesta docet, quid credas Allegoria:
> Moralis quid agas, quo tendas Anagogia.   (Escardo 1647: 143v)[13]

En la carta a Can Grande della Scala atribuida a Dante, las diferencias entre estos cuatro 'sentidos' —uno básico (el *literal*) y tres adicionales (*alegórico, moral* o *tropológico,* y *anagógico*)— se aclaran citando un versículo del Antiguo Testamento referente al éxodo de los judíos del cautiverio egipcio, explicándonos que mientras la *letra* nos hablaba de este episodio histórico (*Littera gesta docet*) su *sentido alegórico* se refería a nuestra Redención por Jesucristo, refiriéndose su *sentido tropológico* a la conversión del alma que sale del pecado para entrar en el estado de gracia y el *sentido anagógico* a la liberación del alma bendita cuando sale del cautiverio de la vida para entrar en la Gloria.[14]

Los tres sentidos adicionales atribuidos al texto histórico son distintos aunque paralelos: tres significados que sólo tienen en común su punto de partida en el episodio histórico del texto literal. Claro está que muestran cierto parentesco: ya que la historia literal se refiere a la salida de un cautiverio, cada uno de los sentidos adicionales se refiere a una salida de cautiverio (la del Hombre —de la Humanidad— en el *sentido alegórico,* la del individuo *dentro de esta vida* en el *sentido tropológico,* la del alma individual *desde esta vida* a la Gloria en el *sentido anagógico*). Cualquiera de las tres pudiera emplearse para ayudar a explicar cualquiera de las otras *per analogiam,* pero su mutua correspondencia analógica sólo existe gracias a su punto de partida en la historia literal, cuya narración de un éxodo real constituiría el *tertium comparationis* entre los tres 'éxodos' adicionales.

Si volvemos ahora al auto y a la comedia de *La vida es sueño,* veremos que la relación entre sus significados respectivos es muy parecida: es una correspondencia analógica cuyo *tertium comparationis* consiste en la seudohistoria que tienen en común, el *sentido literal* de la cual constituye a la vez la trama de la *acción* en la comedia y la base para la *alegoría* en el caso del auto sacramental. Si ahora repensamos la relación entre *acción* y *tema* en esta comedia, veremos que éstos se distinguen tal como se distinguían el *sentido literal* de aquella historia bíblica y el segundo de sus tres sentidos adicionales: v. g. el *sentido tropológico.*[15] Da la casuali-

---

13. El P. Escardó agrega otro recurso mnemotécnico para poder recordar los tres sentidos adicionales, asociando los sentidos *alegórico, anagógico* y *moral* o *tropológico* con las virtudes cardinales de *la fe* (*= quid credas*), la *esperanza* (*= quo tendas*) y la *caridad* (*= quid agas*) respectivamente.
14. Véase la introducción de Sayers a su propia traducción de *La divina commedia* de Dante (1949: 14–15). Para evitar confusiones, conviene agregar aquí que durante el Siglo de Oro todos los tres sentidos adicionales continuaban llamándose colectivamente *alegóricos* (tal como se había hecho en la Edad Media), o sea que el término *alegórico* se empleaba a dos niveles en la exegética: (*i*) en este sentido genérico, y (*ii*) en un sentido más específico, para designar el primero de los tres sentidos adicionales. Sería en parte para evitar la posibilidad de confusión así engendrada que la exegética moderna desecharía el empleo genérico del término, prefiriendo hablar de la *tipología* y de un ternario de *sentidos tipológicos* (el primero de los cuales se continúa llamando el *sentido alegórico*).
15. Aunque todos los autos sacramentales sean 'alegóricos' en el sentido literario de ser 'metáforas

dad que el ejemplo bíblico de la carta a Can Grande della Scala viene más a cuenta todavía por tratarse de la historia de un éxodo (de una liberación), lo cual también pudiera decirse de la *acción* de nuestra comedia.

Esta ha sido construida tal como es, sobre el nivel de la *acción*, para comunicarnos un *tema* que constituye su propio *sentido moral y* que trata (igual que la *interpretación tropológica* de la historia bíblica) de la salida de cautiverio de un individuo (Segismundo) dentro de esta vida;[16] mientras el auto, partiendo en lo esencial de la misma seudohistoria, ha sido construido tal como es para comunicarnos un *argumento* que viene a ser la glosa específicamente *alegórica* de la misma serie de incidentes inventados, y que trata (igual que la interpretación específicamente *alegórica* de aquella historia bíblica) de la Redención del Hombre por Nuestro Señor. Cabe notar, asimismo, que ya que la historia básica de ambas piezas era tan sólo una seudohistoria (una 'situación inventada', una 'ficción poética') no era inviolable: no tenía que respetarse tal como una historia bíblica, y al glosarla en *sentido alegórico* Calderón estaba libre para modificarla para que pudiese servir mejor como una alegoría de nuestra Redención (cambiando los sucesos de la tercera jornada, por ejemplo, de modo que Jesucristo pudiese redimir al Hombre sustituyéndose por él en la prisión).

La 'acción dramática visible' del auto sacramental corresponde al *argumento* del drama cósmico de la Redención en cuanto las relaciones establecidas sobre el tablado entre personajes que son personificaciones, como la Luz y el Hombre, corresponden a la red de relaciones que existen en el plano superior del drama cósmico entre las ideas abstractas que se han personificado, cuyos términos eternos han sido reducidos a los términos finitos del *medio visible*, 'ya que lo caduco no puede comprender lo eterno' directamente.

También entran en juego muchas ideas abstractas en la comedia, es cierto, pero *estas ideas no se personifican*. Es cierto que la *acción* se ha entablado a la luz de toda una serie de ideales morales acerca de la relación entre el libre albedrío, las pasiones del hombre, y el modo de sobreponerse a las influencias de todo lo circunstancial (sea lo que le puede haber sido impuesto por su nacimiento, sea lo que cae sobre él a lo largo de su vida por la intervención de sus semejantes). Pero estas ideas entran en juego mediante la invención de toda una situación aparentemente 'real' y que parece existir por derecho propio sobre el tablado, con personajes que no son personificaciones sino individuos; y los incidentes de la trama se suceden lógicamente como las consecuencias de las relaciones establecidas entre estas personas (no como consecuencia de relaciones entre ideas abstractas en un plano cósmico). El desarrollo de las relaciones entre Segismundo y Basilio, por ejemplo, nos tiene mucho que enseñar acerca de las relaciones entre el libre albedrío y el destino, pero no se ha de suponer por esto ni que Basilio 'represente' el Destino, ni que Segismundo 'sea' el Libre Albedrío. Igualmente, no se puede imponer el significado alegórico de los

---

sostenidas', el sentido de su *argumento* no tiene que corresponder necesariamente al primer tipo de sentido adicional (el sentido específicamente *alegórico* de la exegética tipológica, el cual significa *quid credas*): también los puede haber *tropológicos* (los cuales significan *quid agas*, por ejemplo *El gran teatro del mundo*) o *anagógicos* (los cuales tendrían que ver con el *quo tendas* del otro mundo).

16. Pero el hecho de que el *tema* de la comedia sea el *sentido moral* de su *acción* no quiere decir que dicha comedia tenga que ser 'alegórica', pues sus personajes no son personificaciones de principios abstractos como en el auto (véase abajo) aunque su actuación sobre el tablado sirva para ejemplificar el *modus operandi* de tales principios dentro de nuestra vida humana. Conviene agregar otra distinción más entre los autos y las comedias: en éstas, el *tema* sólo se puede discernir y analizar en una crítica retrospectiva de lo visto (reflexionando sobre la *acción* que se había ido desarrollando ante nuestros ojos en toda su particularidad), mientras en aquéllas el *argumento* tiene que proponerse claramente muy pronto para que sepamos cómo hay que ir interpretando la metáfora a lo largo del espectáculo.

personajes del auto sobre aquellos de la comedia sin tergiversar el sentido de ésta. Pero esto ya lo sabemos, gracias a las lecciones que todos hemos recibido de mi segundo maestro calderoniano, Alec Parker.

La 'fuerza ejemplar' de sus propios escritos es tan innegable como aquella de 'lo poetizado' por nuestro dramaturgo predilecto, y espero que Alec tomará esta meditación sobre lo suyo y lo de Calderón no como una crítica de sus ideas, sino más bien como un comentario afectuoso sobre ellas: un cariñoso tributo a su sabiduría lleno de afecto de uno que no se considera su opositor sino discípulo suyo.

VI: LA ESTRUCTURA DE
EL GRAN TEATRO DEL MUNDO

1. Intenciones y contexto crítico

1.1 AL PRESENTARLES OTRA PONENCIA más sobre la estructuración artística de *El gran teatro del mundo*,[1] estoy bien sensible de que este tema ha sido tocado en dos Coloquios anglogermanos anteriores: primero por Leo Pollmann (1970), y luego en el no menos fascinante trabajo de Ángel M. García (1979). Quisiera reconocer igualmente —tal como lo hicieron Pollmann y García— lo mucho que mi propia visión de este auto sacramental debe al capítulo que le dedicara Parker en su *The Allegorical drama of Calderón* (1943), libro cuya vigencia no ha disminuido nada en los cuarenta y un años transcurridos desde su publicación en 1943, en plena guerra, cuando nuestro 'diálogo' anglogermano —por así llamarlo— era más bien 'monstruo de fuego y aire, de agua y tierra' (v. 20). Desde aquellas 'mismas cenizas' (v. 26) había de nacer, sin embargo —tal 'como el Fénix y en su fama' (v. 25)— toda la bella serie de nuestros coloquios calderonianos, gracias a las iniciativas del propio Alec Parker y de Hans Flasche, el otro Autor de nuestras 'ingeniosas perspectivas' (v. 105).[2]

1.2 Aunque aquellos tres estudios constituyan el contexto inmediato de mis propias reflexiones, no los citaré de modo explícito salvo cuando me sienta obligado a formular alguna que otra reserva con respecto a sus ideas, por ejemplo cuando Pollmann asevera (1970: 86) que falta en *El gran teatro del mundo* 'la posibilidad fundamentalmente dramática de una verdadera elección' ya que los personajes pueden 'aceptar y rechazar su papel, pero no optar por el mal'. Por una parte, no es cierto que puedan rechazar su papel; por la otra —y esto es mucho más importante— limitar así las elecciones de los personajes humanos es dar por descontado la serie central de cinco episodios en que un encuentro con el Pobre sirve como piedra de toque para distinguir entre quienes actúan bien o mal en el campo de las relaciones sociales (por cierto presentado de un modo sumamente simplificado en este caso) según éstos se dispongan a seguir o a ignorar los consejos cantados por la Ley de Gracia en la loa:

> Ama al otro como a ti,
> y obra bien, que Dios es Dios.   (vv. 666–67)

Quien deje de obrar bien al rechazar la petición de su prójimo está, de hecho, optando por el Mal: no hay que olvidar que la gloria o pena eternas de los demás personajes (tanto como la duración de su temporada en el purgatorio si ahí se les consigna) se determina en

---

1. Cítase según la edición de Ángel Valbuena Prat (Calderón 1942: 67–124); también se ha empleado la edición en tomo aparte de Eugenio Frutos Cortés en Biblioteca Anaya (1958) cuyas anotaciones son excelentes para el uso escolar. Toda referencia del tipo 'v. 26' o 'vv. 19–20' remite a los versos correspondientes, numerados igualmente en ambas ediciones.
2. Cuyos trabajos calderonianos se reunieron en Flasche (1980). Quisiera reconocer aquí una deuda especial al primer trabajo reunido en aquel tomo, su 'Stand und Aufgaben der Calderónforschung (Ergebnisse der Jahre 1940–58)' aparecido primero en 1958, al cual debo mi primera iniciación en el campo de los estudios calderonianos alemanes.

este auto específicamente según el Autor juzgue su modo de responder a la petición del Pobre. Como después se verá, esta serie de encuentros juega un papel muy importante en la estructuración de la compleja red de relaciones lógico-retóricas que sirven a la vez para diversificar y para unificar esta obra, tanto en lo bello y por ende placentero de su organización estética como en lo didáctico —y por ende moralmente saludable— de su aplicación sistemática de la analogía (ya tradicional) entre Vida y Teatro.

1.3 Como señalara Parker hace cuatro décadas (1943: 113), este *lugar común* no es propiamente el *tema* de nuestro auto sino más bien tan sólo su *alegoría*. Sirviéndonos de tres términos bien calderonianos empleados por Parker en su exposición de la teoría dramática del teatro alegórico de Calderón (1943: 67 ss.; véase también arriba, páginas 144–47) podemos decir que la metáfora teatral cuyo desarrollo sostenido la constituye no es más que el *medio visible* por el cual el *concepto imaginado* de este auto netamente sociológico se logra transformar en *práctico concepto*. Olvidarse de esto sería, como indicara Parker (1943: 113), 'to confuse the means with the end':

> La alegoría de un auto jamás se emplea tan sólo para demostrar que su empleo pueda justificarse. Aquí se emplea para transponer una idea en otra y —sacando de la segunda idea las deducciones que le son propias— para llegar a ciertas conclusiones aplicables a la primera, las cuales *no se hubieran podido alcanzar ni tan fácil ni tan eficazmente* si no se hubiera hecho la transposición original. (traducción y cursivas mías)

1.4 Aunque no sea mi propósito concentrarme sobre este aspecto de la obra, quizás quepa señalar la vigencia hoy día renovada de esta misma analogía fundamental, v. g. en la aplicación bien sistemática de lo que se viene llamando ahora el *modelo dramatúrgico* en el campo de los estudios sociológicos, en obras como Goffman (1959), o Wilshire (1982) o en la segunda parte de Harré (1979: 189–231). Desde que Goffman desarrollara su 'role-theory' (teoría de los roles dramáticos que todos representamos en cada situación de nuestra interacción social) en 1959, las posibilidades explicativas de aquel viejo *locus communis* se han ido explorando metódicamente de una manera científica —o por lo menos semicientífica— que quizás le hubiera sorprendido a Calderón; y si estamos propensos a suponer que tales alegorías no son más que bellas ficciones literarias, la renovación de este *modelo dramatúrgico* pudiera servir para recordarnos oportunamente la importancia del empleo de *modelos analógicos* en el desarrollo del pensamiento humano, no sólo en tiempos pasados sino en pleno siglo XX (véase arriba, páginas 97–102, 117–20). Pero la naturaleza de las ideas sociológicas de Calderón que él dramatizara empleando aquel modelo ya nos ha sido ampliamente expuesta y aclarada en el tercer capítulo del libro de Parker, con el comentario adicional de Ángel M. García, y por lo tanto no es éste el ángulo desde el cual yo quisiera abordar de nuevo la estructura de *El gran teatro del mundo* en el presente estudio.

1.5 Mi acercamiento será más bien formal, aunque la fórmula que yo creo entrever en el fondo mismo de la construcción de nuestro auto no deja de tener una razón de ser de naturaleza bien conceptual. El antecedente más remoto de mi comentario consiste en el conocido estudio de 'La correlación en la estructura del teatro calderoniano' (Alonso 1951), donde éste nos dice:

> No cabe duda alguna de que la construcción de los autos sacramentales... es fundamentalmente correlativa. Los personajes simbólicos aparecen y actúan por parejas o ternas o cuaternas, o quinas... que no son sino los grados y clases de una clasificación

total del cosmos... [En tales obras] hay un constante cambio entre la progresión plurimembre correlativa y la progresión monomembre. El *Alma*, el *Hombre*, etcétera, representan lo unitario; pero cuando lo unitario está analizado en sus elementos, cuando aparecen, por ejemplo, las tres *Potencias* del alma o los cinco *Sentidos* del hombre, etcétera, la fluencia dramática se hace correlativa. Y apenas hay un auto en que tal fenómeno no ocurra. En algunos... toda la estructura dramática (con intermitencias) se puede considerar atravesada por esa fluencia correlativa.

Y luego agrega una bella *explicación plurimembre* del fenómeno:

> Sí, ocurría que la distribución ordenada del mundo en clases (que forman verdaderas pluralidades plurimembres), la necesidad de neta especificación conceptual entre esos miembros, la voluntad pedagógica de reiteración de lo específico diferencial (para que delgados conceptos entraran en la mollera del público de las plazas), la tradición literaria de correlación en que Calderón se había criado, todo, todo empujaba a que los autos fueran piezas correlativas; y ganada para este sistema, la misma decoración plurimembre de los carros (cada carro un miembro), reobraba a su vez para fortalecer la estructura correlativa y hacer necesario su uso. (174–75)

La cita ha sido larga porque no puedo menos que reconocer lo extenso de mis deudas a don Dámaso, y nos convendrá guardar *in mente* a lo largo de este estudio aquellos cinco factores que él señalara: *la distribución ordenada del mundo*, la *necesidad de neta especificación conceptual*, la *voluntad pedagógica de reiteración de lo específico diferencial*, la *tradición literaria*, y hasta *la misma decoración plurimembre de los carros*.

1.6 Los antecedentes más inmediatos de esta ponencia se encuentran en dos de mis propias contribuciones a coloquios anteriores: ambas con el mismo título general de 'Estructuras lógico-retóricas y sus resonancias' pero cuyos subtítulos relacionaban la primera parte a 'un discurso de *El príncipe constante*' y la segunda tanto a la 'Hermosa compostura' del primer discurso de *El gran teatro del mundo* como a aquella misma invocación de la 'piedad real' del Rey de Fez ya comentada. Ambos discursos (reunidos en el Capítulo III del presente volumen) se analizaron como ejemplos del estilema bautizado *Summationsschema* por Curtius en 1941 (véase también Curtius 1948) y luego subdividido por Spitzer en dos tipos (en 1944) cuando éste distinguiera entre uno meramente enumerativo y otro de carácter netamente silogístico en cuanto estaba destinado a probar una tesis: formas distintas del mismo esquema básico para las cuales yo adopté los términos *Summationsschema de tipo descriptivo* y *Summationsschema de tipo argumentativo* (ayudándome para la aclaración de sus respectivas estructuras plurimembres y correlativas de un *modelo analógico* algo complejo que no hay para qué repetir de nuevo aquí).

1.7 Terminé sugiriendo que el esquema fundamental del *Summationsschema*, basado en el doble proceso de *diseminación* y *recolección* correlativas, nos podía proporcionar un modelo aplicable como instrumento analítico de mayor alcance sobre varios niveles, desde aquel de la cosmovisión del Siglo de Oro (de clara raíz neoplatónica) hasta aquel de la estructuración formal de determinadas obras literarias como *El mundo por de dentro* de Quevedo y el auto que hoy nos ocupa. En este último caso, dije que su *proposición* fundamental sería la de su reiterado apunte 'Obrar bien, que Dios es Dios', cuya aplicabilidad a la vida humana quedaba *diseminada* por todo un espectro de tipos humanos que servían para *ejemplificar* su sentido —'estudiados sucesivamente con respecto a sus reacciones ante su estado, ante su prójimo, y ante la muerte'— antes de terminar reuniéndose de nuevo en 'un proceso de recolección en la sumación final del escrutinio de su actuación por el Autor' (véanse páginas 119–20, arriba).

1.8 Pues bien: mi propósito hoy día no es otro que estudiar esta hipótesis un poco más a fondo, examinando la estructuración interna del núcleo conceptual de *El gran teatro del mundo* como un ejemplo extendido de *Summationsschema de tipo argumentativo* que exhibiría a nivel del macrotexto la misma organización correlativa que yo había comentado entonces en el microtexto de su discurso inicial, el cual me había servido como ejemplo prototípico del otro tipo de *Summationsschema*: el descriptivo. Al mismo tiempo se pondrán de manifiesto varios aspectos más de su estructuración formal, los cuales no dejan de tener también un interés que pueda extenderse más allá de la obra que aquí nos ocupa.

2. Las simetrías de la estructuración total

2.1 AHORA BIEN: yo no creo que se pueda justipreciar el papel lógico-retórico del *esquema argumentativo* macrotextual sin situarlo claramente dentro de lo que Pollmann designó la *estructuración dramática* de nuestro auto en su totalidad. Aquí me temo que no puedo concordar plenamente con sus ideas, por halagador que pueda parecer su bello análisis estructural. Cuando contrastara *El gran teatro del mundo* con *No hay más fortuna que Dios*, ya en las conclusiones de su trabajo, Pollmann dijo (1970: 92) que en *El gran teatro* 'la simetría misma no abarca el auto entero, [el cual] no tiene un eje', y es aquí en donde nuestros dos análisis se diferencian más marcadamente, porque para mí la simetría de la obra es extremada y toda su organización lógico-retórica gira en torno a un solo eje bien concreto. El mejor modo de explicar nuestras diferencias será contraponer su presentación esquemática del auto con otra mía. La suya es de una sencillez tan extrema pero al mismo tiempo tan bellamente paralelística que resulta sumamente seductora, mientras la mía se nos muestra con pormenores que quizás parezcan excesivos a primera vista; pero que no es tan sólo una versión más complicada de la suya, pues hay varios puntos importantes en que nuestros dos análisis representan versiones mutamente incompatibles de la misma obra. Según Pollmann, el esquema es el siguiente:

I (Globo celeste) Preludio en el cielo

Prólogo del autor	1–25	(26)
1 Mundo hace su relato de la Creación	26–288	(163)
2 Repartición de los papeles por el Autor	289–488	(200)
3 Los representantes piden al Mundo sus insignias	489–627	(139)

II (Globo del mundo) La comedia de la vida

Prólogo del autor	628–637	(10)
1 Los siete personajes salen unos tras otros	638–832	(193)
2 El Pobre les pide limosna	832–976	(145)
3 Desde la puerta del ataúd los llama una voz triste, se van	977–1250	(274)

III (Globo celeste) Juicio final y glorificación sacramental

Prólogo del autor		1251–1254	(5)
1	Mundo juzga a los siete personajes	1255–1436	(182)
2	Subida a la mesa sacramental	1437–1572	(136)

Figura 1. La estructuración dramática de *El gran teatro del mundo* según Pollmann (1970 : 90)

2.2 Su visión es tripartita, con el *Preludio en el cielo* ubicado en el terreno del globo celeste y prolongándose ahí hasta el v. 627, con *La comedia de la vida* desarrollándose en aquel del globo del mundo, y con todo lo que pasa a partir del v. 1251 asociado de nuevo con el globo celeste. Cada parte empieza con un *Prólogo del autor*, seguido por tres *unidades dramáticas* (el término es de Pollmann, en el texto de su artículo) en las primeras dos partes, pero tan sólo por dos de dichas unidades en el tercer caso. La disposición de los elementos en esta delineación es de tal elegancia que nos predispone en favor suya, pero un estudio más detenido de la obra en sí pudiera despertar alguna que otra reserva en la mente del lector. Por ahora me limitaré a señalar una discrepancia muy marcada entre el esquema de Pollmann y las acotaciones del texto: discrepancia que afecta notablemente nuestro modo de concebir su puesta en escena. Según el texto del auto el preludio que Pollmann asigna al globo celeste (describiéndolo como 'en el cielo') se desarrolla en su totalidad *con ambos globos cerrados*. Luego viene *La comedia de la vida*, y aunque ésta se desarrolla evidentemente en el terreno del Mundo (o sea sobre el tablado delante de los dos globos: véase Shergold 1970) consta que se representa *con ambos globos abiertos* hasta el v. 1250 inclusive —cuando 'Ciérrase el globo de la tierra' siguiendo abierto aquel del cielo durante cuatro versos más hasta que 'Ciérrase el globo celeste, y en él el AUTOR' (Calderón 1942: 112). Según Pollmann, estos cuatro versos constituyen el *Prólogo del autor* con que se abre la tercera parte, correspondiente en su totalidad al globo celeste, pero en el texto consta no sólo que éste se cierra después del v. 1254 sino que *ambos globos permanecen cerrados* hasta que el globo celeste se abre de nuevo después del v. 1436 (ya con más de la mitad de esta tercera parte andada), como se puede ver a continuación en mi propio resumen esquemático de la *estructuración dramática* de la obra.

2.3 Mi análisis es igualmente tripartito, aunque yo coloque la división entre la segunda parte y la tercera cuatro versos más abajo. Este cambio ha sido introducido por dos razones: (*a*) porque estos cuatro versos del Autor terminan una larga tirada de cincuenta y seis versos de romance (véase Figura 3, página 160) mientras la próxima *unidad dramática* se va a desarrollar enteramente en octavas reales desde el v. 1255 hasta el v. 1398; y (*b*) porque la colocación de este breve parlamento del Autor entre el cierre del globo de la tierra y aquel del globo celeste parece formar claramente parte de la clausura de un episodio, aunque es cierto que su contenido ('Castigo y premio ofrecí | a quien mejor o peor | representase, y verán | qué castigo y premio doy', vv. 1251–54) puede considerarse con igual propiedad como prólogo del episodio siguiente y como remate del episodio anterior. De hecho, estos cuatro versos rematan y prologan simultáneamente, constituyendo una unidad transicional (de *progresión monomembre*) entre dos episodios plurimembres de *progresión correlativa*, como después se verá.

I   *Preludio* (con ambos globos cerrados)

	1	Invocación del Mundo por el Autor	1–25,5	(25,5)
	2	Diálogo entre el Mundo y el Autor	25,6–66	(40,5)
(*i*)	3	El Mundo relata su historia en tres jornadas	67–228	[162⎤
		y dispone las dos puertas e insignias	229–278	[50⎦ (212)
(*ii*)	4	Repartición de los papeles por el Autor	279–438	(160)
		(en un preludio y siete encuentros)		
	5	Las condiciones de la representación teatral	439–488	(50)
(*iii*)	6	Repartición de las insignias por el Mundo	489–607	(119)
		(en siete encuentros)		
	7	Invocación del Autor por el Mundo	608–627	(20)

II   *La comedia 'Obrar bien, que Dios es Dios'* (con ambos globos abiertos)

	8	Llamada de los hombres por el Autor	628–637	(10)
	9	El 'laudate' cantado por la Discreción	638–647	[10⎤
		y la Loa pronunciada por la Ley de Gracia	648–667	[20⎦ (30)
(*i*)	10	*1ª prueba*: la Vida	668–834	(167)
		(en cuatro encuentros)		
(*ii*)	11	*2ª prueba*: el Prójimo	835–928	(94)
		(en cinco encuentros)		
	12	Explicación del Libre Albedrío	929–941	[13⎤
		y reiteración de la Loa	942–948	[7⎦ (20)
(*iii*)	13	*3ª prueba*: la Muerte	949–1250	(302)
		(en un preludio y cinco encuentros)		
		(ciérrase el globo de la tierra)		
	14	Comentario del Autor	1251–1254	(4)
		(ciérrase el globo celeste)		

III   *Juicio Final y Adoración* (comienza con ambos globos cerrados)

	15	Prólogo del Mundo	1255–1270	(16)
(*i*)	16	Despojo de las insignias por el Mundo	1271–1375	(105)
		(en seis encuentros)		
	17	Las lamentaciones de los hombres	1376–1380	[5⎤
		comentadas por el Mundo	1381–1398	[18⎦ (23)
	18	Conversación en el camino hacia la Cena	1399–1436	(38)
		(ábrese de nuevo el globo celeste)		
(*ii*)	19	Los siete actores juzgados por su Autor	1437–1538	[102⎤
		(en cuatro encuentros) terminando		⎬ (118)
		en la subida de la Hermosura y el Labrador	1539–1554	[16⎦
(*iii*)	20	Aclamaciones y Adoración del S^mo Sacramento	1555–1568	(14)
		('tocan chirimías, cantando el *Tantum ergo* muchas veces')		
	21	La despedida del Mundo	1569–1572	(4)

Figura 2.   La estructuración dramática de *El gran teatro del mundo* según Pring-Mill

2.4 Al establecer mi propio esquema he procurado conservar los detalles de la versión anterior en lo posible, pero se echa de ver que la postergación del comienzo de la tercera parte no es la única diferencia entre nuestros dos análisis. Algunos de los cambios no implican más que la corrección de ciertos pequeños errores, seguramente debidos en su mayor parte a que mi predecesor haya querido lograr el máximo grado de simplificación posible en la estructura de su esquema. Así es que:

2.4.1 El Mundo no comienza su largo relato hasta el v. 67, o sea después de la declaración por parte del Autor de sus propósitos que termina en los dos archiconocidos endecasílabos pareados 'Seremos, yo el Autor, en un instante, | tú el teatro, y el hombre el recitante' (vv. 65–66);

2.4.2 El relato del Mundo no es tan sólo un 'relato de la Creación' sino —como me fue oportunamente recordado por Ángel M. García en Cambridge durante la discusión de la presente ponencia— más bien un relato de toda la historia del mundo (transcurrida o por transcurrir): relato en tres *jornadas* (como las de una comedia) dentro de la tercera de las cuales se habrá de desarrollar la comedia central;[3]

2.4.3 Esta parte central se llama *La comedia de la vida* en el esquema de Pollmann, pero me ha parecido mejor emplear el título que el Autor mismo le diera: *Obrar bien, que Dios es Dios* (v. 438);

2.4.4 En mi análisis la repartición de los papeles por el Autor comienza diez versos antes que en el de Pollmann, cuando el Autor se dirige a los 'Mortales' (v. 279) en la primera de una serie de treinta y nueve décimas (vv. 279–667) —si se considera como tal la estrofa cantada constituida por los vv. 638–647 (véase Figura 3, página 160)   o sea en cuanto el Mundo haya terminado su relato en 212 versos de romance y se haya marchado;

2.4.5 No son siete sino seis los personajes que 'salen unos tras otros' en la primera *unidad dramática* de la segunda parte, puesto que el Niño no vuelve a salir en escena hasta la tercera parte (véase Figura 8, página 177);

2.4.6 El soneto del Rey (vv. 961–974) no pertenece de hecho a la serie de encuentros con el Pobre sino más bien a la serie de encuentros con la muerte, tal como el soneto correspondiente de la Hermosura (vv. 1025 1038); y, por último:

2.4.7 No es el Mundo quien 'juzga a los siete personajes' sino el Autor, habiendo una clara distinción entre la serie de *encuentros* en que el Mundo les despoja de sus galas (desarrollada en octavas reales) y aquella que se desarrolla enteramente en versos de romance en que el Autor —abierto ya de nuevo el globo celeste— les juzga según lo bien o mal que hayan representado sus papeles en la comedia *Obrar bien, que Dios es Dios*.

---

3. En una traducción inédita al inglés de Pring-Mill y Elizabeth Jennings (presentada en la capilla de Exeter College, Oxford, y luego por la BBC el 17 de diciembre de 1962) se intentó aclarar la relación entre la comedia *Obrar bien, que Dios es Dios* y la comedia en tres jornadas narrada en el relato del Mundo introduciendo los siguientes versos entre el v. 98 y el v. 99: 'This cosmic stage | Is setting for two plays — one vast, the other small: | The smaller being the great one's analogue. | That shorter one (which shall be played tonight) | Is on a lesser scale: men in society, | Acting as neighbours or unneighbourly | And ultimately judged. Such men are Fallen | Men, but men reedemed, whose whole life-span | Is acted out within one single scene | Of the Third Act of the great cosmic drama; | But, for a prologue to the lesser play, | Let me limn out the greater'.

Ahora bien, si se acepta esta distinción mía entre la *unidad* dirigida por el Mundo y otra evidentemente a cargo del Autor, entonces la tercera parte del auto resulta ser tan tripartita como las dos anteriores no obstante el hecho de que su extensión sea mucho más reducida (véase §§3.3.1–3.3.8, abajo).

2.5 Será conveniente definir aquí la palabra *encuentro* que se viene de emplear en §2.4.7 y que sale siete veces en la Figura 2 en la descripción de los *episodios* I(*ii*), I(*iii*), II(*i*), II(*ii*), II(*iii*), III(*i*) y III(*ii*). Estos son los siete *episodios* que se subdividen en otras tantas series de *mini-episodios* (véase §4.5, abajo) en cada uno de los cuales un personaje humano o se presenta ante el Autor o el Mundo para recibir o entregar su papel o su insignia, o tiene que encararse con las implicaciones de su estado en la vida o con la llamada de la muerte, o se encuentra con otro miembro de la 'compañía' (v. 632) en el rol de suplicante. La palabra *encuentro* se emplea para designar tales 'confrontaciones', o sea que un *encuentro* es un breve incidente que no es una conversación cualquiera sino una escena dialogada de tipo confrontacional que marca etapa en el desarrollo de la historia de uno o más de los individuos humanos y que representa, por lo tanto, un paso decisivo (por mínimo que sea) en el avance de la acción. Cuando esta ponencia se discutió en Cambridge, Charles Aubrun sugirió muy oportunamente que tales *encuentros* pudiéranse haber designado *lances*, palabra bien apta que hubiera recordado además hasta qué punto el desarrollo de un auto sacramental se parece al desarrollo de una comedia en cuanto ambos se hacen a base de la encadenación de tales incidentes: le agradezco la sugerencia, y quiero registrar aquí la importancia de dicho parentesco entre ambos géneros en el avance de la acción. Decidí por quedarme con *encuentro*, sin embargo, porque quiero conservar el matiz de 'confrontación' implcito en este término. Pero volvamos de nuevo a la 'confrontación' entre mi esquema analítico (Figura 2) y aquel de Pollmann (Figura 1).

2.6 Además de los puntos ya señalados, cabe subrayar que según mi análisis ninguna de las partes contiene tan sólo un *prólogo* seguido por dos o tres *unidades dramáticas* mayores. En la versión de esquema que yo presenté en Cambridge (algo más sencilla que la versión definitiva que aquí se imprime) yo me limité a señalar que cada una de las tres partes llevaba su serie de *unidades dramáticas* mayores enmarcadas —por así decirlo— entre dos parlamentos, de la manera siguiente:

2.6.1 La primera no sólo se abre con la conocida *invocación* del Mundo por su Autor sino que se cierra con otra *invocación*, cuando el Mundo invoca la presencia del Autor (vv. 608–27) en cuanto tenga su escenario listo y todas las insignias distribuidas;

2.6.2 La segunda no sólo empieza con la décima en que el Autor dirige su llamada (vv. 628–37) a los personajes de su 'compañía' (v. 632) sino que termina con su propio comentario de cuatro versos (vv. 1251–54) antes de cerrarse el globo celeste (véase §2.3, arriba); y, por último:

2.6.3 La tercera empieza (en mi análisis) con un breve prólogo pronunciado por el Mundo (vv. 1255–70) para rematar en sus cuatro versos de despedida (vv. 1569 – 72) dirigidos al público después de haberse cantado 'el *Tantum ergo* muchas veces'.

O sea que cada parte tendría no sólo un discurso de apertura por *prólogo* sino también un discurso de clausura como *epílogo*. Hasta aquí lo que estaba en el análisis que se repartió en Cambridge; pero me temo que hay que complicar las cosas algo más todavía, en la verdad. Así es que la versión definitiva de mi esquema (Figura 2) no sólo distingue (*a*) dentro de cada una de las tres partes (I, II, III) sus tres *unidades dramáticas* principales (*i, ii, iii*) —las cuales serán llamadas *episodios* de aquí en adelante— y (*b*) la autonomía de sus respectivos discursos de apertura y clausura, sino que (*c*) señala la presencia de varias otras subdivisiones más, como por ejemplo entre la invocación del Mundo por el Autor (vv. 1–25,5)[4] y el diálogo que se entabla entre ellos cuando aquél le responde (vv. 25,6–66), o entre la repartición de los papeles propiamente dicha (vv. 279–438) y la discusión que se entabla a continuación entre el Autor y los miembros de su compañía (vv. 439–88) a propósito de las condiciones muy particulares de la representación teatral que se ha de realizar en la segunda parte, la más notable de las cuales es —desde luego— la carencia de cualquier ensayo que tanto parece preocuparles a los personajes humanos del reparto.

2.7 No voy a examinar cada una de estas subdivisiones adicionales detenidamente, pues creo que en la mayoría de los casos las separaciones entre ellas saltan a la vista de quien se disponga a leer el texto atentamente con el ojo puesto en determinar cuándo empieza y cuándo termina cada uno de los nueve episodios. Pero cuando me puse a ver cuáles eran las secciones del texto que no cabían con toda propiedad dentro de dichos episodios entonces me di cuenta de tres puntos más generales que me parecen dignos de señalar aquí:

2.7.1   Todos estos nueve episodios salvo el primero —el relato del Mundo— son de *fluencia correlativa* (para emplear el término que usara Dámaso Alonso: véase §1.5, arriba);

2.7.2   Las más de las diversas *intermitencias* (véase §1.5, arriba) en esta serie de episodios de 'progresión plurimembre correlativa' son mayormente inter-mitencias de progresión monomembre (aunque a veces dialogadas); y

2.7.3   Mirada así, cada una de las tres partes se me iba quedando descompuesta en una serie de siete secciones —ni más ni menos— cada septenario de las cuales abarcaba además de sus tres episodios correspondientes otras cuatro unidades menores de varios tipos distintos: *invocaciones, diálogos* explicativos, *comentarios* (unos monologados y otros a varias voces), *conversaciones* transicionales, o las dos menudas series plurimembres de *exclamaciones* que apuntan las reacciones humanas de los personajes después de haber sido despojados de sus insignias y después de haber sido juzgados por el Autor.[5]

Fue entonces que tomé la decisión de numerar todas estas veintiún *secciones* en una sola serie —del número 1 al número 21— tal como constan en el esquema definitivo (Figura 2) en el cual —siguiendo el ejemplo de Pollmann— también doy al lado de cada sección tanto la numeración consecutiva de sus versos como el número total de los versos que la constituyen. Para mayor conveniencia en el manejo de estos datos, los 'títulos' (por así llamarlos) de estas veintiún secciones se pueden reducir a una sola palabra por sección, lo cual se hace en la Figura 3; al mismo tiempo, ya que varios cambios en la versificación han resultado ser de importancia en distintas oportunidades (véanse §§2.3, 2.4.4, 2.4.6 y 2.4.7, arriba), me ha parecido útil representar todos estos cambios en una forma resumida en esta misma tercera figura.

4. Todo verso incompleto se trata como medio verso (véanse Figuras 3 y 8) designándose la primera mitad del v. 26 (con la cual se termina el parlamento del Autor) '25,5', mientras el hecho que el discurso siguiente empieza con la segunda mitad del mismo verso se señala indicando que corre a partir del '25,6'.

5. Reconozco que, si se insistiera en ello, bien se pudieran haber hecho otras separaciones más (por ejemplo entre la canción de Discreción y la loa de la Ley de Gracia en 9: *Laudate*), y es posible que el descubrimiento de siete secciones muy obvias tanto en la tercera parte como en la primera me haya seducido, conduciéndome a establecer no más que siete en la segunda.

Estructura resumida				*Versificación*
Versos	*Nº*	*Sección*	*Versos*	*Forma*
I 1–25,5	1	Invocación	22,5	silvas
25,5–66	2	Diálogo	40,5	silvas
67–278	3	Relato	212	romance: u–o
279–438	4	Papeles	160	décimas
439–488	5	Condiciones	50	décimas
489–607	6	Insignias	119 *	décimas
608–627	7	Invocación	20	décimas
II 628–637	8	Llamada	10	décimas
638–667	9	Laudate	10	silvas**
			20	décimas
668–834	10	Vida	1	sin rima
		[669–672]	4	cuarteto
		[673–834]	162	romance: –ó
835–928	11	Prójimo	94	romance: –ó
929–948	12	Explicación	20	romance. –ó
949–1250	13	Muerte	12	romance: –ó
		[961–974]	14	soneto
		[975–1024]	50	romance: –ó
		[1025–1038]	14	soneto
		[1039–1160]	122	romance: –ó
		[1161–1170]	10	décima
		[1171–1174]	4	romance: –ó
		[1175–1189]	15	quintillas
		[1190–1193]	4	redondilla
		[1194–1198]	5	quintilla
		[1199–1250]	52	romance: –ó
1251–1254	14	Comentario	4	romance: –ó
III 1255–1270	15	Prólogo	16	octavas reales
1271–1375	16	Despojo	105	octavas reales
1376–1398	17	Lamentaciones	23	octavas reales
1399–1436	18	Camino	38	romance: o–a
1437–1554	19	Juicio	118	romance: o–a
1555–1568	20	Aclamaciones	14	romance: o–a
1569–1572	21	Despedida	4	romance: o–a
			1572	versos en total

Figura 3. Clave de las secciones y resumen de la versificación

* Falta un verso entre el v. 580 y el v. 581 para completar la décima correspondiente.
** Estrofa de diez versos endecasílabos o heptasílabos (11, 7, 7, 11, 11, 7, 7, 11, 7, 11) rimando ABBA ACCA DD.

2.8 Antes de proseguir con este análisis quizás convenga subrayar el hecho que los múltiples paralelismos estructurales de la Figura 2 no son de invención mía (aunque yo los haya hecho resaltar al resumirlos visiblemente en tal esquema) sino invenciones —o construcciones— del dramaturgo mismo. Transparentan de modo evidente los mismos cinco factores explicativos enunciados por Dámaso Alonso en la segunda parte de aquella larga cita (véase §1.5, arriba): v. g. la distribución ordenada del mundo, la necesidad de neta especificación conceptual, la 'voluntad pedagógica' de reiteración de 'lo específico diferencial', la tradición literaria y —por último— 'la misma decoración plurimembre de los carros' (la cual se refleja en la distribución de todo lo que sucede tanto dentro de éstos como sobre ellos o delante de ellos; véase Shergold 1970). Y si yo me he visto obligado a presentar en la Figura 2 un esquema tanto más complicado que aquel de la Figura 1 (el esquema ideado por mi predecesor) esto ha sido en parte precisamente porque dos de estos cinco factores han estado obrando en mi propio caso: por un lado 'la necesidad de *neta especificación conceptual*' —lo subrayado es mío— que es precisamente el aspecto del auto que más me parecía haberse perdido en la sencillez de la Figura 1 y, por el otro, la mismísima 'voluntad pedagógica' —¡confesémoslo!— de 'reiteración de lo específico diferencial'. En mi caso —claro está— esta última no se ha tenido que manifestar para que 'delgados conceptos entraran en la mollera' de mis propios lectores académicos (un 'público' mucho más culto y erudito que aquel 'de las plazas') sino tan sólo para sacar claramente a luz tanto la delgadez de los conceptos como la sutileza y la especificidad de su diferenciación, tal como estas virtudes se manifiestan a través de la estructuración misma de la pieza.

2.9 Ahora bien, aun si dejáramos de lado las minuciosidades señaladas en los §§2.5–2.7, las divergencias mayores señaladas en los §§2.3 y 2.4 entre nuestros respectivos modos de analizar lo que Pollmann ha llamado *la orquestación dramática del desarrollo* (título de la tercera sección de su estudio), ¿qué importancia verdadera podrían tener? Quizás lo fundamental tenga que ver con nuestras visiones bien distintas de las simetrías de la pieza. Según mi interpretación cada una de las tres partes está construida a base de un ternario de episodios. Además, yo diría que cada uno de estos tres ternarios contiene uno —y es siempre el episodio central— que se destaca conceptual y estéticamente sobre la pareja que lo encierra, tal como la segunda parte del auto mismo (la comedia *Obrar bien, que Dios es Dios*) se destaca sobre las otras dos. Ahora bien, los tres episodios que así se destacan sobre los otros seis son (según mi propia interpretación de la pieza) los auténticos 'ejes' de sus respectivas partes: v. g. la repartición de los papeles por el Autor en el Preludio (= 4: *Papeles*); la serie de encuentros con el Pobre en la Comedia (= 11: *Prójimo*); y el Juicio de los siete actores por su Autor (=19: *Juicio*) en la última parte.

2.10 Pollmann es también un gran amador de simetrías, y considera que las primeras dos partes son de una correspondencia simétrica casi completa, pero para él la simetría entre el Preludio y la Comedia no se extiende más allá. Veamos cómo la expone y al mismo tiempo cómo y por qué razón la detiene en el umbral de la tercera parte. En su comentario, Pollmann hace hincapié en 'la perfecta simetría entre las primeras dos partes, simetría que... abarca incluso el ritmo dramático del desarrollo', un punto glosado en términos dramáticos muy aptos y esclarecedores:

en el caso del Preludio, el discurso del Mundo desempeña el papel de exposición, la repartición de los papeles representa una peripecia y la entrega de las insignias es la conclusión...; en la Comedia propria, la salida de los siete [*sic*] personajes... y su primer contacto con la 'ley de gracia' es la exposición, mientras que la ocasión de 'obrar bien' que les da el Pobre pidiendo limosna, representa la peripecia; el ser llamado desde el ataúd, finalmente, constituye la catástrofe o conclusión en el sentido dramático de la palabra. (Pollmann 1970: 88–89)

Sigue entonces un comentario explicativo de tipo conceptual sumamente interesante:

Esta repetición del ritmo dramático de la primera parte en la segunda se corresponde con la relación óntica que existe entre ellos: el mundo es un eco de la decisión divina. La tercera parte, por su lado, de acuerdo con su contenido dramático, no comporta tres momentos dramáticos, sino solamente dos: la dialéctica de la vida pertenece solamente al teatro del mundo y a su preludio y no a la conclusión escatológica; en la hora del juicio no habrá más peripecia, habrá solamente dos realidades contrapuestas: el bien o el mal, el arriba o el abajo, el ser rechazado o el ser admitido. (89)

2.11   Quizás haya sido su propio concepto del contraste entre 'la dialéctica de la vida' en el teatro del Mundo y la contraposición de 'dos realidades' mutuamente exclusivas 'en la hora del juicio' el que le haya llevado inconscientemente a convertir los primeros dos episodios de la tercera parte en una sola *unidad dramática* en la cual (según Figura 1) 'Mundo juzga a los siete personajes'. Pero yo le contestaría no sólo que el texto hace una clara distinción entre el despojo de las insignias y el mismo Juicio Final (véase §2.4.7, arriba) sino (*a*) que el oficio de *juzgar* es propio sólo de Dios, aunque el Mundo puede ofrecer opiniones acertadas en sus comentarios y lo hace efectivamente no sólo en 16: *Despojo* sino también en todas las tres series de pruebas (10: *Vida*; 11: *Prójimo*; y 13: *Muerte*) de la Comedia misma; y (*b*) que a mi parecer el tener que presentarse ante el Autor y someterse a su Juicio es, de hecho, tanto una peripecia como lo fueran la repartición de papeles o la serie de encuentros con el Pobre.

2.12   Hay más: esto de que 'en la hora del juicio... habrá solamente dos realidades contrapuestas' —'el bien o el mal, el arriba o el abajo'— parece negar el hecho que el Rey estuviera a punto de quedarse en el Purgatorio (hasta que le redimiera la Discreción recordando al Autor sus buenas obras, v. g. la ayuda que el Rey la prestara en la segunda prueba) y también el que tanto el Labrador como la Hermosura tengan que permanecer algún tiempo en el purgatorio antes de que puedan subir a la mesa; ¡amén de que el triste Niño quede consignado al limbo (la cuarta de las 'cuatro postrimerías' aludidas en el v. 1545) 'sin pena ni gloria' y para siempre 'ciego' (v. 1510) —'como en un sueño' (v. 1509)— por no haber podido merecer ni *premio* ni *castigo* obrando bien o mal en la comedia de la vida, en la cual no se le había permitido entrar y actuar! Pero lo que Pollmann dice de 'la dialéctica de la vida' me convence plenamente, y su introducción del ternario de términos dramáticos *exposición*, *peripecia* y *conclusión* (o *catástrofe* en la segunda parte 'en el sentido dramático de la palabra') representa un valioso aporte para la plena comprensión de las relaciones internas de cada uno de los tres ternarios de episodios. Ahora bien, hay que admitir ciertas restricciones sobre esta hipótesis: en la teoría dramática las relaciones entre *exposición*, *peripecia* y *catástrofe* son relaciones causales (no sólo consecuentes en sentido temporal) y aunque la repartición de las galas en 6: *Insignias* depende evidentemente de lo sucedido en 4: *Papeles* —al actor que ha de representar al Rey por ejemplo no se le darían las insignias de la Hermosura— no es *consecuencia de las acciones* de los personajes en el episodio anterior, ya que los personajes humanos no pueden empezar a actuar de verdad sino cuando nacen a la

Vida en la primera prueba. Igualmente, las tres series de pruebas son series independientes entre sí a pesar de que podamos constatar determinadas constantes en la conducta de cada miembro de la compañía. Donde mejor cuadran estos tres términos dramáticos es en un plano superior, aplicados a las tres partes de la obra respectivamente, ya que toda la primera es de hecho la exposición necesaria para que se puedan entablar las series de *peripecias* a las cuales quedan sometidos los seis personajes humanos en la segunda, mientras lo que les pasa en el Juicio Final (el eje de la tercera) es la *conclusión* en todos los sentidos 'consecuente' de lo que hicieron en la Comedia misma.

2.13   Queda un punto más por añadir, antes de que podamos terminar este primer examen de *las simetrías de la estructuración total*. Requiere bajar al nivel inferior de la estructuración interna de uno de los episodios (tema que nos habrá de ocupar más detenidamente después) y concretamente al episodio central (11: *Prójimo*) de la obra entera. Tal como el episodio central de cada una de la partes le sirve a ésta de eje y tal como la parte central (la Comedia) lo es de la totalidad, del mismo modo se puede constatar sin dificultad que el episodio central de la Comedia —episodio compuesto de *cinco encuentros paralelos* entre el Pobre y uno de sus compañeros— tiene efectivamente su propio centro: v.g. el tercero de aquellos cinco *encuentros* en que el Pobre se presenta mendigando ante uno de sus cinco prójimos, en este caso el Rey. Mirando la estructuración conceptual del auto entero, me parece evidente que este brevísimo encuentro de tan sólo ocho versos (vv. 883–90) —el más corto de los cinco— representa necesariamente el verdadero centro de la obra. Pero lo es —evidentemente— tan sólo sobre el plano conceptual, ya que gracias a la extensión reducida de la tercera parte el centro matemático de la obra cae un centenar de versos antes (entre el v. 786 y el v. 787) durante la primera prueba del Labrador en 10: *Vida* —hacia el final de su discurso de reacción ante el estado de vida en el cual se encuentra— y en un lugar del debate que no parece tener mayor importancia que la de su significado en el contexto inmediato de aquel discurso.[6]

3.   Digresión cuantitativa y proporcional

3.1   SI EL CENTRO 'MATEMÁTICO' DE LA OBRA no tiene mayor importancia que la local, cabe preguntarnos si tales ejercicios como el recuento de los versos y el examen de su distribución entre las distintas unidades (sobre cada nivel de la obra) valen la pena. Hay que hacerlos, desde luego, 'por si acaso': si no resultan provechosas, las cifras resultantes siempre se pueden dejar de lado, marginándolas en la última columna a la derecha de la Figura 2. Confieso que emprendí esta tarea menor —y aburrida— sin mucho entusiasmo,

---

6.   En la última parte de un discurso de 38 versos en romance (vv. 752–89) el Labrador está expresando el deseo de que 'no llueva' (v. 783) 'este Abril' (v. 782) para que suba el valor de lo que ya tiene en su 'troj' (v. 784) y termina 'Con esto un Nabal Carmelo | seré de aquesta región | y me habrán menester todos; | pero muy hinchado, | entonces, ¿qué podré hacer?' (vv. 785–89) y la Ley de Gracia repite una vez más su apunte '*Obrar bien, que Dios es Dios*' (v. 790). El 'centro matemático' cae inmediatamente antes de 'y me habrán menester todos' si se acepta el total de 1572 versos de nuestro texto actual, e inmediatamente después de aquel verso si se acepta el argumento expuesto en §§3.3.1–3.3.8 (abajo). Existe la posibilidad bien remota que Calderón estuviera subrayando con esto su crítica de la codicia de los productores (tal como subraya su crítica del Rey colocándola en el 'centro conceptual', véase §4.15, abajo) pero esto me parece sumamente improbable ya que nadie se podría dar cuenta en el tablado, mientras en el otro todas las simetrías conceptuales de la pieza giran en torno a la *2ª prueba* y ésta gira en torno a su propio mini-episodio central, lo cual —aunque no se notaría en el tablado— sí que se revela fácilmente cuando uno se da cuenta de la simetría de la estructuración total. Sin embargo, cabe notar el siguiente dato curioso: aunque éste sea solamente el segundo empleo del apunte, ésta es la quinta de las nueve veces —o sea la central— en que sale el mensaje didáctico del título de la Comedia; véase §4.8.1, abajo.

ya que aquella columna de cifras no ofrece ningunas relaciones proporcionales llamativas: siempre que salen cifras redondas regulares éstas parecen explicarse suficientemente por las regularidades de la versificación estrófica de dichas unidades, como se ve cuando se las coteja con el resumen de la versificación en la Figura 3.

3.2 Pollmann también consideró este aspecto, notando que la simetría 'entre las primeras dos partes' se reflejaba 'hasta en el número más o menos igual de versos por unidad dramática' (v. g. 163, 200, 139 y 193, 145, 274, según su propia figura: Figura 1) y agregando que los 'doscientos setenta y cuatro versos de la tercera unidad de la segunda parte' eran la única excepción: 'excepción significativa' en cuanto 'en ellos surge a la vista toda la condición humana' (1970: 88–89). La cifra 274 no es tan excepcional si se tiene en cuenta que la primera de aquellas seis cifras no debiera de rezar '163' sino '263' (= vv. 26–288), pero según mi propia cuenta esta 'tercera unidad de la segunda parte' resultaría todavía más excepcional ya que la sección 13: *Muerte* alcanzaría un total de 302 versos (vv. 949–1250), mientras el relato del Mundo no pasaría de los 212 (véase §2.4.1, arriba). Yo no diría, sin embargo, que el significado que 'surge a la vista' en el más largo de los nueve episodios fuera precisamente 'toda la condición humana', pues ésta no me parece limitarse a nuestra mortalidad: lo que aquí se transparenta es más bien un *sentimiento trágico de la vida* casi unamuniano (el cual no está compartido, desde luego, ni por la Discreción ni por el Pobre), o sea —en términos más apropiados al Siglo de Oro— el *tópico* del Desengaño asociado a la transitoriedad de la vida y por ende la caducidad de todos los valores puramente terrenales.

3.3 A pesar de las *desigualdades* constatables entre los números de versos correspondientes a las distintas unidades de nuestra obra (sean los once apartados en que la divide Pollmann, sean mis veintiún secciones), ¿hay algo más preciso por descubrir meditando sobre los totales registrados en la última columna de mi Figura 2? Yo creo que sí, pero yo mismo me sorprendí mucho al descubrirlo. Hay que ir paso a paso:

3.3.1 En la edición de Pando y Mier (tomada como base por todos sus editores modernos) el auto es de 1572 versos, y —si se aceptan mis divisiones entre la primera parte y la segunda y entre ésta y la tercera— tanto la segunda parte como la primera contiene 627 versos: coincidencia bastante llamativa y que ya bastaría de por sí para confirmar aquellas divisiones mías. Dos veces 627 = 1254, dejando 318 versos para la tercera parte (contando en ésta los cuatro versos de la Despedida); pero:

3.3.2 Ángel Valbuena Prat ya señaló en la edición de Clásicos Castellanos que faltaba un verso en la primera parte (entre el v. 580 y el v. 581) para completar una de las décimas. O sea que el total de 627 para esta parte es defectuoso y la cifra de una versión completa sería más bien 628;

3.3.3 Ahora bien, si falta un verso de los 628 que le corresponden en esta primera parte, ¿no podría faltar otro en la segunda? pues la *casi-coincidencia* entre sus extensiones sigue siendo bastante llamativa para hacernos mirar si existe algún modo de conservar la igualdad exacta que primero nos llamara la atención;

3.3.4 Un examen detenido de la versificación de la segunda parte ofrece dos posibilidades (véase Figura 3): según mi resumen de la versificación, la sección 10: *Vida* empieza con un verso (el v. 668) 'sin rima'; y en la sección 13: *Muerte* —la más 'diversificada' de todas si se me permite el juego de palabras— hay una secuencia de quintillas (vv. 1175–89 y 1194–98) interrumpida aparentemente sin motivo alguno por una redondilla (vv. 1190–93);

3.3.5   En el primer caso, el verso que no tiene otro que consuene con él se halla situado entre una décima y un cuaternario de versos (vv. 669–72) que consuenan quiásticamente *aBBa* (con la asonancia masculina entre 'quedó' y 'soy' en los extremos y la consonancia masculina entre 'aquí' y 'mí' en medio), pero el hecho de que no haya ni asonante ni consonante para el v. 668 (el cual termina 'la loa') apenas ofende, ya que los versos exteriores del quiasmo están en asonancia no sólo con el último verso de la décima (*'y obra bien, que Dios es Dios'*, v. 667) sino también con los versos impares del romance que comienza inmediatamente después, sin cambio de locutor;

3.3.6   Por lo tanto, me parece mejor pensar en la segunda posibilidad, cuando surge aquella redondilla intrusa en medio del parlamento en que el Pobre está glosando el lamento de Job (vv. 1175–98). Ahora, ¿qué se consigue con esto, aparte de la restauración de la ecuación perfecta entre las primeras dos partes si ambas pueden contarse como de 628 versos?

3.3.7   Pues bien: la mitad de 628 es 314, y la tercera parte tiene exactamente 314 versos hasta el momento en que 'Tocan chirimías, cantando el *Tantum ergo* muchas veces' (según la última acotación de la obra) antes de que el Mundo termine la obra definitivamente con los cuatro versos de su despedida, dirigidos directamente al público;

3.3.8   De modo que, con tal de contar aquellos cuatro versos como cosa aparte (y conste que yo ya había encontrado todos mis puntos de división entre partes o secciones *antes* de dar con estas relaciones), entonces las tres grandes divisiones del auto se corresponden proporcionalmente en la razón —la *ratio*— precisa de 2:2:1 en cuanto a extensión.

El hecho me parece demasiado llamativo para poder rechazarse como pura coincidencia, pero me pareció esencial (aunque puede haber resultado aburrido para el lector) explicar paso a paso el modo de su hallazgo y confirmación.

3.4   Cuando se hallan correspondencias tan llamativas, uno se pone a buscar alguna explicación. En la Edad Media, el exegeta bíblico seguramente hubiera recurrido a la numerología simbólica, empezando por descomponer la cifra 628 en sus factores (628 = 2 x 2 x 157) para luego buscar alguna explicación de otro tipo para el número primo 157 (por ejemplo 157 = 10 x 13 + 27) hasta que el 628 quedase reducido a una serie de números básicos con significados simbólicos universalmente reconocidos (y los hay de hecho para todas las cifras citadas: el 2 x 2 = 4 de los elementos —número básico del mundo sensible o material—, el 10 de la década, del *tetractys* pitagórico y del Decálogo, el 13 de los 12 apóstoles más Jesucristo y el 27 = 3 x 3 x 3, o sea que es la tercera potencia (3³) del 3 de la Santísima Trinidad, cuyo número era —por razones obvias— el número espiritual por excelencia).[7] Tales 'explicaciones' se buscaban porque se presuponía que

7.   Apoyándose en la autoridad bíblica de la celebrada frase *omnia in mensura et numero et pondere disposuisti* (Sap. XI. 21), la numerología clásica sobrevivió en la forma de lo que Hopper (1938: 85) llama un 'pitagorismo agustiniano'. Gracias a San Agustín, la aritmética se había llegado a concebir como 'el método por el cual el intelecto divino se hace inteligible a la comprensión humana *per enigmatem*' (98–99, traducción mía), 'se concebía el plano cósmico como una progresión graduada del microcosmo y el macrocosmo (y del mundo inteligible también) de una causa primera algo a la manera de la progresión de las esferas celestiales del *primum mobile*' (96) y 'creíase que era posible descubrir el arquetipo esencial... por la correlación de los

todo número bíblico tenía que tener algún sentido oculto, pero quien maneja los textos de los comentaristas pronto aprende que —dada esta presuposición— basta cierta ingeniosidad para hallar alguna que otra 'explicación' como la que yo acabo de inventar para el número 628 (y ésta sí que es pura invención mía). No pudiera haber ninguna justificación, desde luego, para presuponer que todo número calderoniano tuviera que tener algún 'sentido oculto', aunque es evidente que hay muchos lugares de los autos sacramentales — sobre todo aquellas de fluencia correlativa— en que muchos de los números simbólicos entran de modo significativo precisamente porque corresponden al sentido conceptual de lo que se está desarrollando en el tablado: por ejemplo el 4 material y el 3 espiritual, cuando los cuatro elementos salen de sus respectivas esferas al comienzo del auto *La vida es sueño* para bailar 'contrariamente unidos' —y 'unidamente contrarios'— a las órdenes de las tres personas divinas de la Trinidad aquí llamados Poder, Sabiduría y Amor.

3.5 En el caso concreto de *El gran teatro del mundo* yo no creo que exista simbolismo alguno en el número 628, pero por otro lado tampoco puedo creer que la relación 2:2:1 entre las partes I, II y III (siempre dejando la sección 21: *Despedida* fuera de la cuenta) pueda ser de modo alguno una pura coincidencia. Por más que la mire, sin embargo, no me parece explicable a la luz de los citados aspectos de la numerología medieval, cuyo simbolismo evidentemente rige tales cosas como el número ternario de las partes y aquel de los 3 x 3 episodios en ellas contenidas, así como también el 3 x 7 de sus series de secciones (si mis divisiones se aceptan). Pero lo que esta relación de proporcionalidad 2:2:1 me recuerda mucho más es la teoría de las proporciones de origen pitagórico cuya expresión fundamental en el *Timeo* de Platón, repetida y elaborada en la *Introductio arithmetica* de Nicomaco y formulada concisamente en la mayoría de las aritméticas medievales que derivan de ésta (por no decir nada de los tratados musicales como la *De musica* de Boecio), cobró nueva vida en el Renacimiento —y durante todo el Siglo de Oro— gracias a la fecunda renovación de la interpretación matemática de las relaciones entre el hombre, el cosmos y el Creador.[8]

3.6 Desde que yo leí el magistral estudio de Rudolf Wittkower *Architectural principles in the age of Humanism* por primera vez (hace ya más de treinta años) he seguido sospechando la presencia de dichas ideas en la organización de los autos sacramentales, no porque yo tuviera la idea de que los autos tan 'edificantes' hubieran sido construidos imitando las 'edificaciones' de los arquitectos sino porque los autos estarían reflejando en términos de la construcción poético-dramática los mismos principios matemáticos que se manifestaban materialmente en la arquitectura de la época y en términos de intervalos y tonos en su música.[9] Podemos ver esta misma creencia en una correspondencia de armonías entre lo visible, lo audible y lo inteligible en la estética conceptista de Gracián, trasluciéndose doquier se mire en un texto de teoría estética tan fundamental como el segundo discurso de su *Agudeza y arte de ingenio*, por ejemplo en la conocida cita 'lo que es para los ojos la hermosura, y para los oídos la consonancia, eso es para el entendimiento el concepto' (Discurso II), a cuya luz hay que comprender el pasaje siguiente:

múltiples símbolos numéricos que se habían heredado o descubierto' (94). He debido hablar de estas ideas en otro contexto (véase Pring-Mill 1963: 2–8; 1957: 310–17; y 1962c: 87–109).

8. Hopper (1938: 97). Consúltense a modo de ejemplos el *De numeris* de San Isidoro o su fuente directa la *Arithmetica* de Martianus Capella. Dornseiff (1922) sigue siendo obra indispensable.

9. Una de las obras tardías de mayor interés (e influencia) a este respecto es el enorme comentario de H. Prado & G. B. Villalpando, *In Ezechielem explanationes* (1596–1604): véase Wittkower (1962: 121–24 y 121 n. 3). Es imposible que esta obra permaneciera desconocida por Calderón.

Toda potencia intencional del alma, digo las que perciben objetos, gozan de algún artificio en ellos; la proporción entre las partes del visible, es la hermosura; entre los sonidos, la consonancia... El entendimiento, pues, como primera y principal potencia, álzase con la prima del artificio, en todas sus diferencias de objetos. Destínanse las Artes a estos artificios, que para su composición fueron inventadas, adelantando siempre y facilitando su perfección. (Gracián 1969: I. 51, 53–54)[10]

3.7 Ahora bien, ¿qué se puede decir más concretamente acerca de la relación 2:2:1 entre nuestras partes I, II y III? No es, evidentemente, una de las relaciones proporcionales que tienen una *progresión* constante entre sus miembros,[11] pero contiene en sí todos los cuatro números de la serie fundamental 1, 2, 3 y 4:[12] primero hay el 1 de III (la parte que sigue la muerte de los personajes humanos); el 2 sale en II (su vida en el tablado del teatro del Mundo); luego hay el 3 de la suma de las dos partes 'extraterrestres' (I + III); y por último el 4 de la suma I + II, que abarca todo lo que precede el tránsito de los hombres a su vida eterna. La ratio 2:2:1 abarca, igualmente, las primeras tres *razones* aritméticas: la *ratio* 1:1 (la razón de igualdad) entre I y II (el Preludio y la Comedia misma); la *ratio* 1:2 entre III y II, o sea entre la vida eterna de los personajes *post mortem* y su vida fugaz sobre la faz de la tierra; y la *ratio* 2:3 entre la parte central (II: la Comedia misma) y la suma de las partes I + III 'extraterrestres'. Además, aunque la última *ratio* de la famosa serie 1:2:3:4 (v.g. la *ratio* 3:4) no cabe donde hay sólo 5 unidades, el último de aquellos cuatro números se contrasta con la unidad en la relación 4:1 entre la suma de las dos partes iguales y la unidad de la tercera parte (la vida eterna). Todas estas relaciones numéricas reconocibles en la proporción 2:2:1 son fundamentales en la cosmovisión ejemplarista de la época.

3.8 Pero hay más: todas ellas cuadran a perfección con la naturaleza de la concepción ideológica de una obra como *El gran teatro del mundo*, el cual tiene por objeto precisamente la manifestación y exploración pedagógicas de las relaciones entre el hombre, el cosmos y el Creador mediante el desarrollo sistemático del *modelo analógico* teatral del título. Como todos sabemos, el hombre es un *microcosmo* dentro del *macrocosmo* y ambos son imágenes de Dios, construidos por Dios en su propia imagen y por lo tanto reflejando las características de su *ejemplar* divino tanto en cada aspecto del ser humano como sobre todos los niveles de la escala de los seres.[13] Pues bien: la estructura de *El gran teatro del mundo*, ¿no se pudiera considerar también como una especie de microcosmo ejemplarista y por ende también una imagen de Dios, v.g. una imagen de su propio Autor? Por lo tanto cada representación de la obra de Calderón, ¿no sería —además de una celebración 'a honor y gloria del Pan' (en

10. Quizás convenga decir explícitamente que mi intención no es —desde luego— sugerir que la organización matemática de una estructura literaria como *El gran teatro del mundo* sea una estructuración específicamente conceptista, sino más bien que la estructuración de nuestro auto transluce los mismos principios filosóficos que los de la estética conceptista de Gracián.

11. V.g. la *proporción aritmética* (por ejemplo 1:2:3), la *geométrica* (por ejemplo 4:6:9) o la *armónica* (por ejemplo 6:8:12). La explicación de esta última es menos obvia, véanse el *Timeo* (36A) y su comentario en Cornford (1937: 71–72). Para los tres tipos de proporción progesiva, véase Wittkower (1962: 109–10).

12. Los cuales son los arquetipos que producen el número perfecto de la década por sumación y que contienen el punto de partida para las dos progresiones geométricas fundamentales expuestas en el *Timeo* (la *proporción doble* 1:2:4:8 y la *proporción triple* 1:3:9:27) cuyos siete números 1, 2, 3, 4, 8, 9 y 27 abarcan toda la armonía del cosmos en cuanto sus relaciones 'contienen en sí no sólo todas las consonancias musicales sino también la música inaudible de las esferas a la vez que la estructura del alma' (Wittkower 1962: 104).

13. Véanse Tillyard (1943), Bamborough (1952), Pring-Mill (1962c), y con referencia a la 'varia fortuna de una idea en las letras españolas', Rico (1970) y la reseña de Pring-Mill (1974).

la conocida frase de Lope, citada por Parker 1943: 58)— y un *sermón puesto en verso* [14] una actualización visible y audible de dicha imagen sobre el tablado, dentro del contexto sagrado de la Fiesta de Corpus? No cabe dude que el *contenido* de la obra ya es de sí una ejemplificación de esta cosmovisión cristiana, y vendría muy al caso en tal contexto construirla de modo que la estructuración de su *forma* misma reflejase aquella de la Creación entera, tal como lo hacían aquellas iglesias de Alberti o Palladio en el Renacimiento. Y, si es así, entonces la 'hermosa compostura' del auto sería ella misma una 'varia inferior arquitectura' que 'entre sombras y lejos' estuviera usurpando los 'reflejos' de la 'celeste' (vv. 1–4).

3.9 Se me dirá, sin duda, que la presencia de relaciones proporcionales tan sutiles en la estructuración material del texto de la obra —y la llamo 'material' porque los versos cuyo recuento provocó esta digresión son los ladrillos del texto tal como las tablas de madera constituían la materia del tablado, etcétera— no serviría para nada en algo como un auto sacramental, ya que quienes lo presenciaran no podrían de modo alguno darse cuenta de ellas. Hablando científica y objetivamente, esto es cierto, pero yo respondería que el caso es muy parecido a aquel de aquellas mismas iglesias, cuyas proporciones sólo serían apreciables en su totalidad por el Creador que se honraba en ellas: creíase entonces, sin embargo, que dichas proporciones afectarían al individuo que entrara en ellas inconscientemente —'intuitivamente'— gracias a la consonancia entre las proporciones de las iglesias y aquellas del hombre mismo, ya que tanto éste como aquéllas habían sido estructurados como imágenes de Dios.

3.10 Permítaseme traducir un breve pasaje de Wittkower:

Según Alberti, reconocemos la presencia de la armonía gracias a un sentido innato, o sea que percibimos la armonía a través de los sentidos gracias a cierta afinidad espiritual. Esto implica que, si una iglesia se ha construido según armonías matemáticas esenciales, respondemos a ello de modo instintivo; aun sin necesidad alguna de análisis racional, un sentido interior nos lo dice, cuando el edificio en que nos encontramos participa en la fuerza vital que se esconde detrás de todo lo material, unificando el universo entero. (1962: 27)

Si esto se podía decir de la estructura material de las iglesias, lo mismo pudiérase decir de aquellas *estructuras armoniosas de construcción análoga* que se desarrollan en el tiempo, tales como la música y el auto sacramental. De hecho, el tipo de relaciones de proporción o simetría intelectuales como aquellas que hemos constatado en *El gran teatro del mundo* serían consideradas entonces como de una orden superior, si hemos de creerle a Gracián: 'Hállase symmetría intelectual entre los términos del pensamiento, tanto más primorosa que la material entre columnas y acroteras, cuánto va del objeto del ingenio, al de un sentido' (Discurso II: Gracián 1969: I.54). Y unas páginas antes, alude no sólo a esta superioridad sino también a algo muy parecido a la simpatía intuitiva en la cual se apoyaba Alberti, como vimos en aquella cita de Wittkower, cuando nos dice:

Si los materiales objectos dicen una cierta agradable simpatía y una gran conformidad con sus inferiores potencias [vale decir: las del hombre], ¿cuánta mayor alcanzará una

---

14. En la loa a *La segunda esposa* de Calderón, una Labradora describe los autos sacramentales como 'Sermones | puestos en verso, en idea | representable cuestiones | de la Sacra Teología' (citado y discutido en Parker 1943: 63).

ingeniosa sutileza con la que es reina de todas ellas, digo, el ingenio?

(Gracián 1969: 52)[15]

Dicho que se complementa con una cita muy conocida —'No se contenta el ingenio con sola la verdad, como el juicio, sino que aspira a la hermosura'— pero que suele citarse sin el paralelo arquitectónico que la sigue inmediatamente, sirviendo de transición entre aquel principio y una aplicación de la *analogía material* como término de comparación para el elogio de un artefacto literario:

> Poco fuera en la arquitectura asegurar firmeza, si no atendiera al ornato. ¿Qué symmetría en griega o en romana arquitectura, así lisonjea la vista, como el artificio primoroso suspende la inteligencia en este elegante epigrama del ingenioso Zárate a la Aurora? (Discurso II: Gracián 1969: I. 54)

Estas palabras dicen muy bellamente precisamente lo que yo quisiera decir —con todas las mismas implicaciones— con respecto al modo en que el 'artificio primoroso' con el cual se ha estructurado *El gran teatro del mundo* nos suspende la inteligencia mientras los 'materiales objectos' de su puesta en escena nos lisonjean la vista (aunque en el caso del lector del texto, la vista así lisonjeada no pueda pasar más allá del *ver con la vista de la imaginación* aconsejado por San Ignacio de Loyola para la *composición de lugar* en sus *Ejercicios espirituales*).[16]

3.11 Cuán larga es la distancia andada, desde que dimos con la *ratio* 2:2:1 entre las tres grandes divisiones de *El gran teatro del mundo*. Es bien probable que existan otras proporcionalidades parecidas en las cuentas de versos de otros autos sacramentales calderonianos, y quizás hasta entre algunas de las varias subdivisiones de éste; debo de reconocer, sin embargo, que se me han escapado hasta ahora, si las hay, dentro —o entre— las veintiún secciones de mi propio esquema analítico. Tengo hechos estudios más minuciosos todavía, sección por sección y (dentro de las secciones más complejas) encuentro por encuentro, pero salvo en un par de casos no muy llamativos (en las secciones 3: *Relato* y 4: *Papeles*) las pocas simetrías hallables en el recuento de los versos parecen deberse exclusivamente al empleo de décimas, octavas o quintillas, o a la decisión de darles al Rey y a la Hermosura sonetos conceptual y formalmente paralelos antes de *caer en la cuenta* de su caducidad llamados por la Voz.[17] En la verdad, me parece que por regla general las simetrías numéricas en Calderón se han de buscar más bien en las agrupaciones de elementos conceptuales, tanto al nivel de las relaciones entre las unidades mayores (como las que se han indicado en el comentario de la Figura 2) como a niveles inferiores cuando se examinan las subdivisiones de aquellas unidades (por ejemplo en la organización correlativa de diversos parlamentos) o las subdivisiones de las subdivisiones. Varios ejemplos de tales fenómenos saldrán a luz en la cuarta y última sección de mi trabajo.

---

15. También Discurso II. 52. Véase Hidalgo Serna (1980) como también su ponencia en Cambridge 'La lógica ingeniosa en el teatro de Calderón' (1984).

16. Rickaby (1915: 23); véase también Pring-Mill (1968: 272–75).

17. Estos estudios más minuciosos también los tengo diagramados en un resumen cuatro veces más extenso que la Figura 2, el cual no deja de tener interés como análisis detenido de la estructura lógico-retórica de la obra entera; pero ya que ha resultado infructuoso en cuanto al análisis cuantitativo me ha parecido mejor suprimirlo aquí, salvo por el extracto abreviado que se presenta en la Figura 6 (página 174).

4. El *Summationsschema* de la vida humana

4.1 EN MI SEGUNDO TRABAJO sobre las estructuras lógico-retóricas en Calderón (véase arriba, Capítulo III, §§9–13), hablé acerca del primer discurso de este auto deteniéndome sobre todo en la exploración de los detalles de su parte central: v. g. los doce versos de la descripción del Mundo que van desde 'Campaña de elementos' (v. 9) hasta 'monstruo de fuego y aire, de agua y tierra' (v. 20), comentándola como un caso ejemplar del *Summations-schema de tipo descriptivo*. Aquellos versos no abarcan la totalidad del parlamento, pues este *Summationsschema* viene precedido por los ocho versos iniciales sobre la 'Hermosa compostura | de esa varia inferior arquitectura' (vv. 1–2) y seguido por otros seis repitiendo la invocación inicial del Mundo y nombrándole por fin de modo explícito (en el v. 24). Del mismo modo, cuando pasamos al macrotexto de la obra entera encontramos que la estructura que voy a comentar como un *Summationsschema de tipo argumentativo* viene precedida por la larga introducción en 278 versos de 1: *Invocación* + 2: *Diálogo* + 3: *Relato* y seguida por 20: *Aclamaciones*, el *tableau* final (fuera de texto) de la Adoración del Santísimo Sacramento (acompañado por chirimías mientras cántase el *Tantum ergo* 'muchas veces') y el remate definitivo de los cuatro versos de 21: *Despedida*. Estas secciones, aunque no formen parte del *Summationsschema* propiamente dicho (que ocupa las dieciséis secciones desde 4: *Papeles* hasta 19: *Juicio*), sirven para enmarcar aquel esquema tanto formal como conceptualmente, constituyendo el contexto lógico-retórico dentro del cual aquél se desarrolla. Habría mucho que decir de este marco contextual, pero me voy a limitar casi exclusivamente al *Summationsschema* mismo.

4.2 Comienza con la repartición de los papeles y no termina hasta que la Hermosura y el Labrador hayan salido del purgatorio para subir a la mesa de la cena, o sea que abarca casi mil trescientos versos (vv. 279–1568). No es, evidentemente, un esquema meramente descriptivo (como aquel del parlamento inicial) sino que nos propone un principio que debiera de regir toda la conducta humana —el *Obrar bien, que Dios es Dios* anunciado como título de la Comedia por el Autor mismo (v. 438)— cuya aplicación en la vida de los hombres sobre la faz de la tierra queda ejemplificada en los casos particulares de los seis individuos escogidos por el Autor para representar otros tantos papeles (siete si se cuenta el nonato que —como tal— no juega ningún papel en la Comedia misma). La actuación de estos miembros de la compañía sirve (*a*) para aclarar el sentido de aquel consejo, (*b*) para dilucidar sus implicaciones sociales, y (*c*) para ilustrar las consecuencias en la otra vida de haberlo dejado de obedecer en ésta, así como también aquellas de haberlo escuchado y obedecido puntualmente.

4.3 En cuanto se trata de un *Summationsschema argumentativo*, tiene necesariamente la misma forma esencial que yo estudié en la invocación de la piedad real que don Fernando dirigiera al Rey de Fez en la tercera jornada de *El príncipe constante*, o sea una estructura argumentativa en cinco etapas (véase arriba, Capítulo III, especialmente página 99):

4.3.1 Una *proposición* general de forma 'Todo A es B' como punto de partida, en nuestro caso la formulación de un mandato moral '[todo hombre debe] obrar bien' (apoyado por la frase 'que Dios es Dios', aunque la relación entre el mandato mismo y este argumento en su apoyo no se aclara de modo explícito cuando el título queda enunciado en el v. 438);

4.3.2 Una *diseminación* del término medio del argumento en una serie $A_1, A_2, A_3 \ldots A_n$, aquí: 1: Rey, 2: Hermosura, 3: Rico, 4: Labrador, 5: Discreción, 6: Pobre, 7:

Niño (les nombro en el orden en que reciben sus papeles, asignándoles los números que les corresponden en aquella serie para poder designarlos en varios lugares abajo por sus números a secas);

4.3.3 La *ejemplificación* paralelística del argumento estudiando la serie de casos particulares (E_1: A_1 es B; E_2: A_2 es B; etcétera), aquí: el Rey [es un hombre que] debiera de *Obrar bien*, la Hermosura [es una mujer que] debiera de *Obrar bien*, etcétera, que se estudian a lo largo de la *Comedia de la vida* (II);

4.3.4 La *recolección* de todos los ejemplos confirmantes (A_1... A_n son todos B), aquí: la reunión ante el Autor de los personajes humanos $1 + 2 + 3 + 4 + 5 + 6 + 7$ — que son todos hombres que *debieran* de *haber obrado bien* en la Comedia (salvo 7: *Niño*, el caso especial del nonato que no había aparecido en ella)— para ser juzgados; y finalmente

4.3.5 La *reafirmación* de la verdad enunciada como *proposición* inicial, viendo en el caso de *El gran teatro del mundo* cuáles son las consecuencias de haber obedecido o desobedecido el mandato según la distribución de premios y castigos en el Juicio Final.

La serie de cinco etapas *proposición* + *diseminación* + *ejemplificación* + *recolección* + *reafirmación* sigue siendo esencialmente muy sencilla y clara, sólo que este esquema básico se complica mucho más aquí que en aquel discurso del príncipe don Fernando, y se complica en varias maneras.

4.4 En primer lugar, todos los ejemplos aducidos por el príncipe en aquella invocación de la piedad real servían para corroborar el argumento paralelísticamente y de modo positivo (reforzándose mutuamente cuando resumidos en la sumación final) mientras aquí tenemos no sólo el ejemplo totalmente positivo de la Discreción (como también aquel del Pobre en cierto sentido, ya que a éste le vemos subir directamente a la mesa con aquélla cuando se inicia el Juicio) sino también el ejemplo totalmente negativo del Rico que termina condenado, más los ejemplos algo menos negativos de las tres figuras cuya conducta ni les lleva al infierno ni justificaría una subida inmediata a la mesa del Autor. Dentro de este último ternario (Rey, Hermosura, Labrador) el primero se distingue de los otros dos en cuanto sus buenas obras —el haber socorrido a la Discreción— cuentan como contrapeso a su falta de caridad. Y al lado de estos seis tenemos el caso único del Niño, cuya falta de premio y de castigo por no haber obrado bien o mal convierte su ejemplo en algo más bien como un *corolario* del mensaje didáctico central. Esta aplicación diversificada de la justicia divina afecta la resolución de la fluencia correlativa del *Summationsschema* de un modo bien interesante: si se me permitiera inventar un término más, yo diría que estamos por lo tanto en la presencia de un subtipo del *Summationsschema argumentativo* que pudiérase muy bien llamar *Summationsschema de 'argumentación distributiva'*.

4.5 Otro modo de complicar el esquema argumentativo esencial consiste en distribuir su ilustración cronológicamente entre una serie de episodios distintos (cada uno de los cuales contiene su propia distribución correlativa en una serie de *mini-episodios* interiores). El *Summationsschema* en sí abarca siete de los nueve episodios que se distinguieron en la Figura 2, rematándose como a modo de *coda* musical en el noveno (20: *Aclamaciones*) que contiene la última estructura correlativa de la obra. Consideremos el plano de los nueve episodios durante un minuto no como una secuencia narrativa en el tiempo sino como un diseño aislable de la fluencia temporal, para poder darnos plena cuenta del carácter esencialmente simétrico de su organización (véase Figura 4):

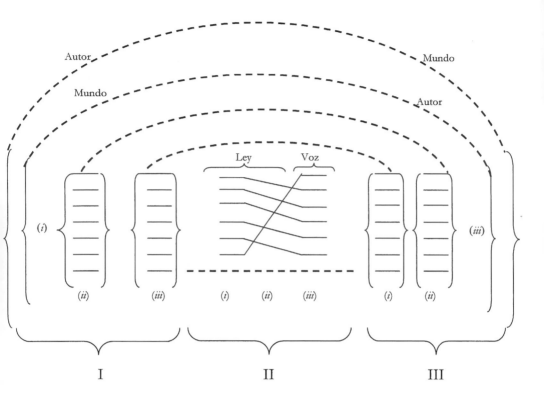

Figura 4. Simetrías episódicas y seccionales

4.5.1   A los dos extremos de la serie de nueve episodios tenemos los episodios de marco I (*i*) y III (*iii*);

4.5.2   Dentro de aquel marco están los siete episodios del *Summationsschema* propiamente dicho, pero éstos también se reparten simétricamente, con los tres episodios II (*i*), II (*ii*) y II (*iii*) de la Comedia enmarcados a su vez entre la pareja I (*ii*) y I (*iii*) que la precede y la otra pareja III (*i*) y III (*ii*) que la sigue;

4.5.3   Estas dos parejas se corresponden simétricamente, pero en quiasmo, de modo que la repartición de los papeles en I (*ii*) se complementa en III (*ii*) con el Juicio de los modos en que éstos se habían representado, mientras la repartición de las insignias por el Mundo en I (*iii*) corresponde a su recolección en el despojo de los muertos por el Mundo en III (*i*);

4.5.4   De modo parecido, dentro de la Comedia misma —cuya acción gira en torno a la *2ª Prueba* en II (*ii*)— este episodio central queda enmarcado a su vez por otro par de episodios los cuales se corresponden simétricamente: el II (*i*) de las reacciones de los personajes humanos ante la vida y el estado en que se encuentran en ella en la *1ª prueba*, y el II (*iii*) de sus reacciones ante la muerte y el desengaño que todos menos 5: *Discreción* y 6: *Pobre* experimentan cuando les llama la Voz en la *3ª prueba*.

Pero hay una bella complicación adicional: mientras el *Summationsschema* en sí abarca sólo aquellos siete episodios, girando en torno al eje de la *2ª prueba*, ya que los hombres también aparecen en el noveno episodio, figuran en un total de diecisiete secciones (desde 4: *Papeles* hasta 20: *Aclamaciones*) y esta serie de diecisiete secciones tiene su propio centro. Precedida por ocho secciones y seguida por otros ocho, la sección central de esta serie tiene que ser la novena, la cual es 12: *Explicación* (vv. 929–48): una breve exposición del libre albedrío dada por el Autor, seguida por la última intervención de la Ley de Gracia (una intervención tripartita en que 'canta' la última repetición de su apunte, 'recita' cuatro versos, y vuelve a cantar la loa). O sea que la *2ª prueba*, el episodio central de *la actuación de los hombres en la Comedia*, queda seguida inmediatamente por la sección central de la serie de diecisiete secciones que comprende *todas las intervenciones de los hombres en el auto*, y es precisamente en esta sección que se nos expone la *doctrina teológica clave de toda la argumentación moral* del auto: v. g. la libertad del albedrío. No se ha intentado incorporar esta última relación en la Figura 4, cuyo objeto principal es ofrecer una representación visual de las simetrías expuestas en los subpárrafos §4.5.1 a §4.5.4, pero en cambio se ha añadido un dato más: de los tres episodios de la Comedia, los primeros dos abarcan todas las intervenciones de la Ley de Gracia mientras el tercero está puntuado por aquellas de la Voz.

4.6 Ahora bien, se han querido representar en esta figura las simetrías de la organización conceptual de la obra y no las extensiones —por cierto muy desiguales— de cada unidad. Lo otro que se indica, de modo puramente esquemático, es la naturaleza esencialmente correlativa de cada uno de los siete episodios centrales, pues la *ejemplificación* del *Summationsschema* en los siete personajes humanos no se lleva a cabo en una sola estructura correlativa sino que el esquema argumentativo se complica bellamente distribuyéndolo en las siete series de *mini-episodios*, una por cada uno de aquellos siete episodios centrales. El Niño, por cierto, no aparece en los tres episodios de la Comedia (de ahí que su ausencia se indique en la figura por una línea de puntos) pero sí que aparece en I (*ii*) y I (*iii*), como también en III (*i*) y III (*ii*); los otros seis, en cambio, aparecen en todos los siete episodios, y se ha indicado su presencia paralelística con una línea por persona dentro de cada uno de los siete episodios (seis en los centrales, siete en cada uno de aquellos de las parejas de marco). Pero esta figura representa una simplificación de la realidad, en cuanto Calderón no se contenta con una repetición monótona de la misma serie de personas siempre en el mismo orden, ni deja de *diversificar* las series de *mini-episodios* presentándonos *subgrupos* de personajes, en vez de siempre presentárnoslos individuo por individuo.

4.7 Ni termina en esto, desde luego, la diversificación de la superficie de este *Summationsschema*. Tal como me detuve en examinar el 'ornato-diversificación-en-los-detalles' en el Capítulo III, sería fácil ocupar muchas páginas más aquí dando constancia de fenómenos parecidos en el macrotexto. Esto no puede hacerse de manera pormenorizada, pero sí cabe incluir un resumen esquemático de los cambios de orden en la aparición de los personajes humanos en las siete series de *mini-episodios*, registrando al mismo tiempo las subdivisiones de dichas series (indicadas por pares de líneas diagonales) que separan los distintos *encuentros* en que cada serie queda dividida (véase Figura 5). Basta una ojeada par darse cuenta de que los individuos sólo se tratan uno por uno en I (*ii*) y I (*iii*) pero aun aquí el orden en que aparecen no es el mismo:

Sección	Episodio	Los individuos (indicados por sus números)
4 : Papeles	I (ii)	1 // 2 // 3 // 4 // 5 // 6 // 7
6 : Insignias	I (iii)	1 // 2 // 3 // 5 // 7 // 4 // 6
10 : Vida = 1ª prueba	II (i)	2 + 5 // 3 + 4 // 6 // 1
11 : Prójimo = 2ª prueba	II (ii)	6 :2 // 6 :3 // 6 :1 // 6 :4 // 6 :5
13 : Muerte = 3ª prueba	II (iii)	1 // 2 // 4 // 3 + 6 // 5
16 : Despojo	III (i)	1 // 2 // 4 // 3 + 6 // 7 // 5
19 : Juicio	III (ii)	6 + 5 // 1 + 2 + 4 // 7 // 3

Figura 5.   Orden de los personajes humanos en sus siete series de 'encuentros'

Se han incluido en la columna izquierda los números de las secciones que corresponden a los siete episodios para que recordemos la existencia de otras secciones intermedias en varias de las cuales (5: *Condiciones*, 9: *Laudate*, 17: *Lamentaciones* y 18: *Camino*) hablan hasta seis de los personajes humanos, proporcionando otras variaciones más sobre su orden y su organización correlativa las cuales no se han registrado en la Figura 5 para no complicarla más. Y hay que recordar también que cada uno de aquellos encuentros indicados en la Figura 5 puede abarcar varias intervenciones del individuo cuyo número aparece ahí (y otros individuos también podrán intervenir en aquel *mini-episodio*), para no decir nada de la presencia en el episodio más complicado —la *3ª prueba*— de cuatro breves 'interludios' entre los cinco 'encuentros' con la muerte. Uno de los episodios más fáciles de resumir como ilustración de su diversificación adicional es el central, todas cuyas intervenciones se registran en la siguiente Figura 6, junto con aquellas de 12: *Explicación* que lo sigue:

Sección 11 : Prójimo

Encuentro	Versos	Hablantes	Total de versos
1°	835–868	6 + 2 + 6 + Mundo	34
2°	869–882	6 + 3 + 6 + 3 + 6 + 3 + Mundo	14
3°	883–890	6 + 1 + Mundo	8
4°	891–916	6 + 4 + 6 + 4 + 6 + 4	26
5°	917–928	6 + 5 + 6 + 5 + 1 + 6 + 1 + 5	12

Sección 12 : Explicación

	929–941	Autor : explicación del Libre Albedrío	13
	942	Ley (canta) '*Obrar bien, que Dios es Dios*'	1
	943–946	Ley (recita)	4
	947–948	Ley (canta) '*Ama al otro como a ti, y obrar bien que Dios es Dios*'	2

114

Figura 6. Intervenciones en la *2ª prueba* y 12 : *Explicación*

4.8 Se ha incluido la sección 12: *Explicación* en la Figura 6 por dos razones. Primero, para que nos podamos dar cuenta de cómo son las transiciones desde la fluencia correlativa de una sección de *progresión plurimembre* a la fluencia lineal de una de las secciones de *progresión monomembre* que representan lo unitario (Alonso 1951: 174–75). Y segundo, porque Calderón emplea otro modo más de subdividir determinadas partes del auto simétricamente que se destaca notablemente aquí, o sea emplear un elemento coral para puntuar el desarrollo de la acción. El uso más notorio de esta técnica es aquel que llega a su fin en los vv. 942–48, la última intervención de la Ley de Gracia, pero la emplea por lo menos tres veces:

4.8.1   La puntuación 'coral' que termina en esos versos es el empleo de la *proposición* de base (véase §4.3.1, arriba) contenida en el título de la Comedia. Sale nueve veces (aunque sufre una pequeña deformación en uno de los nueve casos): (*i*) cuando el Autor la anuncia como título en el último verso (v. 438) de 4: *Papeles*; (*ii*) cincuenta versos más tarde, cuando la reiteran 'Todos' —v.g. todos los personajes humanos de la compañía— en el último verso (v. 488) de 5: *Condiciones* (y cabe señalar que ésta es no sólo la única ocasión en que 'Todos' hablan juntos sino la única ocasión en la obra entera en que escuchamos más de una voz al mismo tiempo, o sea que representa el único parlamento pronunciado literalmente en 'coro'); (*iii*) en el segundo verso de la loa —la primera de las siete veces que la escucharemos cantada por la Ley de Gracia— el cual es otra vez el último verso (v. 667) de una sección (9: *Laudate*) y es aquí donde sufre su única deformación, cambiándose en el imperativo '*y obra bien, que Dios es Dios*'; luego cuatro veces cantada por la Ley de Gracia como apunte (vv. 736, 790, 808, 832) en los cuatro encuentros de la *1ª prueba*; y finalmente dos veces más aquí en 12: *Explicación*, primero aislado —como en el apunte— y luego en la repetición de la loa (la cual se distingue aquí de su primer empleo por abandonar el imperativo a favor del infinitivo *obrar* del título, de 'Todos' y de los cuatro apuntes);

4.8.2   El segundo caso es el de la Voz cuya llamada a la muerte se escucha cuatro veces (tal como el apunte) —pero en palabras distintas— en cada uno de los primeros cuatro encuentros de 13: *Muerte* (vv. 977–80, 1043–46 y 107–374 —pues interviene dos veces en el encuentro con la Hermosura— vv. 1107–10, finalmente vv. 1203–06) pero que no interviene en el quinto encuentro porque la Discreción se 'anticipa' a 'la voz del sepulcro' (vv. 1244–45);

4.8.3   El tercer caso es más sencillo, aunque se vaya alternando con el segundo: ya se dijo que hay interludios entre los encuentros en el caso de 13: *Muerte*, y el Rico reitera en los primeros tres de estos interludios la frase 'Volver | a nuestra conversación' (vv. 1017–18, 1091–92 y 1157 58) cuando uno de los que quedan en escena después de cada muerte (2: Hermosura después de la muerte de 1: Rey, 6: Pobre después de la de 2: Hermosura, y 5: Discreción después de la muerte de 4: Labrador) pregunta qué hay que hacer.

4.9   Ahora bien, aunque la Figura 6 haya registrado un buen ejemplo de las diferencias entre uno y otro *mini-episodio* de una serie tanto en cuanto al número de personajes participantes y de sus respectivos parlamentos como en cuanto a la extensión total de cada pequeño incidente (de cada *encuentro* o *lance*), éste es un solo ejemplo. Y mientras he concentrado mayormente sobre los *elementos de simetría* en nuestro auto, no hay que perder de vista tampoco sus muchas *desigualdades*. Las más obvias de todas son (*a*) las diferencias en el número y la extensión de las intervenciones de cada hablante o cantante, y (*b*) el grado de participación de cada uno de éstos en las distintas etapas del desarrollo.

4.10   Sería muy aburrido seguir tales desigualdades paso a paso a lo largo de *El gran teatro del mundo* pero tampoco hay ninguna necesidad de hacerlo. Los datos relevantes se prestan a un tratamiento cuantitativo, y se presentan a continuación en tres figuras: la Figura 7 registra el número de intervenciones por parlante, el número total de versos que cada parlante pronuncia, y de ahí el promedio de versos en sus parlamentos (cifra que no deja de tener su interés, aunque hay que recordar que el promedio del Mundo, por ejemplo, sería bien distinto si se descartara su relato de 212 versos: 416 menos 212 = 204; y 204 dividido por 65 = 3,13); la Figura 8 registra el número de versos pronunciados por cada parlante en cada sección, y también su presencia o ausencia sobre el tablado en las secciones en que no tiene nada que decir, o sea que cuantifica la participación de cada personaje en la totalidad de la obra; mientras la Figura 9 —limitándose exclusivamente a las diecisiete secciones en que intervienen personajes humanos— presenta los datos relevantes de la Figura 8 en una forma visible quizás más asequible por su inmediatez.

Personaje	Interven- ciones	Versos com- pletos	incom- pletos	=	Promedio de versos por total	intervención
Autor	30	244	7	=	247,5	8,2
Mundo	66 *	409	14	=	416	6,3
1 : Rey	21	103	4 ‡	=	105	5
2 : Hermosura	31	142	13	=	148,5	4,8
3 : Rico	37	84	21	=	94,5	2,6
4 : Labrador	30	202	8	=	206	6,9
5 : Discreción	31	81	10 ‡	=	86	2,8
6 : Pobre	47	198	24 ‡	=	210	4,5
7 : Niño	7	19	1	=	19,5	2,8
Todos [los siete]	1	1	1	=	1,5	1,5
Ley de Gracia	6	20	–	=	20	3,3
Voz	5	18	–	=	18	3,6
	312	1521	103	=	1572,5 ‡	5

Figura 7.   Las intervenciones de los personajes

*   Cuéntanse como intervenciones distintas la tirada de dieciséis endecasílabos 1255–70 (dos octavas reales) pronunciadas por el Mundo y sus próximos dos endecasílabos, separados de las octavas anteriores por la salida en escena del Rey.

‡   Cuéntanse como medios versos las tres partes del v. 923 (octosílabo en que hablan la Discreción, el Rey y el Pobre).

Núm. Sección =	vv.	Aut	Mun	Rey	Her	Ric	Lab	Dis	Pob	Niño	Los7	Ley	Voz
1 Invocación	25,5	25,5	—	—	—	—	—	—	—	—	—	—	—
2 Diálogo	40,5	35	5,5	—	—	—	—	—	—	—	—	—	—
3 Relato	212	☺	212	—	—	—	—	—	—	—	—	—	—
4 Papeles	160	63	—	10,5	13,5	2	38	1	31	1	—	—	—
5 Condiciones	50	22,5	—	2	3	2	10	5	4	☺	1,5	—	—
6 Insignias	119	—	36,5	2	16,5	6	14	5	31	8	—	—	—
7 Invocación	20			20	—	—						—	—
8 Llamada	10	10	☺	—	—	—	—	—	—	—	—	—	—
9 Laudate	30	5	6	—	—	—	—	10	—	—	—	9	—
10 Vida	167	☺	16	11	43	15,5	44	19,5	14	—	—	4	—
11 Prójimo	94 *	☺	7,5	3,5	3,5	6,5	15,5	3,5	54,5	—	—	☺	—
12 Explicación	20	13	☺	—	—	—	—	—	—	—	—	7	—
13 Muerte	302	☺	29	46	53	32	55	21	48	—	—	—	18
14 Comentario	4	4	☺	—	—	—	—	—	—	—	—	—	—
15 Prólogo	16	—	16	—	—	—	—	—	—	—	—	—	—
16 Despojo	105	—	47	19	11	2	13,5	7	3,5	2	—	—	—
17 Lamentaciones	23	—	16,5	2,5	1	1	1	☺	1	☺	—	—	—
18 Camino	38	—	5	2,5	5,5	—	2,5	4	18,5	☺	—	—	—
19 Juicio	118	61,5	☺	3	1	20,5	12	9,5	4	6,5	—	—	—
20 Aclamaciones	14	8	☺	0,5	0,5	1,5	0,5	0,5	0,5	2	—	—	—
21 Despedida	4	☺	4	☺	☺	☺	☺	☺	☺	☺	—	—	—
	1572	247,5	416	105	148,5	94,5	206	86	210	19,5	1,5	20	18

Clave : — denota la ausencia de un personaje
☺ denota su presencia callada
Todo verso incompleto se trata como 0,5.*

Figura 8. La participación de los personajes

* Ya que todo verso incompleto se trata como un medio verso, el v. 923 (octosílabo distribuido entre tres hablantes) figura como 0,5 en *tres* columnas (Discreción, Rey, Pobre). Es por esto que las intervenciones de los siete personajes que hablan en la sección central suman 94,5 versos y el agregado de los totales de las doce columnas (1572,5) depasa en 0,5 el número de versos en el texto.

4.11 La Figura 10 (véase 179) está basado en una feliz colaboración, y yo quisiera dar constancia aquí de mi agradecimiento a Mr Stephen Legg (del Oxford University Computing Service) por haber ideado la conversión de los datos de la Figura 8 en un *histograma* en lugar de la *gráfica* de tipo tradicional que yo había construido, la cual había resultado de comprensión difícil por las múltiples coincidencias de distintas líneas en determinados puntos. Para mayor claridad, decidimos limitar el histograma a las diecisiete secciones de intervención humana y excluir las últimas tres columnas de la Figura 8; y la Figura 10 resultante es el producto de la aplicación de un *programa* computacional de 156 líneas elaborado por Stephen Legg a la *información* tabulada en los 170 compartimientos pertinentes de la figura anterior. La altura de cada columna representa la extensión total de dicha sección medida en versos (descartando las intervenciones de la Ley de Gracia y la Voz y el verso y medio de 'Todos') y esta columna se subdivide en compartimientos distintos para cada parlante, cuya altura representa el total de los versos pronunciados por aquel individuo. Más abajo hay dos lineas de compartimientos en que se registran los personajes *ausentes* en cada sección y (en la línea superior) aquellos que están *presentes* pero callados. Arriba, se indican las secciones presenciadas por la Ley de Gracia (vv. 659–948) hasta su reiteración de la loa, como también la única sección (13: *Muerte*) en que se oye la Voz 'triste' cantando 'dentro, a la parte que está la puerta del ataúd' (según la acotación que precede su primera intervencion en el v. 977).

4.12 Si pensamos en la diferencia de extensión entre las secciones que son al mismo tiempo episodios (4 = 160 vv.; 6 = 115; 10 = 167; 11 = 94; 13 = 302; 16 = 105; y 19 = 118) y las que no lo son (5 = 50; 7 = 20; 8 = 10; 9 = 30; 12 = 20; 14 = 4; 15 = 16; 17 = 23; y 18 = 38) notaremos que ninguna de aquéllas —que son las de *progresión plurimembre correlativa*— tiene menos de 94 versos, mientras ninguna de éstas —que son las de *progresión monomembre*— pasa de los 50. De hecho, entonces, sí que puede considerarse nuestro auto entre aquellos en que 'toda la estructura dramática (con intermitencias) se puede considerar atravesada por esa fluencia correlativa' (Alonso 1951: 175), la cual ya comienza en el primer parlamento del Autor (1: *Invocación*) y sólo termina en 20: *Aclamaciones*: nuestra impresión dominante, sobre este nivel inferior de la estructuración *intraseccional*, tiene que ser la de su *correlativación* reiterada con breves intermitencias *monomembres*. De modo parecido, ya en el nivel superior de las relaciones *interseccionales*, las simetrías de las múltiples correspondencias estructurales que se intentó representar visiblemente en la Figura 4 (página 172) parecen haberse complicado paralelística y antitéticamente a más no poder. Pero ¿qué pasa cuando nos remitimos a la consideración de las desigualdades registradas de modo tabular en las Figuras 7 y 8, y sobre todo cuando pasamos a contemplar aquellas que se han 'incorporado' visiblemente en las diecisiete columnas de la Figura 10? El contraste entre las simetrías de la construcción conceptual y las asimetrías en lo cuantitativo (dejando de lado únicamente la relación proporcional 2:2:1 entre las partes) no pudiera ser más chocante. Ahora bien, lo que más me llama la atención cuando me pongo a meditar en el contraste entre la Figura 4 y la Figura 10 no es lo exagerado de las *desigualdades* resumidas en las tábulas de las Figuras 7 y 8, sino cómo estas desigualdades quedan totalmente transcendidas en nuestra memoria cuando repensamos la obra que acabamos de releer (o cuya representación acabamos de presenciar sobre el tablado) por las bellísimas simetrías mayores que rigen la estructuración dramática de este auto sacramental en su totalidad.

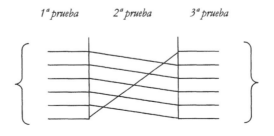

Figura 9.   Sección central de *El gran teatro del mundo*

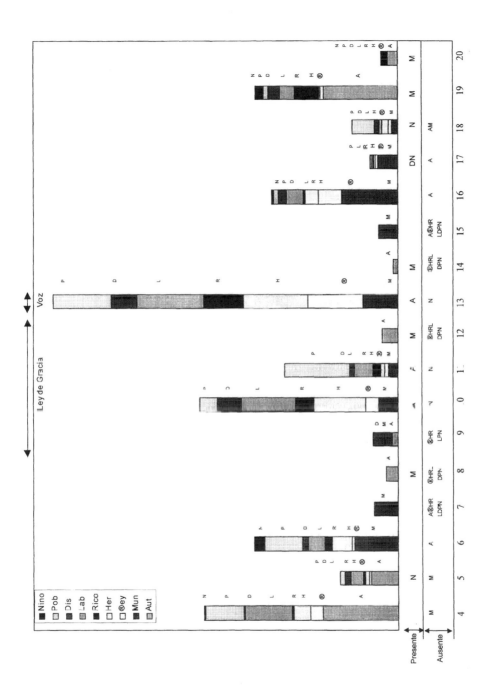

Figura 10.   Histograma de la participación : Secciones 4–20

4.13 Para terminar, hay que volver brevemente a las tres series de *pruebas* para comentar un aspecto de la Figura 4 que ha quedado sin dilucidar hasta ahora. Y lo más fácil será repetir aquí los detalles centrales de aquella representación visual: Figura 9. Esta sección de la Figura 4 representa las tres series de *mini-episodios* centrales en que los seis personajes humanos de la Comedia quedan sometidos a tres *pruebas* por persona: a tres *experiencias* en dos sentidos de la palabra (la *experiencia* que es experimentada por el individuo, pero al mismo tiempo la *experiencia* científica en que el individuo es el animal de laboratorio sobre el cual el Autor está experimentando en sentido transitivo), tipos de 'tests' psicológicos y también morales que son al mismo tiempo las *peripecias* dramáticas por las cuales cada actor en la Comedia tiene que pasar. El Niño, desde luego, no aparece en estas series de 'tests': de ahí que termine en el limbo, pero (como vimos antes) no deja por eso de formar parte de la simetría total gracias a su participación en las otras dos parejas de *mini-episodios*.

4.14 La *1ª prueba* es la del encuentro con la vida y el tener que acomodarse al estado en que el Autor le ha colocado a uno, la *2ª prueba* es la de los encuentros entre el Pobre y sus conseres y la *3ª prueba* es la del encuentro de cada individuo con su propia muerte. Descontando las bellas complicaciones adicionales del contrapunto entre los órdenes de aparición de los personajes en dichas series (véase Figura 5), su forma ideal se ha podido representar muy sencillamente: los seis personajes en que se ha *diseminado* el concepto unitario de la humanidad pasan por sus respectivos encuentros paralelos con la Vida; a esta serie de encuentros corresponde la tercera, en que los mismos seis personajes pasan del mismo modo por sus encuentros paralelos con la Muerte (después de la cual se habrán de reunir ante su Autor en la sumación final para luego verse distribuidos de nuevo según sus méritos y sus pecados). Pero entre la serie de sus encuentros con la Muerte y la primera serie (la de sus encuentros con la Vida) han tenido que pasar por la más importante de todas las tres pruebas: la del encuentro con el prójimo menesteroso, en el cual se puede averiguar si cada individuo ha sabido comprender el 'Ama al otro como a ti' de la loa (v. 666). Aquí lo que hace Calderon es escoger a uno de sus seis personajes, v.g. el Pobre, para aplicarle sucesivamente a todos los demás cual piedra de toque (como ya se indicó en §1.2, arriba) en una serie de cinco confrontaciones, lo cual se ha ilustrado en la representación visible por tomar la sexta línea paralela de la *1ª prueba* y continuarla como una diagonal ascendente (en la segunda) cuyo ascenso al nivel superior de la serie de líneas paralelas en la *3ª prueba* la va intersecando sucesivamente con las cinco líneas de los otros participantes en este 'test'.

4.15 Esta prueba es la central en dos sentidos: la que está en el centro de la obra y la que va a determinar además el destino eterno de cada individuo. Y su serie de cinco confrontaciones tiene evidentemente una de éstas a su propio centro, la cual también me parece ser central en dos sentidos: no sólo el centro estructural de este episodio, de esta parte y de la totalidad del auto sino también el verdadero eje (a mi ver) de su argumentación sociomoral. La tercera de las cinco confrontaciones —y también la más breve— es la que nos presenta en sólo ocho versos el encuentro entre el Pobre y su Rey:

> *Pobre.* Pues a mi necesidad
> le falta ley y razón,
> atreveréme al rey mismo.
> Dadme limosna, Señor,

> *Rey.* Para eso tengo ya
> mi limosnero mayor.
> *Mundo.* Con sus ministros el Rey
> su conciencia aseguró. (vv. 883–90)

El comentario del Mundo es seco y severo: en una sociedad monárquica cuyo Rey es el representante directo de su Dios —fuente de honor y justicia en la colectividad y al mismo tiempo un padre que debiera de cuidar a cada uno de sus súbditos como si éste fuera hijo carnal suyo— ¿quién puede dudar que el deshacerse este Rey de sus obligaciones personales (asegurando 'su conciencia' con 'ministros') tenga forzosamente que ser un gravísimo pecado social contra aquel 'Ama al otro como a ti' de la loa? Un rey es siempre de algún modo una *figura ejemplar* y este Rey nuestro está dando el peor de los ejemplos a sus súbditos. Yo no puedo creer que sea por casualidad que este *mini-episodio* preciso —y ninguna de las otras cuatro confrontaciones sociales— se halle ubicado en el mismísimo centro conceptual de nuestro auto.

5. Conclusiones

5.1 SEGÚN GRACIÁN, 'La uniformidad limita, la variedad dilata; y tanto es más sublime, cuanto más nobles perfecciones multiplica' (observación que pudiera haber servido muy oportunamente como epígrafe del presente trabajo) y la cita sigue 'No brillan tantos astros en el firmamento, campean flores en el prado, cuantas se alternan sutilezas en una fecunda inteligencia' (comienzo del Discurso III, Gracián 1969: I. 56). Todo lo que se ha venido estudiando ha sido alternación de sutilezas, nacidas de la fecunda inteligencia de Calderón, pero yo diría que las dos comparaciones naturales en aquel elogio (dirigido, desde luego, a otro ingenio, don Antonio de Mendoza) no deben de descartarse como mero ornato cortesano. Los paralelos con las 'caducas flores' (v. 8) del prado y las 'estrellas' (v. 6) no caducas del cielo que se reflejan en aquéllas son aptos, y no sólo en el sentido puramente cuantitativo que es el único sentido explícito de aquel elogio, ya que tanto los astros como las flores no pasan de ser 'materiales objetos' mientras las simetrías intelectuales que hemos venido estudiando en la hermosa compostura de *El gran teatro del mundo* son tanto más primorosas que 'la material entre columnas y acroteras, cuánto va del objeto del ingenio, al de un sentido' (pasaje citado en §3.10).

5.2 Las resonancias de las citas de la *Agudeza y arte de ingenio* que abren y cierran el último párrafo pudiéranse haber explorado mucho más a fondo con respecto a *El gran teatro del mundo*, pero me he limitado casi exclusivamente a señalar diversos fenómenos de orden estructural en este trabajo, sin detenerme para examinar las resonancias cósmicas de estas *estructuras lógico-retóricas*: para tales indicaciones, remito al lector al Capítulo III en el que se puede ver cómo tales estructuras reflejan determinados aspectos de la cosmovisión de Calderón en una 'varia inferior arquitectura' (v. 2) no natural sino verbal. Tampoco me he detenido para examinar el 'contenido' de la obra (expuesto tan claramente por varios de mis predecesores) ya que mi propósito no iba más allá de los aspectos lógico-retóricos formales del *medio visible* por el cual el *concepto imaginado* doctrinal de este auto quedara transformado en *práctico concepto*. Cabe repetir, sin embargo, lo que dijera Dámaso Alonso al terminar 'La correlación en la estructura del teatro calderoniano': 'los moldes que en lo que antecede hemos analizado, si son forma, lo son ante todo de pensamiento. Con raíces de prodigiosa antigüedad, es una inmensa síntesis del mundo eso que va a encerrarse en las pluralidades correlativas del autor de *La vida es sueño*' (Alonso 1951: 186).

5.3 Entre estos moldes, si la interpretación de la organización proporcional de la obra sugerida en los párrafos §§3.5–3.10 es acertada, pudieran estar las mismas ideas de origen pitagórico acerca de las proporciones que fueron la inspiración de un Alberti, de un Palladio y (en el campo más bien teórico) de un Villalpando. Sin embargo, como ya se dijo en el §3.11. yo creo que por regla general las simetrías numéricas de Calderón se han de buscar más bien en las agrupaciones de los elementos conceptuales que en el recuento de los versos de tal o cual obra suya. Ahora bien, aquí habría que distinguir entre dos tipos de organización numérica. Por un lado están los números que reflejan 'la distribución ordenada del mundo' (Alonso 1951: 175) *directamente*, los cuales 'no son sino los grados y clases' de la 'clasificación total del cosmos' (176) — por ejemplo la estructuración numérica del comienzo del auto *La vida es sueño* a base del número 4 de los elementos y el 3 de las personas divinas (ver §3.4, arriba), o sea *el empleo de números que ya están específicamente en juego* en la escena misma que los reflejan. Por el otro lado estoy pensando en el *empleo indirecto de los mismos números fundamentales* para establecer las simetrías de unidades dramáticas en que dichos números no están en juego — por ejemplo la construcción de cada una de las tres partes de *El gran teatro del mundo* a base de 3 *episodios* más otras 4 secciones de otro orden (un total de 7 secciones por parte); o la alternación entre las 4 llamadas de la Voz y las 3 repeticiones del 'casi estribillo' del Rico 'Volver | a nuestra conversación' (véase §§4.8.2–4.8.3, arriba); o la reiteración del mensaje 'Obrar bien, que Dios es Dios' un total de nueve veces, precisamente siete de las cuales lo escuchamos cantado por la Ley de Gracia (ver §4.8.1). Igualmente los nueve *episodios* de la obra incluyen precisamente siete series de *mini-episodios* de fluencia correlativa, tal como el total de nueve *personajes* que salen visiblemente al tablado incluye precisamente siete *personajes humanos* (más el Autor y el Mundo). En tales casos es obvio que los números estructurizantes no están dictados directamente por la materia que afectan, pero no por eso dejarán de reflejar la misma 'distribución ordenada del mundo'. Como dijo Curtius, 'Durch Anwendung der Zahlenkomposition erreichte der mittelalterliche Autor ein Doppeltes: ein formales Gerüst für den Aufbau, aber auch eine symbolische Vertiefung' (1948: 499), y yo creo que hay que entrever la presencia de esta *profundización simbólica* hasta cuando los números estructurizantes no parecen constituir más que aquel *andamiaje formal para la construcción* (o sea, si se me permite un último juego de palabras, que tales números son siempre doblemente 'edificantes'). Con la concepción del número 'als formbildender Faktor des göttlichen Schöpfungswerkes geheiligt' (496), esta misma concepción del número pasa muy naturalmente a funcionar también 'als formbildender Faktor' en las creaciones humanas que reflejan aquella del Creador 'entre sombras y lejos' (v. 3).[18] Pero tales consideraciones me han llevado muy lejos de mi punto de partida.

---

18. Claro está que si el autor no lo dice explícitamente (como lo hiciera Ramón Llull en su *Libre de Contemplació*, véase Pring-Mill 1962: 97–98) el lector no siempre se va a dar cuenta de lo que éste ha hecho. Así es que supongo que bien pocos de los lectores de la edición oxoniense de mi *Microcosmos* habrán sospechado lo que se dijera en el *explicit* de la edición palmesana (*explicit* escrito nada en broma, pero que me pareció más prudente omitir en la edición que iban a manejar mis colegas académicos): 'Aquest tractat del Microcosmos lul.lià és departit en tres parts, a honor de la Sanctissima Trinitat. I té tretze capitols, en així com Nostre Senyor Jesucrist fou en compte de tretze amb els apòstols: amb tres capítols en la primera part tal com són tres les potències de l'ànima, sis en la segona tal com són sis els sentits de l'home en el sistema lul.lià, i quatre en la tercera tal com són quatre els elements de la nostra corporalitat. I fou finit en la vila de

5.4 Todo lo que yo quise exponer al escrutinio de mis colegas giraba en torno al *Summationsschema de tipo argumentativo* que me parecía dejarse entrever como la base de la estructuración conceptual de la pieza, y si el análisis ha resultado convincente quizás contenga ideas (o procedimientos analíticos o representacionales) aplicables en la lectura de otras obras parecidas. Ahora bien, tal como mi ponencia de Westfield terminara sugiriendo una serie de 'Aplicaciones analógicas del "modelo"' (arriba, páginas 117–20), yo quisiera terminar el presente trabajo sugiriendo una aplicación igualmente analógica del subtipo específico del *Summationsschema argumentativo* que me atreví a designar *Summationsschema de 'argumentación distributiva'*. Creo que el esquema sumamente estilizado de *El gran teatro del mundo* (elaborado tan simétricamente en sus series de paralelos y contrastes) que termina por distribuir premios y castigos a los miembros de la compañía según su actuación con respecto a su *proposición de base*, quizás pueda proporcionarnos el *modelo* más apto para la dilucidación de obras de tesis menos estilizadas: piezas en que las distintas posiciones de varios personajes frente a un solo problema o a una sola proposición —por ejemplo aquel del título de la comedia *La vida es sueño*— les conducen por caminos diversos hacia un desenlace colectivo y correlativo que sirve por lo menos de modo implícito (pero a veces de modo bien explícito también) como el Juicio Final del dramaturgo mismo sobre su conducta. O para decirlo más escuetamente, creo que habrá casos en que el funcionamiento de la *justicia poética* parkeriana —en el desarrollo de una *acción dramática* cuyo objeto es proporcionar una ejemplificación plurimembre de su *tema*— pudiera aclararse notablemente si se analizaran como *Summationsschemata de 'argumentación distributiva'*, buscándose en ellas las cinco etapas lógicas aludidas en §§4.3.1–4.3.5 pero con miras al encuentro de una *reafirmación* no sencilla sino diferenciada y diferenciadora. Pero esta posibilidad no puede investigarse aquí.

Sóller de l'illa i regne de Mallorques, a honor de Nostra Dona Santa Maria, el dia de la seva Immaculada Concepció —a la qual el Beat Ramon Llull sempre hagué tan gran devoció— en l'any de Nostre Senyor Jesucrist de M. CM. LX. FINITO LIBRO ISTO SIT LAUS ET HONOR DOMINO JHESU CHRISTO'.

VII: LA EJEMPLARIDAD DEL AUTO Y DE LA COMEDIA: DOS MODOS DE ARGUMENTACIÓN DRAMÁTICA EN CALDERÓN

1. Las premisas de la ejemplaridad teatral

A PESAR DE LA NOTORIA FALTA de una verosimilitud de tipo realista en el teatro de don Pedro Calderón de la Barca (sea en los autos sacramentales, sea en las comedias) es imposible asistir a la representación de cualquiera de sus obras —o siquiera leerla— sin darse cuenta de que lo que se está contemplando tiene alguna relación significante con la 'realidad' en que vive todo ser humano.

Aunque las alegorías de los autos no sean representaciones realistas, aceptamos de buen grado que conllevan lecciones morales que los espectadores deberían aplicar en su propia vida. Su naturaleza didáctica es obvia y no es nunca difícil adivinar el 'mensaje' que se transparenta —o se ostenta— a través de la 'metáfora' que le sirve de vehículo. En *El gran teatro del mundo*, por ejemplo, aunque todos sabemos que el mundo no es efectivamente ningún teatro, en el sentido literal, Calderón nos explica muy claramente por qué nos corresponde actuar como si lo fuera: los 'papeles' que representamos son prestados, y hay que atender no a su valor aparente sino a la necesidad de 'Obrar bien, que Dios es Dios', para ser premiados en la otra vida. La moraleja es obvia, aunque sólo resulte ser de peso para cuántos compartan sus premisas con respecto a la existencia de Dios y la inmortalidad del alma, y con respecto a la diversidad de las posibles vidas de ultratumba y su dependencia de nuestra conducta sobre la tierra.

Aún aceptadas estas premisas, sin embargo, el *Gran teatro* no nos podría convencer si su metáfora no nos satisficiera como tal. Para que se nos pueda convencer de la aplicabilidad de su moraleja, la metáfora de cualquier auto tendrá que corresponder adecuadamente a la 'realidad'. O sea que, a pesar de que no se trate de una obra de verosimilitud realista, el auto sacramental tendrá que manifestar algun *otro* tipo de 'verosimilitud' en el sentido etimológico de la palabra — alguna 'semejanza' entre lo que se nos presenta sobre el tablado (lo inventado) y 'la verdad' de lo que nos es conocido. No hay más remedio que llamarla una 'verosimilitud no realista', ¡por paradójico que parezca el término! (véase arriba, Capítulo V). Pero al mismo tiempo cabe reconocer que ninguna metáfora corresponde totalmente a lo literal, o ya no sería 'metáfora' sino la misma 'realidad'. También cabe preguntarse, por lo tanto, qué papel juegan las *desemejanzas* entre la verdad y la metáfora en el proceso de subrayar la validez del mensaje pregonado.

El caso de las comedias es distinto y más complicado. Si pensamos en *La vida es sueño*, por ejemplo, nadie negaría que lo que le pasa a Segismundo también haya sido concebido para comunicarnos algún tipo de lección moral de cuya utilidad bien práctica para la vida de uno Calderón evidentemente no tiene la menor duda, a pesar de que sea evidente que el mundo ficticio y sumamente improbable en que se desarrollan los sucesos no es ni una representación realista del mundo en que se vive ni tampoco una alegoría del tipo del *Gran teatro*. En este caso concreto, es cierto que el título de la comedia también es una metáfora, tal como aquel de *El gran teatro del mundo*,[1] pero aunque la metáfora juegue un papel instrumental importantísimo en la conversión de Segismundo,[2] es evidente que la trama misma (la historia ficticia compuesta de una serie de episodios dramáticos) no es de naturaleza metafórica.

Sin embargo, la lección que nos tiene que comunicar es bastante más compleja que la moraleja del *Gran teatro* y quizás también de más peso para muchos lectores modernos, en cuanto las premisas de que depende se refieren a este mundo ('por debajo de las tejas' en la frase común y corriente) y a las consecuencias directas de nuestra conducta en esta misma vida. Pero esto no quiere decir que los hechos no se estén desarrollando para Calderón dentro de la misma cosmovisión teocéntrica, sino tan solamente que lo que nos enseñan acerca de las normas que deben regir la conducta del hombre para con sus vecinos no requiere la aceptación de todo el aparato teológico que sostiene dicha cosmovisión. En este caso, basta admitir la correspondencia entre determinados aspectos de la vida de Segismundo y la nuestra. Pero, ¿por qué vamos a aceptar la lección, si no podemos aceptar la total autenticidad del mundo que nos la enseña? En la ausencia de una verosimilitud realista, ¿no tendrá que haber *otro* tipo de 'verosimilitud no realista' más (que no será la misma que aquella de un auto sacramental) para que la comedia nos pueda convencer del valor de su mensaje?[3] También cabe preguntarse no sólo cuál es la naturaleza de la semejanza entre el caso de la vida de Segismundo, dentro de su mundo inventado, y nuestra propia situación en este mundo real, sino por qué las evidentes desemejanzas entre estos dos mundos 'por debajo de las tejas' no anulan la eficacia del ejemplo que Segismundo nos ofrece.

¿Cuáles son, pues, las relaciones entre la realidad en que vivimos y ambos de estos mundos teatrales: el mundo netamente metafórico de los autos y el mundo aparentemente literal de las comedias? y ¿cuáles son las estrategias dramáticas empleadas por Calderón para obligar al espectador —o para seducirle— a aceptar la ejemplaridad de un auto sacramental o aquella de una comedia? o sea: para hacerle reconocer la aplicabilidad del *ejemplo* contemplado sobre el tablado, a las circunstancias de su propia vida y conducta.

2.   Cosmovisión y teatro

LA RELACIÓN ENTRE el modo en que un escritor concibe el mundo y su modo de representarlo no es nunca sencilla. Pero resulta más compleja todavía si vive en una época en cuya cultura conceptual una de las premisas de que se tiene que partir es que las apariencias siempre engañan y que hay que descifrarlas para poder dar con la verdad: entonces se tendrán que buscar modos de representar la realidad capaces de convencer a los lectores de que hay que adoptar el modo de ver el mundo pregonado por el escritor (problema examinado en Pring-Mill 1969). Tal era el caso de la España del siglo XVII, en que el individuo tenía que aprender a resistir los halagos del 'mundo', el 'diablo' y la 'carne' por el hábil manejo de las tres 'potencias' de su alma: la memoria, el entendimiento y la voluntad

---

1.   Evidentemente no todos los títulos de comedia lo son, aunque sí los hay muchos, por ejemplo *El médico de su honra* o *El pintor de su deshonra*.

2.   Véase Capítulo II, arriba, y los trabajos de Wilson, Sloman, Dunn y Whitby ahí citados, más Cilveti (1971). Muchas contribuciones posteriores han matizado esta interpretación, pero sin desmentirla.

3.   Para las diferencias entre este tipo y aquel del auto sacramental, véase arriba, páginas 140–44 y 146–48.

(véase Gilman 1946–47). Esta necesidad de inculcar el desengaño tan típico del barroco es uno de los rasgos más característicos de la visión dramática de Calderón, dando un carácter a la vez más amargo y más irónico que aquel de un Lope de Vega a su modo de interpretar la cosmovisión teocéntrica heredada (y aceptada) por ambos: cosmovisión que constituye el contexto ideológico de todo el teatro del Siglo de Oro, estructurándolo conceptualmente —y poéticamente— a maravilla.

Como es consabido, la sociedad representada por los dramaturgos de la época era netamente monárquica, con el soberano visto como el representante de Dios: el rey era al mismo tiempo el instrumento de la justicia divina y la fuente del honor de todo súbdito. De ahí el carácter doblemente trágico de los monarcas que no obran justamente, como el Basilio de *La vida es sueño*, o de aquel que no respete el honor de sus vasallos como el rey don Sancho de *La estrella de Sevilla* (tan largamente atribuida a Lope). La estructura de esta sociedad era jerárquica, y estaba relacionada a la cosmovisión general por su interacción recíproca dentro de una armonía universal y totalizante.[4] Ya que toda la creación dependía de la voluntad de Dios, la naturaleza también era un instrumento de su poder, mientras la sociedad humana reflejaba de un modo muy directo la estructura fundamental del cosmos del cual formaba parte. Esta creación se hallaba organizada armoniosamente en dos 'mundos' muy diferentes, el 'mundo material' o 'sensible' de todo lo elementado y el 'mundo espiritual' o 'inteligible' de hombre y ángel, los cuales constituían, sin embargo, una sola serie de niveles o 'escalones' distintos que iba subiendo desde el nivel de las criaturas más sencillas del mundo material (por ejemplo las piedras) y a través de todo el mundo espiritual, hacia el 'mundo divino' de su creador. Era una escala que permitía no sólo el ascenso místico[5] sino también la argumentación poética.

Y ya que todos estos niveles reflejaban el mismo 'ejemplar' o 'modelo' divino, es natural que se correspondieran entre sí. De ahí las tres complejas series de relaciones analógicas que se encuentran detrás de tan gran parte de la imaginería poética del Siglo de Oro, la primera entre la sociedad y la naturaleza, la segunda entre el cuerpo humano y el 'cuerpo político' ('encabezado' por el rey), y la tercera entre el macrocosmo de la creación entera y el microcosmo —o 'pequeño mundo'— del hombre, que era la única criatura en que se unieran el mundo material y el mundo espiritual.[6] Esta visión de la creación, tan diestramente estructurada por los pensadores clásicos y medievales, constituye —se la mencione o no— el fondo contra el cual se desarrolla toda comedia o auto sacramental del Siglo de Oro. Sin embargo, hay que reconocer que dichas correspondencias ya no funcionaban precisamente tal y como habían funcionado en siglos anteriores.

En palabras de Tillyard, escribiendo sobre el mismo tema, antes se habían empleado de un modo intelectual y 'casi como si fueran una fórmula matemática', mientras que durante el reinado de Isabel I de Inglaterra (1558–1603) ya tenían un valor bastante más ambiguo:

---

4. Véase Spitzer (1963): libro a cuyas anticipaciones en *Traditio* (1944b y 1945) —junto con la obra de Tillyard (1948)— debo la iniciación en la historia de las ideas que me ha inspirado a lo largo de todos mis trabajos sobre el Siglo de Oro, así como aquellos sobre el pensamiento medieval (ahora recopilados en Pring-Mill 1991).

5. Idea central del renombrado *Itinerarium mentis in Deum* (1259) de San Buenaventura; esta doctrina sobrevivió intacta hasta ver su última reflexión sistemática, ya en pleno siglo XVII, en el *De ascensione mentis in Deum per scalas creaturarum* (1615) del cardenal jesuita San Roberto Belarmino.

6. Véase especialmente Rico (1970), libro que recoge las ideas fundamentales de Lovejoy (1936), Tillyard (1948) y Bamborough (1952), aplicándolas extensa y sabiamente a la 'varia fortuna' de la idea del microcosmo 'en las letras hispanas'.

'dado el amor apasionado por lo ceremonioso, la formalidad de tales correspondencias [seguía siendo] muy atrayente'. Pero ya que 'el mundo en que vivían resultaba cada vez menos fácil de reducir a un orden rígido', los detalles de las varias series de correspondencias ya no tenían la fuerza de 'equivalencias matemáticas'. Por consiguiente la imaginación las podía emplear más libremente, puesto que las equivalencias se habían ido convirtiendo casi imperceptiblemente en semejanzas.[7] Lo mismo ocurre en España: a veces parece que las correspondencias de la cosmovisión heredada se están empleando con todo el rigor de antaño, pero otras veces no parecen conservar sino un valor tan sólo sugestivo. A pesar de esta ambigüedad en cuanto al valor plenamente demostrativo de las correspondencias analógicas, la cosmovisión heredada sigue siendo no sólo el marco dentro del cual se construyen todas las obras teatrales, sino el código de las 'presuposiciones' que sirven para su articulación. Más arriba, se la llamó su 'fondo': estas tres metáforas 'fondo', 'marco', y 'código' representan muy bien tres de los aspectos más importantes del modo en que la cosmovisión heredada parece haber determinado la estructuración de las obras que la reflejan y proyectan sobre el tablado.

Las obras teatrales quedan relacionadas explícitamente a este marco de presuposiciones de tres modos: (*i*) por una sutil red de imágenes poéticas que comportan referencias a las tres series de correspondencias analógicas; (*ii*) por el frecuente empleo de alusiones mitológicas que conllevan las resonancias de sus interpretaciones alegóricas,[8] y (*iii*) por el constante empleo de referencias sentenciosas que sirven para señalar las relaciones entre 'lo general' y 'lo particular', o sea entre los *principios universales* abstractos y las *situaciones particulares* y concretas en que se hallan los personajes en escena. Este último recurso nos habrá de proporcionar una buena clave para comprender ambos modos de argumentación dramática estudiados en el presente trabajo. Se lo puede utilizar no sólo directamente en el caso de las comedias, sino también de un modo indirecto para aclarar la operación de las metáforas básicas de los autos sacramentales. Pero primero hay que considerarlo en escala menor dentro de los discursos de los individuos, considerados en sus microcontextos correspondientes, antes de pasar a su funcionamiento a nivel del macrotexto, en la estructuración de cualquier obra en su totalidad.

3. Las funciones de lo sentencioso

SI ACEPTAMOS QUE la trama de una comedia siempre tiene algún sentido general, y que sus episodios quedan articulados entre sí a la luz de sus relaciones con los principios generales que conforman su marco conceptual, no hay para qué sorprenderse del empleo asiduo de tales fórmulas sentenciosas tanto para relacionar los *casos particulares* a las *reglas generales* de la experiencia humana como para aquilatar la conducta de los personajes a la luz de los diversos códigos de valores en vigor en el Siglo de Oro, sean los principios absolutos de la teología moral, sean las máximas del código de honor, sean meramente las normas de la etiqueta social o la sencilla obligación de guardar el 'decoro'. Estas fórmulas

---

7. 'The Middle Ages used them more coolly and intellectually, rather as if they were a mathematical formula... With their passionate love of ceremony [the Elizabethans] found the formality of these correspondences very congenial. On the other hand the world they lived in was becoming ever more difficult to fit tidily into a rigid order... [and so] they no longer allowed the details to take the form of minute mathematical equivalences: they made the imagination use these for its own ends; equivalences shaded off into resemblances' (Tillyard 1948: 92).

8. Véanse Seznec (1939), y obras de referencia del Siglo de Oro como Vitoria (1646) cuya Tercera Parte (1688) fue agregada por el P. Juan Bautista Aguilar a los siete años de la muerte de Calderón.

pululan en las páginas de los textos literarios de la época, pero es fácil que el lector moderno se las pase por alto puesto que las 'sentencias' ya no están de moda (hasta pudiérase decir que hoy día toda generalización de orden moral resulta sospechosa para la gran mayoría de lectores). Bien miradas, sin embargo, el estudio de las sentencias nos facilita la dilucidación del 'sentido' de lo que está sucediendo en escena. Raras son las veces en que le vemos a un personaje del siglo XVII tomar alguna decisión o actuar de modo deliberado y consciente en cualquier trance sin citar, o por lo menos aludir a alguna de estas reglas o principios generales, cuya aplicación explícita o implícita a su propia situación es lo que le decide a optar entre las alternativas que se le presentan. Cuando actúe sin pensar, casi siempre hay quien lo comente.[9]

Hace muchos años, en un artículo escrito para el cuarto centenario del nacimiento de Lope de Vega, hice un análisis (1962b) de *Fuente Ovejuna* específicamente para explorar la utilización de las sentencias, limitándome al estudio de dicho estilema para demostrar que podía bastar de por sí para la aclaración total de una obra parecida. Empecé por subrayar todas las sentencias explícitas junto con toda frase que pareciera aludir a alguna regla general, pudiendo identificar un total de sesenta y tres ejemplos. Estudiados exhaustivamente en lo sucesivo, no sólo en sus contextos inmediatos sino también agrupándolos tema por tema, éstos me permitieron dilucidar todas las implicaciones significantes de cada episodio concreto y de cada decisión tomada por alguno de los personajes, así como también para establecer una interpretación global de la comedia.

Introducidos en el contexto del discurso mayormente por palabras o locuciones como *que, ya que, porque, si es,* o *si no es* (pero a veces sin necesidad de ellas) casi siempre se formulaban de tal modo que se prestaban a interpretarse simultáneamente en su sentido general y con respecto a su aplicación al caso. Valdrá la pena considerar algunos de los casos que miré entonces, poniendo el elemento sentencioso en cursivas. El fenómeno se manifestaba a todos los niveles. Iban desde ejemplos tan sencillos como el *'Bien es guardar la puerta'* (III.249) de Pascuala, dicho en lugar de alguna observación directa como 'Guardemos la puerta', o la interpelación *'que no hay que tener temor'* (III.471) de Esteban —ambas apelaciones a reglas de la experiencia implícitas que se toman evidentemente por sentadas— pasando por casos de alusión ya más explícita como el 'Advertid, Fuente Ovejuna, | a las palabras de viejo: | que *el admitir su consejo | no ha dañado vez ninguna'* de Esteban (III.430–33) hasta construcciones tan extendidas como la del famoso soneto *'Amando, recelar daño en lo amado, | nueva pena de amor se considera...'* (III.510–23) de Laurencia, cuyos cuartetos abarcan cuatro aforismos encadenados cuya aplicación al caso ocupa enteramente los tercetos.[10]

En todos estos ejemplos, queda claro que el parlante se da cargo de lo que la sentencia significa en su propia situación. Pero también hay muchos casos en que un personaje dice

9. Es un estilema tan característico de la época que hasta los autores que la emplean en serio también pueden burlarse del recurso. Basta recorder el *Quijote,* en donde le vemos al Caballero de la Triste Figura justificando sus acciones más ridículas por irlas refiriendo a principios habitualmente indiscutibles (pero los cuales o bien no vienen al caso, o se han aplicado mal a la 'realidad'); mientras Sancho va hilvanando sus refranes —igualmente 'sentenciosos'— sin preocuparse de si vienen bien al caso, cuando cualquier campesino más sensato las hubiera seleccionado con mejores miras a su pertinencia. Aún hoy, quien haya conversado con los ancianos del campo o la montaña habrá podido constatar que siguen refiriendo muchas de sus observaciones concretas a otras tantas reglas de tipo proverbial, sirviéndose del idéntico recurso con toda propiedad (como un modo de argumentación enteramente fidedigno).

10. Estructura muy típica de los sonetos, cuyos dos cuartetos muchas veces se utilizan para establecer una red de generalidades, las cuales se aplican a la situación del parlante en los tercetos.

algo a propósito de los demás sin darse cuenta de que debería de aplicárselo a sí mismo. El primer uso de una sentencia en *Fuente Ovejuna* es de este tipo: el Comendador se queja del retraso del Maestre de Calatrava diciendo '*Es llave la cortesía | para abrir la voluntad; | y para la enemistad | la necia descortesía*' (I. 13–16), pero lo hace sin percatarse de que el principio que acaba de formular debería de controlar su propia conducta, ni mucho menos del hecho que su falta de respeto para dicha regla es lo que habrá de desatar la trágica rebelión del pueblo y, por consiguiente, acarrear su propia muerte. Esta forma de ironía dramática se emplea a lo largo del teatro del Siglo de Oro para señalar los yerros de los personajes, tanto en el microcontexto de un discurso aparentemente aislado, o de una sola escena, como con referencias a la estructuración moral del macrotexto en su totalidad. O sea que este recurso irónico aparentemente localizado nos proporciona otra clave más para la comprensión de la argumentación dramática en escala mayor.

Calderón sabe emplear las sentencias más sutilmente aún. Mientras todas aquellas de *Fuente Ovejuna* son válidas, y los yerros que constatamos siempre estriban o en aplicarlas mal o en dejar de seguirlas, en Calderón hallamos otros dos modos de emplear lo sentencioso que nos obligan a reflejar mucho más profundamente sobre sus implicaciones. Por una parte, se encuentran bastantes afirmaciones sentenciosas que no son enteramente válidas salvo cuando se las mira bajo ciertas luces: aforismos cuyo sentido auténtico quizás sólo se va definiendo o revelando lentamente en el transcurso de una obra. La metáfora titular de *La vida es sueño* nos ofrece un buen ejemplo. Su único sentido valedero no se revela hasta que se hayan descartado varios otros sentidos posibles pero incorrectos, o cuanto más de valor muy limitado, pues el 'todos los que viven sueñan' tan ambiguo enunciado primero por Basilio (II. 164) no significa ni (*i*) que la realidad material no sea sustancial, como Segismundo llega a creer —'si ha sido soñado | lo que vi palpable y cierto, | lo que veo será incierto' (II. 1115–17)— debido a la mentira de Clotaldo; ni tampoco (*ii*) que el rey verdaderamente sueñe que 'es rey' (II. 1171), si por esto se entendiera que ser rey no conlleva determinadas obligaciones y deberes; sino más bien (*iii*) 'que toda la dicha humana, | en fin, pasa como un sueño' (III. 1121–22), de modo que pasarse la vida granjeando 'dichas' no vale nada y más nos conviene vivirla con miras a otros valores superiores, acudiendo 'a lo eterno, | que es la fama vividora | donde ni duermen las dichas | ni las grandezas reposan' (III. 791–94: véase arriba, páginas 61–63).

Por otra parte hay personajes que emplean aforismos inválidos, o que sólo tienen sentido si se las agrega alguna clarificación o reserva, los cuales quedarán invalidados o redefinidos en lo sucesivo, como es el caso del conocido '*aun en sueños | no se pierde el hacer bien*' (II. 1159–60) de Clotaldo: proposición teológicamente incorrecta, tal como reza, ya que si un sueño lo es de verdad quien sueña que hace bien no gana ningún mérito, aunque (*i*) en el caso particular del 'sueño' de Segismundo en palacio, si el príncipe hubiera 'hecho bien' esto no se hubiera perdido precisamente porque *aquel 'sueño' no fue un sueño auténtico sino 'realidad de verdad'*; mientras (*ii*) también tendrá cierto valor como principio general con respecto a las acciones de la vida real en cuanto —pero sólo en cuanto— ésta sí que es un 'sueño' metafórico en el sentido muy preciso que el título ha adquirido para nosotros cuando caiga el telón por última vez (véase arriba, página 62). Así es que no sólo la validación de una proposición general de tipo sentencioso sino también su invalidación, o su redefinición gradual y progresiva, se encuentran entre los recursos estructurales desplegados en la argumentación dramática de Calderón.

4. Lo silogístico a dos niveles

LA RELACIÓN ENTRE la sentencia en que se formula algún principio general y la situación a la cual se la aplica es una relación de tipo silogístico, tal como lo es también el modo en que se llega posteriormente a una decisión racional si resulta que el principio 'viene al caso' (frase corriente pero, como se verá, significante). La aplicación de la sentencia es un procedimiento de estructura tripartita:

(*i*)   el principio enunciado —o aludido— tiene la forma de una *proposición general*, la cual juega el papel de la *premisa mayor* de un silogismo en la lógica escolástica (como el 'Todos los hombres son mortales' del ejemplo clásico);

(*ii*)   la situación concreta en que se apela a dicho principio es un *caso particular* que cae debajo de aquella regla y que juega el papel de la *premisa menor* del silogismo implícito (tal como 'Sócrates es un hombre'); y

(*iii*)   la *conclusión* (el 'luego Sócrates es mortal') procede lógicamente de la interacción entre las dos premisas.

Esta estructura argumentativa se puede vislumbrar detrás de todos los ejemplos que se han citado. Bastará considerar el más sencillo. Aquel 'Bien es guardar la puerta' de Pascuala presupone: (*i*) la proposición 'Las puertas se deben guardar', que resulta ser muy pertinente (*ii*) al caso de la puerta de la casa amenazada por los secuaces del Comendador; de ahí (*iii*) la conclusión evidente, aunque no quede explicitada verbalmente, del juicio mental que proporciona la base para una *decisión* igualmente no-verbalizada, pero que se manifiesta directa y físicamente en la acción de asegurar la puerta.

Analizado en términos de la psicología del Siglo de Oro, este proceso racional requiere la intervención de todas las tres potencias del alma. La *memoria* tiene que escudriñar el contenido de su 'almacén' de principios, sacando a luz aquellos que podrían tener alguna relación directa con la situación concreta. El *entendimiento* los examina, escogiendo aquel que más viene al caso, y luego—yuxtaponiendo el principio abstracto al caso concreto— sabe sacar la debida conclusión. Pero falta la intervención de la tercera potencia, la *voluntad*, para tomar la debida decisión, la cual no pasará de ser un acto puramente mental hasta que se traduzca en alguna acción física que afecte el mundo exterior: concretamente, en el ejemplo citado, la acción de asegurar la puerta. Es muy probable que una muchacha moderna hubiera tomado la misma decisión sin perder tiempo enunciando regla alguna. Pero el modo de pensar explicitado en los parlamentos de estos personajes de la comedia suele jerarquizar las cosas, subordinando las particularidades a las generalidades a las cuales corresponden, antes de sacar la conclusión que habrá de motivar la debida respuesta. Bien mirado, este proceso mental no es ninguna pérdida de tiempo sino un modo directo y eficaz de conseguir la debida adecuación racional de la vida de aquel personaje a las circunstancias de la 'realidad' que le rodean.

Este mismo modo silogístico de pensar y de actuar que se trasluce por las frases de los personajes, en las múltiples situaciones concretas que se van desarrollando sobre el tablado durante el transcurso de cualquier comedia, también se manifiesta en escala mucho mayor en la estructuración total de cualquiera de las comedias de tesis de Calderón. En un artícu-lo que escribí para el tercer centenario de su muerte sugerí que tales comedias siempre fueron construidas dentro del marco de la cosmovisión tradicional común a todos los dramaturgos de la época de un modo muy consciente y particular.[11] O sea, específicamente para que constituyeran ilustraciones de uno o más de los principios abstractos que conformaban aquella visión de la realidad: principios 'ejemplificados' dramáticamente en casos concretos cuyo desarrollo en escena obedecía a su propia lógica teatral, con una subordinación absoluta de la trama (la *acción*) a su mensaje (el *tema*). Y este procedimiento estructural me recordaba el modo en que se solían construir los múltiples 'casos de conciencia' ficticios analizados en los manuales de los casuistas de la época, de ahí mi descripción de la casuística como un 'factor estructurizante' de la comedia en el título del trabajo.

Los confesores siempre tienen que resolver los 'casos de conciencia', y mayormente aquellos que presentan conflictos de deberes, analizándolos a la luz de la teología moral, cuyas reglas generales se pueden aplicar de un modo bastante sistemático a las circunstancias particulares de cualquier situación. Lo que hacen es básicamente lo mismo que cualquier personaje de la comedia que se detiene para aplicar un principio sentencioso a su propio caso, aunque complícase el asunto cuando la situación de que se trata es conflictiva y hay que establecer prioridades entre los distintos valores o deberes que le atañen, tal como sucede en las comedias cada vez que vemos a un personaje que tiene que salir de alguna duda y lo hace pesando las diversas posibilidades que se le ofrecen.[12] En los manuales de los casuistas del Siglo de Oro, compuestos para ayudar a los directores espirituales de la época en el confesionario, analizábanse no sólo casos reales (siempre disfrazados para impedir su identificación) sino también otros totalmente ficticios que habían sido sutilmente combinados para instruir a sus lectores en la aplicación correcta de las conclusiones de los teólogos morales a los conflictos de deberes. Dicho procedimiento nos proporciona un modelo excelente para la comprensión del modo en que Calderón procede al construirse la base de una comedia, con tal de que lo traduzcamos al campo del *análisis temático-estructural* del teatro del Siglo de Oro elaborado por los calderonistas de habla inglesa a partir de Parker, repensándolo a la luz de los términos parkerianos 'acción', 'tema', 'causalidad dramática', 'finalidad moral' y 'justicia poética'.[13]

Segun Parker (1957, etc.), cada comedia del Siglo de Oro suele tener una acción completa que incorpore algún tema de naturaleza *general* aislable de su acción *particular* (tema que se puede universalizar en la forma de un juicio importante sobre algún aspecto de la vida humana).[14] Y el estudio sistemático de las relaciones causales observables a nivel

---

11.   Véase arriba, Capítulo IV. El término 'factor estructurizante' fue escogido para subrayar la correspondencia entre el papel estructurizante de la casuística en tales casos y aquel de la función de la numerología simbólica en la estructuración de tantas obras medievales, calificada de 'formbildender Faktor' por Curtius (1958: 496).

12.   Casi huelga decir que tal personaje no siempre acierta en sus razonamientos: de hecho, las complejidades de sus debates interiores muchas veces esconden faltas de lógica (silogismos falsos cuya falsedad se habrá de poner de manifiesto a medida que se vaya desarrollando la acción) y mayormente cuando el debate asume un marcado carácter antitético: véase Bryans (1977: 61). El libro de Bryans es fundamental, pero apenas se le conoce en España; para una reseña cuidadosa y profunda, véase Soons (1978–79).

13.   Los cinco términos básicos que entran en juego en los famosos 'cinco principios', parkerianos; aquí, la terminología va a ser más importante que los principios mismos. Para la evolución de la metodología, véase arriba, Capítulo I, y para una primera discusión del valor general de sus principios (referidos principalmente al teatro de Lope) véase Pring-Mill (1961).

14.   En Durán & Echevarría (1976: I.333) la frase 'an important *judgement* on some aspect of human life' (Parker 1957: 5) se traduce como 'una *apreciación* importante sobre algún aspecto de la vida humana' (lo subrayado es mío); pero una *apreciación* es algo mucho menos preciso que un *juicio*. Importa señalar que ésta no es la única falta de traducción, aunque este texto se describe como una versión 'utilizada... con las debidas correcciones' de la traducción publicada sin previa autorización en Buenos Aires.

de la acción (o sea de lo que él llama la 'causalidad dramática') nos permite determinar la naturaleza de la finalidad moral que gobierna el modo en que dicha acción concreta pone de manifiesto la esencia de aquel tema abstracto. En el campo de las comedias serias de Calderón, me pareció que su construcción respondía muy directa y precisamente a la finalidad de incorporar 'uno —o más— de estos juicios generales en una serie de episodios particulares' de tal modo que la moraleja muchas veces bien trillada volviera a cobrar su plena fuerza didáctica como lección moral gracias a la eficacia dramática de la demostración de su validez en un determinado *caso concreto* que manifestara, y por ende corroborara, el *principio abstracto* que se le hubiera construido para confirmar, o sea su tema parkeriano, el cual pudiérase llamar a la vez su principio motriz y su razón de ser. Tal caso, por exagerado que parezca, es siempre un *caso representativo* (véase arriba, Capítulo IV).

La relación entre tal tema y la acción en que se le saca a las tablas es, obviamente, la misma que aquella entre la proposición general que constituye la premisa mayor de un silogismo (o la sentencia que un personaje enuncia antes de agir) y la proposición particular, o el caso concreto, que le sirve de premisa menor. Pero un silogismo no se completa sino cuando aboque en una conclusión, la cual sería —en el caso de una comedia talmente ejemplar— su mensaje o 'moraleja', ya debidamente revitalizada por los encantos de los diversos lances que conforman su enredo. De ahí la hipótesis que propuse en 1981:

> Cada una de estas comedias también pudiérase considerar como un silogismo —un *silogismo dramático*— cuya *premisa mayor* es el *tema* en su sentido parkeriano, siendo su *premisa menor* la *acción concreta* que lo ejemplifica, y teniendo como *conclusión* silogística la *finalidad moral* cuya comunicación teatral al auditorio constituye el fin didáctico de la pieza.   (arriba, páginas 129–30)

5. La naturaleza del 'silogismo dramático'

ESTA HIPÓTESIS también pudiera echar alguna luz sobre la 'extremidad' de tantas de las situaciones examinadas en el teatro de Calderón, las cuales parecen pecar a veces —por ejemplo en *La devoción de la cruz*— de tan alto grado de exageración que es fácil acusarlas de 'inverosimiltud' (según algunos, hasta del absurdo). Aunque su extremidad parezca reducir su semejanza con la 'realidad', esto no se debe a ninguna predilección melodramática, ni mucho menos al absurdo intencionado como en determinado subgénero moderno, sino a un importante rasgo del pensamiento casuístico. Si un principio se estudiara en un caso moderado, aunque su aplicabilidad se concediera en dicha situación, pudiérase objetar que quizás no se podría aplicar en otro caso de mayor gravedad. Hay que tomar un caso extremo para que la demostración de la tesis deje ver que la regla abarca todos los casos imaginables. Entonces será un caso representativo de máxima utilidad, capaz de abarcar una amplia gama de las situaciones de la vida.

Así es que una de las ideas examinadas en *La devoción de la cruz* tiene que ver con la salvación del pecador que sólo se arrepienta a punto de morir.[15] Eusebio es un hombre aparentemente muerto en pecado mortal y 'resucitado' de un modo sumamente melodramático e inverosímil para que pueda confesarse y morir en estado de gracia. Si éste se salva, la posibilidad de salvarse un agonizante tiene que abarcar todos los casos mucho más

---

15. Nótese que no es necesariamente el punto principal de esta comedia religiosa de motivación y argumento sumamente complejos: véase Parker (1957, etc. y 1962). Véanse además arriba, Capítulo I, y Entwistle (1948).

verosímiles de cuántos se arrepientan algo antes, con el tiempo suficiente como para 'avalar' su arrepentimiento con sus obras. Pero si Calderón hubiera tomado el caso de quien se arrepintiera un día, o una sola hora, antes de morir, su salvación en escena no demostraría nada con respecto a la situación de quien se arrepintiera en el último trance. Paradójicamente, la misma 'extremidad' que peca contra las demandas de la verosimilitud es precisamente lo que debiera de dejar al público 'convencido' por tal caso ejemplar, aunque siempre hay que estar dispuesto a aceptar las convenciones claramente no-realistas del teatro calderoniano para dejarse adoctrinar por tal *exemplum*.

Otro rasgo pertinente de la casuística es que su máxima utilidad residía en su capacidad para resolver no tanto los casos de conciencia sencillos, de solución obvia y por ende indiscutible, sino las situaciones más problemáticas: aquellas que se hallaban complicadas por la presencia de serios conflictos de valores o deberes. Por una coincidencia feliz, resulta que éstas también suelen ser de mayor interés dramático que aquéllas. Todas las comedias calderonianas contienen uno o más personajes involucrados en conflictos de tal tipo, sean intrapersonales, cuando les veremos preocupados por resolver sus propias dudas en sutiles monólogos introspectivos, o sean interpersonales, cuando Calderón organizará la acción de la pieza de tal modo que las dudas que se resolverán serán también las nuestras.

Los conflictos interiores o intrapersonales se resuelven por la jerarquización de los valores, como lo hace de modo ejemplar Pedro Crespo, en *El alcalde de Zalamea,* aunque en su caso sus convicciones son tan claras que no tiene dudas que resolver sino tan sólo principios que aplicar (véase arriba, páginas 131–33). Es lo que Segismundo aprende a hacer sólo mucho más lentamente, en el transcurso de tres largas y sumamente complicadas jornadas. En los casos interpersonales, en cambio, Calderón resuelve los conflictos entre las actitudes de diversos individuos con respecto a su tema aplicando la lógica de la causalidad dramática, o sea encadenando los episodios de su acción de tal modo que se vaya vindicando la actitud correcta que él nos quiere inculcar —su finalidad moral— por medio del empleo de la justicia poética. Mientras tanto todos los puntos de vista incorrectos se van refutando progresivamente en plena escena, exhibiéndonos visiblemente el desarrollo de las tristes consecuencias de cualquier error moral durante el progreso de la acción hacia el desenlace. Es así que se van refutando los errores de Basilio en *La vida es sueño*, mientras Segismundo vaya adquiriendo la 'prudencia' que le hace falta para acompañar a su 'valor' innato y así llegar a vencer su propio horóscopo, porque el hombre sí que 'predomina en las estrellas' (II. 126), como nos lo afirma el mismo rey Basilio al comienzo de la jornada segunda, aunque sin entender ahí el recto sentido de lo que nos está diciendo.[16]

Dentro de este mismo campo del silogismo dramático, empero, hay que señalar una complicación adicional. Además de la resolución de los conflictos interiores por la jerarquización de valores, así como de la resolución teatral de conflictos entre distintas actitudes protagonizadas por otros tantos personajes llevada a cabo al nivel de la acción, Calderón parece haber tenido una especial predilección por cierta fórmula estructural algo más compleja, o sea una *bipolaridad estructural* basada en la resolución recíproca de dos

16. Dice 'Quiero examinar si el cielo | … | … vencido | con valor y con prudencia | se desdice' (II. 116 y 123–25) sin percatarse de su propia falta de prudencia, ni tampoco de que sus acciones han negado a su hijo cualquier posibilidad de haber adquirido dicha virtud antes de entrar en palacio. Tanto el proceso de refutación de la posición de Basilio como las etapas de la adquisición de la prudencia por Segismundo se estudian detenidamente arriba, en el Capítulo II.

casos interdependientes, las cuales a veces se refieren a campos bastante distintos. Así, por ejemplo, *La vida es sueño* ha sido muy hábilmente construida en torno a la interacción entre el 'caso de la honra' de Rosaura y el caso mucho más teológico (a la vez que más profundo) de Segismundo. Estos dos 'casos' ejemplares han sido entrelazados de tal modo que el caso de Segismundo no se pudiera resolver tal como se resuelve sin las repetidas intervenciones de Rosaura —la heroína de la 'acción secundaria'— mientras el honor de Rosaura jamás se hubiera restaurado tal como se restaura si Segismundo no hubiese adquirido la prudencia suficiente como para refrenar sus deseos carnales, cuando ella se le presenta como suplicante en la jornada tercera, y actuar según sus obligaciones reales. Como él mismo se advierte, 'más a un príncipe le toca | el dar honor que quitarle' (III.796–97). Aparte de que ambos casos caben debajo de la metáfora titular *cuando bien se la haya llegado a entender,* como cualquier otro caso concebible de la vida humana, tienen bien poco en común con respecto a los principios de conducta estudiados en ellos. Pero su interdependencia estructural es absoluta.

Esta fórmula para la construcción de una pieza a base de una bipolaridad estructural presupone, claramente, dos argumentos silogísticos diferentes, los cuales solamente se relacionan a nivel de la acción gracias al hábil entrecruce de las dos situaciones personales muy distintas que constituyen sus respectivas premisas menores. A veces los 'casos' se aproximan temáticamente algo más que en *La vida es sueño*: así es que *El médico de su honra* nos muestra dos 'casos de la honra', en que el caso secundario de doña Leonor interviene en el desarrollo del caso principal en torno a doña Mencía, con don Gutierre jugando un papel principal en ambos. A veces los dos se entrelazan al nivel de los episodios hasta tener casi una sola acción, aunque sus temas sean distintos: tal es la situación en *La devoción de la cruz,* con respecto a los casos teológicos de Eusebio y de Julia respectivamente. Otras veces, aunque ambos sean casos teológicos, los principios en ellos estudiados se refieren muy claramente a distintas zonas de la materia, como ocurre con respecto a Justina y Cipriano en *El mágico prodigioso.*

Para esta comedia, contamos con un documento que dilucida las diferencias entre sus respectivos casos a maravilla, o sea la loa de la versión primitiva. Se trata de un monólogo de cincuenta versos puesto en boca del Demonio en el cual se nos explican los distintos modos en que estos dos individuos le han antagonizado, porque sus respectivos caminos tan diferentes están llevándoles a ambos hacia Dios. Es un texto clave que valdrá la pena de reproducir, algo abreviado, subrayando las frases que se refieren solamente a Cipriano y poniendo en cursivas aquellas que corresponden a Justina, para así destacar los paralelismos y contrastes entre ambas figuras heroicas:

> *Una mujer* y **un hombre**
> son los que quieren que al infierno asombre
> su vida, y dé cuydado
> a todo aquel ejército obstinado,
> corte de la soberbia y la impaciencia,
> *ella por su virtud,* **y él por su ciencia.**
> *De secreto es cristiana*
> *esta hermosa mujer, deidad humana;*
> **gentil** [= pagano] **es en efeto**
> **este docto varón, raro sujeto;**

con penitencias ella
camina a ser tan santa como bella;
con ciencia él peregrina,
hasta hallar la verdad de un dios camina.
Y así a los dos me importa,
si tanto fuego este volcán aborta,
alterar en su estado,
a ella, para que pierda lo ganado,
y a él, porque no lo adquiera
con su sutil ingenio; de manera,
que pretendiendo el cielo
de aquella acrisolar virtud y celo,
y deste, ingenio y ciencia,
dos licencias me da en una licencia.

. . .

Por él empezar quiero
a derramar mi saña lo primero;
luego acudiré a ella,
que es mujer y habrá menos en vencella.[17]

En resumidas cuentas, pues, Justina es 'una mujer' que da cuidado al demonio y su corte 'por su virtud', siendo 'de secreto' una 'cristiana' que 'camina a ser tan santa como bella' con sus 'penitencias' de modo que al Demonio le importa *alterar*[la] *en su estado* 'para que pierda lo ganado'. Mientras Cipriano es 'un hombre' que les da cuidado 'por su ciencia', siendo un 'docto varón' no cristiano sino 'gentil' que 'peregrina' con su 'ciencia' hasta 'hallar la verdad de un dios', de modo que al Demonio le importa *alterar*[le] *en su estado* para que no 'adquiera con su sutil ingenio' lo que ella ya tiene ganado.

Los casos de Justina y Cipriano son, por lo tanto, evidentemente muy diferentes. En el de Justina, se trata del acrisolamiento de la virtud mediante la resistencia a la tentación, y el 'principio' teológico que se ejemplifica es la libertad del albedrío, discutido y vindicado en la auténtica 'disputación' entre Justina y el Demonio, en el episodio-clave de la acción secundaria.[18] En el caso de Cipriano, se trata más bien de la conversión de un filósofo pagano, de las relaciones entre la razón y la fe, y de los modos en que ésta puede conseguirse, o sea una área de la teología muy distinta de la que se discute en el caso de Justina. Cada caso es la premisa menor de su propio silogismo dramático, con su propia premisa mayor sobre el nivel del tema y su propia finalidad moral, aunque ambos casos obren recíprocamente el uno sobre el otro en el desarrollo de una estructura claramente bipolar.

Consideremos la naturaleza de su reciprocidad algo más a fondo. Como vimos en la loa, el 'cielo' le había dado 'dos licencias' en 'una licencia' al Demonio para que pudiera

---

17. Texto según la edición de Birch (1929: 127–28), pero sustituyendo la mayúscula inicial de todo verso que no inicie una nueva oración por una minúscula, siguiendo las normas actuales. Aunque el texto de la comedia del manuscrito ('compuesto... para la villa de Yepes en... 1637', véase Birch 1929: 4) difiere mucho del texto definitivo —impreso por primera vez en 1663— la loa pronunciada por el Demonio es aplicable a las dos versiones con la misma propiedad.

18. Véanse Entwistle (1945) y Parker (1965). Por desgracia la edición de McKendrick (1992) salió demasiado tarde para poder tenerla en cuenta: incluye un importante capítulo en que se exploran a fondo las relaciones entre los 'casos' de Justina y Cipriano, pero integrándolos de otro modo.

enfrentarse con ambos personajes, permitiéndole intentar su perdición. Pero lo que el cielo ha pretendido al hacerlo —y esto ya lo sabe el Demonio— era más bien 'acrisolar' sus respectivas buenas cualidades: 'de aquella... virtud y celo' y 'deste, ingenio y ciencia'. Puesto que ambos gozan de libre albedrío no es inevitable que suceda así, y por lo tanto el Demonio tiene buenas esperanzas de poder vencerlos. Quien interrelaciona los dos casos sobre el nivel de la acción es el Demonio mismo. Habiendo iniciado la comedia disputando intelectualmente con Cipriano sobre la naturaleza de Dios, y habiendo hallado que irle proponiendo una serie de objecciones que luego se refutan no sirve sino para perfeccionar su 'ciencia' —encaminándole siempre más rápidamente hacia 'la verdad'— decide desviar su interés de la búsqueda de Dios. Lo logra mostrándole la figura de Justina para enamorarle. Así, el Demonio hace que su anhelada derrota de Cipriano dependa de una *previa* conquista de Justina, creyendo con clara arrogancia machista 'que es mujer y habrá menos en vencella'. Cuando ella le vence, su victoria habrá de conducir por una serie de pasos ya casi inevitables a la conversión del docto varón gentil, lo cual nos presenta un bello ejemplo de la más perfecta justicia poética en cuanto el Demonio queda derrotado precisamente a consecuencia de sus propias maquinaciones.

Aunque ambos casos tengan que ver con la salvación o perdición de un alma, parece equivocado el intento de hallarles cualquier unidad temática absoluta tal como lo hiciera Parker, el cual quiso descubrir una sola tesis teológica que pudiera explicar la totalidad de la acción. La buscó analizando la situación de Cipriano, para luego colocar a Justina dentro del mismo diseño. Esta subordinación del caso secundario no me parece justificable *sobre el nivel teológico*, aunque desde *el punto de vista teatral* la conversión del 'docto varón' predomina absolutamente sobre el estudio de la constancia de la mujer, tal como la conversión de Segismundo predominara sobre el caso de la honra de Rosaura en *La vida es sueño*. Hay una total subordinación estructural del caso de Justina a pesar de que ésta juegue el papel esencial en la conversión de Cipriano, tal como lo hiciera Rosaura en aquella de Segismundo.[19]

Lo dicho acerca de la naturaleza ejemplar de tales silogismos dramáticos en la estructuración de la comedia calderoniana se refiere al campo de la exploración y demostración de determinados principios, aceptados como verdades no sólo incontrovertibles sino también de utilidad bien práctica para sobrevivir las diversas crisis de la vida humana. Pero esto no es todo, pues alrededor de este núcleo de certezas y verdades —las cuales funcionan como piedras de toque en las situaciones de la vida cotidiana— la vida misma sigue siendo una atroz maraña de engaños y de ironías cuyas situaciones no son nunca sencillas. Habré de volver al balance entre engaños y certezas en el último apartado.

6. Lo analógico ejemplar

AUNQUE LA BASE TEÓRICA del auto sacramental sea más compleja que aquella de la comedia, el mundo que en él se nos presenta es bastante menos enmarañado —y mucho

---

19. Este esbozo de interpretación casuista de la bipolaridad estructural de *El mágico prodigioso* resume el argumento central de la segunda parte del Capítulo IV, anunciada en su 'Nota preliminar' original pero interminablemente postergada por varias razones. Por fin presentóse como una comunicación de congreso en 1993 en el Décimo Coloquio Anglogermano sobre Calderón (siempre con la intención de publicarlo en *Iberoromania* como la continuación de aquel artículo de 1981); pero ahora me ha parecido mejor incorporarlo —aunque en forma reducida— en el marco del presente trabajo en que se resumen todas las ideas centrales de mi propia visión del teatro calderoniano.

más sencillo— por un lado porque los autos son obras de finalidad casi totalmente didáctica, destinadas al más amplio de los públicos (el pueblo entero reunido en las plazas para rendir honor al Santísimo en la fiesta de Corpus). Por otro lado lo son precisamente porque su misión es emplear la clara luz de las doctrinas representadas para deshacer nuestras tinieblas. En palabras de Calderón, los autos son

> Sermones
> puestos en verso, en idea
> representable cuestiones
> de la Sacra Teología.   (Loa de *La segunda esposa*: Pando VI. 293)

Siendo sermones, emplean todos los recursos de la oratoria sagrada,[20] mientras para convertir dichas cuestiones 'en idea representable' se sirven no de los casos representativos de la comedia sino del modo metafórico. Como ya se dijo al comienzo, su forma de representar sus realidades trascendentales no es ni directa ni realista, sino estrictamente analógica. Nunca es difícil captar su finalidad moral, pero el mensaje no resultaría aceptable si la correspondencia entre la realidad y la metáfora no nos satisficiera adecuadamente.

Los antecedentes del auto calderoniano fueron aclarados por Wardropper (1953), mientras Parker ya había analizado las teorías del mismo Calderón diez años antes, en plena Segunda Guerra Mundial (consúltese Parker 1983). En el caso de la comedia, algo después, Parker tendría que buscarse en varias partes el vocabulario crítico necesario para su análisis (los vocablos 'acción', 'tema', 'causalidad dramática', 'justicia poética' y 'finalidad moral' tantas veces empleados en los apartados precedentes) pero en el caso del auto el mismo Calderón le había proporcionado la terminología necesaria en dos tiradas de versos (en las que se destacarán dichos términos, poniéndolos en cursivas). La primera cita viene del auto *Sueños hay que verdad son*:

> … pues lo caduco
> no puede comprender lo eterno,
> es necesario que, para
> venir en conocimiento
> suyo, haya un *medio visible*
> que en el corto caudal nuestro
> del *concepto imaginado*
> pase a *práctico concepto*…   (Pando III. 277, cit. en Parker 1983; 55)

Y la segunda, más breve, de *Las órdenes militares*:

> Y pues ya la *fantasía*
> ha entablado el *argumento*,
> entable la *realidad*
> la *metáfora*…   (Pando I. 194, cit. en Parker 1983; 62).

(Del contexto se colige que el sujeto de 'entable' es 'metáfora' y no 'realidad', que aquí designa la 'realidad escénica' evocada sobre las tablas por la realización de la metáfora escogida.)

Hay una relación bastante estrecha entre estos términos y la otra serie, pero sin una correspondencia exacta. Aunque el *argumento* se halle sobre el nivel del tema, no puede ser

---

20.   Véase especialmente Smith (1978). De los manuales de la época, el que más útil siempre me ha sido es Escardo (1647).

su sinónimo ya que requiere la intervención de la fantasía (palabra que significa 'imaginación' en este contexto: véase Parker 1983: 64–65). El tema en sí lo tiene que haber elegido el dramaturgo con su entendimiento y por un acto consciente de su voluntad. Mas, si el argumento tiene que haber sido 'entablado' por la fantasía, tan sólo podrá ser el resultado de la aplicación de ésta al tema mismo. Y esto se tendrá que haber hecho sobre el plano mental, sin concretizarse todavía. Por lo tanto el argumento de esta cita-clave tiene que haber sido algo más que el mero enunciado de algún principio, dogma o doctrina que se había de pregonar, correspondiente al tema de la comedia que podía 'ser sacado de la acción particular y universalizado en forma de un juicio importante sobre algún aspecto de la vida humana'. Y ya que, según Covarrubias (1943: 144), *argumento* podía significar no sólo 'el thema y el propósito de algún discurso' o 'la materia de que trata alguna cosa que llamamos hypóthesis', sino también 'el que uno haze para provar su intento', diríase que el argumento de esta cita-clave tiene que haber incluido por lo menos los pasos esenciales —abstractos todavía— requeridos para la elucidación o demostración de lo que sería su tema en sentido estricto (Parker no distingue entre 'tema' y 'argumento' en su análisis de este pasaje).

¿Qué sucede, pues, sobre el nivel de la acción? Ya que los argumentos de los autos depasan los límites de este mundo, y pues Calderón nos dice que 'lo caduco no puede comprender lo eterno', para que podamos 'venir en conocimiento suyo' es necesario que el *concepto imaginado* del argumento se concretice en un medio visible para convertirse así —ya sobre el plano de la representación teatral— en un *práctico concepto* asequible al público. Y es aquí que entra en juego el arte literario, elaborando la *metáfora* conceptual que después se habrá de traducir en 'realidad escénica' (Parker la llama 'la acción dramática visible' de un auto: 1983: 62), la cual es lo que corresponde aquí a la acción de la comedia. Conviene hacer una clara distinción entre los dos tipos de 'acción dramática visible' aquella de la comedia era una *acción representativa* que ilustraba su tema ejemplificándolo en un caso concreto que no tenía nada de analógico (arriba, páginas 140–42, 144–46), mientras la del auto es una *acción metafórica* que ilustra su tema de un modo exclusivamente analógico. El argüir *per analogiam* es por su naturaleza un proceso indirecto, el cual se distingue absolutamente del análisis directo de las circunstancias reales o seudorreales de cualquier 'caso' particular, tanto cuando se trata de un caso ficticio como cuando hubiera ocurrido de verdad.

Ahora bien, salvo cuando se enuncien en los títulos metafóricos de los autos,[21] las metáforas que sirven para entablar la realidad escénica no son meras metáforas sencillas. Tal como no basta el mero enunciado de una proposición teológica para constituir un argumento conceptual, una de estas metáforas no puede entablar la realidad escénica de un *práctico concepto* sin haberse desarrollado para conformar la acción sostenida de una alegoría (recuérdese que la definición clásica de la 'alegoría' es la de una 'metáfora sostenida'). La ecuación fundamental (por ejemplo *mundo = teatro*) se tiene que perpetuar a lo largo de un complejo enredo alegórico, con su propia trama de incidentes encadenados por una causalidad dramática tan rigurosa como aquella de cualquier comedia y en la cual *cada* cosa representa *otra* cosa de orden distinto. Como ha dicho Parker (1983: 71): 'La alegoría es el vínculo entre dos diferentes planos de "realidad": por un lado la realidad visible de la escena, por el otro la realidad invisible de la categoría del ser de la que la acción escenificada no es más que la representación o el reflejo'.

---

21.   Como *El gran teatro del mundo* o *La vida es sueño*, expresiones metafóricas de por sí, o referencias concretas como *Las órdenes militares* o *La cena del rey Baltasar*, las que ya se sabe de antemano que se habrán de tratar como tales.

7. Las condiciones del 'práctico concepto'

LA CORRESPONDENCIA entre la 'acción escenificada' del práctico concepto (o sea, la 'realidad' *visible* entablada por la metáfora) y el concepto imaginado del argumento (la 'realidad' *invisible* del nivel superior) merece un estudio más detenido. Mientras la situación concreta del caso particular que se escenifica en una comedia (premisa menor del silogismo dramático) quedaba referido directamente a la proposición general —o sea el tema que era su premisa mayor— y mientras la finalidad moral de la conclusión lógica surgía directamente de dicha yuxtaposición, en el caso alegórico 'la realidad visible de la escena' no se puede relacionar a 'la realidad invisible' que se refleja en ella sino indirectamente, a través del *tertium comparationis* que es aquello que tienen en común. Para que exista una relación analógica siempre tiene que haber un *tertium comparationis*. Si dos cosas —A y B— no son idénticas, sólo se puede hablar de una correspondencia analógica entre ellas en la medida en que A corresponde a C y B también corresponde a C, y la analogía entre A y B reside en la(s) característica(s) de C que tengan en común.

Asi es que el *mundo* de *El gran teatro del mundo* no es un *teatro* sino en cuanto se nos juzga a nosotros los 'actores' no según los 'papeles' que nos han sido entregados sino según lo bien o mal que los hayamos 'representado' en el 'escenario'. Y de ahí se siguen, entre otras cosas, (*i*) que nosotros somos sus 'actores' porque actuamos en el *mundo/teatro* como las personas que son actores de verdad lo hacen en escena (lo cual pudiera profundizarse, precisando en qué consiste este 'como'); y también (*ii*) que nuestros roles en la vida pueden llamarse 'papeles' en cuanto nos son dados y los tenemos que desempeñar por obligación 'profesional' (o sea a consecuencias de nuestra naturaleza dada); mientras (*iii*) lo que hacemos tampoco es 'serlos' de verdad sino tan sólo 'representarlos', porque no constituyen sino lo accidental —y no la esencia— de nuestra verdadera identidad. Conste que estamos hablando en términos de la psicología de la época y no de la sociología actual. Del ejemplo dado es fácil colegir tres cosas:

(*i*) que, a medida en que hemos ido explorando la correspondencia básica, nos hemos ido percatando de la presencia de toda una red de relaciones subsidiarias, las que estaban implícitas en la correspondencia metafórica de base (o sea que A es una buena equivalencia de B porque comparten la naturaleza de C en cuanto $A_1, A_2, A_3, \ldots A_n$ corresponden a $B_1, B_2, B_3, \ldots B_n$ por virtud de su común correspondencia con $C_1, C_2, C_3, \ldots C_n$);

(*ii*) que dichas relaciones sólo se pueden poner de manifiesto en el curso del desarrollo de la 'acción dramática visible', o sea en el transcurso *en el tiempo* de una serie de episodios causalmente encadenados sobre el tablado;[22] y

(*iii*) que ya que el mundo y un teatro no son la misma cosa, no sólo hay semejanzas sino que tiene que haber desemejanzas, de las cuales ya se hablará a su tiempo.

Ahora bien, la identificación de tanto las semejanzas como las desemejanzas de cualquier analogía requiere una exploración detenida de ésta en su totalidad.

En el caso del auto, esto implica un examen de todos los detalles de aquella alegoría que escogiera el dramaturgo para 'traducir' el argumento desde los términos de su propio

---

22. Hay una clara distinción entre la *acción metafórica* de una alegoría, que tiene que desarrollarse en el tiempo, y una *figura alegórica* personificada, cuyas múltiples características simbólicas —por ejemplo la venda y la balanza de la Justicia— se presentan todas a la vez (aunque el lector haya de necesitar algún tiempo para discurrir sobre su significado).

concepto imaginado en aquellos del *práctico concepto*, con la consiguiente estructuración de toda su 'acción dramática visible' *en el tiempo*. Esta exploración requiere el cotejo sistemático de los dos 'conceptos', y aunque la relación entre ellos no sea una relación 'silogística', es de notar que el cotejo de dos cosas análogas en busca de su parentesco es muy parecido a nuestra exploración de la estructura del silogismo dramático al investigar la relación entre el tema parkeriano y la acción en que se la incorpora.

En ambos casos, se está cotejando algo *general* con algo *particular,* sólo que en el silogismo dramático el tema era una proposición *única y sencilla* mientras la acción era una situación compleja definida por una multitud de circunstancias y evolucionando con su desarrollo en el tiempo, mientras aquí tanto la A como la B son *sistemas complejos*, cada cual con su propia progresión interna. De ahí el que su cotejo implique una comparación igualmente sistemática, recorriendo ambas series de 'datos' punto por punto. En el caso del argumento, esta progresión interna es una secuencia *lógica* (intelectual, no temporal), mientras que el desarrollo de la 'acción dramática visible' —nuestra acción metafórica— es necesariamente *temporal.*

La totalidad de la alegoría dramática es el conjunto de ambos sistemas, y nos habrá de 'convencer' —en un sentido más bien estético que lógico— en la medida en que sus dos vertientes se correspondan de manera satisfaciente. Sólo es cuando el careo de estas dos 'realidades' resulte estéticamente aceptable que un auto puede tener alguna verdadera posibilidad de convencer al público de la importancia de la finalidad moral que había sido compuesto para enseñar, o para fortalecer, entre los fieles.

Casi huelga decir, por un lado, que la estructura lógica del argumento que se desarrolla en el *concepto imaginado* tiene que ser perfectamente consecuente, y por el otro que la estructura metafórica del *práctico concepto* de la alegoría también lo tiene que ser (Pring-Mill 1968: 278 n.). Pero lo que es más importante todavía es saber lograr la necesaria compatibilidad entre los términos de la alegoría y aquellos de su mensaje, y luego saber presentarla en una estructura compuesta que manifieste igual grado de consecuencia interna. Aquella 'verosimilitud no-realista' atribuida al auto sacramental en el primer apartado depende casi por completo de 'lo satisfaciente' de esta relación entre los dos 'conceptos'. Y esta relación es más compleja de lo que se pudiera suponer.

No se trata de una sola correspondencia básica, como entre el tema y la acción de la comedia, sino de tres diferentes series de correspondencias: (*i*) la correspondencia pormenorizada entre A y B, (*ii*) aquella entre B y C, y (*iii*) aquella entre A y C. Todas estas tres series tienen que ser convincentemente consecuentes para que una alegoría funcione bien, y cuando una alegoría deja de satisfacernos *en cuanto alegoría*, diríase que la explicación siempre se habrá de hallar en algún desperfecto en una o más de aquellas tres series de correspondencias. Si cualquiera de las tres se quiebra, la alegoría empieza a deshilvanarse y la obra habrá de fracasar. Es lo que sucede en el auto *El pintor de su deshonra* (intento inútil de alegorizar una comedia exitosa cuyo 'caso de la honra' no se prestaba para tal), como también en el primero de los dos autos que Calderón basara sobre la comedia *La vida es sueño.*[23]

---

23. En *El pintor,* la figura del agraviado que mata a su mujer no logra convencer como una buena metáfora para Jesucristo. En la primera versión del auto de *La vida es sueño,* Calderón no ha logrado superar todavía el problema de convertir una comedia en que el rey Basilio era el responsable para los yerros de Segismundo, en un auto en que la figura *criticable* de Basilio se ha de ver convertida en las tres Personas *loables* de la Santísima Trinidad.

Claro está que no todas las desemejanzas entre los aspectos de la metáfora escogida como base y aquellos del argumento que se esté alegorizando constituyen desperfectos inaceptables. Por una parte, aunque nuestra apreciación de cualquier metáfora se concentre sobre los paralelos entre las cosas parangonadas, siempre estamos conscientes de que no son idénticas, y con tal que los paralelos nos satisfagan no nos vamos a preocupar por las diferencias. Si no resultan intrusas no nos van a ofender y habitualmente ni siquiera las habremos de remarcar. Por otra parte, hay veces en que nuestra apreciación depende precisamente del reconocimiento simultáneo de tanto los contrastes como las concordancias (rasgo subrayado en el desarrollo de las imágenes conceptistas del Siglo de Oro: véase Pring-Mill 1984), y un buen dramaturgo sabrá subrayar su coexistencia, para aprovecharse de ambas.

En *El gran teatro del mundo* hay dos desemejanzas notables entre *mundo* y *teatro*: (*i*) en el teatro literal los actores normalmente tienen oportunidades para ensayar, mientras en el mundo los hombres tienen que acertar sin ensayo alguno; (*ii*) los actores suelen tener un texto que se puede estudiar y aprender de antemano, mientras en *El gran teatro del mundo* los hombres tienen que improvisar, sin la ayuda de más texto que el repetido apunte 'Obrar bien, que Dios es Dios'. Pues bien, Calderón no intenta callar estas faltas de correspondencia entre *mundo* y *teatro*, sino que las aprovecha: (*i*) estamos en un *mundo/teatro* tan singular que se nos niega cualquier oportunidad de ensayar, pero resulta que nosotros los hombres no necesitamos ningún ensayo para poder representar nuestro papel adecuadamente, puesto que (*ii*) para hacerlo bien, no se necesita más texto que el apunte que nos da la Ley de Gracia, con tal que lo escuchemos y lo pongamos en práctica. Hasta las resonancias de estos dos contrastes terminan por reforzar la moraleja de la pieza.

Ahora bien, aunque el sistema de tal acción metafórica tenga que desarrollarse en el tiempo, cuando se la mira retrospectivamente después de terminada bien puede ser que se descubra no una mera secuencia de episodios, sino también una estructura estética organizada a base de series de correspondencias simétricas no solamente 'horizontales' sino 'verticales': por lo cual se quiere decir que dichas simetrías no sólo se encuentran dentro de una escena (por ejemplo entre lo que hacen varios personajes, o entre un parlamento y otro) sino también entre una escena y otra, y hasta entre una de las divisiones mayores de la estructura y otra parecida, la que 'refleja' la primera a gran distancia.

Esta estructuración correlativa domina totalmente la organización de *El gran teatro del mundo* (ver Capítulo VI), por ejemplo:

(*i*)   la última de sus tres divisiones principales vuelve sobre el camino de la primera, pero en dirección inversa, con series de correspondencias muy precisas entre

      (*a*)   el episodio de la repartición de 'papeles' a los 'actores' por el Autor, junto con su secuela la repartición de las Insignias por el Mundo, en la primera sección (la que precede la 'comedia' central) y

      (*b*)   los dos episodios correspondientes pero invertidos (en la tercera), cuando el Mundo les quita sus insignias, y el Autor les juzga según lo bien o mal que hayan hecho sus papeles; mientras

(*ii*)   la segunda —la comedia *Obrar bien, que Dios es Dios* en que los seis 'actores' actúan— contiene tres series de encuentros correlativos en que se ponen a prueba los 'actores':

      (*a*)   a su entrada en la vida, cada 'actor' reacciona ante el papel que tiene que representar en ella;

(*b*)   en la serie central, uno de los seis —el Pobre— se convierte en piedra de toque para los demás, pidiéndoles limosna; y

(*c*)   cuando se le llama a abandonar el escenario, cada uno de ellos reacciona ante la muerte; y

(*iii*)   todos estos siete episodios son ejemplos de 'plurimembración correlativa' en escala reducida, mientras la obra entera puede considerarse como un solo enorme *Summationsschema*, o sea una serie sintagmática cuya 'progresión sintáctica está detenida por varies plurifurcaciones, que a veces se subplurifican de nuevo', para terminar recogiéndose en la 'sumación' (véase Capítulo III).[24]

Tales simetrías no son, evidentemente, estructuras silogísticas. Sin embargo sirven para reforzar estéticamente el impacto de la argumentación (de ahí que yo las haya calificado de 'estructuras *lógico-retóricas*' en capítulos anteriores), lo cual también ha de contribuir a la fuerza homilética de cualquier auto como *El gran teatro del mundo*.

8. La 'invención poética' y varias 'realidades'

ESTA INVESTIGACIÓN de las presuposiciones teóricas de ambas formas de argumentación dramática —la *silogística* y la *alegórica*— nos ha llevado por rumbos un tanto remotos de la crítica acostumbrada, aunque ambas líneas derivan de la crítica 'anglosajona'. Convendría volver, por lo tanto, a otro modo más antiguo de mirar las cosas, sugiriendo que todo lo dicho también pudiera verse a la luz de una poética mucho más clásica.

En cuanto al silogismo dramático, yo diría que las relaciones entre *acción* y *tema* bien pueden traducirse a la terminología aristotélica de la distinción entre la Historia y la Poesía (véanse Porqueras Mayo & Sanchez Escribano 1971; también arriba, páginas 147–50). Según el Filósofo, la Poesía 'imita' no los meros 'particulares' de la 'verdad histórica' sino los 'universales' de la 'verdad poética': pues bien, la acción particularizada de cualquiera de estas comedias viene a ser, por así decirlo, una 'historia fingida', combinada metódica y casuísticamente de modo que la serie de sus episodios particulares responda a las demandas de su finalidad moral. Pero el verdadero objeto de la 'imitación poética' no es la seudo-historia narrada sino el tema en sí: la verdad universal (la cual puede ser más de una en el caso de las estructuras bipolares) que se nos manifiesta a través de las particularidades del enredo. El modo de proceder de Calderón, cuando iba construyendo sus 'casos' ficticios como un teólogo casuista para así representar lo universal en una forma asimilable y apetecible, no es otro que una nueva fórmula dramática para realizar lo que en la teoría poética de entonces se llamaba 'invención poética'.

En cuanto a la técnica analógica del auto calderoniano, será evidente que tiene mucho que ver con otra teoría bien añeja pero menos clásica: aquella de la exégesis alegórica de las Sagradas Escrituras, de la cual no se dice nada en el presente ensayo (pero véase arriba, páginas 147–49, para una discusión de la relación entre las moralejas de la comedia *La vida es sueño* y del auto correspondiente, considerados como la glosa 'tropológica' y la glosa 'analógica' respectivamente, de una común 'historia literal'). Pero también se la puede considerar como otra fórmula dramática más para la invención poética. En este caso, el producto se distingue de la comedia en cuanto su(s) verdad(es) universal(es) se incor-

---

24. Alonso & Bousoño (1951: 24). El término *Summationsschema* viene de Curtius. En el Siglo de Oro, esta figura correlativa se llamaba *compar*; para su empleo en Calderón, véase también Bryans (1977, especialmente Capítulo II, 'Verbal Structure').

pora(n) en una 'acción dramática visible' —en la frase parkeriana— en forma de un práctico concepto de *naturaleza analógica* en lugar de una seudohistoria de *naturaleza literal*. Ambos representan 'realidades' invisibles a través de una 'realidad visible' escenificada, y la eficacia de ambos tipos de representación dramática depende de sus respectivos tipos de verosimilitud. Ambas verosimilitudes son 'no-realistas', pero lo son de muy distintas maneras. En ambas fórmulas dramáticas, las acciones visibles son vehículos para la comunicación de sus finalidades morales y lo logran por incorporar sus principios generales en sistemas particularizados, sólo que en el auto todos los particulares son metafóricos mientras los de la comedia son imitaciones literales de aquellos del mundo real.

Y estos dos mundos dramáticos igualmente artificiales, ¿cómo se relacionan a la 'realidad' del mundo en que vivimos? Ya se ha dicho que el mundo del auto es 'menos enmarañado' que aquel de la comedia, lo cual lo coloca necesariamente a una distancia todavía mayor de nuestra experiencia. Pero si esta 'realidad' se ha simplificado tan radicalmente antes de metaforizarla, lo ha sido para que podamos navegar las turbulentas —y a veces turbias— aguas de 'aqueste mar tempestuoso' de la vida con mejores portolanos. En el caso de las comedias serias la finalidad ejemplar es la misma —aunque se logre de otro modo— y la realidad también se ha simplificado (cualquier representación de la 'realidad' es necesariamente una visión parcial y selectiva — y además *convencionalizada*); pero aquí la simplificación no es tan obvia, por una parte gracias al elemento de exageración comentado en el quinto apartado, y por la otra debido a la complicación consciente de las particularidades de la acción para así captar mejor la atención del auditorio.

Los personajes que 'viven' en este mundo 'artificial' no dejan de sentirse oprimidos por los aspectos negativos de la vida 'real'. Según Parker, en su estudio de la tragedia en Calderón:

> El héroe trágico calderoniano, atrapado en la enredada red de acciones humanas interconectadas y aprisionado por su propia visión limitada, no está en pugna con el destino en el sentido ordinario de esta frase, pero es, más bien, víctima de algo más profundo y más trágico, víctima de la triste ironía de la vida humana misma, una vida en la que cada hombre se ve impelido a construir, y a obrar según esta construcción, su propia individualidad en un mundo en que el individuo, *qua* individuo, no puede existir. (1976: 387)

El *desengaño* del Siglo de Oro reside quizás más en el reconocimiento de esta 'triste ironía de la vida humana' que en cualquier otra cosa, y esta observación de Parker pudiera proyectarse mucho más allá de las comedias 'trágicas' de Calderón. La mayoría de los personajes calderonianos (inclusive aquellos de las comedias de capa y espada más entretenidas) se hallan cegados por sus propias visiones limitadas del mundo, atrapados por el entretejimiento de sus propias acciones con las de los demás, y obligados a construirse algún tipo de identidad provisional para enfrentar las ironías del mundo 'por debajo de las tejas' en que todos nosotros nos vemos obligados a vivir: el mundo inferior —material y sensible— sujeto a la mudanza y a la muerte.

Sin embargo, las relaciones del individuo humano con el mundo superior de la divinidad en cuya imagen se le había creado (un mundo totalmente estable) no eran ni irónicas ni decepcionantes, sino tenidas por fidedignas. Si esto fuera todo, parecería reforzar la visión de Calderón como un dramaturgo que trabaja con certezas y sabe contestar toda pregunta, pero aunque el problema central examinado en cada silogismo dramático se logre solucionar de modo ejemplar en el curso de su acción, la solución que dilucida dicho dilema no basta para desenmarañar *el resto* del mundo en que vivimos. ¡Cuánto mayor sea la claridad de la luz que se echa sobre un punto, tanto mayor habrá de ser la intensidad de las tinieblas circunstantes! Y quizás sean precisamente las partes oscuras de las comedias las que tienen mayores resonancias para el hombre moderno, igualmente atrapado en un mundo hostil.

* * * * *

SABEMOS QUE Lope veía como el 'fin propuesto' de la comedia el 'imitar las acciones de los hombres | y pintar de aquel siglo las costumbres' (*Arte nuevo*, vv. 50-52). Y a este propósito no deja de citar la consabida metáfora de Cicerón, quien llamaba las comedias 'espejo' de las costumbres (vv. 123–24). Pues bien, las 'costumbres' que en la comedia se reflejan no son tan sólo aquellas 'de aquel siglo' sino *también* aquellas del lector. Hasta cierto punto, *todo* texto literario es un espejo en que se está mirando el lector, pues cada uno de nosotros tiende a destacar aquellas líneas que mejor concuerdan con su propio *Weltbild* ideológico-cultural y con su propio 'modo de ser', el cual es el rostro que siempre se le habrá de reflejar en el cristal.

En la 'recepción' de Calderón, diríase que vamos pasando hoy por hoy desde una época en que sus certezas interesaban más a los críticos que sus oscuridades, a otra en que la conciencia de lo enmarañado de la existencia nos hace más sensibles para con las tinieblas que para con las luces (véase Cascardi 1984). Pero las obras de Calderón son lo suficientemente ricas, creo yo, como para apoyar tanto una 'lectura optimista' en la que se enfatizan sus certezas como una 'lectura pesimista' que nos deja enmarañados. Sus comedias contienen todos los datos necesarios para dejarse leer a ambas luces y —gracias a las doctrinas de la *Rezeptionsästhetik* actual— diríase que ambas lecturas se deberían de admitir.

BIBLIOGRAFÍA

Alonso, Dámaso. 1944a. 'Versos plurimembres y poemas correlativos', *Revista de la Biblioteca, Archivo y Museo de Madrid* 13/xlix: 89–191. (Hubo una tirada aparte 'con ligeras variantes'—no vista por el presente autor—publicada en Madrid el mismo año.)

———. 1944b. 'Versos correlativos y retórica tradicional', *Revista de Filología Española* 28: 139–53.

———. 1950a. *Poesía española: Ensayo de métodos y límites estilísticos: Garcilaso, Fray Luis de León, San Juan de la Cruz, Góngora, Lope de Vega, Quevedo.* Biblioteca Románica Hispánica: Estudios y Ensayos 1. Madrid. Gredos. 2ª edición corregida 1952. 3ª edición 1957. 4ª edición 1962. 5ª edición 1966.

———. 1950b. *La lengua poética de Góngora.* 2ª edición corregida. Revista de Filología Española Anejo 20. Madrid. CSIC: Instituto Miguel de Cervantes. 1ª edición: Madrid. S. Aguirre. 1935. 3ª edición corregida 1961.

———. 1951. 'La correlación en la estructura del teatro calderoniano', en Alonso & Bousoño 1951: 115–86.

——— & Carlos Bousoño. 1951. *Seis calas en la expresión literaria española (prosa, poesía, teatro).* Biblioteca Románica Hispánica: Estudios y Ensayos 3. Madrid. Gredos.

Bamborough, John B. 1952. *The little world of Man.* Londres & Nueva York. Longmans Green.

Bandera, Cesáreo. 1967. 'El itinerario de Segismundo en *La vida es sueño*', *Hispanic Review* 35: 69–84.

Bělič, Oldřich. 1969. *Análisis estructural de textos hispanos.* El Soto: Estudios de Crítica y Filología, 3ª serie 15. Madrid. Editorial Prensa Española.

Bentley, Eric (ed.). 1970. *The great playwrights: 25 plays with commentaries by critics and scholars.* 2 tomos. Garden City, Nueva York. Doubleday.

Birch, James N. (ed.). 1929. *El mágico prodigioso: Comedia famosa por Don Pedro Calderón de la Barca.* Londres. Methuen & Co. Limited. Reimpresión 1976.

Black, Max. 1962. *Models and metaphors: Studies in language and philosophy.* Ithaca NY & Londres. Cornell University Press. Reimpresión 1976.

Booty, Jill (trad.). 1961. Lope de Vega. *Five plays.* Mermaid Dramabook 20. Nueva York. Hill & Wang.

Boring, Omen K. 1929. *Structural balance in Calderón's dramas.* Tesis de doctorado sin publicar. Universidad de Chicago.

Bouvier, Pierre *sj.* 1924. 'Jésuites III: La théologie morale', *Dictionnaire de théologie catholique* lxii/lxiii: 1070–74.

Breymann, Hermann. 1905. *Die Calderón-Literatur: Ein bibliographisch-kritische Übersicht.* Munich & Berlín. R. Oldenbourg.

Bryans, John V. 1977. *Calderón de la Barca: Imagery, rhetoric and drama*. Colección Támesis A 64. Londres. Tamesis Books.

Calderón de la Barca, Pedro. 1942. *Autos sacramentales*. Edición de Ángel Valbuena Prat. 2 tomos. Clásicos Castellanos. Madrid. Espasa-Calpe. 1ª edición 1926–27.

Cascales, Francisco. 1930–41. *Cartas filológicas*. Edición de Justo García Soriano. 3 tomos. Madrid. Clásicos Castellanos.

Cascardi, Anthony J. 1984. *The limits of illusion: A critical study of Calderón*. Cambridge Iberian and Latin American Studies. Cambridge. Cambridge University Press.

Chaytor, Henry John. 1925. *Dramatic theory in Spain: Extracts from the literature before and during the Golden Age*. Cambridge. Cambridge University Press.

Cilveti, Ángel L. 1968. 'Silogismo, correlación e imagen poética en el teatro de Calderón', *Romanische Forschungen* 80: 459–97.

Clemen, Wolfgang. 1955. *Die Tragödie vor Shakespeare: Ihre Entwicklung im Spiegel der dramatischen Rede*. Heidelberg. Quelle und Meyer.

——. 1961. *English tragedy before Shakespeare: The development of dramatic speech*. Traducción de T.S. Dorsch. Londres & Nueva York. Methuen. Reimpresión 1980.

Cornford, Francis Macdonald (trad. & com.). 1937. *Plato's cosmology: The Timaeus of Plato*. International Library of Psychology, Philosophy, and Scientific Method. Londres. Routledge & Kegan Paul. Reimpresión 1948.

Covarrubias Horozco, Sebastián de. 1943. *Tesoro de la lengua castellana o española, según la impresión de 1611, con las adiciones de Benito Remigio Noydens publicadas en la de 1674*. Edición de Martín de Riquer. Barcelona. Horta.

Crocker, Lester G. 1954. '*Hamlet, Don Quijote, La vida es sueño*: The quest for values', *Publications of the Modern Language Association of America* 39: 278–313.

Cruickshank, Don W. & John E. Varey (eds). 1973. *The comedias of Calderón*. 19 tomos. Farnborough/Westmead Hants. Gregg International Reprints & Tamesis Books Limited.

Curtius, Ernst R. 1940–41. 'Mittelalterlicher und barocker Dichtungsstil', *Modern Philology* 38: 325–33.

——. 1948. *Europäische Literatur und lateinisches Mittelalter*. Berna. A Francke.

——. 1953. *European literature and the Latin Middle Ages*. Traducción de Willard R. Trask. Bollingen Series 36. Nueva York & Londres. Pantheon. Reimpresiones: Princeton. Princeton University Press. 1973 y 1983.

——. 1955. *Literatura europea y Edad Media latina*. Traducción de Margit Frenk Alatorre & Antonio Alatorre. Lengua y Estudios Literarios. Méjico. Fondo de Cultura Económica. Reimpresiones 1976 y 1981.

Dornseiff, Franz. 1922. *Das Alphabet in Mystik und Magie*. Stoicheia: Studien zur Geschichte des Antiken Weltbildes und der Griechischen Wissenschaft 7. Leipzig & Berlín. B.G. Teubner. Reimpresión 1925.

Dublanchy, Edmund *sj*. 1905. 'Cas de conscience', *Dictionnaire de théologie catholique* xv: 1815–16.

Dunn, Peter N. 1953. 'The horoscope motif in *La vida es sueño*', *Atlante* 1: 187–201.

——. 1965. 'Honour and the Christian background in Calderón', en Wardropper 1965: 24–60. Publicado por primera vez en 1960 en *Bulletin of Hispanic Studies* 37: 75–105.

Durán, Manuel & Roberto González Echevarría. 1976. *Calderón de la Barca: Historia y antología.* 2 tomos. Biblioteca Románica Hispánica: Estudios y Ensayos 238. Madrid. Gredos.

Entwistle, William J. 1945. 'Justina's temptation: An approach to the understanding of Calderón', *Modern Language Review* 40: 180–89.

——. 1948a. 'Calderón's *La devoción de la cruz*', *Bulletin Hispanique* 50: 472–82.

——. 1948b. 'La controversia en los autos de Calderón', *Nueva Revista de Filología Hispánica* 2: 223–38.

——. 1950a. 'Calderón et le théâtre symbolique', *Bulletin Hispanique* 52: 41–54.

——. 1950b. 'Honra y duelo', *Romanistisches Jahrbuch* 3: 404–20.

Empson, William. 1930. *Seven types of ambiguity.* Londres. Chatto & Windus. 2ª edición 1949. Reimpresión: Harmondsworth. Penguin Books. 1961 etc.

Escardo, Juan B. 1647. *Rhetorica christiana, o idea de los que desean predicar con espíritu y fruto de las almas.* Palma de Mallorca. Herederos de Gabriel Guasp.

Ewert, Alfred. 1952. [Necrología de W.J. Enwistle], *Proceedings of the British Academy* 38: 333–43.

Farinelli, Arturo. 1916. *La vita è un sogno.* 2 tomos. Letterature Moderne 1–2. Turín. Fratelli Bocca.

Fichter, William L. 1971. *Homenaje al profesor William L. Fichter: Estudios sobre el teatro antiguo hispánico y otros ensayos.* Edición de A. David Kossoff & José Amor y Vázquez. Madrid. Castalia.

Flasche, Hans. 1958. 'Stand und Aufgaben der Calderónforschung: Ergebnisse der Jahre 1940–1958', *Deutsche Vierteljahrsschrift für Literaturwissenschaft und Geistesgeschichte* 32: 613–43.

——. 1968a. *Die Struktur des Auto Sacramental 'Los encantos de la culpa' von Calderón: Antiker Mythos in christlicher Umprägung.* Arbeitsgemeinschaft für Forschung des Landes Nordrhein-Westfalen: Geisteswissenschaften 150. Colonia & Opladen. Westdeutscher Verlag.

—— (ed.). 1968b. *Litterae Hispanae et Lusitanae: Zum Fünfzigjährigen Bestehen des Ibero-Amerikanischen Forschungsinstituts der Universität Hamburg.* Munich. Max Hueber.

—— (ed.). 1971. *Calderón de la Barca.* Wege der Forschung 158. Darmstadt. Wissenschaftliche Buchgesellschaft.

—— (ed.). 1973. *Hacia Calderón: Segundo coloquio anglogermano, Hamburgo 1970.* Calderoniana 7. Berlín & Nueva York. Walter de Gruyter.

——. 1980. *Über Calderón: Studien aus den Jahren 1958–1980.* Wiesbaden. Steiner.

—— (ed.). 1985. *Hacia Calderón: Séptimo coloquio anglogermano, Cambridge 1984.* Archivum Calderonianum 3. Wiesbaden & Stuttgart. Franz Steiner Verlag.

—— & Pedro Juan i Tous (eds). 1983. *Hacia Calderón: Sexto coloquio anglogermano, Würzburg 1981.* Archivum Calderonianum 2. Wiesbaden. Franz Steiner Verlag.

Freudenthal, Hans (ed.). 1961. *The concept and the role of the model in mathematics and natural and social sciences: Proceedings of the colloquium sponsored by the Division of Sciences of the International Union of History and Philosophy of Sciences organized at Utrecht, January 1960.* Dordrecht & Nueva York. D. Reidel & Gordon and Breach.

Frutos Cortés, Eugenio. 1970. *La filosofía de Calderón en sus autos sacramentales.* Tesis Doctorales 5. Zaragoza. Institución Fernando del Católico del Consejo Superior de Investigaciones Científicas. 1ª edición 1952. Reimpresión 1981.

—— (ed.). 1958. Pedro Calderón de la Barca. *El gran teatro del mundo.* Biblioteca Anaya. Salamanca. Anaya.

Gilman, Stephen. 1946–47. 'An introduction to the ideology of the Baroque in Spain', *Symposium* 1/i: 82–107.

Goffman, Erving. 1959. *The presentation of self in everyday life.* Doubleday Anchor Books A 174. Garden City, Nueva York. Doubleday. Reimpresión: Harmondsworth. Penguin. 1971 etc. 1ª edición 1956 : Edinburgo. University of Edinburgh Social Sciences Research Centre.

[González] Olmedo, Félix *sj.* 1928. *Las fuentes de 'La vida es sueño': La idea, el cuento, el drama.* Madrid. Voluntad.

Gracián, Baltasar. 1944. *Agudeza y arte de ingenio.* Sin nombre de editor. 2ª edición. Colección Austral. Buenos Aires. Espasa-Calpe. 1ª edición 1942 : Madrid. Espasa-Calpe.

——. 1969. *Agudeza y arte de ingenio.* Edición de Evaristo Correa Calderón. 2 tomos. Clásicos Castalia 14–15. Madrid. Castalia.

Green, Otis H. 1963–66. *Spain and the Western tradition: The Castilian mind in literature from El Cid to Calderón.* 4 tomos. Madison. University of Wisconsin Press.

Griffin, Nigel H, Clive H. Griffin, Eric A. Southworth, & Colin P. Thompson (eds). *The discerning eye: Studies presented to Robert Pring-Mill on his seventieth birthday.* Oxford. The Dolphin Book Co. 1994.

Hall, Harold B. 1968. 'Segismundo and the rebel soldier', *Bulletin of Hispanic Studies* 45: 189–200.

Harré, Rom. 1979. *Social being: A theory for social psychology.* Oxford. Basil Blackwell.

Hatzfeld, Helmut A. 1927. *Don Quijote als Wortkunstwerk: Die einzelnen Stilmittel und ihr Sinn.* Teubners Spanishe und Hispano-Amerkianische Studienbucherei. Leipzig. B.G. Teubner.

——. 1949. *Don Quijote como obra de arte del lenguaje.* Traducción de M.C. de I. Madrid. Consejo Superior de Investigaciones Científicas: Patronato del IV Centenario del Nacimiento de Cervantes. 2ª edición corregida y aumentada: Madrid. Revista de Filología Española Anejo 83. 1966.

——. 1955. *Bibliografía crítica de la nueva estilística aplicada a las literaturas románicas.* Traducción de Emilio Lorenzo Criado. Biblioteca Románica Hispánica: Tratados y Monografías 6. Madrid. Gredos. 1ª edición inglesa 1953.

——. 1973. 'Lo que es barroco en Calderón', en Flasche 1973: 35–49.

Herrera, Fernando de. 1580. *Obras de Garcilasso de la Vega con anotaciones.* Sevilla. Alonso de la Barrera.

Hesse, Everett W. 1953a. 'La concepción calderoniana del príncipe perfecto en *La vida es sueño*', *Clavileño* 4/xx: 4–12. Versión inglesa de 1965.

——. 1953b. 'La dialéctica y el casuismo en Calderón', *Estudios* (Madrid) 9: 517–31. Reimpreso en Durán & González Echevarría 1976: 563–81.

—— (ed.) 1961. Pedro Calderón de la Barca, *La vida es sueño.* The Scribner Spanish Series. Nueva York. Charles Scribner's Sons.

Hesse, Everett W. 1965. 'Calderón's concept of the perfect prince', en Wardropper 1965: 114–33. Versión inglesa de Hesse 1953a.

Hidalgo-Serna, Emilio. 1980. 'The philosophy of *ingenium*: Concept and ingenious method in Baltasar Gracián', *Philosophy and Rhetoric* 13: 245–63.

———. 1985. 'Función de la lógica ingeniosa en el teatro calderoniano', en Flasche 1985: 79–90.

Hopper, Vincent F. 1938. *Medieval number symbolism: Its sources, meaning, and influence on thought and expression*. Columbia University Studies in English and Comparative Literature 132. Nueva York. Columbia University Press. Reimpresión 1969: Nueva York. Cooper Square Publishers.

Horst, Karl A. 1946. *Die Metaphor in Calderóns Comedias*. Tesis de doctorado sin publicar. Universidad de Bonn.

Jones, Cyril A. 1965. 'Spanish honour as historical phenomenon, convention, and artistic motive', *Hispanic Review* 33: 32–39.

———. 1967. 'Brecht y el drama del Siglo de Oro en España', *Segismundo* 3: 39–54.

Kommerell, Max. 1946. *Beiträge zu einem deutschen Calderón, I (Etwas über die Kunst Calderons)*. Frankfurt am Main. V. Klostermann. 1946.

Lewis, Archibald R. (ed.). 1967. *Aspects of the Renaissance: A symposium*. Austin, Tejas & Londres. University of Texas Press.

Lorenz, Erika. 1961. 'Calderón und die Astrologie', *Romanistisches Jahrbuch* 12: 265–77.

Lovejoy, Arthur O. 1936. *The great chain of being: A study of the history of an idea*. Cambridge, Mass. Harvard University Press. 2ª edición : Nueva York. Harper. 1960.

Maccoll, Norman (ed.) 1888. *Select plays of Calderón*. Londres & Nueva York. Macmillans & Co.

McKendrick, Melveena (ed.). 1992. Pedro Calderón de la Barca. *El mágico prodigioso*. Oxford. Clarendon Press.

May, Terence E. 1948. 'An interpretation of Gracián's *Arte y agudeza de ingenio*', *Hispanic Review* 16: 275–300. Reimpreso en May 1986: 3–28.

———. 1950. 'Gracián's idea of the *concepto*', *Hispanic Review* 18: 15–41. Reimpreso en May 1986: 53–79.

———. 1954. 'Extremo—término', *Bulletin of Hispanic Studies* 31: 37–38.

———. 1955. 'El sueño de Don Pablos: Don Pablos, Don Quijote y Segismundo', *Atlante* 3: 192–204. Reimpreso como 'Don Pablos's Dream: Don Pablos, Don Quixote, and Segismundo', traducción de William F. Hunter, en May 1986: 120–33.

———. 1960. 'Lope de Vega's *El castigo sin venganza*: The idolatry of the Duke of Ferrara', *Bulletin of Hispanic Studies* 37: 154–82. Reimpreso en May 1986: 154–84.

———. 1961. 'The contrast of plain and rhetorical meanings of wit: A note', *Bulletin of Hispanic Studies* 38: 95–102. Reimpreso en May 1986: 185–93.

———. 1963. 'The symbolism of *El mágico prodigioso*', *Romanic Review* 54: 95–112. Reimpreso en May 1986: 194–212.

———. 1986. *Wit of the Golden Age*. Edición de Pamela Bacarisse, John G. Cummins & Ian R. Macdonald. Prefacio de Alan K. G. Paterson. Teatro del Siglo de Oro 2. Kassel. Edition Reichenberger.

Menéndez Pelayo, Marcelino. 1910. *Calderón y su teatro: Conferencias dadas en el Círculo de la Unión Católica*. Madrid. Tipografía de la Revista de Archivos. 1ª edición 1881.

Ochse, Horst. 1967. *Studien zur Metaphorik Calderóns*. Freiburger Schriften zur Romanischen Philologie 1. Munich. W. Fink.

Palacios, Leopoldo E. 1960a. '*La vida es sueño*', en Palacios 1960b: 31–88. Publicado por primera vez en 1948 en *Finisterre* 2: 5–52.

——. 1960b. *Don Quijote y La vida es sueño*. Madrid. Rialp.

Parker, Alexander A. (ed.). 1938. Pedro Calderón de la Barca. *El príncipe constante*. Cambridge. Cambridge University Press. (Introducción entitulada 'Towards an understanding of Calderón'.)

——. 1943. *The allegorical drama of Calderón*. Oxford. The Dolphin Book Co. Ltd. Reimpreso en 1968. Reimpresion de 1961 : Bruselas. Gregg Associates. Edición española: Parker 1983. (El segundo capítulo, 'The autos as drama', fue publicado independientemente: Parker 1944.)

——. 1944. 'Los dramas alegóricos de Calderón', *Escorial*, 21/xlii: 163–225. Traducción, por Carlos R. de Sampierre, de un capítulo de Parker 1943.

——. 1948. 'Henry VIII in Shakespeare and Calderón: An appreciation of *La cisma de Inglaterra*', *Modern Language Review* 43: 327–52.

——. 1949. 'Santos y bandoleros en el teatro español del Siglo de Oro', *Arbor* 43/44: 395–416.

——. 1952. [Reseña de Sloman 1950], *Modern Language Review* 47: 254–56.

——. 1953. 'Reflections on a new definition of "Baroque" drama' [reseña de Roaten & Sánchez Escribano 1952], *Bulletin of Hispanic Studies* 30: 142–51.

——. 1957. *The approach to the Spanish drama of the Golden Age*. Diamante 6. Londres. The Hispanic and Luso-Brazilian Councils. Reimpreso en 1959 en *Tulane Drama Review* 4: 42–59. Se encuentra una versión ampliada, bajo el título 'The Spanish drama of the Golden Age: A method of analysis and interpretation', en Bentley 1970: I.679–707. Versión castellana en Durán & Echevarría 1976: I.329–57. Se resume parcialmente la versión definitiva de 1970 en Parker 1988.

——. 1959. *The Devil in the drama of Calderón*. Aquinas Paper 32. Londres. Blackfriars Publications. Reimpresión: Parker 1965.

——. 1959. 'History and poetry: The Coriolanus theme in Calderón', en Pierce 1959: 211–24.

——. 1962. 'Towards a definition of Calderonian tragedy', *Bulletin of Hispanic Studies* 39: 222–37. Versión castellana, 'Hacia una definición de la tragedia calderoniana', en Durán & Echevarría 1976: II.359–87.

——. 1964. 'Metáfora y símbolo en la interpretación de Calderón', en Pierce & Jones 1964: 141–60.

——. 1965. 'The Devil in the drama of Calderón', en Wardropper 1965: 3–23. Reimpresión de Parker 1958.

——. 1966. 'The father–son conflict in the drama of Calderón', *Forum for Modern Language Studies* 2: 99–113.

——. 1983. *Los autos sacramentales de Calderón de la Barca*. Traducción de Francisco García Sarriá. Letras e Ideas: Studia. Barcelona. Ariel. Edición española de Parker 1943.

Parker, Alexander A. 1988. *The mind and art of Calderón: Essays on the comedias*. Edición de Deborah Kong. Cambridge. Cambridge University Press. Recopilación de sus escritos sobre la comedia calderoniana, a veces en versiones ligeramente modificadas.

—— & Hans Flasche (eds). 1970. *Hacia Calderón: Coloquio anglogermano, Exeter 1969*. Calderoniana 6. Berlín. Walter de Gruyter & Co.

Perich, Jaume. 1970. *Autopista (cuando un bosque se quema, algo suyo se quema, conde)*. Barcelona. Editorial Estrela.

Pierce, Frank (ed.). 1959. *Hispanic studies in honour of I. González Llubera*. Oxford. The Dolphin Book Co. Ltd.

—— & Cyril A. Jones (eds). 1964. *Actas del primer congreso internacional de hispanistas celebrado en Oxford del 6 al 11 de septiembre de 1962*. Oxford. The Dolphin Book Co. Ltd.

Pollmann, Leo. 1970. 'Análisis estructural comparado de *El gran teatro del mundo* y *No hay más fortuna que Dios*', en Parker & Flasche 1970: 85–92.

Porqueras Mayo, Alberto & Federico Sánchez Escribano. 1965. *Preceptiva dramática española del Renacimiento y el Barroco*. Biblioteca Románica Hispánica 4. Madrid. Gredos. 2ª edición, muy ampliada, 1972.

—— & ——. 1971. 'La verdad universal y la teoría dramática en la Edad de Oro', en Fichter 1971: 601–09.

Pring-Mill, Robert D.F. 1952. 'William James Entwistle' [Necrología], *Romanistisches Jahrbuch* 5: 43–46.

——. 1957. 'Actividades lulianas en Inglaterra', *Estudios Lulianos* 1: 310–17.

——. 1959a. 'Spanish Golden-Age prose and the depiction of reality', *Anglo Spanish Society Quarterly Review* 32/33: 20–31+ 4 láminas.

——. 1959b. [Reseña de Sloman 1958], *Romanistisches Jahrbuch* 10: 383–86.

——. 1961. 'Introduction', en Booty 1961: vii–xli.

——. 1962a. [Reseña de Parker 1959], *Romanistisches Jahrbuch* 13: 384–87.

——. 1962b. 'Sententiousness in *Fuente Ovejuna*', *Tulane Drama Review* 7: 5–37.

——. 1962c. *El microcosmos lul·lià*. Oxford. Dolphin. Hay otra versión del mismo año: Biblioteca Raixa 55. Palma de Mallorca. Editorial Moll. Reimpreso en Pring-Mill 1991: 31–112.

——. 1963. *Ramón Llull y el número primitivo de las dignidades en el 'Arte general'*. Oxford. The Dolphin Book Co. Ltd. Traducción de Albert Soler en Pring-Mill 1991: 115–60.

——. 1964. 'La casuística del teatro calderoniano'. Conferencia desarrollada en las Universidades de Bonn, de Maguncia y de Hamburgo. Véase Pring-Mill 1981a.

——. 1966. [Reseña de Wilson & Sage 1964], *Romanistisches Jahrbuch* 17: 367–69.

——. 1967. 'Escalígero y Herrera: Citas y plagios de los *Poetices Libri Septem* en las *Anotaciones*', en Sánchez Romeralo & Poulussen 1967: 489–98.

——. 1968a. 'Some techniques of representation in the *Sueños* and the *Criticón*', *Bulletin of Hispanic Studies* 45: 270–84. Reimpreso como 'Del *Buscón* a *Los sueños*', en Wardropper 1983: 572–81.

——. 1968b. 'Los calderonistas de habla inglesa y *La vida es sueño*: Métodos del análisis temático-estructural', en Flasche 1968b: 369–413. Capítulo I de este volumen.

Pring-Mill, Robert D.F. (ed. & trad.). 1969. *Neruda poems*. Edición bilingüe de poemas junta con doce serigrafías de Katya Kohn. Londres. Central School of Art and Design. Obra también conocida como *The Neruda portfolio*.

——. 1970. 'La "victoria del hado"en *La vida es sueño*', en Parker & Flasche 1970: 53–70. Capítulo II de este volumen.

——. 1973. 'Estructuras lógico-retóricas y sus resonancias: Un discurso de *El príncipe constante*', en Flasche 1973: 109–54. Capítulo III de este volumen (1ª parte).

——. 1974. [Reseña de Rico 1970], *Bulletin of Hispanic Studies* 51: 163–65.

——. 1976. 'Estructuras lógico-retóricas y sus resonancias, 2ª parte: Hermosa compostura y piedad real', en Flasche 1976; 47–74. Capítulo III de este volumen (2ª parte).

——. 1981a. 'La casuística como factor estructurizante en las comedias de Calderón', *Iberoromania* n.s. 14: 60–74. Capítulo IV de este volumen.

——. 1981b. 'Calderón de la Barca y la fuerza ejemplar de lo poetizado', en Flasche & Tous 1983: 1–15. Capítulo V de este volumen.

——. 1984. ' "Porque yo cerca muriese": An occasional meditation on a *conceptista* theme', *Bulletin of Hispanic Studies* 51: 369–78.

——. 1985. 'La estructura de *El gran teatro del mundo*', en Flasche 1985: 110–45. Capítulo VI de este volumen.

——. 1991. *Estudis sobre Ramon Llull (1956–1978)*. Edición de Lola Badía & Albert Soler. Testos i Estudis de Cultura Catalana 22. Barcelona. Publicacions de l'Abadia de Montserrat: Curial Edicions Catalans.

——. 1993. *A poet for all seasons*. Oxford. Catálogo privadamente publicado de la exposición Pablo Neruda celebrada en la Institución Tayloriana de la Universidad de Oxford.

——. 1994. 'La ejemplaridad del auto y de la comedia: Dos modos de argumentación dramática en Calderón', *Romanistisches Jahrbuch* 45: 295–320. Capítulo VII de este volumen.

—— & Hans Flasche (eds). 1983. *Hacia Calderón: Quinto coloquio anglogermano, Oxford 1978*. Archivum Calderonianum 1. Wiesbaden. Franz Steiner Verlag.

Ramsey, Ian T. 1964. *Models and mystery*. Whiddon Lectures 1963. Oxford. Oxford University Press.

Rickaby, Joseph J. *sj* (ed.). 1915. *The Spiritual Exercises of St Ignatius Loyola*. Londres. Burns & Oates.

Rico, Francisco. 1970. *El pequeño mundo del hombre*. Madrid. Castalia. 2ª edición corregida y aumentada. Alianza Universidad. Madrid. Alianza. 1986.

Ríos de Lampérez, Blanca de los. 1926. '*La vida es sueño' y los diez Segismundos de Calderón*. Madrid. Blass.

Roaten, Darnell H. & Federico Sánchez Escribano. 1952. *Wölfflin's principles in Spanish drama 1500–1700*. Nueva York. Hispanic Institute in the United States.

Russell, Peter E. 1967. 'Arms versus letters: Towards a definition of Spanish Humanism', en Lewis 1967: 45–58. Versión española muy aumentada, traducida por Alejandro Pérez Vidal, en Russell 1978: 207–39.

——. 1978. *Temas de 'La Celestina' y otros estudios*. Letras e Ideas : Maior 14. Barcelona. Ariel.

Sánchez Romeralo, Jaime & Norbert Poulussen (eds). 1967. *Actas del segundo congreso internacional de hispanistas, celebrado en Nijmegen del 20 al 25 de agosto de 1965*. Nimega. Instituto Español de la Universidad de Nimega, para la Asociación Internacional de Hispanistas.

Sayers, Dorothy L. 1949. *The Comedy of Dante Alighieri*. Penguin Classics. Harmondsworth. Penguin.

Sciacca, Michele F. 1950. 'Verdad y sueño en *La vida es sueño* de Calderón de la Barca', *Clavileño* 1/ii: 1–9.

Shergold, Norman D. 1970. '*El gran teatro del mundo* y sus problemas escenográficos', en Flasche 1970: 77–84.

Sloman, Albert E. 1950. *The sources of Calderón's 'El príncipe constante'*. Oxford. Basil Blackwell.

——. 1952. [Necrología de W. J. Enwistle], *Bulletin of Hispanic Studies* 29: 189–92.

——. 1953. 'The structure of Calderón's *La vida es sueño*', *Modern Language Review* 48: 293–300. Reimpreso en Wardropper 1965: 90–100.

——. 1958. *The dramatic craftsmanship of Calderón: His use of earlier plays*. Oxford. The Dolphin Book Co. Ltd.

—— (ed.). 1961. Pedro Calderón de la Barca. *La vida es sueño*, Manchester Spanish Texts. Manchester. Manchester University Press.

Smith, Hilary D. 1978. *Preaching in the Spanish Golden Age: A study of some preachers of the reign of Philip III*. Oxford. Oxford University Press.

Sonnino, Lee A. 1968. *A handbook to sixteenth-century rhetoric*. Londres. Routledge & Kegan Paul.

Soons, Alan. 1978–79. [Reseña de Bryans 1977], *Journal of Hispanic Philology* 3: 187–90. Reimpreso en Spitzer 1963.

Spitzer, Leo. 1942. [Reseña de Curtius 1941], *Revista de Filología Hispánica* 4: 89–91. Reimpreso en Spitzer 1963.

——. 1944. 'Classical and Christian ideas of world harmony: Prolegomena to an interpretation of the word *Stimmung* [1ª parte]', *Traditio* 2: 409–64.

——. 1945. 'Classical and Christian ideas of world harmony: Prolegomena to an interpretation of the word *Stimmung* [2ª parte]', *Traditio* 3: 307–64.

——. 1963. *Classical and Christian ideas of world harmony*. Baltimore. The Johns Hopkins University Press.

——. 1965. 'The figure of Fénix in Calderón's *El príncipe constante*', en Wardropper 1965: 137–60.

Thomas, Lucien-Paul. 1910. 'La genèse de la philosophie et le symbolisme dans *La Vie est un songe* de Calderón', en Wilmotte 1910: 751–83.

Tillyard, Eustace M.W. 1943. *The Elizabethan world picture*. Londres. Chatto & Windus. Varias reimpresiones, entre ellas la de 1998: Londres. Pimlico.

Truman, Ronald W. 1964. 'The theme of justice in Calderón's *El príncipe constante*', *Modern Language Review* 59: 43–52.

——. 1999. *Spanish treatises on government, society, and religion in the time of Philip II: The 'De regimine principum' and associated traditions*. Leiden. Brill.

Tynan, Kenneth. 1958. [Reseña de *King Lear*], *The Observer*. 23 de febrero.

Valbuena Briones, Ángel. 1965. *Perspectiva crítica de los dramas de Calderón*. Naturaleza e Historia 14. Madrid. Ediciones Rialp.

Valbuena Prat, Ángel. 1937. *Historia de la literatura española*. 2 tomos. Barcelona. Gustavo Gili. Varias reediciones, entre ellas la 8ª: 3 tomos. Oxford. Dolphin. 1969.

Vega Carpio, Lope Félix de. 1925. *Arte nuevo de hazer comedias en este tiempo*. En Chaytor 1925: 14–29.

Vitoria, *Fray* Baltasar de. 1646. *Teatro de los dioses de la gentilidad*. 2 partes. Valencia. Bernardo Nogués. 3ª parte, 1688: Valencia. Lorenço Mesnier.

Wardropper, Bruce W. 1943. 'The interplay of wisdom and saintliness in *El mágico prodigioso*', *Hispanic Review* 11: 116–24.

——. 1953. *Introducción al teatro religioso del Siglo de Oro*. Madrid. Revista de Occidente. 2ª edición, ligeramente corregida : Madrid. Ediciones Anaya. 1967.

——. 1958. 'Poetry and drama in Calderón's *El médico de su honra*', *Romanic Review* 49: 3–11.

——. 1959–60. 'Apenas llega cuando llega a penas', *Modern Philology* 57: 240–44.

——. 1962a. [Reseña de Sloman 1961 y Hesse 1961], *Modern Language Notes* 77: 199–202.

——. 1962b. 'On the fourth centenary of Lope de Vega's birth', *Drama Survey* 2: 117–29.

—— (ed.). 1965. *Critical essays on the theatre of Calderón*. Nueva York. New York University Press.

—— (ed.). 1983. *Siglos de Oro: Barroco*. Barcelona. Crítica.

Whately, Richard. 1849. *Logic*. Londres. J.J. Griffin.

Whitby, William M. 1960. 'Rosaura's role in the structure of *La vida es sueño*', *Hispanic Review* 27: 16–17. Reimpreso en Wardropper 1965: 101–13.

Wilshire, Bruce W. 1982. *Role playing and identity: The limits of theatre as metaphor*. Studies in Phenomenology and Existential Philosophy. Bloomington, Indiana. Indiana University Press.

Wilmotte, Maurice. 1910. *Mélanges de philologie romane et d'histoire littéraire offerts à M. Wilmotte, professeur à l'Université de Liège à l'occasion de son 25 anniversaire d'enseignement..* París. Honoré Champion.

Wilson, Edward M. 1931. *The Solitudes of don Luis de Góngora*. Cambridge. Minority Press. 2ª edición: Cambridge. Cambridge University Press. 1965.

——. 1936. 'The four elements in the imagery of Calderón', *Modern Language Review* 31: 34–47. Reimpreso en Flasche 1971: 112–30; en Cruickshank & Varey 1973: XIX. 191–207; en Wilson 1980: 1–14, versión corregida; y en Durán & González Echevarría 1976, I. 277–99, traducción anónima y sin permiso del autor.

——. 1946. '*La vida es sueño*', *Revista de la Universidad de Buenos Aires*, 3a época 3/iii–iv: 61–78 (las separatas llevan el año 1947). Publicado posteriormente en inglés en Wardropper 1965: 63–89. La versión inglesa representa el texto original, compuesto en los años 1938–39, modificado para tener en cuenta algunos puntos añadidos cuando se tradujo al castellano (véase 63: 'Author's postscript').

——. 1949. 'Images et structure dans *Peribáñez*', *Bulletin Hispanique* 51: 125-59. Traducción de H.G. Aubrun.

——. 1951. 'La discreción de don Lope de Almeida', *Clavileño* 2/ix: 1–10.

Wilson, Edward M. 1952. 'Gerald Brenan's Calderón', *Bulletin of the Comediantes* 4/i: 6–8

——. 1980. *Spanish and English literature of the 16th and 17th centuries: Studies in discretion, illusion, and mutability.* Cambridge. Cambridge University Press.

—— & William J. Entwistle. 1939. 'Calderón's *Príncipe constante*: Two appreciations', *Modern Language Review* 34: 207–22.

—— & Jack W. Sage. 1964. *Poesías líricas en las obras de Calderón: Citas y glosas.* Colección Támesis A1. Londres. Tamesis Books.

Wittkower, Rudolf. 1962. *Architectural principles in the age of Humanism.* 3ª edición, completamente revisada. Londres. Tiranti. 1ª edición: Studies of the Warburg Institute. Londres. Universidad de Londres. 1949.

Woods, Michael J. 1968a. 'Sixteenth-century topical theory: Some Spanish and Italian views', *Modern Language Review* 63: 66–73.

——. 1968b. 'Gracián, Peregrini, and the theory of topics', *Modern Language Review* 63: 854–63.

ÍNDICE ONOMÁSTICO